Ulrike Hormel · Albert Scherr

Bildung für die Einwanderungsgesellschaft

Ulrike Hormel · Albert Scherr

Bildung für die Einwanderungsgesellschaft

Perspektiven der Auseinandersetzung mit struktureller, institutioneller und interaktioneller Diskriminierung

VS VERLAG FÜR SOZIALWISSENSCHAFTEN

VS VERLAG FÜR SOZIALWISSENSCHAFTEN

VS Verlag für Sozialwissenschaften
Entstanden mit Beginn des Jahres 2004 aus den beiden Häusern
Leske+Budrich und Westdeutscher Verlag.
Die breite Basis für sozialwissenschaftliches Publizieren

Bibliografische Information Der Deutschen Bibliothek
Die Deutsche Bibliothek verzeichnet diese Publikation in der Deutschen Nationalbibliografie; detaillierte bibliografische Daten sind im Internet über <http://dnb.ddb.de> abrufbar.

1. Auflage November 2004

Der VS Verlag für Sozialwissenschaften ist ein Unternehmen von Springer Science+Business Media.
www.vs-verlag.de

Umschlaggestaltung: KünkelLopka Medienentwicklung, Heidelberg
Druck und buchbinderische Verarbeitung: MercedesDruck, Berlin
Gedruckt auf säurefreiem und chlorfrei gebleichtem Papier
Printed in Germany

ISBN 3-531-14399-9

Inhalt

Einleitung

Der bildungspolitischen und bildungspraktischen Herausforderung, die aus der ‚Tatsache Einwanderungsgesellschaft' resultiert, wird in der Bundesrepublik bislang nur unzureichend Rechung getragen. Manifeste und latente Formen von Fremdenfeindlichkeit, Rassismus und Rechtsextremismus, die gesellschaftliche Diskriminierung von MigrantInnen – auch innerhalb des Bildungssystems – sowie die durch Migration mit bedingte Infragestellung der immer schon problematischen Idee eines kulturell homogenen Nationalstaates sind in komplexer Weise zusammenhängende Dimensionen der Einwanderungsgesellschaft. Auf diese kann nicht angemessen durch einzelne, konzeptionell nicht aufeinander bezogene Vorgehensweisen reagiert werden.

Erforderlich ist vielmehr, wie wir im Weiteren zeigen werden, eine umfassende, unterschiedliche bildungspolitische und bildungspraktische Gestaltungsebenen sowie theoretisch-konzeptionelle Orientierungen systematisch verbindende Innovationsstrategie. Als deren programmatische Grundlage entwickeln wir eine Perspektive, die die Auseinandersetzung mit struktureller, institutioneller und interaktioneller Diskriminierung als zentrale Aufgabe einer ‚Bildung *für* die Einwanderungsgesellschaft'[1] bestimmt.

Die vorliegende Studie ist im Kontext eines Forschungsverbundes entstanden, durch den ‚erfolgreiche Strategien gegen Rechtsextremismus' identifiziert werden sollten.[2] Im Verlauf unserer Untersuchung wurde jedoch deutlich, dass Programme und Konzepte ‚gegen Rechtsextremismus' nicht sinnvoll analysiert

---

1 Mit der Formulierung Bildung *für* die Einwanderungsgesellschaft akzentuieren wir, dass u. E. eine solche Gesellschafts- und Bildungspolitik anzustreben ist, die Einwanderung und die Anwesenheit von MigrantInnen nicht als ein problematisches Ausnahmephänomen betrachtet und Handlungsbedarf nicht nur in Bezug auf Aspekte sieht, die als direkte und indirekte Folgeprobleme von Migration wahrgenommen und dargestellt werden.

2 Der Bertelsmann-Stiftung – insbesondere Hauke Hartmann und Michael Seberich als den für uns zuständigen Projektmanagern sowie Britta Schellenberg und Viola Georgi (CAP München) – ist nicht nur für die Finanzierung unseres Projektes und die offene und problemlose Kooperation zu danken, sondern, ebenso wie den Mitgliedern des Expertenbeirats, auch für eine Reihe konstruktiver Diskussionen unserer Überlegungen. Renate Bitzan hat uns nicht nur als Beiratsmitglied, sondern darüber hinaus auch durch eine gründliche und kritische Lektüre einzelner Kapitel unterstützt. Danken möchten wir auch allen, die durch die Erstellung von Expertisen - so Gabi Elverich, Veronika Kabis und Angelika Kaffrell-Lindahl - sowie ausführlichen Kommentierungen zu einzelnen Kapiteln - so Michael Kohlstruck, Volker Lenhart und Roland Roth - zu diesem Projekt beigetragen haben.

werden können, ohne zugleich die Bedingungen zu berücksichtigen, die einer Wahrnehmung von Migration als Ausnahmephänomen und Bedrohung sowie der Darstellung von Migranten als gesellschaftliche Problemgruppe Plausibilität verleihen.

Politische und pädagogische Strategien, die darauf zielen, gegen Fremdenfeindlichkeit, Rassismus und Rechtsextremismus vorzugehen, können nicht davon absehen, welche Haltungen gegenüber MigrantInnen durch die sozioökonomische und rechtliche Benachteiligung von Eingewanderten und die staatlich-politische Regulierung von Migration begünstigt und befördert werden. Eine nicht ignorierbare Kontextbedingung stellen auch die Diskurse dar, in denen Einwanderung und MigrantInnen ins Zentrum gesellschaftspolitischer Auseinandersetzungen gerückt werden: In den seit der Asyldebatte Anfang der 1990er Jahre geführten politischen Kontroversen über den angemessenen Umgang mit Migration wurden Argumente und Topoi formuliert und gesellschaftlich akzeptabel gemacht, die für die Konturierung rechtspopulistischer und rechtsextremer Positionen von zentraler Bedeutung waren und sind. Debatten über die Strukturkrise des Arbeitsmarktes und der sozialen Sicherungssysteme, die Gestaltung der ökonomischen, politischen und kulturellen Globalisierungsprozesse, über bevölkerungspolitische Reaktionen auf die demografische Entwicklung oder die Bestimmung „nationaler Identität" werden immer auch als Auseinandersetzungen über den anzustrebenden Umgang mit Migration, MigrantInnen, sozialen und kulturellen Differenzen geführt. Umgekehrt gilt: Der Migrationsdiskurs ist auch ein Ort für gesellschaftspolitische Positionsbestimmungen, in denen Haltungen zu unerwarteten Veränderungsprozessen, Krisen und Konflikten bezogen werden.

Knapp angedeutet ist damit die auch für die Bildungspraxis hoch bedeutsame Verschränkung folgender Aspekte:

- der staatlich-politische Umgang mit Migration – einschließlich seiner Konsequenzen für die öffentliche Wahrnehmung von Flüchtlingen und ArbeitsmigrantInnen,
- die sozialstrukturelle Positionierung und die Benachteiligung von MigrantInnen im Bildungssystem[3],

[3] Dadurch, dass wir hier und im Weiteren auf die Bedeutung der Benachteiligung von MigrantInnen hinweisen, soll keineswegs unterstellt werden, dass MigrantInnen eine sozialstrukturell homogene Sozialgruppe sind. Dies ist nicht nur empirisch unzutreffend, sondern führt auch zu problematischen defizitorientierten Sichtweisen.

- die durch Einwanderung mit bedingten Prozesse sozialer Differenzierung und kultureller Pluralisierung sowie die Verbreitung von Deutungsmustern und Ideologien, in denen Migration als zentrale Ursache vielfältiger gesellschaftlicher Problemlagen (insbesondere strukturelle Massenarbeitslosigkeit, soziale Ausgrenzung und Deklassierung, Krise des nationalen Wohlfahrtsstaates und Abbau sozialstaatlicher Sicherung) dargestellt wird.

Auf diesbezügliche Interdependenzen - die keineswegs mit der Annahme eines unmittelbaren Bedingungszusammenhangs von Migration, Fremdenfeindlichkeit und Rassismus zu verwechseln sind - weisen nicht nur die Ergebnisse der Migrations-, Rechtsextremismus- und Rassismusforschung hin. Auch in der von uns durchgeführten ländervergleichenden Recherche (s.u.) zu bildungspolitischen Strategien und bildungspraktischen Konzepten wurde deutlich, dass alle Gestaltungsebenen organisierter Bildung - die Struktur des Bildungssystems, die Schule als Organisation, die Ausbildung für pädagogische Berufe und schulische Curricula - betreffende Veränderungen unabdingbar sind.

Auf die damit angesprochenen Gesichtspunkte wird noch ausführlich einzugehen sein. Bereits an dieser Stelle soll aber darauf hingewiesen werden, dass es erforderlich ist, die bislang getrennt geführten Debatten über die Bildungsbenachteiligung von MigrantInnen, den Umgang mit sozialer und kultureller Heterogenität sowie Erfordernisse einer Pädagogik gegen Fremdenfeindlichkeit, Rassismus und Rechtsextremismus zusammenzuführen. Dabei kann auch nicht darauf verzichtet werden, die Struktur des viergliedrigen deutschen Schulsystems in Frage zu stellen. Denn dieses trägt dazu bei, dass soziale Abgrenzungen und Ungleichheiten zwischen Einheimischen und MigrantInnen und die Benachteiligung von MigrantInnen nicht nur reproduziert, sondern für alle SchülerInnen auch als Normalvollzug von Gesellschaft, als selbstverständliche Alltagsrealität, sichtbar und erfahrbar werden. Die zuletzt durch die PISA-Studien (Deutsches Pisa-Konsortium 2002) erneut dokumentierte Ungleichverteilung von MigrantInnen und Einheimischen innerhalb des Schulsystems konterkariert die Idee der Gleichwertigkeit und Gleichberechtigung. Darüber hinaus wird die Realisierung pädagogischer Konzepte, die darauf zielen, Vorurteile und Feindbilder durch Erfahrungen der gleichberechtigten Zusammenarbeit zu überwinden (s.u.), durch die Verteilung von SchülerInnen auf unterschiedliche Schultypen in Abhängigkeit von sozialer Klassenlage, Herkunft und Staatsangehörigkeit erschwert bzw. verunmöglicht. Zudem sind tatsächliche oder vermeintliche Probleme der interkulturellen Kommunikation ebenso wenig ohne Berücksichtigung der sozialen Position und des Bildungsniveaus der Beteiligten sinnvoll diskutierbar, wie die Bildungsbenachteiligung von MigrantInnen ohne Berücksichtigung des Bildungs- und Einkommensniveaus der Herkunftsfamilien verstanden werden kann. In der Auseinandersetzung mit diskriminierenden Strukturen und Praktiken, die nicht „nur" zu ökonomischer, rechtlicher und politischer Benachteiligung, sondern potentiell auch zu Erfahrungen der Entwertung und Missachtung führen, ist deshalb die zentrale gesellschafts- und bildungspolitische Herausforderung der Einwanderungsgesellschaft zu sehen.[4] In den Blick zu nehmen sind strukturelle, institutionelle und interaktionelle Formen der Diskriminierung[5] sowie die Diskurse, Ideologien, Vorurteile und Feindbilder, die von ihnen mit hervorgebracht werden bzw. ihnen zu Grunde liegen oder zu ihrer Legitimation herangezogen werden.[6]

Im Rahmen einer pädagogischen Programmatik, die auf die Überwindung von Diskriminierungen im Verhältnis von Einheimischen und MigrantInnen sowie Mehrheiten und Minderheiten ausgerichtet ist, kann darauf verzichtet werden, Unterschiede zwischen Ethnien, Kulturen und Religionen als fraglos gegebenen Sachverhalt sowie als selbstverständliche Ursache von Integrationsproblemen und sozialen Konflikten zu postulieren. Wir grenzen uns also gegen eine einflussreiche Perspektive ab, die die Existenz unterschiedlicher, gewöhnlich national oder ethnisch gefasster Kulturen als evidente und folgenreiche Tatsache postuliert, und daraus die Konsequenz zieht, dass bei so genannten interkulturellen Begegnungen mit Verständigungsproblemen und Konflikten zu rechnen ist. Ohne auf die umfassende Diskussion zum Kulturbegriff hier eingehen zu können, kann festgestellt werden, dass einer solchen Perspektive vielfach nicht nur ein allzu statisch und widerspruchsfrei gefasstes Kulturverständnis zu Grunde liegt, sondern auch ein klassischer sozialwissenschaftlicher Denkfehler: Aus der Beobachtung von Praktiken wird durch gedankliche Abstraktion eine Vorstellung davon entwickelt, was eine Kultur kennzeichnet. Die so in einer bestimmten Beobachterperspektive konstruierte Kultur wird dann als Ursache der

---

4 Die Feststellung, dass Diskriminierung regelmäßig mit Situationen einhergeht, in denen Missachtung und Negativbewertungen mitgeteilt werden, enthält noch keine Aussage darüber, wie solche Mitteilungen verarbeitet werden.

5 Die Unterscheidung dieser Formen von Diskriminierung wird im folgenden Kapitel ebenso erläutert wie unsere Fassung der Termini Fremdenfeindlichkeit, Rassismus und Rechtsextremismus.

6 Die Verabschiedung der „Richtlinien des Rates der Europäischen Gemeinschaft 2000/43/EG zur Anwendung des Gleichbehandlungsgrundsatzes ohne Unterschied der Rasse oder der ethnischen Herkunft" vom 29. Juni 2000 ist ein Indiz dafür, dass die Bedeutung der Diskriminierungsproblematik politisch zunehmend Beachtung findet. Allerdings hat die Bundesregierung diese Richtlinien bislang (im August 2004) noch nicht in nationale Gesetzgebung übersetzt. Problematisch ist aber auch die Richtlinie selbst, und dies in zweierlei Hinsicht: Erstens wird hier Ungleichbehandlung aufgrund der Staatsangehörigkeit ausdrücklich aus dem Geltungsbereich der Richtlinie ausgenommen. Zweitens findet mit der Redeweise von „Diskriminierungen aus Gründen der Rasse oder der ethnischen Herkunft" eine fragwürdige Terminologie Verwendung. Auf die zuletzt angesprochene Problematik werden wir noch eingehen.

Praktiken beansprucht, aus deren Beobachtung sie hergeleitet ist. An die Stelle einer angemessenen, die Hervorbringung, Tradierung und Transformation von „Kulturen" in sozialer Praxis sowie die Komplexität der Bedingungen individuellen Handelns in Rechnung stellenden Interpretation, tritt so ein offenkundiger Zirkelschluss. Zudem ist davon auszugehen, dass Individuen ihr Welt- und Selbstverständnis in Auseinandersetzung mit ihren ökonomischen, politischen, rechtlichen usw. Lebensbedingungen entwickeln und dabei auch nicht in kulturellen Traditionen befangen sind, sondern sich auf vielfältige sozio-kulturelle Kontexte, sei es identifikatorisch oder abgrenzend, beziehen. Vorstellungen oder Konzepte, die Individuen wesentlich als Angehörige voneinander abgrenzbarer Kulturen fassen, haben darüber hinaus eine Affinität zu einem Gesellschaftsverständnis, das die Differenz von Gesellschaft und Gemeinschaft unterschlägt. Denn damit wird in unzulässiger Weise unterstellt, dass Gesellschaften darauf angewiesen sind, ihre Mitglieder nicht nur auf die Anerkennung rechtlicher Vorgaben, sondern umfassend auf geteilte Werte und Normen zu verpflichten. Gesellschaften sind aber konflikthafte Zusammenhänge von Individuen und Gruppen in heterogenen Lebenslagen und mit unterschiedlicher Geschichte. Versuche, Gesellschaften als Gemeinschaften zu gestalten, nehmen deshalb notwendig einen repressiven Charakter an.[7]

Dagegen zielt die hier beanspruchte Antidiskriminierungsperspektive auf die Befähigung aller Einzelnen zu einer eigenverantwortlichen Gestaltung ihrer Lebenspraxis - auch im Verhältnis zu ethnisierenden, kulturellen und religiösen Vorgaben und Festlegungen, aber auch zu nationalstaatlichen Vergemeinschaftungszumutungen. Sie fordert zu einer offensiven Auseinandersetzung mit der Frage auf, was Konstruktionen ethnischer, kultureller, religiöser und nationaler Identität zur Hervorbringung und Legitimation von Macht- und Herrschaftsverhältnissen, sozialen Ungleichheiten und Diskriminierungen beitragen.

Damit gehen wir in Distanz sowohl zur Programmatik eines pädagogischen Multi- bzw. Interkulturalismus, als auch zu einem republikanischen Universalismus französischer Prägung. Denn auf der Grundlage einer Antidiskriminierungsperspektive ist es erforderlich, auf theoretisch unterkomplexe und empirisch fragliche Postulate, die Probleme der Einwanderungsgesellschaft als Folge nationaler, kultureller, ethnischer und religiöser Unterschiede interpretieren, zu verzichten und Prozesse der Fixierung von Individuen auf „ihre Herkunft" oder „ihre Kultur" zu vermeiden. Sie zwingt aber auch dazu, die Programmatik eines republikanischen Universalismus kritisch zu hinterfragen, für die ethnische, kul-

7 Dies betrifft auch die Idee der „nationalen Identität". S. dazu etwa Bauman 1992.

turelle und religiöse Identifikationen prinzipiell problematische Traditionsbestände darstellen, die in einer „Gesellschaft freier und gleicher Bürger“ belanglos oder störend sind, und die zugleich faktisch bestehende sozio-ökonomische Ungleichheiten zwischen Einheimischen und MigrantInnen nicht zu überwinden in der Lage ist.

Es kann in einer solchen Perspektive weder um voraussetzungslose Toleranz gegenüber ethnischen, kulturellen und religiösen Identifikationen und Artikulationen gehen, noch um Ignoranz, Tabuisierungen und Verbote. SchülerInnen und LehrerInnen sind vielmehr dazu zu befähigen, sich mit der sozialen und individuellen Bedeutung von Zugehörigkeiten und Zuschreibungen im Hinblick auf die Frage auseinander zu setzen, ob und inwiefern solche Identifikationen sowie kollektive Identitätszuschreibungen die Möglichkeiten einer selbstbestimmten Lebensführung begrenzen.

Dabei kann nicht vorausgesetzt werden, dass die Idee der Gleichheit und Gleichberechtigung aller Individuen eine selbstverständlich voraussetzbare Überzeugung ist, an die pädagogisch appelliert werden kann. Deshalb ist im Kontext einer antidiskriminierenden Bildungsarbeit die Diskussion und Erarbeitung von Maßstäben, die es erlauben, bestehende Ungleichheiten sowie Macht- und Herrschaftsverhältnisse zu kritisieren, unverzichtbar.

Eine konsequente Antidiskriminierungsperspektive bietet einen integrativen Rahmen, der eine systematische Verknüpfung von Aspekten der Menschenrechtspädagogik, der antirassistischen Pädagogik, der interkulturellen Pädagogik, der Diversity-Pädagogik und des historisch-politischen Lernens erlaubt:

- In diesem Rahmen kann auf eine Auseinandersetzung mit menschenrechtlichen Prinzipien und der Frage nach der politischen Bedeutung der Menschenrechte schon deshalb nicht verzichtet werden, weil die Menschenrechte in Kontroversen um die Gestaltung der Einwanderungsgesellschaft für unterschiedliche politische Positionen als Legitimationshorizont beansprucht werden. Darüber hinaus ist Menschenrechtspädagogik hier insofern relevant, wie sie eine Fundierung der Antidiskriminierungsperspektive ermöglicht und zu Lernprozessen beiträgt, in denen eine Verständigung über konsensuelle und strittige normative Prinzipien erfolgt. Anzustreben ist die curriculare Verankerung einer solchen *Menschenrechtsbildung* in den Schulen und in der Lehrerausbildung, die die Menschenrechte nicht als feststehenden Werte- und Normenkanon zu vermitteln versucht, sondern auf die Erarbeitung von Kriterien zielt, die der Auseinandersetzung mit manifesten Formen von Fremdenfeindlichkeit, Rassismus und Rechtsextremismus, aber auch mit struktureller und institutioneller Diskriminierung zugrunde gelegt werden können. Dabei kommt im Rahmen einer Bildung für die Einwanderungsgesellschaft dem Themenkomplex 'Migration – Flucht – Asyl' eine besondere Bedeutung zu.

- Theorien und Konzepte *antirassistischer Pädagogik* konkretisieren die in den Menschenrechtserklärungen formulierten Antidiskriminierungsprinzipien. Sie akzentuieren die Erfordernisse einer offensiven Auseinandersetzung mit unterschiedlichen Strukturen und Praktiken der Diskriminierung, in denen sich biologische und kulturalistische Rassenkonstruktionen mit Macht- und Herrschaftsverhältnissen sowie sozioökonomischen Ungleichheitsstrukturen verschränken. Ein wesentliches Moment antirassistischer Pädagogik ist eine Bildungsarbeit, die historische und aktuelle Ideologien und Diskurse thematisiert, die Ungleichheiten und Herrschaftsverhältnisse durch Annahmen über ungleiche und ungleichwertige Menschengruppen legitimieren.
- Eine reflektierte *interkulturelle Pädagogik* weist darauf hin, dass kulturelle Differenzen weder notwendig Ursache von Problemen und Konflikten noch allein als ein Effekt sozialer Ungleichheiten verständlich sind. Sie bricht mit der Prämisse eines naiven Kulturalismus, der zufolge Individuen Angehörige einer Kultur und durch diese geprägt sind. Sie fordert zur Auseinandersetzung mit den Bedingungen, Formen und Folgen von ethnischen, kulturellen und religiösen Zuschreibungen und Identifikationen sowie ihrer gesellschaftspolitischen, sozialen und individuellen Bedeutung auf.
- Konzepte der *Diversity-Pädagogik* ermöglichen eine konsequente Weiterentwicklung antirassistischer und interkultureller Pädagogik und erlauben es, Annahmen über die keineswegs selbstverständlich voraussetzbare Bedeutung kultureller Zugehörigkeiten und Unterschiede zu dekonstruieren, indem sie auf die Multireferentialität der Kontexte hinweisen, in denen individuelle Identitätsbildung und Lebenspraxis situiert ist. Damit fordert der Diversity-Zugang auch einen selbstreflexiven Umgang mit eigenen Identitätskonstruktionen, sozialen und kulturellen Einbettungen sowie deren Verschränkung mit Dominanz- und Unterordnungsstrukturen heraus.
- Auf den Nationalsozialismus und Holocaust bezogene *historisch-politische Bildung* eignet sich nicht, wie immer wieder nahe gelegt wird, als exemplarischer didaktischer Fall für eine Pädagogik der menschenrechtlichen Sensibilisierung und ist auch nicht dazu in der Lage, gegen rechtsextreme Tendenzen zu „immunisieren". Sie ist jedoch für eine Bildung für die Einwanderungsgesellschaft nicht nur deshalb relevant, weil sie auf Kontinuitäten zwischen der Ideologie des historischen Nationalsozialismus und aktuellen Formen des Rechtsextremismus aufmerksam macht. Darüber hinaus kann historisch-politische Bildung für die hoch problematischen politischen, im Rahmen nationaler Erinnerungskultur einflussreichen Bemühungen sensibi-

lisieren, durch eine veränderte Bezugnahme auf Nationalsozialismus und Holocaust eine neue, nunmehr positiv akzentuierte nationale Identität zu konturieren.

Auf die hiermit angesprochenen Aspekte kommen wir im Weiteren noch ausführlich zurück.

Anlage und Aufbau der Studie

Die vorliegende Studie enthält sowohl theoretische Analysen und Reflexionen, als auch Darstellungen von und kritische Auseinandersetzungen mit Vorschlägen für die alltägliche Bildungspraxis – etwa für Aspekte der Schulorganisation und die Gestaltung konkreter Unterrichtseinheiten. Damit unterlaufen wir die etablierte Aufspaltung in einen theoretisch voraussetzungsvollen wissenschaftlichen Diskurs einerseits, theoretisch eher anspruchslose Materialien für die Praxis andererseits. Dies geschieht mit Absicht und vor allem aus drei Gründen:

- In der Auseinandersetzung mit vorliegenden praxisorientierten Materialien wird deutlich, dass deren angemessene Verwendung zur Bedingung hat, dass PädagogInnen ein Wissen über die theoretischen und begrifflichen Grundlagen dieser Materialien erwerben und in der Folge in der Lage sind, die Bedeutung bestimmter Vorgehensweisen, Sprachverwendungen usw. (kritisch) zu reflektieren sowie situativ angemessen mit SchülerInnen zu kommunizieren. Es kann deshalb im Interesse einer guten pädagogischen Praxis nicht darauf verzichtet werden, PraktikerInnen auch die Auseinandersetzung mit abstrakt gefasster Theorie anzubieten bzw. zuzumuten.
- Theoretische Auseinandersetzungen mit Fremdenfeindlichkeit, Rassismus und Rechtsextremismus, die für sich den Anspruch erheben, nicht nur akademische Reflexion zu sein, sondern einen Beitrag zu gesellschaftlichen Veränderungen zu leisten, können der Frage nach dem „Montagmorgen" nicht ausweichen. Paul Willis beschreibt dieses Problem in seiner klassischen Studie „Learning to labour" (Willis 1977: 264) wie folgt: „Wenn wir nicht sagen können, was am Montagmorgen geschehen soll, dann bleibt alles bei einer [...] lähmend reduktionistischen Tautologie: Nichts kann getan werden, solange nicht die Grundstrukturen der Gesellschaft verändert sind, aber die Strukturen hindern uns ja daran irgendwelche Veränderungen vorzunehmen. [...] Die Herausforderung des Alltags [...] abzulehnen [...] ist

sowohl ein theoretischer als auch politischer Fehler." Auch deshalb werden im Weiteren einige Materialien vorgestellt, die Anregungen dafür bieten, wie das Problem des Montagmorgens angegangen werden kann.

- Die Aufspaltung der wissenschaftsbezogenen und praxisorientierten Diskurse resultiert nicht zuletzt aus der verbreiteten Überzeugung, dass PraktikerInnen kein Interesse an Theorie haben. Diese Überzeugung ist u. E. zumindest dann, wenn sie als generalistische Zuschreibung auftritt, zu hinterfragen sowie als Aufforderung dazu zu interpretieren, Theoriereflexionen so zu entwickeln, dass nicht nur ihr Erkenntnispotential, sondern auch ihr praktischer Sinn deutlich wird.

Der Aufbau der folgenden Darstellung resultiert aus unserem Forschungsprozess. Zunächst wird in Bezug auf die einschlägige Fachdiskussion die Problemstellung etwas ausführlicher entwickelt und werden für die weitere Argumentation zentrale Begriffe erläutert. Hieran schließt sich eine knapp gefasste Betrachtung der bundesdeutschen Diskussion an, die im Anhang durch eine von Gabi Elverich verfasste Expertise zur Bildungspolitik der Bundesländer ergänzt wird. Hierauf folgt eine kritische Diskussion sozialtechnischer Wirkungserwartungen an pädagogische Maßnahmen und des Stellenwerts von Evaluationen. Im zweiten Kapitel fassen wir die Ergebnisse der Länderrecherchen zusammen, die darauf ausgerichtet waren, die gesellschaftspolitischen und theoretischen Konturen der jeweiligen Bildungsdiskurse zu erschließen und danach zu fragen, was diese und ihre praxisbezogenen Konkretisierungen an Anregungen für die bundesdeutsche Situation enthalten. Im dritten Kapitel werden erste Schlussfolgerungen gezogen und deren Konsequenzen für den weiteren Argumentationsgang verdeutlicht. Im Weiteren erfolgt eine vertiefende Auseinandersetzung mit thematischen Aspekten, deren Bedeutung in der ländervergleichenden Analyse sichtbar wurde: den aktuellen Diskussionen zur Menschenrechtspädagogik, zur interkulturellen und Diversity-Pädagogik sowie zur auf Nationalsozialismus und Holocaust bezogenen historisch-politischen Pädagogik.

Dies führt dazu, dass in der vorliegenden Studie unterschiedliche Kontextbedingungen, Gestaltungsebenen und thematische Dimensionen einer Bildung für die Einwanderungsgesellschaft behandelt werden. Im Weiteren versuchen wir aufzuzeigen, dass diese nicht bloß additiv verknüpft, sondern systematisch aufeinander bezogen werden können.

I. Problemstellung und Begriffsbestimmungen

Einleitend haben wir akzentuiert, dass offenkundige Formen von Fremdenfeindlichkeit, Rassismus und Rechtsextremismus nicht angemessen als separate Phänomene verstanden und angegangen werden können, sondern auf die Notwendigkeit einer Bildungspolitik und Bildungspraxis hinweisen, deren Perspektive die Überwindung der strukturellen und institutionellen Diskriminierung von MigrantInnen sowie die Befähigung aller Heranwachsenden zur Auseinandersetzung mit gesellschaftlichen Veränderungsdynamiken und gesellschaftspolitischen Gestaltungserfordernissen ist. Damit sind einige Aspekte angesprochen, die im Kontext einer umfangreichen, auch für ExpertInnen nur noch schwer überschaubaren Debatte über Ursachen und Erscheinungsformen von Fremdenfeindlichkeit, Rassismus und Rechtsextremismus sowie mögliche Gegenstrategien z.T. kontrovers diskutiert werden.

Diese Debatte hat zu einem inzwischen hoch ausdifferenzierten, durch zahlreiche quantitative und qualitative Studien fundierten Wissen über Ausprägungen und die Verbreitung sowie die sozialstrukturellen und sozialpsychologischen Bedingungen von Einstellungen, Orientierungsmustern und Verhaltensweisen geführt.[8] Inzwischen ist vielfältig dokumentiert (s. zuletzt Heitmeyer 2003), dass bei mehr als 10 % aller Jugendlichen und Erwachsenen rechtsextreme Orientierungen vorzufinden sind, wohlstandschauvinistische Einstellungen bei ca. 25 % und dass einige Aussagen, die Affinität zu autoritären Formen der Ordnungsstiftung anzeigen, Zustimmungsquoten von mehr als 50 % erzielen. Nachgewiesen ist auch, dass es sich hier nicht um einen direkten Effekt von Armut, Arbeitslosigkeit und sozialer Benachteiligung handelt.[9] Zwar bilden diese und andere Daten aus der empirischen Meinungs- und Einstellungsforschung keineswegs unabhängig von jeweiligen Befragungen existierende, stabile und

---

8 S. dazu etwa Sinus 1981; Klär 1989; Silbermann/Hüsers 1995; Ganter/Esser 1998; Kleinert 2000; Stöss 2000; Angermeyer/Brähler 2001; Bromba/Edelstein 2001; EUMC 2001; Heitmeyer 2002 und 2003. Die Bibliografie WISO III verzeichnet für den Zeitraum 1990-2004 1889 Einträge zum Stichwort Rechtsradikalismus, zum Stichwort Rassismus 1384 Einträge.

9 Der einzige Indikator, der sich dazu eignet, entsprechende Orientierungen mit relativ hoher Wahrscheinlichkeit vorherzusagen, ist das formale Bildungsniveau – inwiefern es sich diesbezüglich um ein forschungsmethodisches Artefakt handelt, ist dabei unklar (s. dazu Wagner/Zick 1995; Kleinert 2003: 14 ff.).

widerspruchsfreie individuelle bzw. kollektive Bewusstseinszustände geradlinig ab. Es handelt sich vielmehr um mit bestimmten Erhebungsverfahren und Methoden erzeugte Wirklichkeitskonstruktionen.[10] Was die Zustimmung zu entsprechenden Statements subjektiv bedeutet, ob ihnen verfestigte Überzeugungen zu Grunde liegen und entsprechende Handlungsbereitschaften korrespondieren sowie welche Erfahrungen in ihnen artikuliert werden, kann nur in qualitativen Studien rekonstruiert werden. Auf Grund der verfügbaren Datenlage ist es jedoch offenkundig, dass die in Rede stehende Problematik nicht nur auf eine klar eingrenzbare Teilpopulation verweist, die als Wählerschaft rechtsextremer Parteien, durch die Mitgliedschaft in Kameradschaften und Cliquen oder durch Gewalttaten in Erscheinung tritt.

Es besteht auch kein Mangel an Beiträgen, die um theoretische Klärung bemüht sind (s. dazu etwa Scherr 1996; Kleinert 2004). Deutlich wird dort u.a., dass fremdenfeindliche, rassistische und rechtsextreme Orientierungen auch gegenwärtig noch mit autoritären Dispositionen einhergehen und eine Affinität zu politischen Überzeugungen aufweisen, die nicht auf die Möglichkeiten diskursiver und demokratischer Konfliktregulierungen vertrauen, sondern an einen starken Staat als ordnungsstiftende Macht appellieren. In den Blick gerückt werden auch Verschränkungen von gesellschaftspolitischen Bedingungen, die MigrantInnen ökonomisch, rechtlich und politisch benachteiligen mit ethnisierenden und rassialisierenden Ideologien sowie mit sozialstaatlichen Verteilungskämpfen, die sich fremdenfeindlich und rassistisch artikulieren (s. Bommes/Scherr 1991; Haug 1992; Scherr 2001).

Darüber hinaus wird diskutiert, ob und wie der neue, seit Anfang der 1990er Jahre sichtbar gewordene Rechtsextremismus eine Folge der krisenhaften Modernisierungsdynamik ist, auf die mit Stichworten wie strukturelle Massenarbeitslosigkeit, neue Armut und soziale Spaltung, Exklusion, Individualisierung, Desintegration, Anomie, Konkurrenzgesellschaft, Globalisierung und Wissensgesellschaft hingewiesen wird.[11] Die öffentlich breit diskutierte These,

---

10 Klaus Schröder (2004: 157-250) hat einen methodenkritischen Überblick über neuere empirische Studien vorgelegt und formuliert die Einschätzung, dass diese zu einer dramatisierenden Darstellung ihrer Daten neigen. Seine Kritik ist hier nicht im Einzelnen zu diskutieren. Hoch problematisch ist es jedoch, dass er seine eigene Untersuchung mit einer Interpretation der Ursachen von Rechtsextremismus verbindet, die ihrerseits nicht durch die Datenlage gedeckt ist. Dies gilt insbesondere für die absurde These, dass die 68er-Bewegung zur Erosion zentraler Werte und damit zur Genese des Rechtsextremismus beigetragen habe (ebd.: 496).

11 Darauf, dass es in der Bundesrepublik immer wieder qualitativ „neue" Formen des Rechtsextremismus gab, hat Wolfgang Benz bereits 1980 in Bezug auf den militanten Neonazismus der 1970er Jahre hingewiesen (Benz 1980). Die Entwicklungen seit den 1990er Jahren stehen also auch in einer

dass der neue Rechtsextremismus seine Ursache primär in der Orientierungslosigkeit individualisierter Jugendlicher habe, kann jedoch inzwischen als durch empirische Forschung widerlegt werden (s. dazu Eckart u.a. 1996).

Die Ausdifferenzierung der Diskurse und die Vermehrung des verfügbaren wissenschaftlichen Wissens hat bislang nicht dazu geführt, dass eine umfassende, alle relevanten Akteure einbeziehende gesellschaftspolitische Strategie entwickelt wurde, die konsequent auf die Überwindung der rechtlichen, politischen, sozio-ökonomischen und alltäglichen Diskriminierungen von MigrantInnen ausgerichtet ist.[12] Seit Beginn der 1990er Jahre ist politisch vielmehr die Tendenz vorherrschend, die subkulturellen sowie verfassungs- und strafrechtlich relevanten Erscheinungsformen von Fremdenfeindlichkeit, Rassismus und Rechtsextremismus zu „bekämpfen". Die als Rechtsextremismusbekämpfung gefasste Aufgabe wurde in der Folge vor allem den Verfassungsschutz- und Strafverfolgungsbehörden einerseits, der Jugendhilfe und Jugendarbeit andererseits zugewiesen. Damit wurde die genuin politische, über den subkulturellen jugendlichen Rechtsextremismus hinausreichende Dimension des Problems tendenziell ebenso in den Hintergrund gerückt, wie die Frage, wie auf die Vorurteile und Feindbilder zu reagieren ist, die auch bei „ganz normalen", sozial und strafrechtlich unauffälligen Jugendlichen und Erwachsenen Resonanz finden.[13]

Es gibt zwar durchaus gute Gründe für Skepsis gegenüber der inzwischen gängigen These einer geradlinigen Kontinuität zwischen gesellschaftlich verbreiteten fremdenfeindlichen, antisemitischen, nationalistischen und rassistischen Einstellungen auf der einen, Gewaltdelikten und Ausprägungen eines subkulturellen bzw. organisierten Neonazismus und Rechtsextremismus auf der anderen Seite (s. Jaschke 1994: 30 f.). Dennoch kann nicht ignoriert werden, dass die Entwicklung des manifesten Rechtsextremismus seit Beginn der 1990er Jahre ohne eine Analyse seines Zusammenhangs mit auch in der demokratischen Mitte einflussreichen Vorurteilen und Feindbildern nicht hinreichend verstanden werden kann. Der in der ersten Hälfte der 1990er Jahre geführte Asyldiskurs der demokratischen Parteien und der Massenmedien steht in einem

---

Kontinuität mit früheren Versuchen, rechtsextreme Positionen als jeweils zeitgemäße Reaktion auf unterschiedliche gesellschaftliche Problemlagen zu behaupten.

12 Ersichtlich hängt dies damit zusammen, dass die Faktizität der Einwanderungsgesellschaft bis heute ebenso wenig als gemeinsame Grundlage politischen Handelns demokratischer Parteien akzeptiert ist, wie aus der Beanspruchung der Menschenrechte als Grundlage der „westlichen Wertegemeinschaft" die Bereitschaft folgt, eine konsequente Antidiskriminierungspolitik und -gesetzgebung zu betreiben, die die Allgemeine Erklärung der Menschenrechte in einklagbare Rechte übersetzt.

13 Damit soll selbstverständlich nicht bestritten sein, dass es in lokalen Kontexten sowie im Rahmen des CIVITAS-Programms und des XENOS-Programms zahlreiche Projekte gibt, in denen engagierte und kompetente politische (interkulturelle bzw. antirassistische) Bildungsarbeit betrieben wird.

nachweisbaren Bedingungszusammenhang mit der Eskalation der Gewalt gegen Asylsuchende (s. Gerhard 1993; Ohlemacher 1993). Von szenenahen ExpertInnen und in Feldstudien wird immer wieder darauf hingewiesen, dass gewaltbereite rechte Jugendcliquen auch in der Überzeugung agieren, die Konsequenz aus in ihrem sozialen Umfeld geteilten Stimmungslagen zu ziehen (s. Neckel 1999). Corinna Kleinert (2004) hat daran erinnert, dass bereits ältere Untersuchungen (Pettigrew 1958; Schäfer/Six 1978) solche Zusammenhänge nachgewiesen haben:

> „Wenn die Werte und Normen einer Gesellschaft oder einer Gruppe insgesamt Anknüpfungspunkte an rechtsextreme Ideologien bieten, dann besteht eine starke Gelegenheitsstruktur für Einzelne, diese zu übernehmen und entsprechend dieser Normen zu handeln. Wie stark solche gesellschaftlichen Normen und Werte unabhängig von individuellen, psychologischen Affinitäten zu rechtsextremen Einstellungen wirken, konnte in einer ländervergleichenden Studie zwischen Nordstaaten und Südstaaten der USA sowie Südafrika belegt werden" (Kleinert 2003: 10).

Zudem ist nicht zu übersehen, dass die Entwicklung des Rechtsextremismus seit Beginn der 1990er Jahre einher geht mit einer Konjunktur rechtspopulistischer, d. h. Fremdenfeindlichkeit und Autoritarismus innerhalb der Rechtsordnung propagierenden Tendenzen. In unterschiedlichen politischen Kontroversen wurde deutlich, dass die Grenzziehungen zwischen der demokratischen Mitte, rechtspopulistischen Tendenzen und dem Rechtsextremismus keineswegs klar und eindeutig, sondern Gegenstand gesellschaftspolitischer Auseinandersetzungen sind.[14]

Wissenschaftliche Begriffsdefinitionen sind dabei einbezogen in und folgenreich für den politischen Diskurs, denn sie legen bestimmte Aufmerksamkeiten und strategische Optionen nahe. Für ein Projekt, das beabsichtigt, Ansatzpunkte und Möglichkeiten pädagogischer Programme und Konzepte aufzuzeigen, die nicht nur als reaktive Strategie gegen die manifesten und zugespitzten Artikulationen rechtsextremer Tendenzen angelegt sind, war es vor diesem Hintergrund erforderlich, von einem breit gefassten Problemverständnis auszugehen. *Deshalb gehen wir im Weiteren von struktureller, institutioneller und interaktioneller Diskriminierung sowie von Fremdenfeindlichkeit, Rassismus und Rechtsextremismus als zwar zu unterscheidenden, aber miteinander zusammenhängenden Dimensionen des Problemzusammenhanges aus.*

---

[14] Relevant sind u. a. die Auseinandersetzungen um die Beanspruchung einer nationalen „Leitkultur", die Forderung nach Ermöglichung doppelter Staatsangehörigkeiten, die Walser-Bubis-Debatte, die Mahnmalsdiskussion, die antisemitischen Äußerungen des Landtagsabgeordneten Hohmann sowie zuletzt die Aufforderung zu einer neuen Patriotismusdebatte.

1. Diskriminierung: Strukturen, Praktiken und Legitimationen

Eine grundlegende Gemeinsamkeit von Formen der Fremdenfeindlichkeit, des Rassismus und des Rechtsextremismus liegt darin, dass Individuen nicht als besondere und selbstbestimmungsfähige Einzelne, sondern als Angehörige sozialer Gruppen imaginiert[15] werden, für die behauptet wird, dass sie sich in bedeutsamen Aspekten ihres Erlebens, Denkens und Verhaltens unterscheiden.

Fremdenfeindlichkeit verwenden wir darauf bezogen als bewusst offen gefassten, nicht auf nationalisierende oder ethnisierende Varianten einzugrenzenden Sammelbegriff für heterogene Konstruktionen sozialer Gruppen, die von der imaginierten Eigengruppe unterschieden werden. Fremdheitskonstruktionen begründen und legitimieren soziale Distanzierung und gehen mit der Zuschreibung von Eigenschaften einher, die Unter- und Überordnungsverhältnisse rechtfertigen. Der so gefasste Terminus Fremdenfeindlichkeit ist im vorliegenden Kontext deshalb bedeutsam, weil auch im aktuellen Rechtsextremismus und Rechtspopulismus unterschiedliche Konstruktionen von Fremd- und Feindgruppen einflussreich sind, die sich nicht allein auf MigrantInnen beziehen.

Fremdheitskonstruktionen basieren vielfach auf gesellschaftsstrukturellen Ungleichheiten, sozialer Ausgrenzung sowie Macht- und Herrschaftsverhältnissen. Wie die sozialpsychologische Vorurteilsforschung (s. zusammenfassend Güttler 1996: 67 ff.) sowie die klassische Studie von Norbert Elias und John L. Scotson (1993) gezeigt haben, ist die Herausbildung der Unterscheidung von Eigengruppe und Fremdgruppe und die Entstehung von Intergruppenkonflikten jedoch unter bestimmten sozialen Bedingungen auch dann wahrscheinlich, wenn keine gesellschaftsstrukturell verankerten Machtasymmetrien sowie tradierte Vorurteile und Feindbilder als Kontextbedingungen zu Grunde liegen. Mit der Verwendung des Terminus Fremdenfeindlichkeit soll die Betrachtung deshalb auch offen gehalten werden für die Analyse unterschiedlicher Anlässe und Dynamiken, in denen sich Gruppenkonstruktionen, Gruppenidentifikationen und Gruppenkonflikte herausbilden.

---

15 Imagination bezeichnet hier einen doppelten Prozess: Zum einen die gedankliche Konstruktion intern homogener und voneinander klar abgrenzbarer Kollektive. Zum anderen die Nivellierung der Differenz zwischen realen Gruppen, deren Mitglieder sich wechselseitig kennen und miteinander in Verbindung treten können und fiktiven Gemeinschaften, denen eine große Zahl von Individuen zugerechnet wird, die in keinem Kommunikationszusammenhang miteinander stehen.

Im Unterschied zur soziologischen und sozialpsychologischen Gruppenforschung akzentuieren Rassismustheorien den Zusammenhang von Vorurteilen, Feindbildern und Ideologien mit Strukturen sozialer Ungleichheit sowie mit Macht- und Herrschaftsverhältnissen. Sowohl der biologische Rassismus als auch der Kulturrassismus sind demnach keineswegs zufällige oder beliebige Konstruktionen ungleichwertiger Rassen bzw. Kulturen, sondern Begründungen und Legitimationen der jeweils gesellschaftsgeschichtlich bedeutsamen Über- und Unterordnungsverhältnisse (s. etwa Balibar/Wallerstein 1990; Priester 2003; Reemtsma 1991). Rassenkonstruktionen waren und sind solche Konstruktionen, in denen soziale Ungleichheits- und Herrschaftsverhältnisse naturalistisch legitimiert werden, also keine davon unabhängigen Interpretationen vorgefundener biologischer oder kultureller Unterschiede.

Da die primären Adressaten von Vorurteilen, Feindbildern und Gewalt auch gegenwärtig diejenigen MigrantInnen sind, die sich in einer Situation struktureller, d. h. ökonomischer, politischer und rechtlicher Benachteiligung befinden (Koopmans 2000), und da sich substantielle inhaltliche Übereinstimmungen zwischen biologisch-rassistischen Ideologien und aktuellen Varianten des Ethnopluralismus und Kulturrassismus nachweisen lassen, ist es unseres Erachtens unverzichtbar, *Rassismen*[16] als eine Dimension des Problemzusammenhanges zu benennen. Es führt jedoch analytisch nicht weiter, Rassismus als einen Catch-All-Terminus für alle Formen der Diskriminierung zu verwenden (s. Wacquant 2001).

Inzwischen ist es auch im bundesdeutschen Diskurs üblich, in einer generalisierenden Weise von Rassismus zu reden. Hierin könnte man vordergründig ein Indiz dafür sehen, dass sich die Ablehnung fremdenfeindlicher und rassistischer Orientierungen als politisch vorherrschende Position etabliert hat. Dies trifft jedoch vor allem auf solche Erscheinungsformen zu, die straf- und verfassungsrechtlich relevant sind und/oder als Phänomene wahrgenommen werden, die ökonomisch dysfunktional sind – sei es für das Ansehen des Investitionsstandorts Deutschland oder für die Zusammenarbeit von deutschen und ausländischen ArbeitnehmerInnen im Betrieb. Im Unterschied dazu findet eine offensive Auseinandersetzung mit latent oder manifest rassistischen Ideologemen, die im Kontext des Asyldiskurses, im Diskurs über „Ausländerkriminalität“ und „Innere Sicherheit“ sowie zuletzt in der Thematisierung des Islamismus und in der

---

[16] Von Rassismen im Plural reden wir deshalb, weil die historischen Hintergründe und ideologischen Ausformungen des US-amerikanischen Rassismus andere sind als die des postkolonialen Rassismus, wie er sich etwa in England und Frankreich findet und diese wieder andere als die der nationalsozialistischen Rassenideologie.

Debatte um das Zuwanderungsgesetz bedeutsam waren, kaum statt. Folglich zeigt die Verwendung des Rassismusbegriffs gegenwärtig keine eindeutige politische Verortung mehr an, und es kann auch nicht davon ausgegangen werden, dass eine konsequente Überwindung „des Rassismus“ zum konsensfähigen politischen Projekt geworden wäre.

Rechtsextremismus ist nicht auf Rassismus bzw. Rassismen reduzierbar, obwohl Varianten eines biologischen, kulturellen und völkischen[17] Rassismus für den gegenwärtigen Rechtsextremismus von grundlegender Bedeutung sind. Rechtsextremismus kann als ein spezifischeres Phänomen charakterisiert werden, für das darüber hinaus ein antidemokratisches, antipluralistisches und antiindividualistisches Gesellschaftsideal, die Forderung nach einem starken Nationalstaat sowie ggf. der Rückbezug auf Elemente nationalsozialistischer Ideologie und Politik sowie des Antisemitismus zentral ist, keineswegs aber die individuelle Gewaltbereitschaft (s. Jaschke 1994: 52 ff.). Die in der Jugendforschung seit der ersten Bielefelder Rechtsextremismus-Studie (Heitmeyer 1989) einflussreiche Charakterisierung von Rechtsextremismus als Verbindung von Ungleichheitsideologien mit Gewaltbereitschaft ist dagegen allzu eng auf das Phänomen männlich dominierter Jugendcliquen bezogen und nicht dazu geeignet, den organisierten und ideologisch fundierten Rechtsextremismus einschließlich seiner intellektualisierten Strömungen zu bezeichnen.

Rechtsextreme, fremdenfeindliche und rassistische Ideologien und Praktiken umfassen auch geschlechtsbezogene Stereotype und sexistische Konnotationen. Zudem zeigt die einschlägige Forschung, dass die Attraktivität rechter Szenen und Cliquen auch darin begründet ist, dass sie ein bestimmtes Männlichkeitsbild (physische Stärke, Selbstbehauptung) legitimieren. Dies kann insbesondere dann nicht ignoriert werden, wenn Gewalt und Gewaltbereitschaft als Elemente von Rechtsextremismus thematisiert werden.[18]

Grundlage unseres Projekts ist also ein offen angelegtes Problemverständnis, das Formen von Fremdenfeindlichkeit, Rassismen und Rechtsextremismus als zu unterscheidende, nicht aufeinander reduzierbare Diskurse, Ideologien und

---

17 Grundlegend für den völkischen Rassismus ist die Idee einer Volksgemeinschaft, die als ein streng hierarchisch gegliedertes Gemeinwesen verstanden wird, in dem der Staat und ein vermeintlich ethnisch homogenes Volk zu einer Einheit verschmelzen und in dem alle Klassen- und Standesschranken bedeutungslos werden.

18 Zu berücksichtigen ist selbstverständlich auch der Stellenwert von Mädchen und Frauen in rechten Szenen – bis hin zu der gelegentlich beobachteten fremdenfeindlichen Gewalt junger Frauen (s. dazu Bitzan 1997).

Praktiken begreift. Nicht nur für sozialwissenschaftliche Analysen, sondern auch für die pädagogische Theorie und Praxis ist es unzureichend, allein die Ebene der individuellen und kollektiven Überzeugungen und Handlungen in den Blick zu nehmen. Denn diese sind nicht unabhängig von gesellschaftsstrukturell bedingter Diskriminierung sowie von gesellschaftsweit zirkulierenden Vorurteilen, Feindbildern, Diskursen und Ideologien verständlich.[19]

Hierauf ist in der US-amerikanischen Rassismusforschung, insbesondere in den Arbeiten von Joe Feagin (s. Feagin 2003), hingewiesen worden. Daran anschließend hat in der bundesdeutschen Diskussion insbesondere Frank-Olaf Radtke in einer Reihe von Analysen argumentiert (s. Radtke 1988; Gomolla/Radtke 2002), dass *Diskriminierung* nicht zureichend als eine Praxis von Individuen und Gruppen verstanden werden kann, für die gilt, dass Formen von Ablehnung, Ausgrenzung, Ungleichbehandlung, Aggression und Gewalt Ausdruck absichtsvollen, durch Vorurteile und Feindbilder motivierten Handelns sind. Um solche Formen der Diskriminierung beschreibbar zu machen, die ohne eine benachteiligende Absicht beteiligter Individuen auskommen, hat er (Radtke 1988) in Anlehnung an die anglo-amerikanische Debatte den Begriff der institutionellen Diskriminierung vorgeschlagen. Mechthild Gomolla und Frank-Olaf Radtke verbinden dies mit der These, dass „die allermeisten Möglichkeiten der Diskriminierung von Migranten als formale Rechte, etablierte Strukturen, eingeschliffene Gewohnheiten, etablierte Wertvorstellungen und bewährte Handlungsmaximen ‚in der Mitte der Gesellschaft' institutionalisiert" (Gomolla/Radtke 2002: 14), also gerade nicht an explizite fremdenfeindliche und rassistische Ideologien gebunden sind. Der Begriff der institutionellen Diskriminierung akzentuiert rechtliche Benachteiligungen von Migranten sowie die indirekte Diskriminierung von Migrantenkindern in der Organisation Schule (ebd.: 14ff.). Dies geschieht in der Absicht, die für das Bildungssystem entlastende Sichtweise zu kritisieren, dass die Bildungsbenachteiligung von MigrantInnen den „Eigenschaften der Kinder und ihre[n] migrationsbedingten Startnachteile[n]" (ebd.: 17) zuzurechnen seien. Damit wird jedoch tendenziell aus dem Blick gerückt, dass schulische Benachteiligung von Migranten auch als Effekt

---

[19] Die Frage, wie der Zusammenhang von Gesellschaftsstrukturen, Ideologien und Diskursen angemessen zu fassen ist, ist Gegenstand von Debatten, die in den Kontexten der Wissenssoziologie, der Ideologietheorie bzw. der Ideologiekritik und der Diskurstheorie geführt werden. Auf diese ist hier nicht einzugehen. Vor dem Hintergrund dieser Debatten können zumindest drei Aspekte dieses Verhältnisses unterschieden werden: a) die Legitimation von Ungleichheiten sowie Macht- und Herrschaftsverhältnissen durch Ideologien, b) die konstitutive Bedeutung von Ideologien für die Entstehung von Strukturen und Praktiken, c) die Ermöglichung von Vorurteilen, Feindbildern und Ideologien durch gesellschaftsstrukturelle Benachteiligung und Ausgrenzung.

sekundärer Diskriminierung zu interpretieren ist, d.h. durch ihre soziale Klassenlage und die Reproduktion sozialer Ungleichheiten durch Schule mit bedingt ist. Zudem besteht die Problematik von Diskriminierung im Bildungssystem nicht „nur“ darin, dass sie zur Bildungsbenachteiligung von MigrantInnen führt. Es ist auch keineswegs auszuschließen, dass Migranten in der Schule Adressat fremdenfeindlicher und rassistischer Vorurteile, Feindbilder und Diskurse sind, die mit negativen Eigenschafts- und Fähigkeitszuschreibungen einhergehen. Deshalb ist es u. E. notwendig, nicht nur zwischen absichtsvoller und institutioneller Diskriminierung, sondern darüber hinausgehend zwischen den folgenden *Formen struktureller, institutioneller und interaktioneller Diskriminierung* zu unterscheiden.

Soziale Ungleichheiten sowie Macht- und Herrschaftsverhältnisse zwischen Nationalstaaten, Staatsbürgern und Nicht-Staatsbürgern, Mehrheiten und Minderheiten, Männern und Frauen, sozialen Klassen und Schichten, Etablierten und Außenseitern als gesellschaftsgeschichtlicher Kontext	
Individuelle Diskriminierung	Individuelle Handlungen auf der Grundlage sozial verfügbarer Zuschreibungen, Vorurteile und Feindbilder
Diskriminierung als Gruppenpraxis	Diskriminierung als kollektive Praxis sowie im Kontext von Intergruppenbeziehungen und –konflikten in Verbindung mit sozial geteilten Vorurteilen und Feindbildern
Alltagskulturelle Diskriminierung	Ungleichbehandlung auf Grund gesellschaftsweit einflussreicher, latenter und manifester (ethnisierender, nationalisierender, rassialisierender sowie auf Gender und soziale Klassen bezogener) Erwartungen, Eigenschafts- und Fähigkeitszuschreibungen
Legale Diskriminierung	Politische und rechtlich abgesicherte Ungleichbehandlung auf der Grundlage legaler Unterscheidungen (Deutsche/Ausländer, EU-Angehörige/Drittstaatsangehörige, Arbeitsmigranten/Flüchtlinge, Aufenthaltsstatus)
Organisationsspezifische Diskriminierung	Ungleichbehandlung auf Grund von organisationsspezifischen Normalitätsentwürfen (etwa: Sprachkompetenz, körperliche und psychische Gesundheit), die in Schulen, Betrieben usw. Vorgaben für Entscheidungen über Mitgliedschaft, Karrieren und Leistungen etablieren
Sekundäre Diskriminierung	Ungleichbehandlung von MigrantInnen und Minderheiten, die an sekundären Merkmalen ansetzt (Einkommensniveau, Bildungsniveau, Aufenthaltsstatus, intakter familialer Hintergrund)
Diskurse und Ideologien als übergreifender Rahmen, der Begründungen und Rechtfertigungen für diskriminierende Strukturen und Praktiken bereitstellt	

Diese analytisch zu unterscheidenden Diskriminierungsformen treten faktisch keineswegs unabhängig voneinander auf, sondern bedingen sich wechselseitig und sind ineinander verschränkt.[20]

Individuelle Diskriminierung und Diskriminierung als Gruppenpraxis können als *interaktionelle Diskriminierung* charakterisiert werden, deren Grundlage sowohl diskriminierende Absichten, als auch Stereotype und Deutungsmuster sein können, die zu diskriminierenden Handlungen ohne bewusste Diskriminierungsabsicht führen. Legale, organisationsspezifische und sekundäre Diskriminierung sind in ihrem Vollzug nicht auf benachteiligende Absichten jeweiliger Akteure angewiesen. Diskriminierung resultiert hier vielmehr aus dem Normalvollzug etablierter gesellschaftlicher, insbesondere politischer und ökonomischer Strukturen (*strukturelle Diskriminierung*). Strukturelle Diskriminierung schließt *institutionelle Diskriminierung* ein, d. h. Praktiken, die in rechtlichen oder organisationsspezifischen Erwartungsstrukturen begründet sind. In unterschiedlichen Formen alltagskultureller Diskriminierung, etwa bei der Ungleichbehandlung von MigrantInnen auf dem Wohnungsmarkt, überlagern sich potentiell interaktionelle und strukturelle Formen von Diskriminierung.

[20] Joe Feagin (2003: 17) spricht deshalb von systemischer Diskriminierung: „Various combinations of blatant, covert, and subtle forms of discrimination can coexist in a given organization or community. The patterns of discrimination cutting across political, economic, and social organizations in our society can be termed systemic discrimination. (...) Both consciously and unconsciously, racism is enforced and maintained by the legal, cultural, religious, educational, economic, political, environmental and military institutions of societies."

2. Fremdenfeindlichkeit, Rassismus und Rechtsextremismus als Herausforderung für die Pädagogik

Mit der Akzentuierung der Verflechtung struktureller, institutioneller und interaktioneller Formen von Diskriminierung sind implizit deutliche Grenzen der Wirkungsmöglichkeiten pädagogischer Interventionen markiert. Diese reichen an die strukturellen Bedingungen nicht heran, die direkt und indirekt zur Entstehung und Verfestigung fremdenfeindlicher, rassistischer und rechtsextremer Orientierungen beitragen. Dennoch aber ist es unverzichtbar, Kindern und Jugendlichen nicht-diskriminierende Möglichkeiten der Interpretation und Artikulation ihrer sozial situierten Erfahrungen zu eröffnen sowie sie zu einer kritischen Auseinandersetzung mit Stereotypen, Feindbildern und Ideologien anzuregen. Hierfür sind auf Moralisierung und Belehrung zielende pädagogische Konzepte nicht nur auf Grund lern- und bildungstheoretischer Überlegungen als ungeeignet zu betrachten. Denn Studien aus dem Kontext der qualitativen Jugendforschung (Willis 1977; Cohen 1991; Held/Marvakis/Leiprecht 1991; Scherr 1995; Czock/Panke/Steil 1999; Leiprecht 2001) weisen darauf hin, dass fremdenfeindliche, rassistische und rechtsextreme Artikulationen nicht einfach als Übernahme gesellschaftlich zirkulierender Ideologien verstanden werden können. Sie sind vielmehr als Formen der Auseinandersetzung mit je spezifischen eigenen Lebensbedingungen und darin eingelassenen Erfahrungen sinnverstehend zu rekonstruieren. Daraus folgt, dass pädagogische Interventionen sich nicht auf eine aufklärungsorientierte Kritik von Vorurteilen, Feindbildern und Ideologien beschränken können, die deren innere Widersprüche und sachliche Fehlannahmen aufdeckt. Vielmehr ist es erforderlich, in die Auseinandersetzung mit den jeweiligen Sichtweisen der eigenen Lebenssituation, Probleme und Interessen einzutreten, die sich in der Verwendung fremdenfeindlicher, rassistischer und rechtsextremer Symbole, in Diskursen und Handlungen artikulieren.

Dies ist nur dann möglich, wenn die jeweiligen AdressatInnen in dialogisch angelegten Prozessen ihre Erfahrungen und Sichtweisen zur Sprache bringen können und PädagogInnen als Gesprächspartner agieren, die bereit und in der Lage sind, in eine kritische Auseinandersetzung mit zugrunde liegenden Deutungen einzutreten sowie alternative Sichtweisen aufzuzeigen. Hierauf ausgerichtete Bildungsangebote können nicht davon ausgehen, dass pädagogische Interventionen ein Vorgang sind, durch den Meinungs- und Einstellungsänderungen der AdressatInnen kausal herbeigeführt werden können.

Bildung ist grundsätzlich als ein Prozess der Selbstbildung zu verstehen, in dem sich Individuen auf der Grundlage eigener Erfahrungen, Deutungsmuster, Fragestellungen usw. mit jeweiligen Lernangeboten eigensinnig auseinander setzen. (s. Holzkamp 1993; Kohlstruck 2002a; Meueler 1993; Scherr 1997b). Bildung, verstanden als Veränderung eigener Überzeugungen, Orientierungen und Gewissheiten, also nicht nur als Wissensaneignung, kann nicht bewirkt, sondern nur ermöglicht, angeregt und unterstützt werden. Bemühungen, politische Bildung als einen Erziehungsvorgang zu konzipieren, der die Freiheitsspielräume der zu Bildenden einschränkt, widersprechen u. E. nicht nur dem für die politische Bildung grundlegenden Überwältigungsverbot. Sie sind zudem der Möglichkeit nach auch kontraproduktiv, weil sie spezifische Lernwiderstände aufrufen (s. u.). Für eine solche Bildungsarbeit sind gerade diejenigen Kinder und Jugendliche als AdressatInnen relevant, die noch nicht über verfestige politische Überzeugungen verfügen. Denn es ist ersichtlich nicht sinnvoll, den Prozess der Herausbildung grundlegender gesellschaftspolitischer Orientierungen den Einflüssen von Familien, Gleichaltrigengruppen und Massenmedien zu überlassen, und erst dann einen Anlass für gezielte pädagogische Interventionen zu sehen, wenn bereits problematische Entwicklungen offenkundig geworden sind. Gerade unter den gegenwärtigen Bedingungen krisenhafter ökonomischer, sozialer und politischer Transformationsprozesse genügt es auch nicht, darauf zu vertrauen, dass sich demokratische und menschenrechtliche Überzeugungen bei Heranwachsenden quasi naturwüchsig herausbilden. Hierin ist vielmehr eine grundlegende Bildungsherausforderung zu sehen, deren Bewältigung zentrale Aufgabe von Schulen sowie der außerschulischen Jugend- und Erwachsenenbildung sein sollte. Es ist deshalb hoch problematisch, dass insbesondere seit Veröffentlichung der PISA-Studien Bildung primär als Vermittlung arbeitsmarktrelevanter Kompetenzen verstanden wird und der Frage nach den Erfordernissen einer demokratischen Pädagogik bestenfalls nachrangige Aufmerksamkeit zukommt.

Zudem sind die Erfolgsaussichten von Interventionen, die auf bereits verfestigte Orientierungen und rechtsextreme Szene- und Organisationseinbindungen reagieren, skeptisch einzuschätzen.[21] Es ist auch deshalb paradox, wenn Forderungen nach Prävention[22] und Intervention, wie in den 1990er Jahren zu beobachten

---

21 Exemplarisch deutlich wird dies in den Debatten um die aufsuchende und akzeptierende Jugendarbeit mit rechten Jugendcliquen (s. dazu Scherr 2000).

22 In den 1990er Jahren wurde Prävention in verschiedenen Kontexten (Drogenprävention, Gewaltprävention, Kriminalitätsprävention) zu einem Leitbegriff politischer und pädagogischer Program-

war, anlassbezogen und reaktiv formuliert werden und in der Folge – entgegen der einschlägigen gesetzlichen Vorgaben – darauf verzichtet wird, Bedingungen für eine pädagogische Praxis zu schaffen, die Bildungsangebote für alle Kinder und Jugendliche rechtzeitig und umfassend bereitstellt. Damit ist ein politischer und pädagogischer Handlungsbedarf angezeigt: Diejenige Institution, der primäre gesellschaftliche Zuständigkeit für die gesellschaftspolitische Bildung aller Heranwachsenden zukommt, ist die Schule. Wie im Weiteren deutlich werden wird, kann sich eine an der Idee Bildung für die Einwanderungsgesellschaft orientierte Schulentwicklung nicht auf die Ebene der Inhalte von Curricula und Projekten beschränken. Von zentraler Bedeutung ist vielmehr eine solche Entwicklung der Organisation Schule, die sich umfassend und kritisch mit Prozessen und Erfahrungen der Diskriminierung auseinandersetzt sowie demokratische Partizipation ermöglicht.

Für die Akzentuierung der Projektarbeit war weiter die Annahme leitend, dass es nicht angemessen ist, auf fremdenfeindliche, rassistische und rechtsextreme Orientierungen durch Bemühungen zu reagieren, die das Idealbild einer kulturellen Bereicherung durch Zuwanderung propagieren, oder im Sinne einer Pädagogik der Wertvermittlung Respekt gegenüber „Menschen anderer Herkunft und Kultur" einzufordern. Eine Ausgangsbedingung einer Bildung für die Einwanderungsgesellschaft besteht darin, dass Migration und damit verbundene soziale und kulturelle Veränderungsdynamiken kein Ausnahmephänomen sind, sondern ein ganz normaler – vielfach unspektakulärer, gelegentlich auch konflikthafter – Bestandteil der gesellschaftlichen Entwicklung. Migration ist keineswegs, wie vielfach unterstellt wird, per se problematisch und eine Konfliktursache. Der Themenkomplex Migration wird aber auf absehbare Zeit ein Gegenstand politischer Konflikte sein, in denen sich rechtspopulistische und rechtsextreme Positionen konturieren können. Denn Auseinandersetzungen über die Überwindung der Strukturkrise des Arbeitsmarktes und der sozialen Sicherungssysteme, die Gestaltung der ökonomischen, politischen und kulturellen Globalisierungsprozesse, über bevölkerungspolitische Reaktionen auf die demografische Entwicklung oder über die Bestimmung „nationaler Identität" sind

me. Dies ist schon insofern problematisch, als Präventionskonzepte mit fragwürdigen Ursache-Wirkungs-Annahmen operieren und gegenüber sozial benachteiligten Gruppen einen Generalverdacht etablieren, der weitgehende Einschränkungen der Autonomie der individuellen Lebensführung legitimieren kann. Hinzu kommt, dass ernst zu nehmende Präventionskonzepte darauf verwiesen sind, tatsächlich an den behaupteten Ursachen jeweiliger Probleme anzusetzen, also nicht erst nachträglich im Sinne einer ex-post-Prävention auf Symptome zu reagieren, weil sie nicht an strukturelle Bedingungen heranreichen.

der Möglichkeit nach auch Kontroversen über den anzustrebenden Umgang mit Migration und MigrantInnen.

Die Aufgabe einer Bildung für die Einwanderungsgesellschaft liegt deshalb unseres Erachtens nicht nur darin, zu einer rationalen Analyse und Diskussion der Realitäten der Einwanderungsgesellschaft zu befähigen. Von zentraler Bedeutung ist darüber hinaus zur Entwicklung von Kritikfähigkeit gegenüber struktureller Diskriminierung, fremdenfeindlichen, rassistischen, antisemitischen und nationalistischen Einstellungen und Ideologien beizutragen. Hierfür ist eine solche Gestaltung von Schulen und außerschulischen Bildungseinrichtungen anzustreben, die Erfahrungen des gleichberechtigten Zusammenarbeitens von Einheimischen und MigrantInnen, Mehrheiten und Minderheiten ermöglicht.

3. Pädagogische Programmatiken und Konzepte – ein unübersichtlicher Diskurs

Im deutschen wie im internationalen Kontext zirkulieren – bezogen auf das Interesse, mit pädagogischen Mitteln gegen Fremdenfeindlichkeit, Rassismus und Rechtsextremismus vorzugehen – unterschiedliche Programmatiken und Konzepte, die sich hinsichtlich ihrer Zielsetzungen und methodischen Vorgehensweisen zwar erheblich überschneiden, aber bislang nur unzureichend aufeinander bezogen sind. Zu nennen sind hier – ohne Anspruch auf Vollständigkeit – vor allem die Folgenden: Demokratieerziehung und Menschenrechtspädagogik, interkulturelle und multikulturelle Pädagogik, antirassistische Pädagogik und Race-Equality-Programme, Pädagogik der Vielfalt und Diversity-Training, historisch-politisches Lernen, Holocaust-Education und Gedenkstättenpädagogik, moralisches Lernen in der gerechten Gemeinschaft (Just Community), Toleranzerziehung, Antibias-Education, Pädagogik der Anerkennung sowie Konfliktlösungstraining und Mediationskonzepte.[23] Diese koexistieren als je eigenständige Diskurs- und Praxiszusammenhänge, die nicht systematisch miteinander verknüpft sind. Insofern kann, trotz aller inhaltlicher Konvergenzen, auch nicht sinnvoll von einer „neuen pädagogischen Bewegung“ (Prengel 1995: 171)

---

[23] Wir verzichten in diesem Problemaufriss auf ausführliche Literaturhinweise. Diese folgen in den Kapiteln, in denen wir umfassender auf ausgewählte Programmatiken eingehen.

gesprochen werden, sondern eher von einer unübersichtlichen Pluralität. Diese stellt interessierte politische Entscheidungsträger und pädagogische PraktikerInnen vor das Dilemma, sich entweder mehr oder weniger zufällig für eine dieser konzeptionellen Orientierungen zu entscheiden und in praktisches Handeln umzusetzen, oder aber sich auf eine Abwehrhaltung gegenüber der Überfülle der weder theoretisch umfassend rezipierbaren, noch praktisch realisierbaren Konzepte und Programmatiken zurückzuziehen.

Ein klärender Fachdiskurs wird auch dadurch erschwert, dass innerhalb der jeweiligen Programmatiken und Konzepte die Begriffsverwendung keineswegs einheitlich ist. So werden „multikulturelle Erziehung“ und „interkulturelle Erziehung“ gelegentlich als zusammenfassende Sammelbegriffe verwendet (s. etwa Auernheimer 1990: 170 ff.; Banks 1995), die auch antirassistische Elemente einschließen. Andernorts aber wird Antirassismus dezidiert kritisch gegen interkulturelle und multikulturelle Pädagogik abgegrenzt (s. etwa Essed/Mullard 1991: 49 ff. und 77 ff.; s. Steiner-Khamsi 1992). Zudem werden die genannten Programmatiken in unterschiedlicher Weise methodisch konkretisiert, ohne dass durchgängig ein konsistenter Fundierungszusammenhang zwischen theoretischen Grundannahmen und methodischer Umsetzung vorliegt. Hinzu kommen spezifische Projekte und Modelle einer schulischen und außerschulischen politischen Bildung, die unterschiedliche Aspekte des Themenkomplexes aufgreifen, so etwa auf sachliche Informationen über und die Auseinandersetzung mit Aspekten von Einwanderung (z. B.: Asylpolitik, „Ausländerkriminalität“, Einwanderung und Arbeitsmarkt) ausgerichtet sind.[24] Dominant sind in der aktuellen bundesdeutschen Diskussion zum einen Maßnahmen gegen Gewalt und Rechtsextremismus, zweitens Konzepte interkultureller Pädagogik, sowie drittens solche Vorgehensweisen, die auf die Darstellung und Vermittlung basaler Werte und Normen sowie normativ positiv akzentuierter Gesellschaftsmodelle (Zivilgesellschaft, Demokratie, multikulturelle Gesellschaft) zielen.

Bei der pädagogischen Beanspruchung dieser Gesellschaftsmodelle zeichnet sich die Tendenz ab, zwischen normativen Entwürfen und sozialer Wirklichkeit nicht immer deutlich zu unterscheiden. So legen einflussreiche Ansätze der Demokratieerziehung (s. etwa Edelstein/Fauser 2001) es als quasi selbstverständlich nahe, dass schulische Erziehung zur Demokratie als Vorbereitung auf eine demokratisch verfasste Gesellschaft verstanden werden kann, verzichten

---

24 Anzumerken ist jedoch, dass sowohl in der deutschen als auch in der internationalen Diskussion Formen der gezielten sachhaltigen Auseinandersetzung mit den zuletzt genannten Themen sowie insgesamt mit den Ideologemen des Rechtsextremismus und Rechtspopulismus nicht im Vordergrund stehen.

also auf eine Auseinandersetzung mit der Differenz zwischen dem gesellschaftlichen Selbstanspruch Demokratie und der realen Verfasstheit von Politik und Ökonomie.[25] Dies muss insbesondere im Hinblick auf die Situation ausländischer SchülerInnen als problematisch gelten, die nicht über staatsbürgerliche Teilhaberechte verfügen. In vergleichbarer Weise suggerieren manche Konzepte der interkulturellen Pädagogik die Vorstellung eines grundsätzlich problemlosen, „nur" durch kulturelle Differenzen sowie individuelle Feindbilder und Vorurteile erschwerten Zusammenlebens von Mehrheiten und Minderheiten, Einheimischen und Zugewanderten und blenden die Dimension der gesellschaftspolitischen Auseinandersetzungen in nationalstaatlich verfassten Einwanderungsgesellschaften (Kontroversen um die staatliche Regulierung von Zuwanderung; Konflikte um die „doppelte Staatsbürgerschaft"; strukturelle Benachteiligung von MigrantInnen) weitgehend aus. Auch die Frage nach der demokratietheoretischen Bedeutung und der menschenrechtlichen Legitimität der Ungleichbehandlung von StaatsbürgerInnen und Nicht-StaatsbürgerInnen ist in der Regel kein Thema der erwähnten pädagogischen Programme, obwohl sie insbesondere in der deutschen Situation eine zentrale Problemdimension darstellt. Damit stehen normativ fundierte pädagogische Programmatiken in der Gefahr, strukturelle Diskriminierungen, soziale Ungleichheiten, Macht- und Herrschaftsverhältnisse sowie soziale Konflikte auszublenden und darauf bezogene Erfahrungen von PädagogInnen und SchülerInnen zu ignorieren.[26]

Entsprechend wird in der anglo-amerikanischen Diskussion betont, dass sich sinnvolle pädagogische Konzepte nicht auf die Ebene der Lerngegenstände und Unterrichtsinhalte beschränken können, sondern Schule als Organisation und Erfahrungsfeld in den Blick zu nehmen haben. Denn jeder Versuch, politische Orientierungen, Normen und Werte zu vermitteln, die durch die schulische Organisationsstruktur und die alltäglichen Erfahrungen in der Schule konterkariert werden, steht vor einer nicht auflösbaren Paradoxie und damit in der Ge-

---

25 In sozialwissenschaftlicher Perspektive ist zu unterscheiden zwischen Demokratie als Regierungsform bzw. als Selbstbeschreibung des politischen Teilsystems der Gesellschaft (s. Luhmann 2000) und einem Verständnis von Demokratie als Lebensform (s. dazu Dewey 1964: 120ff.), wie es insbesondere in der US-amerikanischen Tradition der Pädagogik als Leitorientierung bedeutsam ist.

26 Zur Verdeutlichung: Das nahe liegende Argument, dass deutsche LehrerInnen und Studierende kein genuines Eigeninteresse daran haben, dass sich der Arbeitsmarkt Schule für MigrantInnen öffnet und dass hierin eine folgenreiche Blockade für die Implementierung antirassistischer Pädagogik begründet ist, ist nicht von vornherein obsolet. Ähnliches gilt für die Frage, was das Interesse deutscher Eltern und SchülerInnen an Programmen sein soll, die auf eine Verbesserung der Bildungschancen von MigrantInnen ausgerichtet sind. Solche Fragen sind u. E. jedoch zu stellen und nicht normativ zu tabuisieren, wenn es darum gehen soll, eine Weiterentwicklung der schulpädagogischen Diskussion voranzutreiben.

fahr, schon auf Grund der Wahrnehmung dieser Paradoxie zurückgewiesen zu werden.[27]

Auf die Problematik des viergliedrigen deutschen Schulsystems haben wir einleitend bereits hingewiesen. Die aus unterschiedlichen Gründen plausible Forderung nach Überwindung des viergliedrigen Schulsystems ist voraussichtlich auf absehbare Zeit nicht durchsetzbar und lässt zudem spezifische pädagogische Strategien zur Überwindung von Chancenungleichheit und Diskriminierung auch nicht überflüssig werden. Deshalb schlagen wir ein Monitoring Bildungsinklusion vor (s.u.). Damit soll auf lokaler und regionaler Ebene die Zusammensetzung der Schüler- und Lehrerschaft sowie ihre Verteilung auf verschiedene Schultypen differenziert erfasst und damit eine Grundlage für bildungspolitische Auseinandersetzungen bereit gestellt werden.

Im Unterschied zur Bundesrepublik wird in der anglo-amerikanischen und kanadischen Diskussion auch die geringe Repräsentanz von MigrantInnen innerhalb der Schulverwaltungen und des Lehrpersonals problematisiert. Denn die Zusammensetzung des Personals „sets the tone for interaction within the schools" (Stephan 1999: 101). Wenn also die LehrerInnen typischerweise Deutsche sind, die Putzfrauen vielfach Türkinnen, wird die Idee einer gerechten Einwanderungsgesellschaft ersichtlich deutlich konterkariert.

Abschließend hinzuweisen ist auf die anhaltende Kontroverse um die Bedeutung und die normative Bewertung tatsächlich oder vermeintlich „identitätsstiftender Gruppen" (Margalit 1997: 171) und „imaginärer Gemeinschaften" (Anderson 1996), auf die im Weiteren noch einzugehen sein wird. Während tradierte Konzepte interkultureller und multikultureller Pädagogik kollektive Zugehörigkeiten und Identifikationen als Ausgangspunkt setzen und darauf zielen, Verstehen und Verständigung zwischen den so unterstellten Kollektiven zu fördern, argumentieren neuere Varianten einer reflektierten interkulturellen Pädagogik entschieden gegen ein Denken in der Logik primordialer kultureller Gruppen sowie gegen eine analytische und normative Kategorisierung von Individuen als Mitglieder oder Angehörige dieser Gruppen (s. etwa Hamburger 1999; Scherr 2001). In der Folge muss eine solche interkulturelle Pädagogik als obsolet gelten, die bezogen auf MigrantInnen die Komplexität kultureller Referenzen unterläuft und Individualität nach dem Modell „kultureller Prägungen" konstruiert. Sie wird folglich mit dem Einwand konfrontiert, zur Verfestigung kulturalistischer Stereotype und zur Tradierung von Vorurteilen beizutragen.

---

[27] Dass schulisches ‚Demokratie lernen' empirisch mit „inkonsistenten partizipativen Anspruchskulturen" einhergeht, wird, wie Helsper und Lingkhorst (2002) nachweisen, von SchülerInnen durchaus beobachtet und führt zu Skepsis gegenüber den Absichten der Demokratieerziehung.

Diese umfassend und in zahlreichen Varianten vorgetragene Kritik hat aber noch nicht zu einer flächendeckenden Verabschiedung von der Programmatik eines naiven Kulturalismus geführt. Vielmehr ist dieser in Kontexten praktischer Pädagogik, aber auch im Diskurs der Massenmedien und in politischen Zusammenhängen, immer noch einflussreich.

Zur Beschlusslage der Kultusministerkonferenz

In der Empfehlung der KMK „Interkulturelle Bildung und Erziehung in der Schule" vom 25.10.1996 sowie im „Bericht Zuwanderung der KMK" vom 24.5.2002 wird interkulturelle Pädagogik explizit als grundlegende Orientierung für die vorschulische und schulische Pädagogik sowie als ein notwendiges Element der Ausbildung von ErzieherInnen und LehrerInnen genannt. Dort findet jedoch die in der Fachdiskussion breit diskutierte Problematik eines naiven Interkulturalismus keine angemessene Berücksichtigung. Zudem wird an einem defizitorientierten Blick auf die MigrantInnen festgehalten, indem ihre ungünstigeren Lebensbedingungen und familial bedingte Sprachdefizite als Ursache relativen schulischen Misserfolgs akzentuiert werden. Zugleich findet die Problematik ethnisierender und rassistischer Diskriminierung in Schulen keine Berücksichtigung und entsprechend werden auch keine Empfehlungen zu ihrer Überwindung formuliert.

Im internationalen Vergleich ist weiter nicht zu übersehen, dass in Deutschland – anders als etwa in Großbritannien, Kanada oder den USA – weder die Idee einer „multikulturellen Einwanderungsgesellschaft" als ein gesellschaftspolitischer Konsens vorausgesetzt werden kann, noch – wie etwa in Frankreich – die republikanische Idee einer nationalen Identität, die auf der gemeinsamen Anerkennung der demokratischen Verfassung beruht, also kein Bekenntnis zu einer Abstammungs- und Kulturgemeinschaft voraussetzt. Folgenreich ist dies, wie im Kapitel II deutlich werden wird, nicht zuletzt für den unterschiedlichen Grad der Etablierung und institutionellen Verankerung von Konzepten multikultureller und antirassistischer Pädagogik.

4. Erfolgsaussichten und Wirkungserwartungen an pädagogische Programme

Leistungen, Wirkungen und Grenzen pädagogischer Vorgehensweisen gegen Fremdenfeindlichkeit, Rassismus und Rechtsextremismus bzw. Möglichkeiten und Erfordernisse einer Bildung für die Einwanderungsgesellschaft sind immer wieder Gegenstand von Kontroversen (s. dazu Roth/Lynen von Berg/Benack 2003; Simon/Hanselmann 2003; Hafeneger 2003; Scherr 2003). Im politischen und medialen Diskurs ist die Erwartung einflussreich, dass Maßnahmen der Sozial- und Bildungsarbeit sich als Mittel für die Realisierung der Zielvorgabe eignen, „den Rechtsextremismus" zu „bekämpfen". In der Fachdiskussion ist seit Beginn der 1990er Jahre dagegen deutliche Skepsis gegenüber Versuchen formuliert worden, auf Vorurteile und Feindbilder bzw. rechtsextreme Jugendszenen mit pädagogischen Mitteln einzuwirken (s. etwa Scherr 1994). Mit der konzeptionellen Inanspruchnahme eines subjektorientierten Bildungsverständnisses (s.o.) haben wir implizit eine Position bezogen, die Distanz zu sozialtechnologischen Prämissen einnimmt, auf deren Grundlage mit der gezielten Beeinflussbarkeit von Individuen und der Messbarkeit der Wirksamkeit von Beeinflussungsversuchen gerechnet wird.

Eine solche Position sieht sich jedoch gegenwärtig einer Konjunktur der Erwartung gegenüber, dass die Effektivität und Effizienz pädagogischer Programme durch Wirksamkeitsmessungen gesteigert werden kann (s. dazu KGST 1994; Heiner 2001: 484 ff.).[28] Auch wir waren im Rahmen unseres Forschungsprojekts veranlasst, uns damit auseinanderzusetzen, welche Bedeutung vorliegende Programmevaluationen für die Analyse und Bewertung pädagogischer Maßnahmen haben. Wie wir im Weiteren zeigen werden, sind Evaluationsergebnisse aus forschungsmethodischen Gründen nur sehr begrenzt für eine Beantwortung der Frage relevant, was eine fachlich begründbare und verantwortliche Praxis kennzeichnet.[29]

---

[28] In seiner Expertise hat Kurt Möller (2002) einen detaillierten Überblick über vorliegende Programme und Evaluationen vorgelegt.

[29] Dieser Trend ist zwar als zweifellos berechtige Reaktion auf empirieferne pädagogische Grundsatzdebatten verständlich und in seiner Absicht zu begrüßen, ein Gegengewicht zur Mystifizierung pädagogischer Prozesse zu setzen. Es stellt sich jedoch durchaus die Frage, ob und wie – jenseits des Interesses, Forschungsmittel für Evaluationen zu requirieren, indem sozialtechnische Erwartungen von Auftraggebern bedient werden – tatsächlich solche Evaluationen realisiert werden können, die den Kriterien wissenschaftlicher Forschung und Argumentation und den daraus abgeleiteten Evaluationsstandards (s. Joint Commitee 2000; DeGEval 2002) entsprechen.

Eine umfassende Auseinandersetzung mit der forschungsmethodologischen Diskussion, in der deutlich wird, dass Evaluationen pädagogischer Programme keine Laborexperimente sind, durch die eindeutige Ursache-Wirkungs-Zusammenhänge nachgewiesen werden können, ist hier nicht zu führen (s. Bortz/Döring 1995, von Kardoff 2000; Widmer 1996 und 2000).[30] Hingewiesen werden kann hier nur auf folgende Gesichtspunkte:

- In Bezug auf die Frage nach den methodischen Kriterien wissenschaftlich aussagefähiger Evaluationen kommt Karl F. Schumann (2001: 437) in Auseinandersetzung mit der umfangreichen US-amerikanischen Forschung zur Kriminalprävention zu folgendem, u. E. präzisen und verallgemeinerbaren Ergebnis (s. Boruch 1997): Nur solche Forschungen, denen strikte experimentelle Kontrollgruppendesigns zu Grunde liegen, können Wirkungen von Maßnahmen empirisch erfassen. Solche Experimente müssen als Gruppenvergleiche angelegt werden, in denen eine durch eine Zufallsauswahl generierte Experimentalgruppe mit einer ebenso generierten Kontrollgruppe verglichen wird, die sich von dieser in keinem relevanten Merkmal statistisch signifikant unterscheidet. Verglichen werden müssen zumindest zwei Gruppen, bei denen jeweils eine spezifische und unterscheidbare Intervention erfolgt, um messen zu können, ob nicht eine Intervention als solche bereits, also methodenunspezifisch, wirkt. Im Unterschied dazu gilt für bloße Beobachtungen einer Experimentalgruppe und quasi-experimentelle Designs: „Die Ergebnisse [...] sind [...] nicht zwingend, sondern stellen Appelle dar, an die Wirkungen zu glauben." (Ebd.: 440) An solchen Appellen mangelt es aber ohnehin ebenso wenig, wie an prinzipiellen Infragestellungen des Sinns pädagogischer Maßnahmen.
- Aber selbst eine solche Forschung, die den benannten Anforderungen genügt, ist nur dann aussagefähig, wenn sie wiederholt, an verschiedenen Orten und mit unterschiedlichem Personal durchgeführt wird, da nur so unerwartete und unkontrollierte Einflüsse ausgeschaltet werden können. So ist es etwa in pädagogischen Kontexten offenkundig und durch die Unterrichtsforschung auch belegt, dass die persönliche Ausstrahlung von PädagogInnen erheblichen Einfluss auf die Wirkung von Methoden hat - man lernt am besten von Personen, von denen man etwas lernen will. Bekannt ist auch, dass die Binnendynamik von Gruppenprozessen - und pädagogische

[30] Insbesondere aus dem US-amerikanischen Kontext liegt eine Fülle von Evaluationen vor, für die sich bei näherer Prüfung aber zeigt, dass diese bestenfalls Indizien, aber keineswegs verlässliche und belastbare Aussagen zulassen. Wir haben als exemplarischen Fall die bei Möller (2002) angegebenen Evaluationen des Programms blue eyed, brown eyed nachrecherchiert; einen aktuellen und interessanten weiteren Fall stellt die Debatte um die Güte und die Ergebnisse des sog. Anti-Aggressivitäts-Trainings dar; s. dazu Scherr (2002c) und die dort angegebene Literatur.

Interventionen adressieren sich in der Regel an Gruppen - von hohem Einfluss auf teilnehmende Individuen ist. In der Folge kommen Forschungen zur Kriminalprävention zu dem durchgängigen Ergebnis, dass „Gruppenarbeit (mit Problemgruppen, U.H./A.S.) dysfunktional ist" (Schumann 2001: 454).

- Kritisch gegenüber der Aussagefähigkeit von Evaluationen anzumerken ist weiter, dass quantifizierende Erhebungen den Prozess der subjektiven Verarbeitung von pädagogischen Interventionen, also von Informationen, Argumenten, arrangierten Begegnungen, inszenierten Erfahrungen usw. nicht in den Blick bekommen. Will man die Frage „What works?" nicht nur mit statistischen Vergleichszahlen über stärkere und schwächere Effekte, deren Wirkungs„mechanismus" unklar bleibt, beantworten, dann sind offene Befragungen, Gruppeninterviews, Feldforschungen usw. erforderlich, also solche Verfahren, die eine sinnverstehende Rekonstruktion der subjektiven Verarbeitungsprozesse anstreben. Solche Verfahren sind aber sehr personal- und zeitintensiv.
- Zudem ist ein Verständnis pädagogischer Maßnahmen problematisch, das von einer eindeutigen Relation von Problem und Intervention ausgeht. Denn die rationale und zugleich immer auch emotionale Verarbeitung von Erfahrungen und Informationen ist, wie auch die neuere Kognitionsforschung zeigt, als ein komplexer Prozess zu begreifen, der nicht mit einfachen Ursache-Wirkungs-Modellen beschrieben werden kann (s. Roth 2002).
- Es ist auch nicht plausibel anzunehmen, dass Wirkungen immer direkt und zeitnah erfolgen sowie empirisch einfach gemessen werden können.[31] Aus ähnlich gelagerten Überlegungen ziehen Bernd Holthusen und Christian Lüders die Konsequenz, dass Wirkungsevaluationen erst dann Erfolg versprechend durchgeführt werden können, „wenn die interne und externe Struktur und Arbeitsformen eines Projekts bzw. Programms hinreichend bekannt und erprobt sind und entsprechende empirisch gesicherte Erkenntnisse vorliegen" (Holthusen/Lüders 2003: 23). Sinnvolle Wirkungsevaluationen sind so betrachtet, „der letzte Schritt" in der Entwicklung von Programmen und setzen „gleichsam reife, d. h. konzeptionell entwickelte, erprobte und bewährte Programmstrukturen" (ebd.) voraus. Dies werde vielfach übersehen, „mit der Folge, dass alle Beteiligten sich gegenseitig über-

[31] Im Zuge einer autobiografischen Reflexion stößt man – rückblickend – gelegentlich auf einflussreiche Erfahrungen und Impulse, deren Bedeutung zum jeweiligen Zeitpunkt nicht sichtbar und schon gar nicht bewusst war. Über die Zeitstrukturen des individuellen Bewusstseins und des emotionalen Erfahrungsgedächtnisses ist aber bislang wenig bekannt. Was sind also die geeigneten Messzeitpunkte, wenn mehr erfasst werden soll als oberflächliche Reaktionsbereitschaften?

fordern“ (ebd.). Unsere Skepsis gegenüber Wirkungsevaluationen ergibt sich also aus angebbaren forschungsmethodologischen Gründen.

Im Unterschied dazu sind prozessbegleitende Evaluationen, die „nur“ darauf zielen, wissenschaftliche Beobachtungs- und Reflexionskapazitäten für die pädagogische Praxis verfügbar zu machen, weniger voraussetzungsvoll. Solche Evaluationen zielen im Sinne einer praxisbegleitenden Forschung darauf, dass WissenschaftlerInnen als externe Beobachter dazu beitragen können, Schwierigkeiten, Probleme, Verstrickungen usw. im Prozessverlauf zu erkennen und ihre Berücksichtigung im weiteren Gang einzufordern. Es geht dabei also nicht um eine solche empirische Forschung, die strengen wissenschaftlichen Gütekriterien gerecht wird, sondern um eine Verbesserung von Beobachtungs- und Reflexionskapazitäten innerhalb der pädagogischen Praxis (s. Patton 1997). Zugleich können prozessbegleitende Evaluationen zu einer verbesserten, nicht durch Legitimationszwänge der Beteiligten überformten Dokumentation von Projekten beitragen.

Der Vorschlag, stärker auf formative Evaluationen zu setzen, deren Bewährungskriterium nicht primär die wissenschaftliche Gültigkeit von Ergebnissen, sondern ihr Beitrag zur Verbesserung des Verlaufs von Maßnahmen ist (s. dazu auch Beywl/Schepp-Winter 1998; Heiner 1996 und 2001; Ulrich/Wenzel 2003), ruft – wie bereits die ältere Aktionsforschung (s. Haag/Krüger/Schwärzel 1986) – den Einwand auf, dass hier potentiell mit einer problematischen Verquickung von Evaluation und Beratung zu rechnen ist. Dieser Einwand trifft zweifellos zu und entspricht der Problematik, denen auch Verfahren der Feldforschung und der teilnehmenden Beobachtung unterliegen. Insofern ist prozessbegleitende Evaluation auf eine gezielte methodische Schulung der Evaluatoren sowie – im Verlauf – immer wieder auf eine bewusste Auseinandersetzung hiermit verwiesen. Die Chance liegt hier jedoch darin, dass die Anwesenheit eines Evaluators – in der Funktion des distanzierten, methodisch disziplinierten Beobachters – die Chance eröffnet, Aspekte zu thematisieren, die den in den Prozess Involvierten selbst nicht transparent sind und dadurch zur prozessbegleitenden Qualitätsentwicklung im Dialog mit den Akteuren beiträgt.

II. Bildungspolitik und Bildungspraxis in Einwanderungsgesellschaften – England, Kanada und Frankreich im Vergleich

Die ländervergleichende Recherche, auf der dieses Kapitel beruht, beansprucht nicht, einen umfassenden Einblick in die Bildungspolitik und die Bildungspraxis Englands, Frankreichs und Kanadas zu geben.[32] Denn unsere Untersuchung war vor allem darauf ausgerichtet, Anregungs- und Innovationspotentiale, also Strukturen, Programme, Konzeptionen und Projekte zu identifizieren, die in der Bundesrepublik bislang nicht oder nur unzureichend berücksichtigte Gestaltungsmöglichkeiten aufzeigen.

Zunächst fassen wir die zentralen Ergebnisse und Folgerungen der Recherchen zusammen. In den anschließenden Länderdarstellungen werden die Analysen der gesellschaftspolitischen Rahmenbedingungen, der Bildungspolitik und der Bildungspraxis dargestellt, auf denen die hier zunächst präsentierten Folgerungen beruhen.

1. Ergebnisse der ländervergleichenden Recherche

In den auf England, Kanada und Frankreich bezogenen Recherchen wird eine Fülle heterogener Vorgehensweisen der Schulentwicklung deutlich, als deren gemeinsamer Fokus die Vorbereitung von SchülerInnen auf das Leben in einer demokratischen Einwanderungsgesellschaft ohne Rassismus und Diskriminierung verstanden werden kann. Die Anerkennung des Problems struktureller, institutioneller und interaktioneller Diskriminierungen von MigrantInnen und Minderheiten in Verbindung mit der Zielsetzung, diese umfassend und aktiv anzugehen, stellt eine Gemeinsamkeit dar, die trotz der unterschiedlichen positiven Ausformulierungen der Vorstellung, was die politische Kontur der jeweiligen

---

32 Basisinformationen zum englischen, kanadischen und französischen Bildungssystem finden sich in BMBF 2003.

Gesellschaft ist oder sein soll, identifiziert werden kann.
Diese übergreifende Perspektive erlaubt es, die je spezifischen Vorgehensweisen zu vergleichen und dabei Übereinstimmungen und Unterschiede zu analysieren.[33] Im Unterschied zur deutschen Situation ist dabei nicht nur augenfällig, dass Rassismen, Formen von Fremdenfeindlichkeit und Diskriminierungen in England, Frankreich und Kanada offensiv als gesellschaftspolitische Herausforderung betrachtet werden. Zudem wird, insbesondere in England und Kanada, eine rechtliche und organisatorische Verankerung pädagogischer Programme und Konzepte angestrebt, also nicht nur auf spezialisierte Maßnahmen und befristete Projekte gesetzt. Unübersehbar ist weiter, dass die erheblichen Unterschiede der jeweiligen Vorgehensweisen bedingt sind durch dic zugrunde liegenden gesellschaftspolitischen Konzepte, insbesondere durch die länderspezifischen Auffassungen von nationaler Zugehörigkeit und die rechtlichen Festlegungen von Staatsbürgerschaft sowie die Werte und Normen, die als konstitutiv für das jeweilige Staats- und Demokratieverständnis beansprucht werden. Solche Vorgaben sind für die Fassung der pädagogischen Zielsetzungen, aber auch für die Schulkultur und die pädagogische Methodik folgenreich. Darauf wird im Weiteren noch einzugehen sein (s. u.). Gleichwohl zeichnen sich einige konsensuelle Aspekte ab, die hier zunächst zusammenfassend dargestellt werden.

1.1. Konsensuelle Aspekte

Eine übergreifende Gemeinsamkeit ist darin zusehen, dass die pädagogisch-programmatische Grundorientierungen – im Unterschied zur bundesdeutschen Situation – in allen drei Ländern eine je unterschiedlich akzentuierte und begründete Antidiskriminierungsperspektive beinhalten. Damit werden heterogene Ansatzpunkte zur Überwindung struktureller, institutioneller und interaktioneller Diskriminierungen deutlich.[34]

Die Beanspruchung der Menschenrechtserklärung und des dort im Artikel 2 explizierten Diskriminierungsverbots begründet einen länderübergreifenden Minimalkonsens, der die Unterschiede der nationalen gesellschaftspolitischen Rahmungen unterläuft. Wendet man diesen Minimalkonsens offensiv,

---

[33] Vor allem mit Hilfe folgender Fragen: Wie wird das Problem bestimmt? Worin wird der Beitrag schulischer Erziehung bzw. Bildung zu seiner Genese und Überwindung gesehen? Welche Gestaltungsebenen werden in den Blick genommen?, usw.

[34] Diese Beobachtung hat uns in Verbindung mit der kritischen Analyse der immanenten Problematik von Multikulturalismus und republikanischem Universalismus veranlasst, eine Programmatik zu konturieren, deren Fokus die Diskriminierungsproblematik ist.

dann können die Menschenrechtsdeklarationen, trotz aller Kontroversen um ihre angemessene Interpretation und ihre Implikationen, als hinsichtlich ihrer Geltung prinzipiell nicht strittiger Bezugspunkt für Auseinandersetzungen über den Umgang mit sozialen und kulturellen Differenzen, die Regulierung von Zuwanderung sowie die Situation und die Rechte von Eingewanderten und Minderheiten beansprucht werden.[35]

Veränderungen werden in Großbritannien, Kanada und Frankreich zudem nicht nur auf der Ebene curricularer Inhalte angestrebt. Mit der Zielsetzung, Schule als Ort von Demokratie, der Gleichheit aller BürgerInnen (Frankreich) oder als Ort multikultureller Vielfalt und Gleichberechtigung (Großbritannien und Kanada) erfahrbar zu machen, wird im Ansatz eine die Schule als Institution und Organisation umfassend berücksichtigende Schulreform angestrebt. Die in den genannten Ländern vorzufindenden Konzeptionen einer Bildung für die Einwanderungsgesellschaft intendieren die Überwindung der Diskrepanz zwischen pädagogisch als Lerngegenstand zu vermittelnden Inhalten über das normative Ideal einer „multikulturellen Gesellschaft“ oder einer „Gesellschaft gleicher Bürger“ einerseits, die dieses Ideal konterkarierenden Erfahrungen von Diskriminierungen und sozialer Ungleichheit entlang rassialisierender, nationaler und ethnisierender Unterscheidungen[36] sowie undemokratischer Strukturen innerhalb des Erziehungssystems und seiner Organisationen andererseits.[37]

Das französische und das kanadische Modell unterscheiden sich aber in ihrer Antwort auf die Frage systematisch, ob eine Kultur der Anerkennung von Differenz und eine gezielte Minderheitenförderung dazu der sinnvolle Weg ist, oder aber der Versuch einer grundlegenden Abstraktion von allen Unterschieden der sozialen Herkunft, Nationalität, Religion und Ethnizität. Begründet ist dies nicht in erster Linie in Effizienzkalkülen,[38] sondern in den Unterschieden der gesellschaftspolitischen Kontexte.

---

35 Auf die Grundlagen, Probleme und Implikationen einer Pädagogik der Menschenrechte gehen wir in Kapitel IV ausführlich ein.

36 Es geht also auch darum, das meritokratische Ideal einer Schule, die Bewertungen und Selektionen ausschließlich unter Leistungsgesichtspunkten vornimmt, also in Bezug auf askriptive Merkmale „farbenblind“ operiert, zu realisieren.

37 Dies geschieht allerdings in Frankreich in einer weitaus weniger ausgeprägter Form als in Kanada und Großbritannien, da hier die Problematik einer durch die Schule veranlassten strukturellen Diskriminierung von Minderheiten im offiziellen bildungspolitischen Diskurs weitgehend unthematisiert bleibt.

38 Eine solche Tendenz zeichnet sich in der bildungspolitischen Diskussion in Deutschland nach PISA ab; die Situation der MigrantInnen und die Erfordernisse ihrer Förderung werden hier vor allem unter dem Gesichtspunkt thematisch, dass es darum gehen muss, das Leistungsniveau des deutschen Schulsystems zu heben.

Die im Unterschied zur Bundesrepublik u. a. durch rechtliche Rahmungen abgesicherte gesellschaftspolitische Antidiskriminierungsperspektive wird also in den jeweiligen Ländern sehr unterschiedlich ausbuchstabiert. Begreift man im Sinne einer idealtypisierenden Gegenüberstellung Frankreich und Kanada als maximal kontrastierende Fälle – republikanischer Universalismus vs. konsequenter Multikulturalismus –, dann zeigt sich, dass die sich daraus ergebenden gegensätzlichen Auffassungen von Gesellschaft auch für die Bildungspraxis von erheblicher Bedeutung sind: *Die Idee einer religiös und ethnisch-kulturell neutralen Schule resultiert ebenso konsequent aus dem Selbstverständnis Frankreichs als den Menschenrechten verpflichtete Republik, wie die multikulturellen kanadischen Schulkonzepte aus der multikulturellen Staatsidee Kanadas.* Folgenreich ist dies nicht nur auf der Ebene der pädagogischen Programmatik und für den konkreten Umgang mit Praktiken der Symbolisierung ethnischer oder religiöser Identifikationen, sondern darüber hinaus auch für die gesellschaftlich geteilten Überzeugungen, die Bildungspolitik und Pädagogik bei LehrerInnen, Eltern, Schulbehörden, Schulaufsichtsbeamten usw. voraussetzen sowie für die Rechtsvorschriften, an die sie appellieren können.

Angestrebt wird in allen drei Ländern, Schulen als soziale Orte zu gestalten, die die Erfahrung von Chancengleichheit und Gerechtigkeit im Verhältnis von Einheimischen und MigrantInnen sowie Mehrheiten und Minderheiten ermöglichen. Begünstigt wird dies durch Schulsysteme, die – anders als in der Bundesrepublik – auf eine frühe, soziale Ungleichheiten verfestigende Aufteilung von SchülerInnen auf unterschiedliche Schultypen verzichtet.[39]

Versuche, der Realisierung von Chancengleichheit gerecht zu werden, müssen gleichwohl mit einer grundlegenden Schwierigkeit rechnen, die in soziologischen Studien immer wieder beschrieben wurde: Ungleiche sozioökonomische Lebensbedingungen und dadurch nahe gelegte Dispositionen gegenüber dem Bildungssystem haben starke Auswirkungen auf den Bildungs(miss)erfolg sozial Benachteiligter, die durch schulische Förderungsanstrengungen nur sehr begrenzt kompensiert werden können.[40] Erfolge und Misserfolge spezifischer bildungspolitischer und schulischer Maßnahmen können deshalb sinnvoll nur

---

39 Damit soll keineswegs bestritten sein, dass auch in den genannten Ländern das Schulsystem zur Reproduktion sozialer Ungleichheiten beiträgt. Dies geschieht in Frankreich u.a. durch Effekte sozialräumlicher Segregation sowie die Differenzierung in formell gleiche, aber faktisch ungleichwertige Schulabschlüsse. (s. dazu Bourdieu u.a. 1997: 527ff.), in England u.a. durch die Differenzierung in private und public schools sowie als Nebeneffekt der Stärkung der Schulautonomie (s. dazu etwa Radtke/Weiß 2000).

40 S. dazu klassisch Bernstein u. a. (1971); Bourdieu/Passeron (1973) sowie Bourdieu (1984: 500 ff.); aktuell etwa Dubet/Duru-Bellat (2000); McDonald (1999).

unter Berücksichtigung der sozioökonomischen Kontextbedingungen analysiert und diskutiert werden.

1.2. Gemeinsamkeiten und Unterschiede auf unterschiedlichen Gestaltungsebenen

Im Folgenden werden Gemeinsamkeiten und Unterschiede, die im Ländervergleich sichtbar werden, in ihren Konsequenzen für unterschiedliche schulpolitische und pädagogische Gestaltungsebenen dargestellt. Die dabei unterschiedenen Gestaltungsebenen bilden die Grundlage eines Systematisierungsvorschlags, den wir im Anschluss an die Länderanalysen darstellen und der dazu befähigt, die im ersten Kapitel beschriebene konzeptionelle Unübersichtlichkeit zu überwinden.

Organisationsentwicklung

Ein zentraler Bestandteil der in Großbritannien und Kanada angestrebten Schulreformen ist die Öffnung von Schule gegenüber ihrem gesellschaftlichen Umfeld. Beabsichtigt ist damit - im Unterschied zu Frankreich -, Schule als ein Aushandlungsort für die Bedürfnisse von SchülerInnen, die als Angehörige unterschiedlicher kultureller und ethnischer *Communities*[41] wahrgenommen werden, zu gestalten.

Demgegenüber wird in Frankreich Schule als neutrale und auf einen Universalismus verpflichtete Institution konstruiert, deren Bildungsauftrag u. a. auch darin besteht, ethnisierende Fremd- und Selbstverortungen und kulturelle Partikularismen zu überwinden (s. dazu Schiffauer u.a. 2002). Die als Individuen – und nicht als Gruppenangehörige – wahrgenommenen SchülerInnen sollen dazu befähigt werden, sich von traditionellen, kulturellen und religiösen Bindungen zu lösen. Diese Orientierung schließt auch die Zielsetzung ein, die SchülerInnen und die schulbezogene Praxis weitgehend dem Einflussbereich der Eltern zu entziehen. In der Folge wird in Frankreich, anders als in England und Kanada gerade nicht angestrebt, die Eltern als Repräsentanten einer Community oder Herkunftskultur umfassend an der Gestaltung von Schule zu beteiligen.

[41] Für den englischen Terminus Communities gibt es im deutschen keine direkte Entsprechung, deshalb behalten wir ihn im weiteren Text bei. Communities meint lokale Gemeinschaften und Netzwerkstrukturen, die ihren Zusammenhalt bzw. ihre wechselseitige Abgrenzung durch ethnisierende, religiöse oder politische Identifikationen herstellen.

Eine aktive Gleichstellungspolitik, wie sie in Kanada und Großbritannien auf der Grundlage der Problemdiagnose einer strukturellen Diskriminierung von Minderheiten im Bildungssystem angestrebt wird, widerspricht dem auf einen Universalismus verpflichteten Gleichheits- und Gleichbehandlungsgrundsatz, den Schule im französischen Kontext einzulösen beansprucht. So rückt der Umgang mit Diskriminierungen in Frankreich vor allem im Rahmen direkter rassistischer Beleidigungen und interaktioneller Diskriminierungen unterhalb der Organisationsebene in den Blick. Hier werden mit der Entwicklung von an die Antidiskriminierungsgesetzgebung anknüpfenden Empowerment-Strategien – wie sie teilweise auch im britischen und kanadischen Kontext zu finden sind – die potentiell als Opfer oder Zeugen betroffenen Kinder und Jugendlichen direkt adressiert.

Kooperation mit zivilgesellschaftlichen Akteuren

Die Betonung der Aktivierung und Handlungsbefähigung von SchülerInnen in Bezug auf rassistische Diskriminierungen resultiert u. a. aus dem zentralen Stellenwert, der zivilgesellschaftlichen Organisationen in Frankreich, England und Kanada im Rahmen der antirassistischen Bildung zukommt. Im Unterschied zu Kanada und Großbritannien ist die gleiche Repräsentanz und Einflussnahme unterschiedlicher ethnischer und kultureller Communities in den Schulen kein Ziel der französischen Bildungspolitik. Dort sind es dagegen wesentlich von MigrantInnen mitgetragene selbstorganisierte Organisationen und Initiativen, die an der Bildungspolitik und Schulentwicklung beteiligt werden. Diese werden als sich politisch artikulierende, an der Auseinandersetzung mit gesellschaftlich kontroversen Fragen der Einwanderungsgesellschaft beteiligte Gruppen, und nicht als Angehörige ethnischer oder kultureller Communities, einbezogen.

Curricula

Während in Kanada mit der Zielsetzung, das Wissen und die Geschichte von Minderheiten adäquat zu repräsentieren, eine grundlegende Multikulturalisierung bzw. Enteuropäisierung des Curriculums sowie die Untersuchung der Unterrichtsmaterialien auf Stereotype und Vorurteile als Querschnittaufgabe für alle Fächer angestrebt wird, erfolgt die Auseinandersetzung mit Fragen der Einwanderungsgesellschaft in Großbritannien und Frankreich im Rahmen der für die staatsbürgerlich-politische Bildung eingeführten Fächer *Citizenship* bzw. *Education Civique und Education civique, juridque et sociale.*

Die Konzeptionen einer Bildungspraxis, die auf die Hinführung der SchülerInnen zu mündigen und verantwortungsvollen StaatsbürgerInnen ausgerichtet ist, wie sie in den beiden Ländern zum Tragen kommen, unterscheiden sich in ihrer Ausgestaltung und Orientierung jedoch erheblich. So ist im Rahmen der *Education à la Citoyenneté* die Thematisierung von Diversity und kultureller Vielfalt vor allem im Hinblick auf die Frage bedeutsam, welche Grenzen der politisch-öffentlichen Beanspruchung kultureller Spezifika in einer republikanischen Gesellschaft mit universalistischem Selbstverständnis auferlegt werden sollen. Im Vordergrund steht die Orientierung an der *Citoyenneté* als ein die unterschiedlichen kulturell-partikularen Lebensformen überschreitendes integratives Moment. Die sowohl in den konzeptionellen Überlegungen für die *Education à la Citoyenneté* als auch für das *Citizenship Curriculum* zum Tragen kommende Skepsis gegenüber den Ethnisierungstendenzen eines moralisierenden anti-rassistischen und den Kulturalisierungstendenzen eines naiven multikulturalistischen Ansatzes führt in Großbritannien allerdings zu einem grundsätzlich anderen Weg als dem, der in Frankreich beschritten wird. So zielt das *Citizenship Curriculum* sowohl auf die Auseinandersetzung mit der Bedeutung sozial und individuell relevanter Zugehörigkeiten und Distanzierungen als auch auf die Frage, wie kulturelle Zuschreibungen und Ethnisierungsprozesse als Diskriminierungsressource wirksam werden können. Eine entsprechende Auseinandersetzung mit diesbezüglich politisch relevanten und gesellschaftlich kontroversen Fragen findet bislang im Rahmen der *Education à la Citoyenneté* in Frankreich nur begrenzt statt. Die im britischen *Citizenship Curriculum* vorzufindenden Ansätze zu einer Verknüpfung von Menschenrechtspädagogik, Diversity-Pädagogik und antirassistischer Pädagogik zeigen eine Perspektive auf, die wir im Weiteren vertiefen werden.

Lehrerbildung

In Kanada und Großbritannien sind als Bestandteil einer auf Chancengleichheit abzielenden schulischen Organisationsentwicklung Maßnahmen zur Erhöhung des Migrantenanteils in der Lehrerausbildung etabliert.

In der von uns durchgeführten Expertenbefragung wurde jedoch darauf hingewiesen, dass in keinem der drei Länder von einer grundständigen und umfassenden Verankerung antirassistischer oder multikultureller Curricula in der Lehrererstausbildung ausgegangen werden kann. Infolge der Etablierung von *Citizenship Education* und *Education Civique* werden in diesen Fächern unterrichtende LehrerInnen in Großbritannien und Frankreich im Rahmen ihrer Fachausbildung qualifiziert. Dies kann unseres Erachtens jedoch den Bedarf an einer die fachliche Spezialisierung einzelner LehrerInnen überschreitenden und auf die Selbstaufklärung *aller* Lehrkräfte zielenden Ausbildung nicht ersetzen.

Peer Education

Die vor allem im angelsächsischen Raum verbreiteten Konzepte und Projekte der *Peer Education* stellen ein Beitrag zur Realisierung einer Bildungspraxis dar, die sich weder auf die Vermittlung curricularer Inhalte im Rahmen des prüfungsrelevanten Fächerkanons noch auf eine kurzfristige Projektpädagogik beschränkt. Der Möglichkeit nach können *Peer Education* Programme zu einer Demokratisierung von Schule und der Entwicklung von solchen offenen und dialogischen Lernprozessen beitragen, die die Erfahrungen und das Wissen der SchülerInnen systematisch mit einbeziehen – von Lernprozessen, die im Rahmen eines hierarchischen Lehrer-Schülerverhältnisses nur schwer zu realisieren sind. Die Peer-Education-Programme stimmen mit den britischen und kanadischen Konzepten der Öffnung der Schule gegenüber ihrem gesellschaftlichen Umfeld darin überein, dass in beiden Fällen die Idee einer nicht lehrerzentrierten Schulpraxis zu Grunde liegt. Dagegen finden sich im tendenziell nach wie vor eher hierarchischen französischen Schulsystem bislang kaum Ansätze einer solchen Bildung durch und unter Gleichaltrigen.

Programme und Projekte

Aus dem zeitlichen und organisatorischen Rahmen des Schulalltags herausgelöste Programme und Projekte sind in den in Rede stehenden Ländern in vielfältigen Formen vorzufinden. So findet in Franreich jährlich eine Aktionswoche *Semaine nationale de l'éducation contre le racisme* statt. In Kooperation mit lokalen Antirassismusinitiativen werden an Schulen in Diskussionsforen, Gesprächsrunden, durch Filmvorführungen usw. unterschiedliche thematische Aspekte aufgegriffen.

Ansätze einer schulübergreifenden Projektpädagogik, wie sie auch mit der in Kanada jedes Jahr am 21. März stattfindenden *Stop-Racism-Campaign* vorzufinden sind, können eine nachhaltig angelegte Einbettung in ein schulbezogenes pädagogisches Gesamtkonzept nicht ersetzen. Allerdings kommt der Projektpädagogik ein eigener und relevanter Stellenwert zu, da hiermit Lerngelegenheiten außerhalb der Routinen des Schulalltags geschaffen werden können. Die im Rahmen der Aktionswoche in Frankreich und des Aktionstags in Kanada stattfindenden Projekte erfahren darüber hinausgehend eine Aufwertung darüber, dass sie im Kontext einer schulübergreifenden und landesweiten Kampagne eine mediale und öffentliche Präsenz erhalten, die deren Bedeutung würdigt.

1.3. Folgerungen

In Großbritannien und Kanada wird eine explizite antirassistische und multikulturelle Bildungspraxis mit einer solchen Bildungspolitik verbunden, die auf die Überwindung der Bildungsbenachteiligung von MigrantInnen und Minderheiten zielt. Diese Verbindung zeigt eine Möglichkeit auf, produktiv mit dem Dilemma umzugehen, dass normativ akzentuierte pädagogische Strategien, welche die Vorstellung einer gerechten Einwanderungsgesellschaft vermitteln wollen, in Kontrast zur schulischen Realität stehen, wenn diese durch institutionelle Diskriminierung gekennzeichnet ist.

Die darauf gerichteten Maßnahmen und Vorgehensweisen sind jedoch, wie im Weiteren noch deutlich werden wird, nicht unproblematisch. So liegt eine zentrale Problematik der britischen Bildungspraxis in der Tendenz zur Reifizierung, d. h. zur Festschreibung und Verdinglichung ethnisierender Kategorisierungen. Es wird angestrebt, das Ziel der Überwindung von Ethnizität als Diskriminierungsressource durch die Aufwertung von Ethnizität als Beobachtungskategorie und entscheidungsrelevantes Kriterium zu erreichen (*Ethnic Monitoring*, Einbeziehung unterschiedlicher ethnischer Communities sowie der Eltern als Angehörige dieser Communities in den Schulkontext). Damit ergibt sich eine paradoxe - und deshalb hinsichtlich ihrer mittel- und langfristigen Auswirkungen kaum kalkulierbare - Konstellation: Um den Einfluss ethnisierender Benachteiligungen und Zuschreibungen zu reduzieren, werden SchülerInnen ethnisch identifiziert und wird Ethnizität in der Schulpraxis eine gesteigerte Bedeutung zugemessen.

Die hier zum Tragen kommende Problematik einer Sichtweise, die Individuen wesentlich als Angehörige kultureller oder ethnischer Gruppen wahrnimmt, findet sich auch in den kanadischen Bildungsansätzen. Das Prinzip der umfassenden Berücksichtigung des kulturellen Hintergrunds und der darauf bezogenen Erfahrungen von SchülerInnen setzt sich dem grundlegenden Einwand aus, dass so stereotypisierende und essentialisierende Zuschreibungen gruppenbezogener Eigenheiten und Eigenschaften vorgenommen und SchülerInnen die Vorstellung vermeintlich klar unterscheidbarer und voneinander abgrenzbarer Kulturen nahe gelegt wird.

Damit werden zudem Prozesse der individuellen Distanzierung gegenüber kulturellen Kontexten, traditionellen Bindungen und sozialen Zugehörigkeiten erschwert, die gerade in der Auseinandersetzung mit den Eltern und „Angehörigen der eigenen Kultur" bedeutsam sein können. Werden die Eltern seitens der Schule als Sprecher der Bedürfnisse und Interessen ihrer Kinder einbezogen, dann werden SchülerInnen potentiell auf ethnisierende und kulturalisierende Vorstellungen ihrer Eltern festgelegt. Distanzierungen und Konflikte im Verhältnis zu den Eltern und den Communities sind weder angemessen als Ausdruck eines Lebens „zwischen den Kulturen“ beschreibbar noch können sie immer geradlinig aus der Erfahrung sozialer Diskriminierung abgeleitet werden. Vielmehr setzt das Aufwachsen in einer modernen und liberalisierten Gesellschaft SchülerInnen aus der selbstverständlichen Einbindung in ethnisch-kulturelle Kontexte frei und bietet die Möglichkeit, die Legitimität der Beanspruchung spezifischer kultureller Traditionen zu bestreiten.

Das zum multikulturellen Gesellschaftsverständnis konträr angelegte Paradigma der strukturellen Belanglosigkeit von Ethnizität und kultureller Differenz, wie es in den dem republikanischen Staatsverständnis verpflichteten Bildungsansätzen in Frankreich zum Tragen kommt, kann jedoch keine adäquate Antwort auf die oben aufgeworfene Problemdimension bieten. Denn die in Frankreich zugrunde liegende Perspektive, die Schule als quasi insuläre, gesellschaftlichen und elterlichen Einflüssen wesentlich entziehbare Institution konzipiert, etabliert eine nicht durchzuhaltende Fiktion. Der strikte Laizismus und Universalismus kann weder den Einfluss sozio-ökonomischer Differenzen auf Bildungsaspirationen außer Kraft setzen, noch kann die Vorgabe der Gleichbehandlung aller SchülerInnen ungeachtet ethnisierender und sozialer Zuordnungen solche subtilen Formen struktureller Diskriminierung, wie sie in Kanada und Großbritannien problematisiert werden, in den Blick bekommen. Zudem impliziert das universalistische Selbstverständnis französischer Prägung eine Orientierung, die die negative Bewertung ethnischer und kultureller Identifikationen nahe legt und zu Verboten der Symbolisierung von Zugehörigkeiten führt, die ein Konfliktfeld etablieren, das dialogische Verständigungsprozesse erschwert.[42]

Aus den hier knapp beschriebenen Schwierigkeiten, die Gegenstand eines ausdifferenzierten Fachdiskurses (s. etwa Lutz/Wenning 2001; Stender/Rohde/Weber 2003) sind, folgt u. E. die Notwendigkeit einer solchen Bildungspraxis, die sowohl sensibel ist für Formen struktureller und institutioneller Diskriminierung, als auch für das komplexe Spannungsverhältnis von ethnisch-kulturellen Zuordnungen, Zuschreibungen und Identifikationen einerseits, Pro-

[42] Aktuell wird in Frankreich intensiv über Beobachtungen diskutiert, die auf eine Bedeutungszunahme religiöser und ethnischer Identifikationen bei Jugendlichen mit Migrationshintergrund hinweisen. Ein kürzlich veröffentlichter Bericht der L'inspection générale de l'education nationale behauptet die Zunahme eines „communautarisme“, d.h. des Rückzugs auf ethnische Communities. In der darauf bezogenen Diskussion wird argumentiert, dass diese Entwicklung zentral Ausdruck der Benachteiligung der Lebensbedingungen in stigmatisierten Wohngebieten ist.

zessen der Distanzierung und Einforderung individueller Autonomie andererseits.

1.4. Möglichkeiten und Probleme des Transfers

Weder das kanadische Modell des Multikulturalismus noch das französisch-republikanische Modell sind auf Grund ihrer gesellschaftspolitischen Kontextgebundenheit als direkte Orientierungen für die deutsche Situation geeignet. Daraus resultieren Probleme des Transfers. Folglich kann das Anregungspotential, das die Betrachtungen jeweiliger Programme, Konzepte, Maßnahmen und Modelle sichtbar werden lässt, nur erschlossen und genutzt werden, wenn der Konnex mit den gesellschaftspolitischen Rahmenbedingungen, den typischen Problemwahrnehmungen und Sichtweisen von Migration und „nationaler Identität“ sowie den jeweiligen Formen der Schulorganisation und -kultur reflektiert und bei der Verwendung berücksichtigt wird.

Es ist insofern nicht sinnvoll, Maßnahmen und Modelle, wie dies im Rahmen von Versuchen des Imports von Good- oder Best-Practice-Verfahren gelegentlich geschieht, als kontextunabhängige zu betrachten und zu versuchen, diese ohne bewusste und begründete Modifikationen in den deutschen Zusammenhang zu übertragen. Es muss vielmehr darum gehen, das Anregungspotential internationaler Entwicklungen für eigenständige konzeptionelle Entwicklungen zu nutzen.

Dieses Problem ist auch bedeutsam für die Aussagefähigkeit von Programmevaluationen. Die jeweils erhobenen Evaluationsdaten können nur bezogen auf den jeweiligen Kontext, der als solcher vorausgesetzt und in aller Regel selbst nicht empirisch erfasst wird, Gültigkeit beanspruchen.[43]

Hinzuweisen ist auf einen weiteren bedeutsamen Aspekt: Die bundesdeutsche Situation eröffnet – gerade auf Grund des Fehlens eines klar konturierten politischen Modells von Deutschland als Einwanderungsgesellschaft – Gestaltungsspielräume, die pädagogisch genutzt werden können. Pädagogische Beanspruchungen von Leitorientierungen wie Diversity, Multikulturalität und Anti-

[43] So gewinnt z. B. das US-amerikanische Programm *Blue Eyed, Brown Eyed* im dortigen Kontext seine Plausibilität nicht zuletzt durch seine offenkundige Anspielung auf die Realität eines biologischen Rassismus, der die Hautfarbe als Unterscheidungskriterium verwendet (s. hierzu auch Möller 2002). Dessen Relevanz kann hierzulande jedoch nicht in gleicher Weise vorausgesetzt werden. Insofern stellt sich die Frage, ob und wie die Auseinandersetzung mit willkürlicher Diskriminierung auf Grund biologischer Festlegungen Lernprozesse ermöglicht, die auch für die Überwindung eines solchen Kulturrassismus, der bspw. mit der Unterscheidung „westliche Wertegemeinschaft“ vs. Islam operiert, nützlich sind.

rassismus können weder konsensuellen gesellschaftspolitischen Rückhalt beanspruchen, noch müssen sie mit einer eindeutigen und klar begründeten Ablehnung rechnen. Sie geraten vielmehr hinein in die Gemengelage der diesbezüglichen politischen Auseinandersetzungen und müssen sich in diesen behaupten. Die Kehrseite dessen ist im fehlenden rechtlichen Rückhalt von Antidiskriminierungsmaßnahmen sowie darin zu sehen, dass mögliche zivilgesellschaftliche Kooperationspartner von Schulen (politische Selbstorganisationen von MigrantInnen; Antirassismusinitiativen) – zumindest in einigen Regionen der Bundesrepublik – nur schwach entwickelt sind oder auf Akzeptanzprobleme stoßen.

Wie bereits erwähnt, werden die Menschenrechte in den betrachteten Ländern als ein normativer Hintergrundkonsens beansprucht. Die Diskussion über die pädagogische Relevanz der Menschenrechte gewinnt in der Bundesrepublik dagegen erst seit kurzer Zeit an Einfluss.

Auf die Frage nach den Möglichkeiten einer auf die Menschenrechte Bezug nehmenden Pädagogik, die das nicht auflösbare Spannungsverhältnis von sozialen und kulturellen Einbettungen bzw. Verortungen einerseits, der strukturellen Individualisierung der Lebensführung in der modernen Gesellschaft andererseits als ihre Grundlage betrachtet, werden wir im Anschluss an die Länderanalysen ausführlich eingehen. Eine solche Pädagogik kann sich nicht darauf beschränken, bloß deklarativ den Gehalt der Menschenrechte zu vermitteln, sondern ist darauf verwiesen, diese als einen kritischen Maßstab für die Auseinandersetzung mit Formen der strukturellen, institutionellen und interaktionellen Diskriminierung einsichtig und nutzbar zu machen.

2. Großbritannien: Citizenship, Antirassismus und Diversity als Gestaltungsprinzipien

Die Entwicklung und Implementierung schulbezogener Konzepte antirassistischer bzw. multikultureller Pädagogik wird gegenwärtig in Großbritannien als eine zentrale bildungspolitische Aufgabe begriffen. Dabei werden in Abhängigkeit von der konzeptionellen Ausrichtung sowie der institutionellen Verankerung der jeweiligen pädagogischen Maßnahmen und Programme unterschiedliche Ansatzpunkte verfolgt. *Als rahmende und weitreichendste Perspektive, die als ein Impuls für die bundesrepublikanische schulpolitische Diskussion wirksam werden könnte, kann unseres Erachtens eine solche Bildungspraxis gelten, die Elemente einer staatsbürgerlich-politischen Bildung mit einer reflektierten interkulturellen sowie antirassistischen Pädagogik („Education for Citizenship, Diversity and Race Equality“[44]) verknüpft.* Denn dort finden sich Ansatzpunkte für eine konstruktive Kombination der disparaten und kontroversen Programmatiken der seit den 1970er Jahren geführten britischen Debatte um multikulturelle und antirassistische Erziehung. Zudem werden Veränderungen hier nicht „nur“ auf der Ebene der curricularen Inhalte, sondern umfassender auch im Bereich der Organisationsentwicklung angestrebt.

2.1. Bildungspolitische Entwicklung

Die aktuelle britische Situation zeichnet sich dadurch aus, dass Rassismus als gesellschaftliches und schulisches Problem anerkannt wird und in der Folge die Auseinandersetzung mit Formen rassistischer Diskriminierung sowie die Gewährleistung von Chancengleichheit für SchülerInnen mit Migrationshintergrund und SchülerInnen, die einer „ethnischen Minderheit“ angehören, expliziter Auftrag der Schulen ist. Die Prämissen und konzeptionellen Orientierungen, die dabei beansprucht werden, sind nur als ein Resultat der Entwicklungen seit den 1970er Jahren verständlich, die hier deshalb knapp zu skizzieren sind (s. Tomlinson/Craft 1995, Figueroa 1998, Gaine 2000, Gillborn 1995, Steiner-Khamsi 1992, Troyna 1992).

---

[44] So der Titel einer von Citizenship Foundation (2000) herausgegebenen Handreichung und Materialsammlung für LehrerInnen, auf die wir im Weiteren noch zurückkommen werden.

Ausgangspunkt der Auseinandersetzungen ist ein auf Assimilation ausgerichtetes Konzept der „Immigrantenerziehung“, in dessen Kritik in den späten 1970er Jahren Entwürfe einer „multikulturellen Erziehung“ entwickelt wurden. Damit vollzog sich zunächst ein ähnlicher Paradigmenwechsel wie beim Übergang von der „Ausländerpädagogik“ zur „interkulturellen Pädagogik“ in der Bundesrepublik.[45] In den 1980er Jahren etablieren sich Theorien und Konzepte „antirassistischer Erziehung“, die sich gegen die im Kern kulturalistische Engführung der Problemwahrnehmung, insbesondere die Ausblendung sozialer Ungleichheiten und Herrschaftsverhältnisse in der multikulturellen Pädagogik, wenden. Diese fanden zwar in der deutschen Fachdiskussion Beachtung,[46] blieben jedoch für die schulbezogene Praxis in der Bundesrepublik bislang weitgehend folgenlos. Dagegen erfuhren dezidiert antirassistische Ansätze in England und Wales mit der Etablierung einer *Education for Racial Equality* auf der Ebene lokaler Schulbehörden zumindest eine partielle Institutionalisierung.

Education for Racial Equality

Education for Racial Equality zielt auf den Abbau rassistischer und ethnisierender Diskriminierungen und nimmt insbesondere Formen der strukturellen, d. h. nicht durch individuelle Vorurteile, sondern durch kollektive Wissensbestände sowie durch organisatorische Festlegungen bedingte Benachteiligungen in den Blick. So wird z. B. die Frage der angemessenen Repräsentanz von Minderheitsangehörigen auf der Ebene des Lehrpersonals und der Schulverwaltungen thematisiert. Hintergrund dessen ist die gesellschaftspolitische Forderung nach der rechtlichen, ökonomischen, politischen und sozialen Gleichstellung von Minderheiten, die sich selbstverständlich auch auf das Erziehungssystem als Teil der Gesellschaft bezieht. Problematisiert werden also nicht nur Lerninhalte oder manifeste Konflikte zwischen SchülerInnen.

Zum Begriff Race/Race-Relations

Der Terminus *Race* bezeichnet im britischen Diskurs nicht „Rassen“ im Sinne einer biologischen Kategorie. Vielmehr wird betont, dass es sich bei *Race* um eine soziale Konstruktion handelt, die zum Zweck der Diskriminierung benutzt

---

45 S. dazu Griese 1984. Diese „Wende“ wurde vor allem durch die Kritik an der der Ausländerpädagogik zugrunde liegenden Defizithypothese – als Zentralproblem angenommen wurden dort sprachliche, kulturelle und sozialisatorische Defizite der Migrantenkinder, die pädagogisch kompensiert werden müssen – veranlasst. In dem von Griese herausgegebenen Band finden sich aber auch bereits Elemente einer grundlegenden Kritik der kulturalistischen Perspektive.

46 Von Bedeutung hierfür war nicht zuletzt die von Annita Kalpaka und Nora Räthzel publizierte Studie „Die Schwierigkeit, nicht rassistisch zu sein“ (1991). Daran anschließend wurden eine Reihe von Beiträgen aus der britischen Antirassismusdiskussion in deutscher Übersetzung vorgelegt sowie einige theoretische Studien und Erfahrungsberichte publiziert; s. etwa Leiprecht 1992.

wird und entsprechend gesellschaftsstrukturierend wirksam ist. Mit dem Begriff *Race Relations* stehen die Machtbeziehungen zwischen Mehrheiten und Minderheiten sowie die strukturelle Verankerung sozialer Ungleichheitsverhältnisse im Vordergrund. Vom historischen Ausgangspunkt der rassistischen Rechtfertigung des Kolonialismus ausgehend, werden Flüchtlinge und ArbeitsmigrantInnen, aber auch *Gypsy Travellers* und *Irish Travellers,* als Objekt rassialisierender bzw. ethnisierender Diskriminierung betrachtet.
Dieser erweiterte Rassismusbegriff, der unterschiedliche Formen der Diskriminierung bezeichnet, findet sich auch in der UN-Erklärung zur Beseitigung jeder Form von Rassendiskriminierung vom 7.3.1966:
„In diesem Übereinkommen bezeichnet der Ausdruck ‚Rassendiskriminierung' jede auf der Rasse, der Hautfarbe, der Abstammung, dem nationalen Ursprung oder dem Volkstum beruhende Unterscheidung, Ausschließung, Beschränkung oder Bevorzugung, die zum Ziel oder zur Folge hat, dass dadurch ein gleichberechtigtes Anerkennen, Genießen oder Ausüben von Menschenrechten und Grundfreiheiten im politischen, wirtschaftlichen, sozialen, kulturellen oder jedem sonstigen Bereich des öffentlichen Lebens vereitelt oder beeinträchtigt wird."

Dieser Entwicklung wurde jedoch Ende der 1980er Jahre mit einer offensiven Gegenstrategie ein Ende bereitet. Im Kontext des durch die Thatcher-Regierung veranlassten *Education Reform Act* von 1988 wurden die Einflussmöglichkeiten der lokalen Schulbehörden stark eingeschränkt und die Schulbehörde von Inner London[47], die im Hinblick auf die Entwicklung einer antirassistischen Bildungspraxis eine Vorreiterrolle übernommen hatte, aufgelöst. Auch die 1984 eingeführte Anforderung, dass die Lehrerausbildung die zukünftigen LehrerInnen für die Arbeit in Schulen in einer durch „ethnische Vielfalt" geprägten Gesellschaft qualifizieren muss, wurde von der bildungspolitischen Agenda genommen. Zugleich wurde ein für alle Schulen in England und Wales verbindliches nationales Curriculum entwickelt, das bei seiner Fertigstellung schließlich keine „multikulturellen" Anteile mehr beinhaltete.[48] Über die Nationalisierung des Curriculums hinaus wurde die Förderung von Schulautonomie und freier Schulwahl durch die Eltern zum Programm erklärt; dies in Verbindung mit der Einführung neo-liberaler Marktprinzipien in das Schulwesen. Diese führte zu sozialen und ethnischen Segregationsprozessen und hatte damit erhebliche Konsequenzen auch für die schulische Ausbildungssituation von Migrantenkindern. Denn es war zu beobachten, dass Eltern aus der „weißen" Mittelschicht es zu-

47 Inner London Education Authority (ILEA)

48 Das eingeführte Curriculum basiert auf dem präskriptiven Modell einer nationalen Kultur, einer nationalen Geschichte und eines nationalen Interesses (s. Gill/Mayor/Blair 1992).

nehmend vermieden, ihre Kinder auf Schulen mit einem großen Minderheitenanteil zu schicken und Schulen bei der Auswahl ihrer SchülerInnen zunehmend selektiver vorgingen. Kinder aus sozial benachteiligten Familien oder ethnischen Minderheiten galten als „nicht erwünschte Kunden“ auf dem Bildungsmarkt.[49]

Ethnizität als offizielles Unterscheidungskriterium

In England wird Ethnizität – anders als in Deutschland – auch in offiziellen Verfahren und Dokumenten als Unterscheidungskriterium verwendet. Hintergrund dessen ist u. a. der Sachverhalt, dass viele Eingewanderte aus den ehemaligen Kolonien über die britische Staatsbürgerschaft verfügen. Damit entfällt die Möglichkeit sozialer Grenzziehungen entlang der Unterscheidung StaatsbürgerIn/AusländerIn. Vor diesem Hintergrund gewinnt Ethnizität als Kategorie an Bedeutung. Ethnisierend interpretiert werden unterschiedliche soziale Konstellationen (Mehrheiten und Minderheiten, Etablierte und Außenseiter usw.), Ethnizität wird zudem im Kontext von Unterscheidungspraktiken beansprucht, die sich auf herkunftsbezogene Erfahrungen, soziale Ungleichheiten, soziale Distanz und rassialisierende Diskriminierung beziehen.

Eine erneute, in der Schulpolitik einsetzende Wende vollzog sich mit dem umfassenden Reformprogramm, durch das unter der Labour-Regierung seit Ende der 1990er Jahre Englands Schulen modernisiert wurden: Mit der Zielsetzung einer allgemeinen Leistungssteigerung und der Erhöhung von Erziehungsstandards rückte auch die Problematik der zunehmenden Bildungsbenachteiligung von Minderheiten in den Blick.[50] Die in diesem Zusammenhang veranlassten Maßnahmen zur Herstellung von Chancengleichheit orientierten sich wesentlich am Ziel der Lernerfolgssteigerung von Minderheiten, das mit der Entwicklung klarer und hoher Erwartungen seitens der LehrerInnen gegenüber allen SchülerInnen erreicht werden sollte. Eine umfassende bildungspolitische Diskussion unter Berücksichtigung der antirassistischen oder multikulturellen Pädagogik blieb hingegen zunächst aus: Sie wurde weder auf der Ebene von Unterrichtsinhalten noch bezüglich der Entwicklung des Schulsystems und der damit einhergehenden Problematik der strukturellen Benachteiligung von Minderheiten geführt.

---

49 S. Tomlinson 2000; die Parallelen zur deutschen Situation sind offenkundig. In Deutschland beziehen sich solche Abgrenzungen in der Regel nicht auf ethnische Unterscheidungen, sondern hier wird das Kriterium der Staatsangehörigkeit („Die Türken“ als Problemgruppe) bzw. die Unterscheidung Einheimische/Einwanderer verwendet.

50 Eine vergleichbare Entwicklung zeichnet sich in der Bundesrepublik in der an die PISA-Studien anschließenden Diskussion ab.

Dies hat sich zwischenzeitlich infolge der Veröffentlichung des *MacPherson Reports* und der durch diesen ausgelösten Diskussion geändert.[51] Gegenstand dieses Reports ist das Verhalten der Polizei bei der Aufklärung des Mordes an dem schwarzen Jugendlichen Stephen Lawrence im Jahr 1999.[52] Der *MacPherson Report* akzentuiert die institutionelle Verankerung von Rassismus innerhalb der englischen Polizei. Er veranlasste das Eingeständnis der Regierung, dass ein über die Institution Polizei weit hinausreichender „institutioneller Rassismus" innerhalb der britischen Gesellschaft existiert und als gesellschaftspolitische Herausforderung begriffen werden muss.

Zudem enthält der Report auch explizite Empfehlungen für das Erziehungswesen. Diese haben entscheidende Konsequenzen für die weitere bildungspolitische Diskussion und Entwicklung: Theoreme, wie sie von VertreterInnen antirassistischer Erziehung bereits Anfang der 1980er Jahre formuliert wurden, finden mit dem *MacPherson Report* Eingang in die offizielle bildungspolitische Diskussion: Fokussiert wird der Zusammenhang zwischen der gesellschaftsweiten Diskriminierung von so genannten ethnischen Minderheiten mit deren systematischer Reproduktion durch die Strukturen und Praktiken des Erziehungssystems.

Diese Perspektive tritt einer Sichtweise entgegen, die den schlechten Schulerfolg von Angehörigen bestimmter Minderheitengruppen wesentlich auf individuelle Defizite oder das sozio-kulturelle Umfeld zurückführt. In der Folge wird auch die Notwendigkeit der Selbstaufklärung der Lehrkräfte und eine entsprechende Reform der Lehrerausbildung – auch im Hinblick auf Maßnahmen zur Erhöhung des Migranten- und Minderheitenanteils im Lehrpersonal – zum Desiderat erklärt (s. u.).

---

51 S. Gaine 2000

52 Der Mord an Stephen Lawrence geschah bereits im Jahr 1993. Auf Drängen der Eltern, die sich über das rassistische Verhalten seitens der Untersuchungsbehörden beklagten, wurde schließlich 1997 von der Labour-Regierung eine umfassende Untersuchung veranlasst. Der Untersuchungsbericht (*MacPherson Report*) zeigte einen in der Institution der Polizei verankerten Rassismus, die nicht als individuelles Fehlverhalten einzelner Personen zu fassen ist.

2.2. Education for Citizenship, Diversity und Race Equality als Element einer bildungspolitischen Strategie

Der infolge des *MacPherson Reports* überarbeitete *Race Relations (Amendment) Act*[53] aus dem Jahr 2000 stellt den rechtlichen Rahmen dar, der Schulen dazu verpflichtet, Formen struktureller Diskriminierung entlang rassialisierender und ethnischer Kriterien (*Racial Discrimination*) abzuschaffen, Strategien zur Auseinandersetzung mit Rassismus zu entwickeln und zur Achtung kultureller Vielfalt in der Gesellschaft beizutragen. So sind die lokalen Schulbehörden und Schulen sowie die Institutionen der Lehrerausbildung dazu verpflichtet, einen Aktionsplan zur Realisierung von *Race Equality* zu entwerfen. Die für die Inspektion von Schulen zuständige Institution (Ofsted[54]) ist dafür verantwortlich, den Aspekt der Herstellung von Chancengleichheit für SchülerInnen ethnischer Minderheiten als allgemeines Qualitätskriterium für die Beurteilung von Schulen zu berücksichtigen. Ofsted dokumentiert, ebenso wie das Erziehungsministerium (DfES), entsprechende Good-Practice-Beispiele.[55]

Die damit etablierte Zielsetzung kann zunächst wie folgt zusammengefasst werden: Alle Schulen sind unabhängig von ihrer Zusammensetzung (also auch solche mit einer vorwiegend „weißen" Schülerschaft) dazu angehalten, Programme zu entwickeln, die Schulen als Organisationen sowie LehrerInnen und SchülerInnen als Akteure dazu befähigen sollen, rassistischen Diskriminierungen und Stereotypisierungen entgegenzutreten. Für die Implementierung entsprechender Schulpolitiken steht eine Fülle von Materialsammlungen, Handreichungen und Richtlinien für LehrerInnen und die Institutionen der Lehrerausbildung zur Verfügung (s. u.). Zudem existieren von lokalen Schulbehörden ausge-

---

53 Der *Race Relations (Amendment) Act* 2000 erneuert und erweitert den *Race Relations Act* von 1976.

54 Das *Office for Standards in Education* besucht als Kontrollinstitution Schulen im Abstand von vier Jahren und dokumentiert, inwiefern diese den allgemeinen Qualitätsstandards entsprechen. Von Regierungsseite ist Ofsted eine Schlüsselrolle zur Überwindung von Rassismus und Diskriminierung im Bildungssystem zugewiesen worden. Die *Commission for Racial Equality* bemängelt allerdings, dass faktisch viele Schulinspektionen der Thematik von *Race Equality* keine Beachtung schenken (s. CRE 2000). Eine an der Universität von Leicester durchgeführte Untersuchung zur Praxis von Ofsted-Inspektionen im Hinblick auf die Berücksichtigung von *Race Equality* zeigt, dass es bei vielen InspektorInnen an Sensibilität für die Thematik sowie an der notwendigen Kompetenz, Maßnahmen zur Beseitigung von Diskriminierungen im Hinblick auf ihre Effektivität und Angemessenheit hin zu bewerten, fehlt. Folglich wird auch hier die Notwendigkeit von Fortbildungsmaßnahmen betont (s. Osler/Morrison 2000). Die *Commission for Black Staff in Further Education* problematisiert in diesem Zusammenhang auch die Unterrepräsentanz von Minderheiten in den Gremien und dem Personal von Ofsted (s. Commission for Black Staff in Further Education 2002).

55 Auf diese kommen wir im Weiteren noch zurück.

arbeitete Empfehlungen für die Entwicklung von Aktionsplänen zur Realisierung von *Race Equality*. Dabei werden zwei zentrale Ansatzpunkte verfolgt:

- zum einen die Etablierung einer aktiven Schulpolitik zur Herstellung von Chancengleichheit auf der Basis umfassender organisatorischer und struktureller Maßnahmen zur Lernerfolgsverbesserung der Angehörigen von Minderheiten-Gruppen (*Raising the Attainment of Minority Ethnic Pupils*; s. u.);
- zum anderen die explizite Thematisierung von Race Relations im Kontext eines neu eingeführten Citizenship Curriculums[56] (s. u.), das SchülerInnen u. a. auf die sozialen Realitäten in der Einwanderungsgesellschaft vorbereiten soll.

2.2.1. Elemente antidiskriminierender Gleichstellungspolitik

Strategien zur Herstellung von Chancengleichheit für MigrantInnen und Minderheiten sind inzwischen ein etablierter Bestandteil der staatlichen Bildungspolitik. Ein 1999 veröffentlichter Ofsted-Bericht zeigt, dass sich zwar die meisten Schulen auf eine Schulpolitik zur Förderung von *Race Equality* verpflichtet haben, es aber auf der Ebene von Schulen und der lokalen Schulbehörden an klaren Implementierungs- und Evaluationsstrategien fehlt.[57] Die Verwirklichung von Chancengleichheit bleibt einem im Jahr 2000 veröffentlichten Ofsted-Bericht und einem im Januar 2003 erschienen Bericht des Erziehungsministeriums zufolge deshalb nach wie vor eine zentrale Zukunftsaufgabe.[58]

Zahlreiche Veröffentlichungen seit Anfang der 1990er Jahre, die den überproportional schlechten Schulerfolg von Angehörigen bestimmter Minderheitengruppen thematisieren, reklamieren diesbezüglichen Handlungsbedarf. Im Kontext der aktuellen Maßnahmen zur Herstellung von Chancengleichheit rücken

---

[56] *Citizenship* meint wörtlich übersetzt Staatsbürgerschaft. Es geht in diesem Curriculum jedoch nicht nur um traditionelle Themen staatbürgerlich-politischer Bildung. Vielmehr umfasst das Curriculum vielfältige Dimensionen des sozialen Zusammenlebens.

[57] S. Ofsted 1999

[58] S. Gillborn/Mirza 2000, DfES 2003. Siehe auch den im Auftrag des Erziehungsministeriums erstellten Forschungsbericht zur Analyse der Aktionspläne von 151 lokalen Schulbehörden im Hinblick auf die Realisierung von Chancengleichheit von Minderheiten (Tikly u. a. 2002). Darin wird deutlich, dass einige Schulbehörden auf der Grundlage der Verpflichtung zu einem regelmäßigen *Ethnic Monitoring* (s. u.) lediglich Daten sammeln, die Auskunft geben über den Lernerfolg und die Benachteiligung von Minderheiten, aber kaum Strategien im Hinblick darauf vorliegen, welche konkreten Maßnahmen zur Überwindung dieser Benachteiligung in den einzelnen Schulen umgesetzt werden sollen.

insbesondere (männliche) Schüler afrikanisch-karibischer Herkunft und Schüler aus Pakistan und Bangladesch sowie Kinder von Asylsuchenden, unbegleitete minderjährige Flüchtlinge, *Gypsy/Roma Children* und *Children of Travellers of Irish Heritage* in den Blick. Das Problem des *underachievements* von Minderheiten ist bereits seit den 80er Jahren Thema. Für die 90er Jahre ergibt sich ein komplexeres Bild gegenüber dieser generalisierenden Beobachtung: Zahlreiche Untersuchungen zeigen, dass manche Minderheitengruppen, z. B. SchülerInnen indischer und chinesischer Herkunft, durchschnittlich bessere Schulerfolge zeigen als „weiße" SchülerInnen und dass es darüber hinausgehend notwendig ist, Faktoren wie Gender, die sozioökonomische Situation, Bildungs- und Berufsstatus der Eltern und Aufenthaltsdauer in Großbritannien hinzuziehen (Figueroa 1998, Gaine/George 1999, Haque/Bell 2001, DfES 2003).

In den von Erziehungsministerium und Ofsted dokumentierten Good-Practice-Beispielen[59], die auch als Diskussionsanregung für Schulen und die Lehreraus- und -weiterbildung dienen sollen, werden u. a. folgende Elemente einer Strategie schulischer Organisationsentwicklung benannt, die der Problematik der Bildungsbenachteiligung von Minderheiten begegnet:

- Entwicklung einer positiven Schulkultur/eines Schulethos;
- Optimierung der Erwartungshaltung der LehrerInnen gegenüber allen SchülerInnen;
- Entwicklung eines inklusiven Curriculums;
- umfassende Einbeziehung der Eltern und des Schulumfelds;
- regelmäßiges Ethnic Monitoring.

Die *Teacher Training Agency* (TTA) als offiziell zuständige Stelle für die Inhalte der Lehrerausbildung knüpft an diese Vorgaben an. In einer für alle Einrichtungen der Lehrerausbildung herausgegebenen Handreichung[60] findet sich eine Konkretisierung und Ausdifferenzierung dieser Ansatzpunkte. Diese wird im Weiteren ebenso berücksichtigt wie ein von Stella Dadzie entwickeltes anwendungsorientiertes *Toolkit*[61] für die Schulpraxis, das über Möglichkeiten der Realisierung einer entsprechenden Organisationsentwicklung informiert.

---

59 S. Ofsted 2002; DfES 2002a sowie die grundsätzlichen Empfehlungen von Ofsted 2001 und Blair/Bourne 1998

60 S. TTA 2000

61 Der Verweis auf dieses *Toolkit* (Dadzie 2000) zur Umsetzung einer antirassistischen Schulpolitik findet sich in nahezu allen uns vorliegenden Handreichungen und Materialsammlungen.

Entwicklung einer positiven Schulkultur und eines Schulethos
Im Rahmen der Entwicklung eines positiven Schulethos soll eine Kultur des gegenseitigen Respekts geschaffen werden, die alle SchülerInnen als Individuen *und* als Angehörige partikularer Gruppen anerkennt (s. DfES 2002a: 12 ff.). Die SchülerInnen, das (Lehr-)Personal und die Eltern sollen hierbei umfassend einbezogen werden, Schulaufsichtsbeamte und RektorInnen eine aktive und leitende Rolle übernehmen. Als integraler Bestandteil der Entwicklung eines Schulethos wird die aktive Auseinandersetzung mit Stereotypisierungen und Vorurteilen angesehen. Insbesondere sollen LehrerInnen lernen, dass viele SchülerInnen in ihrem Leben regelmäßig mit Formen von Diskriminierung und Rassismus konfrontiert sind und diese Erfahrung auch in ihrem schulischen Alltag präsent sein kann. Im Interesse der umfassenden und gleichberechtigten Inklusion von Minderheitenangehörigen wird die Entwicklung eines klaren Umgangs mit *Race Relations* gefordert und als unentbehrliche Grundlage für die Förderung einer verantwortlichen Haltung jedes einzelnen gegenüber sich selbst, als auch gegenüber anderen betrachtet.

Konkrete Hinweise zur Etablierung einer anti-diskriminierenden Schulkultur gibt Stella Dadzie (2000). Hier finden sich Prüfkriterien zur Selbstevaluation, anhand derer Schulen eine kritische Bestandsaufnahme ihrer bisherigen Praxis vornehmen können sowie konzeptionelle Hinweise für die Planung, Entwicklung und Realisierung einer anti-rassistischen Gleichstellungspolitik (*Equal Opportunities/Antiracist Policy*): Als erster Schritt wird eine Erklärung seitens der Schule in Form einer *öffentlichen Deklaration* empfohlen. Diese soll die Schule darauf verpflichten, Rassismus und andere Formen der Diskriminierung ernst zu nehmen und sich diesen unter Einbeziehung des schulischen Umfelds aktiv entgegenzustellen.[62] Zur Umsetzung dieser Selbstverpflichtung im Sinne einer Querschnittsaufgabe für die ganze Schule soll ein *Aktionsplan* entwickelt werden, der möglichst konkrete Zielsetzungen formuliert. Folgende Gesichtspunkte sollen bei der Implementierung einer anti-rassistischen Gleichstellungspolitik berücksichtigt werden:

- *Eigeninitiative und Eigenverantwortlichkeit*: Alle SchülerInnen, LehrerInnen und weiteres Personal, Eltern sowie das sonstige Umfeld sollen in den Diskussions- und Planungsprozess einbezogen werden.
- *Glaubwürdigkeit:* Die Zielsetzungen sollen für alle Beteiligten realistisch und umsetzbar sein.

62 Hier wird ein ähnlicher Ansatz verfolgt wie mit dem Projekt „Schule ohne Rassismus“.

- *Lebensweltlicher Bezug/Alltagsnähe:* Die Auswirkungen der Schulpolitik sollen im Schulalltag erfahrbar sein.
- *Zugänglichkeit:* Die Zielsetzungen sollen für unterschiedliche Gruppen verständlich, nachvollziehbar und transparent sein.

Für die Realisierung der formulierten Zielsetzungen wird empfohlen, eine schulweite Arbeitsgruppe zu bilden, an der VertreterInnen aus allen der Schule zugehörigen Gruppen teilnehmen bzw. eine *Focus Group*, die Umsetzungsstrategien beobachtet, koordiniert, über die Zielsetzungen aufklärt und sich auch mit denjenigen auseinandersetzt, bei denen diese Schulpolitik auf Widerstand stößt.

Als zentral für die Etablierung einer anti-diskriminierenden Schulkultur wird die Entwicklung verbindlicher, fairer und transparenter Verfahrensweisen im Umgang mit diskriminierenden/rassistischen Vorfällen, Belästigungen, Stereotypisierungen sowie die Herstellung eines Klimas betrachtet, das es ermöglicht, diese Problematiken offen unter LehrerInnen, SchülerInnen und Eltern zu diskutieren und gemeinsam Lösungsstrategien zu entwickeln. In den Handreichungen der TTA wird dazu aufgefordert, Beschwerden seitens der SchülerInnen über unfaire Behandlung oder rassistische Belästigungen ernst zu nehmen, darauf zu reagieren und die Eltern einzuschalten. Bei einem rassistischen Vorfall sollte zuerst der/die davon betroffene SchülerIn befragt und ihr/ihm Glauben geschenkt, aber auch klargestellt werden, dass allen ein fairer Umgang zusteht und in einem weiteren Schritt alle Beteiligten nach ihrer Sichtweise gefragt werden. Insbesondere soll die Verurteilung des Vorfalls im Hinblick auf den „Täter“ nicht in eine moralisierende Anklage münden und im Fall des „Opfers“ nicht zu einer Viktimisierung führen, sondern der Vorfall und dessen rassistische Implikationen – also nicht der Täter – im Vordergrund stehen.

Stella Dadzie (2000) schlägt folgende Verfahrensweisen für den Umgang mit rassistischen Vorfällen vor:

- *Entwicklung eines Verhaltenskodex (Code of Conduct):* In diesem für alle SchülerInnen, Eltern und (Lehr-)Personal verbindlichen Verhaltenskodex soll festgehalten werden, dass die Schule Formen rassistischer Belästigung sowie andere diskriminierende Verhaltensweisen nicht toleriert. Zudem sollen klar geregelte Sanktionsverfahren für Verstöße gegen diese Regelungen aufgezeigt werden. Die SchülerInnen sollen zu regelmäßigen Diskussionen über diesen Verhaltenskodex angeregt und an seiner Ausgestaltung beteiligt werden.
- *Dokumentation rassistischer Vorfälle:* In einem *Incident Book* sollte jeder rassistisch motivierte Vorfall und der Umgang damit dokumentiert werden.

Dabei soll insbesondere auch die Reaktion der jeweiligen Gruppen, die involviert sind, beschrieben werden.

- *Diskussionen über den Umgang mit Rassismus:* Das (Lehr-)Personal sollte dazu ermutigt werden, über Strategien des Umgangs mit rassistischen Vorfällen zu diskutieren. Insbesondere soll die Schwierigkeit der Realisierung einer zwar entschlossenen und bestimmten, aber nicht-konfrontativen Reaktion erörtert werden. SchülerInnen sollen dazu angeregt werden, auf der Grundlage ihrer persönlichen Erfahrungen Formen des adäquaten Umgangs mit rassistischen Vorfällen zu diskutieren.

Solche Strategien des Umgangs mit rassistischen und diskriminierenden Vorfällen werden jedoch auf der Ebene der konkreten einzelnen Schulen bislang nur bedingt realisiert. Der Jahresbericht 2001/2002 von Ofsted zeigt auf, dass die meisten lokalen Schulbehörden zwar Verfahrensweisen und Strategien im Hinblick auf rassistische Vorfälle und Verhaltensweisen entwickelt haben, diese aber nicht hinreichend umgesetzt werden. Eine besondere Schwierigkeit ergibt sich daraus, dass ein solcher, recht reflektierter Umgang mit Formen direkter Diskriminierung, wie er etwa in den Materialien der TTA beschrieben wird, auch eine entsprechende Befähigung und Fortbildung der Lehrkräfte voraussetzt. Bislang werden aber nur von einer kleinen Anzahl der Schulbehörden Fortbildungsmaßnahmen angeboten, in denen es um die explizite Auseinandersetzung mit den Erfordernissen des *Race Relations Amendment Acts* (2000) und den *Standards for Racial Equality der Commission for Racial Equality* geht (s. DfES 2003: 23).

Optimierung der Erwartungshaltung der LehrerInnen gegenüber allen SchülerInnen

Eine zentrale Ursache für den relativen schulischen Misserfolg von Angehörigen einiger Minderheitengruppen wird in den niedrigen Erwartungshaltungen gesehen, die LehrerInnen gegenüber jenen SchülerInnen entwickeln (s. DfES 2002b: 5 ff.). Insofern dies Phänomen als Teil einer indirekten Diskriminierung verstanden wird, dem mit einer Optimierung der Erwartungshaltung gegenüber allen SchülerInnen begegnet werden soll, bedarf es einer aktiven Auseinandersetzung und Bewusstmachung von oftmals unbewussten Vorurteilen seitens des Lehrpersonals wie auch der SchülerInnen. Insbesondere sollen LehrerInnen lernen, nicht selbstverständlich davon auszugehen, dass MigrantInnen schlechtere Schulleistungen erbringen oder z. B. Jungen afrikanisch-karibischer Herkunft verhaltensauffälliger und aggressiver sind als ihre MitschülerInnen. Hierzu wird es als erforderlich angesehen, sich damit auseinander zu setzen, dass Chancenungleichheit Effekt struktureller, institutioneller und kultureller Bedingungen ist und welchen Beitrag LehrerInnen zu ihrer Überwindung leisten können. Dabei soll thematisiert werden, dass nicht nur direkte rassistische Belästigungen und Angriffe einen umfassenden Einfluss auf die emotionale, soziale und die intellektuelle Entwicklung von SchülerInnen haben können, sondern auch Formen subtiler Diskriminierungen und Vorurteilshaltungen.

Entwicklung eines inklusiven Curriculums
Im Interesse einer auf Chancengleichheit und umfassende Partizipation aller zielenden Erziehung und Bildung, die den unterschiedlichen Lebenserfahrungen und Interessen von SchülerInnen Rechnung trägt, wird die Entwicklung eines inklusiven Curriculums gefordert. Dabei sollen die spezifischen Erfahrungen und Erfahrungshintergründe der SchülerInnen einbezogen werden. So wird z. B. angenommen, dass Flüchtlinge/Asylsuchende und *Gypsy Travellers* in besonderem Maße rassistischen Belästigungen ausgesetzt sein können oder mit den sprach- und verhaltensbezogenen Konventionen und Regelungen, die in der Schule gelten, erst noch vertraut gemacht werden müssen. Um diesen und anderen spezifischen Erfordernissen – etwa der unzureichenden Kenntnis der englischen Sprache – Rechnung zu tragen, soll eine an den Lernvoraussetzungen der SchülerInnen orientierte *dialogische Entwicklung von Zielsetzungen* im Zentrum der pädagogischen Bemühungen stehen. Kulturelle, religiöse und sprachliche Vielfalt soll dabei Berücksichtigung finden, aber nicht von generalisierenden Annahmen über die „Anderen" ausgegangen werden, in denen sich Stereotype reproduzieren.

Umfassende Einbeziehung der Eltern und des Schulumfelds
Im Rahmen der Realisierung einer anti-rassistischen Gleichstellungspolitik wird der Öffnung der Schule gegenüber ihrem gesellschaftlichen Umfeld eine grundlegende Bedeutung zugesprochen. Deshalb soll die Kommunikation mit den Eltern, aber auch die Kooperation mit zivilgesellschaftlichen Akteuren gezielt verbessert werden. Diesbezüglich wird gefordert, Maßnahmen zu entwickeln, die dazu geeignet sind, etwaige sprachliche Barrieren zu überwinden, die Migranteneltern an schulischer Beteiligung hindern. Insbesondere für Schulen mit einer vorwiegend „weißen" Schülerschaft gilt es für die Auseinandersetzung mit rassistischen Diskriminierungen und im Hinblick auf ein „multikulturelles Lernen" als unerlässlich, das weitere gesellschaftliche Umfeld einzubeziehen.

Hierfür wird der Zusammenarbeit mit zivilgesellschaftlichen Akteuren und Organisationen wie z. B. den örtlichen *Race Equality Councils* eine Relevanz zugesprochen.

Zudem wird im Fall rassistischer Belästigungen von Flüchtlingen und Asylsuchenden empfohlen, mit lokalen Flüchtlingsgruppen oder dem *Refugee Council* zusammenzuarbeiten.

Ethnic Monitoring

Alle Schulbehörden sind seit 1990 zu einem *Ethnic Monitoring* in den Schulen ihres Zuständigkeitsbereichs verpflichtet.[63] Dieses soll im Sinne einer fortlaufenden Evaluation des Lernerfolgs und der Entwicklung von Sprachkompetenz aller Minderheitengruppen die schulische Praxis begleiten. Dazu werden die SchülerInnen nach „ethnischen" Kriterien kategorisiert, was Grundlage entsprechender statistischer Berechnungen ist. Diese in sich bereits hoch problematisch ethnisierende Identifikation wird zudem nicht konsequent durchgehalten. Faktisch werden heterogene Merkmale (Hautfarbe, Nationalität, Lebensweise) als Indikatoren verwendet, also nicht ethnisierende Unterscheidungen. In einer Erfassungsliste des *Department for Education and Skills* wird folgende Grobunterteilung verwendet: White, Mixed, Asian or Asian British, Black or Black British, Chinese, also eine merkwürdige Mischung rassialisierender und nationalisierender Kriterien. Die Kategorie Asian wird dann weiter unterteilt in Indian, Pakistani usw. Etabliert werden hier Vorgaben für die Fremd- und Selbstklassifikation, die keineswegs dafür geeignet sind, in schulischen Kontexten ggf. relevante soziale und kulturelle Unterschiede zu erfassen. Ebenfalls erhoben werden bezogen auf die unterschiedenen „ethnischen Gruppen": soziales Verhalten, Anwesenheit in der Schule, Ausgrenzungsmechanismen im Schulalltag und der Umgang mit rassistischen Vorfällen. Dabei soll sich die Ursachenanalyse in Bezug auf schlechten Schulerfolg nicht an den SchülerInnen unterstellten Defiziten orientieren, sondern Verbesserungsmöglichkeiten seitens der Schule aufzeigen.

Die Problematik einer Ethnisierung in antidiskriminierender Absicht

Hier wird eine grundsätzliche Problematik antidiskriminierender Konzepte offenkundig: Um gruppenbezogene Diskriminierung beobachten und bearbeiten zu können, müssen Individuen als Gruppenangehörige etikettiert bzw. zu entsprechenden Selbstetikettierungen aufgefordert werden. Dies geschieht in Eng-

---

63 Auf Grund der Problematik ethnisierender Zuschreibungen schlagen wir – in Anlehnung an Konzepte des ethnic monitoring – im Weiteren ein Monitoring Bildungsinklusion vor, das auf ethnisierende Kategorien verzichtet (s. auch Radtke 2003: 31 ff.).

land mit Hilfe von 19 Kategorien, die seitens des Erziehungsministeriums vorgegeben sind.[64] Damit aber wird Gruppenzugehörigkeit im Interesse einer Strategie fixiert, die darauf ausgerichtet ist, zur Überwindung der sozialen Bedeutung solcher Festlegungen und Identitätszuschreibungen beizutragen. Für diese Problematik ist keine klare Lösung in Sicht, denn es kann auch keine prinzipielle Verzichtbarkeit der Beobachtung gruppenbezogener Unterscheidungen und Benachteiligungen angenommen werden. Folglich muss ein reflektierter und sensibler Umgang mit dieser Problematik als ein unverzichtbares Kernelement von Professionalität gelten. Unseres Erachtens wären dialogische Prozesse, in denen mit SchülerInnen und ihren Eltern besprochen wird, ob und in welchen Dimensionen sie selbst diskriminierende Behandlung oder unzureichende Berücksichtigung ihrer sozialen und kulturellen Identität erleben, angemessener. Hierauf wird im Weiteren noch zurückzukommen sein.

Dadzie (2000: 29f) weist auf einen anderen Aspekt dieser Problematik hin: Die ausschließliche Verwendung „ethnischer Unterscheidungen" kann dazu führen, dass wichtige andere Unterschiede, die durch Faktoren, wie z. B. soziale Klasse und Gender, bedingt sind, verdeckt werden. Daher sollen Schulen klären, auf welche Dimensionen hin sie ihre eigene Praxis evaluieren wollen und kontextbezogene Strategien des Umgangs mit den erhobenen Daten erarbeiten. Damit wird die oben angesprochene Problematik aber nicht gelöst, sondern der Versuch ihrer Lösung wird der pädagogischen Praxis überantwortet.

Über die beschriebenen Kernelemente, die sich auf die Schulpraxis im engeren Sinne beziehen, hinausgehend, werden im Kontext von Strategien einer auf Chancengleichheit abzielenden Organisationsentwicklung Maßnahmen zur *Erhöhung des Migranten- und Minderheitenanteils im Lehrpersonal* relevant. Diese sind in einem Aktionsplan für die Institutionen der Lehrerausbildung, der von der *Teacher Training Agency* entwickelt wurde, ausformuliert (TTA – Corporate Plan 1999-2002). Ausgangspunkt dieser Maßnahmen ist das Missverhältnis zwischen der Repräsentanz sozialer Gruppen innerhalb der Lehrerschaft und ihrem Anteil an der Gesamtbevölkerung. Neben der Unterrepräsentanz von MigrantInnen und Minderheiten rückt hier insbesondere die von Menschen mit Behinderungen in den Blick, z. B. aber auch der Mangel an männlichen Lehrern in Grundschulen. Inzwischen gibt es an zahlreichen Universitäten und *Education Colleges* spezielle Programme zur Rekrutierung von MigrantInnen für den Lehrberuf. Diese reichen von Mentorenprogrammen, Sprach- und Kommunikationstrainings bis hin zum Werben für den Lehrberuf als Karriereoption für An-

64 SchülerInnen können eine Zuordnung zu diesen Kategorien ablehnen.

gehörige von Minderheiten durch die lokalen *Colleges*.[65] Darüber hinausgehend wird die Notwendigkeit aufgezeigt, die Bedingungen für Minderheitenangehörige in den Lehrberufen sowohl in der Ausbildung als auch im Hinblick auf ihre Positionen in den Schulen zu verbessern. So zeigen Untersuchungen zur Situation des *Black Staff*[66] auf, dass eine nicht geringe Anzahl der befragten LehrerInnen berichtet, dass sie sowohl vonseiten der KollegInnen als auch vonseiten der SchülerInnen mit Formen von Rassismus und Diskriminierungen konfrontiert sind. Diese reichen von direkten rassistischen Beleidigungen bis hin zur mehr oder weniger subtilen Infragestellung ihrer professionellen Kompetenzen, was dazu führt, dass manche LehrerInnen einem permanenten Druck ausgesetzt sind, sich selbst und anderen ihre Fähigkeiten zu beweisen.[67]

Die skizzierte *Race Equality*-Strategie ist u. E. nicht nur für die Zielsetzung der Herstellung von Chancengleichheit für Kinder und Jugendliche mit Migrationshintergrund relevant, sondern auch für die Auseinandersetzung mit Stereotypen und Vorurteilen. Denn gesellschaftliche Strukturen und Praktiken, die MigrantInnen und Minderheiten die Position einer randständigen und benachteiligten Bevölkerungsgruppe zuweisen, sind Bestandteil von Konstellationen, in denen sich Stereotype und Vorurteile entwickeln und reproduzieren (s. dazu etwa Elias/Scotson 1993).[68] Es handelt sich so betrachtet nicht um ein falsches Wissen von Individuen, sondern um gesellschaftsstrukturell und in tradierten Wissensbeständen (Ideologien, Deutungsmustern) verankerte Annahmen. Folglich muss auch der Beitrag von Schulen zu gesellschaftlichen Diskriminierungs- und Exklusionspraktiken, die MigrantInnen als Sonder- und Problemgruppe hervorbringen und alltäglich sichtbar machen und die damit zur Reproduktion

---

65 S. dazu auch Wolverhampton Race Equality Council Consortium 1999

66 Der von der *Commission for Black Staff in Further Education* verwendete Begriff „schwarz" referiert nicht auf die Hautfarbe, sondern umfasst als weiter gefasster Begriff Angehörige unterschiedlicher Minderheiten, die die Erfahrung rassialisierender Diskriminierungen teilen (s. Commission for Black Staff in Further Education 2002: 107).

67 S. Commission for Black Staff in Further Education 2002; DfES 2003. Eine für die *Teacher Training Agency* durchgeführte Studie zur beruflichen Sozialisation von LehrerInnen im Hinblick auf die Dimension von Ethnizität zeigt in diesem Zusammenhang auf, dass einige LehrerInnen, die ethnischen Minderheiten angehören, den Maßnahmen zur Erhöhung des Anteils von Minderheitsangehörigen im Lehrpersonal sehr skeptisch gegenüberstehen. Sie befürchten, dass ihre Leistungen und ihr professioneller Status durch Formen der aktiven Gleichstellungsförderung in der öffentlichen Wahrnehmung weiter abgewertet werden könnten. Die AutorInnen der Studie weisen entsprechend darauf hin, dass in der Planung und Durchführung solcher Gleichstellungsmaßnahmen insofern Vorsicht und ein sensibler Umgang geboten ist, da diese als Fall umgekehrter Diskriminierung (*Reverse Discrimination*) interpretiert und wahrgenommen werden können (s. Carrington u. a. 2000).

68 So bestätigt etwa die Einweisung von Asylsuchenden in Sammelunterkünfte und ihre Ausgrenzung aus dem Arbeitsmarkt das Deutungsmuster, es handele sich bei ihnen um eine homogene Gruppe, die an einer Integration in die Gesellschaft und regulärer Erwerbsarbeit nicht interessiert ist.

ethnisierender, fremdenfeindlicher und (kultur-)rassistischer Deutungsmuster beitragen, in Strategien gegen Fremdenfeindlichkeit, Rassismus und Rechtsextremismus berücksichtigt werden. *Damit rückt – im Unterschied zu Ansätzen des Toleranz-Lernens – Diskriminierung nicht nur als Folge gruppenbezogener Stereotype und Vorurteile in den Blick, sondern diese werden als ein Moment der Strukturen und Prozesse problematisiert, durch die sozio-ökonomische, politische und rechtliche Ungleichheiten hervorgebracht und verfestigt werden.*

Im Hinblick auf den Widerspruch zwischen normativ akzentuierten pädagogischen Strategien, welche die Vorstellung einer gerechten Einwanderungsgesellschaft vermitteln wollen einerseits, einer diese Idee konterkarierenden schulischen Realität andererseits, ist eine Strategie zur Herstellung von Chancengleichheit unverzichtbar.

Wesentliche Elemente einer solchen Strategie sind Vorgehensweisen, die dazu geeignet sind, den Schulerfolg von SchülerInnen mit Migrationshintergrund zu verbessern und die Repräsentanz von MigrantInnen in den Schulverwaltungen und beim Lehrpersonal zu erhöhen. Eine unmittelbare Adaption des *Ethnic Monitoring* ist u. E. jedoch auf Grund der erwähnten Problematik nicht sinnvoll.

2.2.2. Das Citizenship Curriculum als Bildungskonzept für die Einwanderungsgesellschaft

Auf der Grundlage eines umfassenden Berichts der *Advisory Group on Education for Citizenship and the Teaching of Democracy in Schools*, wurde *Citizenship* im September 2002 als neues schulisches Pflichtfach etabliert.[69]

Als allgemeine bildungspolitische Zielsetzungen von *Citizenship Education* werden die Entwicklung von sozialer und moralischer Verantwortlichkeit, der Erwerb politischen Wissens (*Political Literacy*) und demokratischer Kompetenzen sowie der Fähigkeit und Bereitschaft zum *Community Involvement* formuliert. Der zugrunde gelegte Begriff *Citizenship* blieb dabei vage, die Problematik des Verhältnisses von StaatsbürgerInnen und Nicht- StaatsbürgerInnen

---

[69] 1998 wurde ein folgenreicher Bericht zur Situation der politischen Bildung vorgelegt. Die unter Leitung von Prof. Dr. Bernhard Crick durchgeführte Studie (*Crick-Report*) ist für die weitere Ausarbeitung und Implementierung des Curriculums von zentraler Bedeutung gewesen (s. Qualifications and Curriculum Authority 1998). *Citizenship* wurde bereits im Herbst 2000 in einer Testphase eingeführt, aber erst im Herbst 2002 als verbindliches Fach etabliert. Allerdings liegt es bislang in der Eigenregie von Schulen, wie sie *Citizenship Education* einführen, ob als separates Fach oder im Rahmen von Personal and Social Health Education sowie anderen Fächern.

fand hier keine Berücksichtigung[70]. Im Unterschied zur pädagogischen Bezugnahme auf *Citoyenneté* im französischen Kontext, auf die wir noch zurückkommen, bleibt *Citizenship* auch in der Folge ein tendenziell offenes Konzept. Dies eröffnet, wie sich an der Entwicklung und inhaltlichen Ausgestaltung des *Citizenship Curriculums* zeigt (s. u.), Potentiale für eine weitreichende und reflektierte Auseinandersetzung mit den Themen Identität, Diversity, Rassismus und Diskriminierung sowie mit der Situation von MigrantInnen und Flüchtlingen.

Im Hinblick auf die angesprochenen Themen kann jedoch nicht von einem geteilten gesellschaftlichen Konsens ausgegangen werden. Sie sind vielmehr Gegenstand gesellschaftspolitischer Kontroversen. Daraus resultieren Schwierigkeiten für die Implementierung und institutionelle Verankerung im Schulalltag. In der einschlägigen Diskussion wird darauf hingewiesen, dass LehrerInnen die Aufgabe, kontroverse Themen zu behandeln, als Überforderung wahrnehmen können. Zudem rufen die Vorgaben des *Citizenship Curriculums* Widerstände bei den VertreterInnen konservativer politischer Positionen auf.[71]

Das Anregungspotential des Curriculums liegt vor allem in der integrativen Verbindung unterschiedlicher Programmatiken und Konzepte: Das Citizenship Curriculum umfasst Elemente der Menschenrechtspädagogik, der Diversity-Pädagogik[72] und der antirassistischen Pädagogik; es schließt auch die sachhaltige Auseinandersetzung mit Aspekten von Einwanderung ein.[73]

Das Curriculum bietet auch in methodisch-didaktischer Hinsicht einen Impuls für sinnvolle Konzeptionen einer Bildung für die Einwanderungsgesellschaft. Die Auseinandersetzung mit Aspekten von Rassismus, Einwanderung und Flucht erfolgt vorwiegend über dialogische, erfahrungsbezogene und explorative Lernformen. Diese sind nicht nur auf Grund allgemeiner bildungstheoreti-

---

70 Osler und Starkey kritisieren in diesem Zusammenhang die im *Crick-Report* implizit zugrunde gelegte Konzeption von staatsbürgerlicher Identität, die mit einem quasi kolonialen Gestus (*Colonial Flavour*) einhergehe. Denn in dieser Konzeption wird die Möglichkeit von multiplen oder hybriden Identitäten, die mehr als *eine* „Heimat" haben und die sich z. B. in ihrem Selbstverständnis sowohl als Briten als auch als Zugehörige zu ethnischen Gruppen verstehen, unterschlagen (s. Osler/Starkey 2000: 7).

71 Die explizite Beschäftigung mit kontroversen Themen (*Controversial Issues*), wie sie nun im Rahmen des Citizenship-Curriculums vorgesehen ist, insbesondere im Rahmen der Themenkomplexe von Rassismus und Diskriminierung, wurde seit dem *Education Reform Act* von 1988 und der daran anschließenden Kampagne *Back to the Basics* der konservativen Partei als unzulässige Indoktrination der SchülerInnen durch die LehrerInnen verstanden (s. Martin 2003: 2).

72 Diversity-Pädagogik kann in einer ersten Annäherung als eine Weiterentwicklung von Varianten einer reflektierten interkulturellen Pädagogik verstanden werden, die auch durch Lebensalter, sexuelle Orientierung, Gesundheit/Behinderung, Gender und Klasse bedingte Unterschiede in den Blick nimmt.

73 Diese werden nicht als eigenständige pädagogische Programme bzw. Konzepte verstanden, sondern als thematische Schwerpunkte des Curriculums.

scher Überlegungen sinnvoll, sondern tragen auch der Problemdimension Rechnung, dass es sich bei Fremdenfeindlichkeit, Rassismus und Rechtsextremismus nicht lediglich um falsches Wissen handelt, dem mit informationsbasierten Aufklärungsstrategien und Faktenwissen hinreichend begegnet werden könnte. Da fremdenfeindliche, rassistische und rechtsextreme Diskurse und Ideologien als Grundlage für die subjektiv verbindliche Interpretation eigener Alltagswirklichkeit wirksam werden können, sind pädagogische Strategien erforderlich, die in der Erarbeitung alternativer Interpretations- und Deutungsangebote eine erfahrungs- und subjektbezogene Auseinandersetzung mit den Realitäten der Einwanderungsgesellschaft ermöglichen.[74]

Die Richtlinien zur organisationsbezogenen und konzeptionellen Einbettung des Curriculums weisen auf folgende Erfordernisse der Implementierung hin:

- Ausrichtung auf Kontinuität und Nachhaltigkeit;
- interdisziplinäre Anlage (*cross-curricular*);
- Einbeziehung des schulischen Umfelds;
- institutionelle Verankerung und Professionalisierung im Kontext von Lehrerausbildung und Weiterbildung.[75]

Für die Unterrichtspraxis stehen zahlreiche Handreichungen und Lehrmaterialien sowie Weiterbildungsangebote zur Verfügung, die sich auch an LehrerInnen richten, die andere Fächer als *Citizenship* unterrichten.[76] Die Materialien wurden vom Erziehungsministerium im Rahmen zahlreicher Projekte, die in Kooperation mit zivilgesellschaftlichen Organisationen, die im Rahmen von *Citizenship* oder *Human Rights Education* aktiv sind, erarbeitet. Einige Materialien stellen eine explizite Verbindung her zwischen der curricularen Auseinandersetzung mit den für die Einwanderungsgesellschaft zentralen Themen und

---

[74] Vorurteile und Feindbilder haben als Elemente sozialer Deutungs- und Handlungsmuster die Funktion, sich mit anderen, z. B. MitschülerInnen und ArbeitskollegInnen, einer gemeinsamen Sichtweise der sozialen Wirklichkeit zu versichern und damit sozialen Zusammenhalt zu stiften; sie ermöglichen auch eine Erklärung und Bewertung sozialer Probleme und Konflikte (s. dazu Scherr 1995: 44 ff. und 187 ff.). Sie können deshalb nicht einfach nur widerlegt werden. Vielmehr ist es erforderlich, alternative Sichtweisen zu entwickeln.

[75] Letztere befindet sich jedoch – wie die Implementierung insgesamt – noch in den Anfängen: Die Ausbildung von Citizenship-LehrerInnen im Rahmen der Erstausbildung hat erst im September 2001 begonnen. Dies führte vor allem während der Testphase, in der *Citizenship* im Jahr 2000 eingeführt wurde, zu der Problematik, dass vor allem LehrerInnen, die über keine entsprechende Ausbildung verfügen, *Citizenship* unterrichten.

[76] Dies entspricht der interdisziplinären Ausrichtung, der zufolge eine Querschnittsaufgabe für alle Fächer und die gesamte Schule sein sollte.

den Strategien zur Herstellung von *Race Equality* im Rahmen der Organisationsentwicklung von Schulen, wie sie oben beschrieben wurden.

Im Folgenden wird anhand ausgewählter Vorschläge zur Unterrichtspraxis in den *Key Stages 3*[77] (Altersgruppe 12-14 Jahre) und *Key Stages 4* (Altersgruppe 14-16 Jahre) die konzeptionelle Ausrichtung des *Citizenship Curriculums* beschrieben. Berücksichtigt werden neben dem nationalen Curriculum (Department of Education and Skills 2002b) eine von der *Citizenship Foundation* mit Unterstützung des Erziehungsministeriums herausgegebene Handreichung und Materialsammlung für LehrerInnen zum Thema *Citizenship, Diversity and Race Equality* (Citizenship Foundation 2002) sowie der Entwurf zu einer überarbeiteten und konkretisierten Version des *Citizenship Curriculums*, der von der lokalen Schulbehörde von Bradford (Bradford Education 2002) erstellt wurde .[78]

Menschenrechtspädagogik

Die Beschäftigung mit der UN-Menschenrechtserklärung, der UN-Kinderrechtskonvention sowie dem *Human Rights Act*[79] ist integraler Bestandteil des Curriculums. Dabei geht es nicht ausschließlich um die Vermittlung von Wissen und Fakten über die Menschenrechte, sondern die Auseinandersetzung mit den Menschenrechten als Lerngegenstand ist weiter gefasst. So sollen diese in einen Zusammenhang mit den alltäglichen und schulischen Erfahrungen der SchülerInnen gestellt werden, die u. a. auch dadurch geprägt sind, dass die Beanspruchung von Rechten Einzelner oder von Gruppen mit den Rechten Anderer konfligieren kann. Auf dieser Grundlage soll den SchülerInnen ein kritisch-reflexiver Umgang mit den Menschenrechten ermöglicht werden, der die Problematisierung des Absolutheitsanspruchs und innerer Widersprüche der Menschenrechte[80] ebenso einschließt, wie die des Widerspruchs zwischen den deklarierten Menschenrechten und den Realitäten von Gesetz, Recht und Justiz. Dies geschieht über die explizite Einführung kontroverser Themen: So wird z. B. das

---

77 Der Lehrplan unterscheidet in sogenannte *Key Stages*. *Key Stages* sind altersgruppenbezogene Curricula, diese Curricula werden im Folgenden nicht detailliert dargestellt, sondern nur ausgewählte Beispiele.

78 Im Folgenden stellen wir also Unterrichtsvorschläge aus unterschiedlichen Fassungen des *Citizenship Curriculums* und darauf bezogener Materialien zusammen, die für unser Projekt von besonderer Relevanz sind.

79 Der *Human Rights Act* von 1998 beinhaltet die verfassungsrechtliche Einbindung der grundlegenden Menschenrechte. Alle öffentlichen Behörden sind in der Ausübung ihrer Funktionen verpflichtet, auf die in dieser Konvention verbürgten Rechte zu achten.

80 Z. B. kann das Recht auf freie Meinungsäußerung mit dem Diskriminierungsverbot konfligieren.

Dilemma zwischen Universalismus und (kulturellem) Partikularismus als ein nicht unmittelbar zu lösendes Problem eingeführt. Im Kontext der Auseinandersetzung mit dem Asylrecht wird die Verletzung von Menschenrechten nicht nur als eine mögliche Fluchtursache, sondern auch im Hinblick auf die Diskriminierung von Flüchtlingen in Großbritannien thematisiert. *Damit wird im Unterschied zu Ansätzen einer normativen Wertevermittlung die Problematik des Spannungsverhältnisses zwischen menschenrechtlichem Anspruch und gesellschaftlicher Realität explizit aufgegriffen.*

Thema Menschenrechte[81]

Ausgewählte Lernziele

- Kenntnis der universellen Erklärung der Menschenrechte sowie der Rolle des UNHCR;
- Wissen, dass jeder Mensch ein Recht hat auf ein Leben frei von jeglicher Diskriminierung;
- Die Erfahrung machen, dass Menschenrechte einen Bezug zum täglichen Leben haben;
- Kenntnisse darüber erwerben, dass nicht in allen Ländern und lokalen Kontexten die Menschenrechte in der gleichen Weise geachtet werden;
- Wissen, dass Menschenrechtsverletzungen der Grund sein können, warum Menschen ihr Land verlassen und zu Flüchtlingen werden;
- Erfahren, dass Flüchtlinge Rechte haben, aber Schwierigkeiten haben können, diese durchzusetzen;
- Kennen lernen von Flüchtlingsunterstützungsorganisationen;
- sich bewusst werden über die Rolle lokaler, nationaler und internationaler Regierungs- und Nichtregierungsorganisationen bei der Unterstützung von Flüchtlingen.

Ausgewählte Lehr-Lern-Aktivitäten

- Auseinandersetzung mit Fallstudien aus der Rechtssprechung, Diskussion über das Verhältnis von Gerechtigkeit und Gesetz; Fragestellung: Ist das fair?
- Diskussion legaler Rechte im Horizont der Menschenrechte; Fragestellungen: Wird diesen Rechnung getragen? Geht das Gesetz weit genug oder zu weit?
- Gruppendiskussion zu Situationen, in denen die Rechte von SchülerInnen verletzt wurden bzw. mit den Rechten Anderer in Konflikt standen. Im Rollenspiel werden adäquate Lösungen erprobt.

---

[81] Die angeführten Beispiele beziehen sich auf die Einheiten „Human rights“ und „Celebrating human rights – citizenship activities for the whole school“ in *Key Stage 3*.

• Arbeit mit Video und Textmaterial zu folgender Frage: Wie sieht in Situationen, in denen andere belästigt oder „fertig gemacht" (bullying) werden, ein adäquater Umgang mit Opfer und Täter aus?
• SchülerInnen schreiben eine Charta der Rechte, die für die eigene Schulklasse gelten soll und vergleichen diese mit der Menschenrechtscharta. Wollen sie nach der Lektüre etwas an der Schulcharta verändern und warum?
• Erörterung kritischer und kontroverser Themen: Was sollte mit rassistischen Tätern passieren? Haben alle Menschen gleiche Rechte, sollten sie gleiche Rechte haben? Soll das Recht auf freie Meinungsäußerung auch für rassistische Gruppen gelten wie z. B. für die British National Party? Soll das Recht auf freie Religionsausübung auch gelten, wenn Eltern aus religiösen Gründen die Erlaubnis verweigern, dass ihr Kind eine Bluttransfusion erhält?
• SchülerInnen erforschen anhand vielfältiger Materialien (Video, Texte, Webseiten), was „ein Flüchtling" ist und welche besonderen Erfahrungen Flüchtlinge haben können. In Gruppen setzen sie sich mit einer spezifischen Situation auseinander, in der viele Menschen zu Flüchtlingen geworden sind und berichten die Ergebnisse in der Klasse. Bearbeiten folgender Fragestellungen: Haben Flüchtlinge das Recht auf freie Meinungsäußerung und Bewegungsfreiheit, Zugang zu medizinischer und wohlfahrtsstaatlicher Vorsorge? Wann, wie und warum werden diese Rechte verletzt?
• SchülerInnen diskutieren, was sie von ihrem Wissen über Menschenrechte anderen – in der Schule oder der Gemeinde – mitteilen wollen, listen mögliche Aktivitäten auf, planen und realisieren die Umsetzung.
• Eine aus RepräsentantInnen jeder Schulklasse und dem Lehrerkollegium zusammengesetzte Gruppe plant einen schulweiten Aktionstag zum Tag der Menschenrechte.

Diversity-Pädagogik
Hier steht die Thematisierung von Vielfalt insbesondere im Hinblick auf nationale, kulturelle, religiöse, regionale und ethnische Identifikationen im Vordergrund. *Betont wird dabei die Anerkennung eines Rechts auf Identität, aber auch die Einsicht, dass SchülerInnen nicht auf eine starre kulturelle Identität festgelegt werden dürfen, sondern ihnen die Möglichkeiten eröffnet werden, Identitäten zu wählen, eine solche Wahl zu verweigern oder so genannte „Bindestrich-Identitäten" zu entwickeln* (z. B. schwarz-britisch, schwarz-muslimisch, asiatisch-britisch, schwarz-katholisch). Mit dem Fokus auf *Identifikation*, aber auch auf die Möglichkeit der *Distanzierung* gegenüber unterschiedlichen kulturellen Kontexten und sozialen Zugehörigkeiten soll ein Rahmen etabliert werden, in dem die Vorstellung der Existenz einer homogenen britischen Kultur ebenso befragt werden kann wie die einer in sich geschlossenen, determinierten und für

immer gleich bleibenden Identität. In Auseinandersetzung mit der Kolonialgeschichte, der Geschichte von Migration und der gegenwärtigen Situation von MigrantInnen werden nicht nur Vorurteilsbildungen und Stereotypisierungen thematisiert, sondern auch Formen sozialer Benachteiligung und gruppenbezogener Diskriminierungen in den Blick gerückt. Auf dieser Grundlage sollen SchülerInnen lernen, unterschiedliche gesellschaftliche Deutungs- und Lösungsmuster kritisch zu reflektieren und so Unterscheidungen zu treffen zwischen rationalen Argumentationen und solchen, die auf rassistischen und rechtsextremen Annahmen beruhen. *Dieser Ansatz kann als Variante einer reflektierten interkulturellen Pädagogik gelten, die die Aufmerksamkeit auf Prozesse der Identifikation und der Distanzierung richtet und dies mit der Analyse kulturalisierender Zuschreibungs- und gesellschaftlicher Diskriminierungsmechanismen verbindet.*

Thema Diversity[82]

Ausgewählte Lernziele

- Eigene individuelle und soziale Identität entdecken und ein Verständnis von „multiplen Identitäten" entwickeln;
- Eigene Werte und Haltungen entdecken;
- Unterschiedliche Identitäten wahrnehmen, aber auch die übergreifenden Gemeinsamkeiten, die sie verbinden;
- Kenntnisse darüber erwerben, dass Identitätsbildungen von vielen Faktoren abhängen können, u. a. von „race", gender und unterschiedlichen Lebensstilen und Wertorientierungen;
- Die Erfahrung machen, dass jede individuelle Identität einzigartig, aber auch stets veränderbar ist;
- Entwicklung von Respekt gegenüber den Unterschieden und Gemeinsamkeiten von Gruppen und Individuen;
- Kenntnisse über die sozialen Realitäten der britischen Einwanderungsgesellschaft erwerben;
- Die Fähigkeit erwerben, sich mit rassistischen Deutungsmustern und Formen der Diskriminierungen kritisch auseinander zu setzen.

---

82 Die Einheit „Britain – a diverse society" ist im Nationalen Curriculum in *Key Stage 3* vorgesehen. Diese wird im Entwurf zum Bradford-Curriculum von jeweils einer separaten Einheit zur lokalen Situation („Identity and Community in the Bradford District") und zur globalen Situation („A Global Community") gerahmt.

Ausgewählte Lehr-Lern-Aktivitäten

• Paarinterview: SchülerInnen befragen sich gegenseitig, zu welchen unterschiedlichen Gruppen sie sich zugehörig fühlen, welche Dinge sie mögen, worin sie ihre Stärken sehen etc.

• Diskussion: Was sind multiple Identitäten oder Bindestrich-Identitäten?

• Arbeit mit einer interaktiven Webseite *Britkid* (www.britkid.org[83]). Fragestellung: Was heißt „britisch" in einer von Vielfalt geprägten Einwanderungsgesellschaft?

• SchülerInnen bilden vielfältige Gruppen, z. B. entlang der jeweiligen Vorlieben für Speisen, Musik, Fernsehprogramme, Sport und Sprachen. Werden Menschen in diese Gruppen hineingeboren, kann sich die Zugehörigkeit ändern?

• SchülerInnen reflektieren über die unterschiedlichen Gruppenbildungen. Fragestellungen: Gibt es Überraschungen, wie fühlt man sich dabei, einer großen Gruppe anzugehören, wie einer kleinen? Wie hängt unsere Identität (z. B.: im Hinblick auf Verhalten, Sprache, Kleidung) von den Umständen ab, in denen wir uns befinden? Welche Umstände können dazu führen, dass Menschen ihre Identität verstecken oder ändern?

• Arbeit mit vielfältigen Medien (Zeitungen, TV und Radio, Webseiten etc.); Fragestellungen: Wie werden „ethnische Minderheiten" in den Medien dargestellt, werden dabei Stereotypisierungen verwendet? Hypothesen entwickeln, worin jeweils das Interesse an stereotypisierenden Darstellungen bestehen könnte. Diskussion über Chancengleichheit und Stereotypisierungen in der Schule.

• Analyse der lokalen Migrationsgeschichte anhand vielfältiger Materialien und Methoden (Interviews, Fotos, Bibliotheksrecherchen; Auseinandersetzung mit der Arbeit von Migrantenorganisationen). Fragestellungen: Warum sind Menschen emigriert, warum leben sie hier und wie leben sie mit den Einheimischen zusammen? Welchen Zusammenhang gibt es zwischen Kolonial- und Migrationsgeschichte? Wie geht die Gemeinde mit migrationsbedingten Veränderungen der Bevölkerungszusammensetzung um?

• Diskussion: Was sind Optionen des Umgangs mit MigrantInnen in einer multikulturellen Gesellschaft (Assimilation, Integration, Separation, Ausweisung)? Welche Option bevorzugen die SchülerInnen?

• Untersuchung und Diskussion rechtsextremer Propaganda (historisch und aktuell); Analyse jeweiliger Kontexte; Einbezug aktueller Themen wie z. B. Debatten über Einwanderungskontrolle und Flüchtlinge.

---

83 Die interaktive Webseite *Britkid* ist ausdrücklich als Unterrichtsmaterial mit Hinweisen für LehrerInnen zum Einsatz im Unterricht konzipiert und fehlt inzwischen in keiner Handreichung mehr. Sie kann als gut ausgearbeitetes Beispiel für einen reflektierten multikulturellen und antirassistischen Ansatz gelten und wird inzwischen auch in anderen Ländern adaptiert (s. *Eurokid* und *Swedkid*).

Antirassistische Pädagogik
Hier rücken Formen struktureller Diskriminierungen sowie Möglichkeiten der politischen Intervention in den Blick. Rassismus wird als grundsätzliches soziales Verhältnis thematisiert – und dies in allen Schulen, unabhängig von ihrer „ethnischen Zusammensetzung“ und unabhängig davon, ob lokal offenkundige *Race Related Problems* identifiziert werden. Die explizite Beschäftigung mit rassistischen Strukturen, Handlungs- und Deutungsmustern soll eine Analyse rassistischer Sichtweisen ermöglichen, ohne die SchülerInnen zu nötigen, diese als ihre persönliche Meinung kund zu tun. In der Auseinandersetzung mit rassistischen Positionen und unterschiedlichen Sichtweisen auf Themen wie Migration und Flucht steht so die kritische Reflexion und die Frage nach adäquaten Handlungsmöglichkeiten im Vordergrund – und nicht die Verbreitung moralischer Botschaften. Insofern kann die hier verfolgte Perspektive als ein reflektierter antirassistischer Ansatz gelten, mit dem simplifizierende Gruppenkonstruktionen entlang der (rassialisierenden) Kategorisierung von Mehrheiten und Minderheiten ebenso vermieden werden wie ein Verständnis von Rassismus als eine homogene Ideologie, das von den je spezifischen Bedingungen und Artikulationsformen von Rassismen abstrahiert.

Thema Rassismus und Diskriminierung[84]

Ausgewählte Lernziele

- Ein Verständnis davon erwerben, was Rassismus und Formen von Diskriminierung kennzeichnet;
- Gesetze und Vorschriften kennen, die Formen von Diskriminierung verbieten und verstehen, warum dies so ist;
- SchülerInnen sollen in die Lage versetzt werden, rational über rassistische Stereotype zu urteilen sowie soziale Folgen von Rassismus zu begreifen;
- Kritisch-reflexive Auseinandersetzung mit in der Gesellschaft verbreiteten rassistischen Diskursen und mit kontroversen Positionen zu Themen wie Migration und Flucht;
- Wissen entwickeln über die Gründe für Migration und Flucht sowie den Commonwealth als politischen und ökonomischen Kontext für Migrationsbewegungen;
- Strategien und Fähigkeiten entwickeln, die Formen der Diskriminierung und Rassismen entgegengesetzt werden können.

---

84 Die Einheit „Challenging racism and discrimination“ ist im Nationalen Curriculum in *Key Stage 4* vorgesehen. Innerhalb des Bradford-Curriculum-Entwurfs ist die Teileinheit zu Rassismus noch nicht konkretisiert, eine Ausarbeitung soll aber folgen.

Ausgewählte Lehr-Lern-Aktivitäten

- Gruppenarbeit: SchülerInnen suchen sich eine Gruppe von ImmigrantInnen aus und erforschen die Situation in den jeweiligen Herkunftsländern. Fragestellung: Warum haben diese sich Großbritannien als neuen Lebens- und Aufenthaltsort ausgesucht?
- Beschäftigung mit Formen von Genozid im 20. Jahrhundert und dem Widerstand dagegen; Fragestellung: Welche Unterschiede gibt es zwischen dem Holocaust, Apartheid in Südafrika und „ethnischen Säuberungen“ im früheren Jugoslawien?
- Diskussion über Formen rassistischer Diskriminierung: Input durch Materialien, anhand derer verschiedene Szenarien daraufhin befragt werden, ob es sich um Diskriminierung handelt oder nicht. Fragestellungen: Ist es manchmal schwierig zu entscheiden, ob etwas rassistisch ist oder nicht? Gibt es Regeln, die uns helfen, eine Unterscheidung zu treffen?
- Gruppenarbeit: SchülerInnen spielen jeweils ein Szenario durch, in dem sie einen rassistischen Vorfall beobachten, aber nicht selbst unmittelbar beteiligt sind. Fragestellung: Was können sie als Einzelne tun, wem können sie davon erzählen und wen können sie um Hilfe und Rat fragen?
- SchülerInnen schauen sich die Grundsatzerklärung (*Policy*) der Schule bezüglich des Umgangs mit rassistischen Vorfällen an. Fragestellung: Werden dabei alle möglichen Formen rassistischer Diskriminierung erfasst, gibt es klare Regeln, was den Umgang mit Opfern, Zuschauern und Tätern angeht? Vorschläge erarbeiten, was noch ergänzend aufgenommen werden könnte.

Die thematischen Einheiten zu „Menschenrechte“, „Diversity“ sowie „Rassismus und Diskriminierung“ sind jeweils durch Verweise aufeinander bezogen und bilden zusammen eine übergeordnete Einheit innerhalb des *Citizenship Curriculums*. Damit wird dem Umstand Rechnung getragen, dass die mit diesen Thematiken korrespondierenden pädagogischen Ansätze zwar Überschneidungen aufweisen, gleichzeitig aber je unterschiedliche Lerngegenstände und Problemdimensionen konstituieren, die nicht unmittelbar ineinander auflösbar sind. Für jede der hier in spezifischer Weise verfolgten pädagogischen Konzeptionen – Menschenrechtspädagogik, Diversity-Pädagogik und antirassistische Pädagogik – gilt, dass die Initiierung von Lernprozessen sowie die Entwicklung rationaler und moralischer Reflexionsfähigkeit im Vordergrund steht, also nicht die normative Vermittlung positiv akzentuierter Gesellschaftsmodelle. Deshalb werden gesellschaftlich kontroverse Themen nicht ausgeblendet, sondern bewusst aufgegriffen. Die im Curriculum formulierten Lernziele und mögliche Lehr- und Lernaktivitäten sind flankiert von methodischen, didaktischen und bildungstheoretischen Überlegungen sowie der Problematisierung von in der

Vergangenheit verfolgten Strategien eines essentialisierenden und kulturalisierenden Multikulturalismus bzw. eines simplifizierenden und moralischen Anti-Rassismus.[85] Insofern überzeugt das Curriculum hinsichtlich seiner konzeptionellen und didaktischen Ausrichtung.[86]

Die institutionelle Verankerung des *Citizenship Curriculums* ist allerdings keineswegs unproblematisch: Seine Etablierung als Bestandteil des prüfungsrelevanten Fächerkanons steht in einem Spannungsverhältnis zu dem Anspruch, dass ein dialogischer Unterricht, der die Erfahrungen und das Wissen der SchülerInnen einbezieht, realisiert werden soll. Eine Konzeption, welche die Aufgabe einer politischen Bildung gegen Fremdenfeindlichkeit, Rassismus und Rechtsextremismus in erster Linie darin sieht, Prozesse der kritischen Reflexion in einem offenen Lehr-Lernprozess zu initiieren, ist mit einem Verständnis von Unterricht als Vermittlung eines überprüfbaren und zu bewertenden Wissens nur schwer vereinbar.

Ofsted hat auf der Grundlage der Untersuchung von 25 Schulen einen Bericht zur Implementierung des Curriculums (Ofsted 2003) vorgelegt. Dieser stellt fest, dass in den Schulen dem Erwerb eines überprüfbaren Wissens zu geringe Bedeutung zugemessen wird. Darauf bezogen wird auf die Notwendigkeit verwiesen, für das Fach ähnlich hohe Standards wie für andere Fächer zu setzen und schriftliche Arbeiten, mit denen Leistungen überprüft werden können, an diesen Standards zu orientieren. Diese Akzentuierung konterkariert aber deutlich die Absicht, *Citizenship Education* nicht nur auf der Ebene curricularer Inhalte anzusetzen, sondern auch als ein Unterrichtsprinzip, das mit Formen demokratischen und partizipativen Lernens einhergeht.

Der Bericht weist auch auf einen weiteren Aspekt hin: Es wird aufgezeigt, dass viele Schulen *Citizenship Education* nicht als eigenständiges Fach eingeführt haben und für eine weit reichende Auseinandersetzung mit den vorgesehenen Inhalten und Zielsetzungen weder genügend Zeit innerhalb des Stundenplans, noch hinreichend ausgebildete LehrerInnen zur Verfügung stehen. Letzteres wird auch in einer Presserklärung der *Citizenship Foundation* als zentrales

85 S. Citizenship Foundation (2002)

86 Im Hinblick auf die spezifischen Erfordernisse einer Pädagogik gegen Rechtsextremismus wäre eine intensivere Beschäftigung mit den sozialpolitischen Kernideologemen des rechtsextremen und rechtspopulistischen Diskurses (etwa „Ausländerkriminalität“, Arbeitsmarktkonkurrenz etc.) anzustreben. Eine indirekte Bearbeitung erfahren diese Themen in den Einheiten zu „Kriminalität“ und „Ökonomie“ innerhalb des Citizenship-Curriculums. So wird etwa das Thema Kriminalität im Hinblick auf eine Diskrepanz zwischen dem Diskurs über und der Angst vor Kriminalität auf der einen Seite und deren Faktizität auf der anderen Seite verhandelt. Es geht aber nicht explizit um das Thema „Ausländerkriminalität“.

Problem benannt: Dort wird in einer Replik auf den Ofsted-Bericht gefordert, dass die momentane Situation, in der nur 200 LehrerInnen als fachliche ExpertInnen pro Jahr ausgebildet werden und auch weder qualitativ noch quantitativ ausreichende Fort- und Weiterbildungsangebote vorhanden sind, von Regierungsseite änderungsbedürftig ist, da dies als strukturelles Hindernis für die Verankerung des Citizenship-Curriculums gesehen werden muss, die mangelnde Umsetzung daher nicht nur den einzelnen Schulen angelastet werden kann (s. Citizenship-Foundation 2003).

3. Konsequenter Multikulturalismus vs. republikanischer Universalismus: Kanada und Frankreich im Vergleich

Die im vorstehenden Abschnitt dargestellte britische Bildungspolitik und Bildungspraxis beruht konzeptionell auf einer Verbindung multikultureller und antirassistischer Orientierungen. Im Folgenden wird zunächst die Programmatik des kanadischen Multikulturalismus untersucht. Von Interesse ist der „Fall Kanada“ hier vor allem auf Grund eines wesentlich konsequenter ausgeprägten Verständnisses von Diversity und Multikulturalität. Daran anschließend setzen wir uns mit der französischen Situation auseinander.[87] Die bildungspolitische und bildungspraktische Beanspruchung eines republikanischen Universalismus stellt einen Kontrastfall zu den multikulturellen Orientierungen dar, der zu deutlich anderen Konsequenzen führt.

3.1. Strukturelle Bedingungen und konzeptionelle Orientierungen kanadischer Bildungspolitik

In der kanadischen Schulpolitik verbinden sich, ebenso wie in England, antirassistische und multikulturelle Elemente (s. Adam 2002; Kymlicka 1999; McLeod 1992; Moodley 1992 u. 1995; Steiner-Khamsi 1992; Wotherspoon 1995).

Die seit 1971 etablierte staatliche Programmatik des Multikulturalismus wird in eine Pädagogik übersetzt, in der es – anders als in Deutschland – nicht primär um das Verstehen der kulturellen Hintergründe von MigrantInnen geht, sondern um eine umfassende Multikulturalisierung und Ausdifferenzierung der schulischen Curricula – einschließlich der Berücksichtigung unterschiedlicher Lehr-/Lernstile und Methoden. Kulturelle Differenzen werden hier nicht darauf reduziert, folkloristische Anreicherungen der dominanten Kultur oder aber Hemmnisse für die erfolgreiche Integration von MigrantInnen zu sein. Vielmehr wird die Möglichkeit einer kulturell voraussetzungslosen und neutralen Schule

---

[87] In die Analyse der französischen Bildungspolitik ist eine Expertise eingegangen, die Veronika Kabis (Saarbrücken) verfasst hat.

grundsätzlich in Frage gestellt.[88] Eine Konsequenz hieraus ist die weitgehende Öffnung der Schule gegenüber den Communities sowie der Einbezug von Minderheiten in die Schulentwicklung.

3.1.1. Gesellschaftspolitische Rahmenbedingungen[89]

Im Vergleich zur bundesdeutschen Situation sind zunächst folgende grundlegende Unterschiede zu erwähnen:

- Wie bereits erwähnt, wird Kanada seit mehr als 30 Jahren explizit und programmatisch als multikulturelle Gesellschaft verstanden.[90] Die Idee einer multikulturellen Einwanderungsgesellschaft und des gleichberechtigten Zusammenlebens von Gruppen unterschiedlicher Herkunft kann weitgehend als gesellschaftspolitischer Konsens vorausgesetzt werden. Das Nation- und Staatsverständnis ist dabei ethnisch und kulturell indifferent definiert. In Anschluss an Kymlicka (1999: 26) kann Kanada als eine „staatsbürgerliche Nation“ charakterisiert werden, in der ethnische Verortung und kulturelles Selbstverständnis keine Definitionselemente von Staatsangehörigkeit sind. Vielmehr genügt es, sich dauerhaft im Land aufzuhalten und bereit zu sein, sich die nationale Verkehrssprache sowie ein Verständnis der Geschichte der kanadischen Gesellschaft anzueignen, um als Kanadier anerkannt zu werden. Die Staatsangehörigkeit kann nach drei Jahren legalem Aufenthalt weitgehend voraussetzungslos erworben werden, und der kanadische Pass gilt „als Reisedokument und nicht als Loyalitätsausweis“ (Adam 2002: 332). Diese Indifferenz verbindet sich jedoch – aus im Weiteren noch zu erläuternden Gründen – mit einer Programmatik der Beachtung und Betonung ethnisch-kultureller Unterschiede im pädagogischen Kontext (s. u.).
- Alle Inländer haben einen formell gleichen Zugang zu politischen und sozialen Rechten, zu wohlfahrtsstaatlichen Leistungen und zum Arbeitsmarkt.

---

88 Die Konsequenzen dieser Prämisse zeigen wir nachfolgend insbesondere in den Abschnitten zur Bildungspraxis auf.

89 Wir beziehen uns im Weiteren auf das englisch-sprachige Kanada und gehen auf die davon unterschiedene Situation im frankophonen Kanada nicht ein.

90 Bekanntlich ist dagegen die Frage, ob Deutschland eine multikulturelle Gesellschaft ist oder werden soll, immer noch umstritten. So wurde zuletzt in der Debatte um das Zuwanderungsgesetz im Bundestag am 01.03.2003 vom stellvertretenden Fraktionsvorsitzenden der CDU/CSU-Fraktion Friedrich Merz formuliert: „Es geht darum, dass eines der großen Projekte – insbesondere der grünen Partei – im Wahljahr realisiert wird, nämlich der Wechsel hin zu einer multikulturellen Einwanderungsgesellschaft. Dies lehnen wir ab. Das wird auch so bleiben.“ (Plenarprotokoll des Deutschen Bundestages 14/222)

> Staatsangehörige und Nicht-Staatsangehörige, die sich legal dauerhaft im Land aufhalten, sind rechtlich gleichgestellt, mit der Ausnahme, dass nur Staatsangehörige über das aktive und passive Wahlrecht verfügen. Die sozio-ökonomische Situation von EinwandererInnen und Minderheiten ist heterogen: Infolge der selektiven Einwanderungspolitik, insbesondere der gezielten Förderung der Einwanderung von qualifizierten Fachkräften, gehören viele MigrantInnen zu den relativ privilegierten Schichten. Die Unterschichtungsproblematik betrifft hingegen vor allem die indigene Bevölkerung (s. Adam 2002; Geißler 2003: 24). MigrantInnen sind in Kanada also, anders als in Deutschland, nicht typischerweise Angehörige sozial benachteiligter Gruppen. Insofern ist es in Kanada auch nicht plausibel, kulturelle Differenzen generalisierend als eine eigenständige Ursache des Scheiterns an schulischen Anforderungen und auf dem Arbeitsmarkt zu interpretieren.

Die in Kanada seit 1971 etablierte Multikulturalismuspolitik ist jedoch wiederkehrend auf mangelnde Akzeptanz in der Bevölkerung gestoßen (s. Moodley 1995). *Aus dieser Diskrepanz zwischen staatlicher Politik und gesellschaftlicher Verankerung ergibt sich der zentrale Stellenwert, dem der pädagogischen Programmatik und Praxis im Kontext der Umsetzungsstrategien der staatlichen Multikulturalismuspolitik von Beginn an zugewiesen wurde.* Auf der Grundlage der Verpflichtung auf ein multikulturelles Gesellschaftsideal sind hier die politische Selbstbeschreibung und das Nationalstaats- und Staatsbürgerschaftsverständnis eng mit dem Bildungsauftrag von Schule sowie der pädagogischen Programmatik und Praxis verbunden.

3.1.2. Entwicklungslinien der multikulturellen Pädagogik

Die Entwicklung von Konzepten multikultureller Pädagogik kann seit der offiziellen Einführung der staatlichen Multikulturalismuspolitik als integraler Bestandteil einer sich explizit als integrativ verstehenden Schulpolitik gelten.

Für die Anfänge der kanadischen Multikulturalismuspolitik ist die Verknüpfung mit einem offiziellen *Bilingualismus* charakteristisch und muss u. a. auch als Reaktion auf Spannungen mit der frankophonen Provinz Quebec und dem dortigen Aufkommen einer separatistischen Bewegung gesehen werden (s. Steiner-Khamsi 1992: 137 ff.). Ausgehend von dem Grundsatz, dass Kanada über zwei offizielle Landessprachen und keine homogene Kultur verfügt, standen im Wesentlichen drei Zielsetzungen auf der politischen Agenda (s. Moodley 1995: 801 ff.):

- Förderung von Gruppen, die ihre Herkunftskultur bewahren wollen bei gleichzeitiger nationaler politischer Integration;
- Förderung des Austauschs zwischen unterschiedlichen kulturellen Gruppen und Verbesserung der Beziehungen untereinander;
- Gewährleistung, dass alle ImmigrantInnen Zugang zum Lernen der beiden offiziellen Sprachen bekommen.

Die pädagogischen Umsetzungsstrategien im Rahmen einer solchen Multikulturalismuspolitik zielten zunächst auf die Bewusstseinsförderung und Toleranz gegenüber kulturellen Differenzen, die Förderung von Minderheitensprachen und die Zelebrierung von unterschiedlichem kulturellen Erbe und Herkunft. Die damit verbundene staatliche Aufwertung von Ethnizität ist eingebunden in die Konstruktion einer kulturell und sprachlich pluralisierten nationalen Gemeinschaft.[91] So werden die Paradigmen eines toleranten Umgangs mit und der Akzeptanz von ethnischer und kultureller Vielfalt als Ressource für die Rekonstruktion einer eigenständigen kanadischen Geschichte und nationalen Identität beansprucht: Die Einheit Kanadas wird als Vielfalt der Kulturen und Ethnien gedacht. *Insofern handelt es sich bei der in der politischen Selbstbeschreibung Kanadas zum Tragen kommenden Multikulturalismuskonzeption nicht um eine interessensneutrale Beschreibung der sozialen Realität einer Einwanderungsgesellschaft, sondern vor allem um eine um Herstellung gesellschaftlicher Kohäsion bemühte normative Orientierung, zu deren Verwirklichung der Pädagogik ein genuiner Beitrag zugewiesen wird.*[92] Mit der Inanspruchnahme einer Einzigartigkeit des kanadischen, bilingualen und multikulturellen Gesellschaftsmodells wird auch die Abgrenzung gegenüber dem (gescheiterten) US-amerikanischen Integrationsmodell eines *Melting Pot* betont, das dort inzwischen auch durch die Kritik von Minderheiten und in Reaktion auf die Verfestigung einer schwarzen Unterklasse explizit in Frage gestellt ist.

Seit Mitte der 1980er Jahre findet, teilweise in Anlehnung an die britische Diskussion, eine Umorientierung auf die Thematisierung von *Race Relations* statt. Die Ansätze einer antirassistischen und multikulturellen Gleichstellungs-

---

91 Steiner-Khamsi weist in diesem Zusammenhang darauf hin, dass die kanadische „Multikulturalismus-Politik [...] die Konstruktion eines multikulturalisierten Patriotismus [bewirkt] und nicht, wie fälschlicherweise angenommen werden könnte, die Stärkung ethnischer Gruppen“. Insofern ist hier Ethnizität nicht „Differenzierungs-, Abgrenzungs- und Ausgrenzungsmerkmal, sondern ein Vereinigungs- und sogar Uniformierungsmerkmal“ (Steiner-Khamsi 1992: 143).

92 Gita Steiner-Khamsi unterscheidet in Anlehnung an Wsevolod W. Isajiw drei Ebenen des kanadischen Multikulturalismus: als reale Sozialpolitik, als demografisches Merkmal der kanadischen Gesellschaft und als gemeinschaftskonstituierende Ideologie (s. Steiner-Khamsi 1992: 128ff). Letztere ist im pädagogischen Kontext von besonderer Bedeutung.

politik (*Anti-Racism and Ethnocultural Equity*), die dabei zum Tragen kommen, resultieren aus der Kritik an den multikulturellen Programmen der 70er- und 80er Jahre, denen die Inadäquanz im Umgang mit Diskriminierungen und die Ausblendung von Ungleichheits- und Machtverhältnissen vorgeworfen wurde. Insbesondere wurde bemängelt, dass die Multikulturalismuspolitik keine Veränderung für die sozio-ökonomische Situation der „sichtbaren Minderheiten" und der *First Nations*[93] bewirkt hat und dass die mit den multikulturellen Programmen verfolgte Aufwertung und Zelebrierung kultureller Differenzen nicht zur Überwindung der Bildungsbenachteiligung einiger Minderheitengruppen geführt hat. Eine Ende der 1980er Jahre vom Multikulturalismusministerium in Auftrag gegebene Evaluation multikultureller Bildungsprogramme weist, ebenso wie ein Bericht des Erziehungsministeriums von Ontario (1987)[94], auf die Notwendigkeit der Entwicklung von Programmen hin, die die Problematik struktureller Diskriminierung im Bildungssystem systematisch adressieren (s. Steiner-Khamsi 1992: 156). Teilweise findet diese Kritik auch ihren Niederschlag in der nun stärker auf Anti-Diskriminierung ausgerichteten Multikulturalismusgesetzgebung von 1988 (*Canadian-Multiculturalism-Act*) sowie in der Erweiterung der nationalen Multikulturalismusprogramme um Aspekte einer aktiven Gleichstellungspolitik.

Diese Umorientierung findet einen Ausdruck darin, dass seit 1989 am 21. März jeden Jahres, dem „Internationalen Tag zur Beseitigung von Rassendiskriminierung", eine durch das Multikulturalismus-Ministerium initiierte nationale *Stop-Racism-Campaign* mit einem breiten Spektrum an Aktivitäten stattfindet, innerhalb derer den Schulen und Schulbehörden eine tragende Rolle zukommt.

Einige *School Boards* – vor allem in den urbanen Zentren von Vancouver, Toronto und Montreal – haben im Laufe der 1980er Jahre ihre Schulprogramme

---

93 Mit dem Begriff der Visible Minorities werden KanadierInnen nicht-europäischer Herkunft bezeichnet. Die Kategorisierung „sichtbare Minderheiten", die insbesondere die vorwiegend aus Asien eingewanderte Gruppe der „neuen ImmigrantInnen" betrifft, ist angesichts der sehr unterschiedlichen sozio-ökonomischen Situation der darunter Subsumierten problematisch. *First Nations* steht für die Selbstbezeichnung der indianischen Bevölkerung und anderen *Aboriginal People* (s. Adam 2002). Hier wird auch ein bedeutsamer Unterschied im Vergleich zur bundesdeutschen Situation: Infolge der selektiven Einwanderungspolitik und insbesondere der gezielten Förderung der Einwanderung von qualifizierten Fachkräften, gehören viele MigrantInnen zu den privilegierteren Schichten.

94 Bemängelt wurde in dem Bericht des Erziehungsministeriums von Ontario vor allem die oftmals folkloristische und exotisierende Herangehensweise der multikulturellen Ansätze (s. McLeod 1992). McLeod relativiert jedoch die Aussagekraft des Berichts im Hinblick auf Repräsentativität sowie die pauschale Verurteilung multikultureller Konzeptionen und lastet das Fehlgehen einiger Programme eher der unzureichenden Umsetzung an.

von einer multikulturellen Ausrichtung weitgehend auf eine antirassistische Perspektive und *Affirmative-Action-Programme* umgestellt, die der strukturellen Benachteiligung einiger Minderheitengruppen im Erziehungssystem begegnen sollten. Für die sich in den 1990er Jahren entwickelnde bildungstheoretische Diskussion ist insgesamt eine solche Orientierung kennzeichnend, die die Berücksichtigung „kultureller Differenzen" mit einer anti-diskriminierenden Orientierung verknüpft. *Multikulturalismus und Antirassismus werden hier nicht als sich lediglich ergänzende oder sich gar ausschließende Programmatiken verstanden. Vielmehr wird die Formulierung einer revidierten multikulturellen Perspektive als ein unverzichtbarer Bestandteil im Kontext der Realisierung antirassistischer Strategien gesehen.* Diese Entwicklung der bildungstheoretischen Diskussion in Richtung einer multikulturellen Gleichstellungspolitik kommt insbesondere in Ansätzen und Programmen in der Provinz Ontario[95] zum Tragen, von denen einzelne Elemente hier exemplarisch dargestellt werden.

3.1.3. Elemente der Verbindung von Gleichstellungspolitik, Multikulturalismus und Menschenrechtsbildung in Ontario

In Ontario ist – ähnlich wie in Großbritannien – seit Ende der 1980er Jahre als eine zentrale Orientierung die Entwicklung von Strategien und Maßnahmen zur Herstellung von Chancengleichheit etabliert.[96] Die dort entwickelten *Anti-Racism- and Ethnocultural Equity-Ansätze* sind teilweise in allgemeinere Diversity- und Anti-Diskriminierungsstrategien eingebunden: So hat z. B. das Toronto District School Board entsprechende Richtlinien zur Herstellung von *Anti-Sexism and Gender Equity*, *Equity for Persons with Disabilities* und *Anti-*

95 Anders als in England ist das kanadische Schulsystem regionalisiert: Insofern kann nicht von einer einheitlichen kanadischen Schulpolitik gesprochen werden. Die Ausführungen zu Kanada beschränken sich daher darauf, weitgehend konsensuelle Grundlagen darzustellen und an einem exemplarischen Beispiel zu verdeutlichen. Dabei beziehen wir uns vor allem auf die Provinz Ontario. Denn Ontario hat in der Vergangenheit eine Art Vorreiterrolle in der Entwicklung multikultureller und antirassistischer Programme übernommen sowie als erste Provinz bereits 1944 mit dem *Racial Discrimination Act* eine Antidiskriminierungsgesetzgebung etabliert und ist im Hinblick auf den Umgang mit den Angehörigen der *Visible Minorities* insofern von besonderem Interesse, als Ontario im Vergleich mit anderen Provinzen die am stärksten diversifizierte Bevölkerung aufweist und einen sehr großen Anteil der neuen – vor allem karibischen, afrikanischen und asiatischen – EinwandererInnen aufnimmt.

96 Da die Strategien zur Herstellung von Chancengleichheit zum Teil den bereits dargestellten Konzepten im britischen Kontext ähneln, sollen diese hier nicht umfassend dargestellt werden. Angesprochen werden sollen vor allem solche Aspekte, die über die britischen Konzepte hinausgehen, oder aber von divergierenden konzeptionellen Überlegungen ausgehen.

Homophobia, Sexual Orientation and Equity herausgegeben. Diese integrative Ausrichtung von Antidiskriminierungsmaßnahmen geht einher mit einer zunehmenden Orientierung hin auf die Menschenrechte als Lerngegenstand.

Seit 1993 sind die Schulbehörden in Ontario dazu verpflichtet, antirassistische und multikulturelle Gleichstellungspolitiken zu entwickeln. Die vom Erziehungsministerium herausgegebenen Richtlinien informieren über die Realisierung einer solchen Politik auf der Ebene der Schulbehörden (s. Ministry of Education and Training Ontario 1993). Die *Ontario Secondary School Teachers' Federation* hat ein Handbuch für LehrerInnen zur antirassistischen Pädagogik (1995) herausgegeben, in dem sich Konkretisierungen im Hinblick auf die schulbezogene Praxis finden. Auf beide werden wir in der folgenden Darstellung zurückkommen.

Von einer systematischen Verankerung und Realisierung der dort formulierten Strategien in Ontarios Schulen kann allerdings nicht ausgegangen werden. Da diese infolge des Regierungswechsels 1995 vonseiten des Erziehungsministeriums auch nicht mehr als zentrale Aufgabe begriffen werden, obliegt die Frage der Umsetzung vor allem den lokalen Schulbehörden und Schulen. Eine an der erziehungswissenschaftlichen Fakultät von Toronto durchgeführte Untersuchung über Ansätze eines *Inclusive Schooling* in Ontarios Schulen zeigt, dass angesichts der anhaltenden Bildungsbenachteiligung insbesondere afrikanisch-kanadischer und *aboriginal* SchülerInnen nach wie vor ein großer Bedarf besteht (s. Dei u. a. 2000).

Die Perspektive eines **Inclusive Schooling** grenzt sich explizit von Ansätzen einer kompensatorischen Erziehung (*Special Education*) sowie einer multikulturellen Pädagogik ab, die – mit der Zielsetzung der Förderung von Toleranz gegenüber unterschiedlichen Gruppen – eine das nationale Curriculum bereichernde Beschäftigung mit kultureller Vielfalt und der Geschichte von Minderheitengruppen in den Vordergrund stellt. Angestrebt wird – im Hinblick auf die Frage nach der Reproduktion sozialer Ungleichverhältnisse innerhalb der Institution Schule – eine die Bedürfnisse aller Teilgruppen umfassend berücksichtigende und nicht additiv hinzutretende Bildungspraxis. Darauf bezogen wird die Notwendigkeit eines integrativen Ansatzes betont, der anti-rassistische Strategien nicht als isolierte Maßnahmen begreift, sondern andere Formen von Diskriminierung und Marginalisierung als grundlegende Effekte von *Schooling* mitberücksichtigt.

Im Rahmen dieser Studie wurden zwischen 1995 und 1999 ethnografische Beobachtungen in Klassenräumen und Schulen sowie die Sichtung von curricularen

Materialien vorgenommen. Auf der empirischen Grundlage umfassender Interviews mit Eltern, SchülerInnen und LehrerInnen wurden Ansätze einer sinnvollen Bildungspraxis herausgearbeitet, auf die wir im Weiteren noch zurückkommen werden. In weiten Teilen bestätigen diese die potentielle Relevanz der vom Erziehungsministerium empfohlenen Strategien zur Realisierung einer antidiskriminierenden Gleichstellungspolitik.

Die übergeordnete Zielsetzung des in den Richtlinien des Erziehungsministeriums verfolgten *Anti-Racism- and Ethnocultural Equity-Ansatzes* besteht darin, die SchülerInnen auf das Leben in einer zunehmend differenzierten Gesellschaft vorzubereiten, sie in die Lage zu versetzen, kulturelle und soziale Vielfalt anzuerkennen und diskriminierenden Haltungen und Praktiken gegenüberzutreten.

> „The intention of antiracist and ethnocultural equity education is to ensure that all students achieve their potential and acquire accurate knowledge and information, as well as confidence in their cultural and racial identities. It should equip all students with the knowledge, skills, attitudes, and behaviours needed to live and work effectively in an increasingly diverse world, and encourage them to appreciate diversity and reject discriminatory attitudes and behaviour." (Ministry of Education and Training Ontario 1993: 5)

Eine Veränderung wird sowohl auf der Ebene der Organisationsentwicklung und der institutionellen Festlegungen als auch auf der des individuellen Verhaltens angestrebt. Um die Umsetzbarkeit der zu entwickelnden Schulpolitiken zu gewährleisten, sollen die Zielsetzungen vor dem Hintergrund sehr konkreter Aktions-, Implementierungs- und Evaluationsstrategien formuliert werden. Damit wird einer Schwierigkeit Rechnung getragen, auf die die einschlägigen wissenschaftlichen Studien zur Praxis multikultureller und antirassistischer Pädagogik in Kanada hinweisen: So haben sich zwar schon seit Ende der 1980er Jahre sehr viele Schulbehörden und Schulen qua Erklärung auf die Etablierung einer antirassistischen Gleichstellungspolitik und multikulturellen Pädagogik verpflichtet. Gemessen an den Zielsetzungen findet dies aber nur eine sehr begrenzte Entsprechung in der schulbezogenen Praxis.[97] In Reaktion auf diese Problematik wird die Entwicklung realistischer, kontextgebundener und sich an den spezifischen lokalen Bedingungen und vorhandenen Ressourcen orientierender Zielsetzungen gefordert.

---

97 Chan 1998 (unveröff. Manuskript) gibt einen Überblick über die wenigen Untersuchungen und Evaluationen zur multikulturellen und antirassistischen Pädagogik in Kanada.

Bezüglich der *Organisationsentwicklung* stehen strukturelle, nicht-intendierte Formen der Diskriminierung, die Angehörige von Minderheitengruppen und der *First Nations*[98] systematisch benachteiligen, im Vordergrund. Dabei geht es nicht nur um die Herstellung von Chancengleichheit für die SchülerInnen, sondern auch um Maßnahmen, die eine gleichberechtigte Einstellungspraxis für Minderheitenangehörige gewährleisten[99]. Die Umsetzungsstrategien zur Herstellung von Chancengleichheit sollen alle Ebenen der Organisationsstruktur der *School Boards* mit einbeziehen und so als durchgängige Querschnittsaufgabe der schulbezogenen Bildungspraxis begriffen werden. Dazu wird es als notwendig erachtet, Hemmnisse und Barrieren, die der Realisierung von Gleichberechtigung und fairer Behandlung aller SchülerInnen im Wege stehen, ausfindig zu machen.

Zur Realisierung einer diesen Anforderungen Rechnung tragenden Schulpolitik wird die Entwicklung eines Stufenplanes vorgeschlagen. Dabei sollen RepräsentantInnen von Minderheitengruppen aktiv und umfassend in den Planungs-, den Implementierungs- und den Evaluationsprozess einbezogen werden.

Ein solcher Stufenplan[100] soll folgende Schritte berücksichtigen:

- Initiierung eines Prozesses zur Formulierung und Deklaration einer antidiskriminierenden Schulpolitik;
- Etablierung von School-Community-Partnerships;
- Einrichtung einer Beratungskommission, die sich aus Verantwortlichen der Schulbehörden, RepräsentantInnen von zivilgesellschaftlichen Organisationen und Gruppen der Communities zusammensetzt;
- Initiierung eines Prozesses zur Bewusstmachung von diskriminierenden Praktiken und zur Identifizierung von notwendigen Maßnahmen zur Realisierung einer antirassistischen und multikulturellen Gleichstellungspolitik;
- Überprüfung der Kernziele und Entwicklung eines Aktionsplans;
- Formulierung der angestrebten Ergebnisse;
- Entwicklung einer genauen Zeitplanung;
- Festlegung einer verbindlichen Zuständigkeit für den Implementierungsprozess;

---

98 In den Richtlinien des Erziehungsministeriums wird die Notwendigkeit der Einbeziehung der Perspektive und Erfahrungen der *Aboriginal People* und die Zusammenarbeit mit *First Nation-Communities* bei der Gestaltung des Erziehungssystems betont. Die Situation der *First Nations* hat in Deutschland keine Entsprechung und ist im Hinblick auf pädagogische Fragestellungen nicht unmittelbar zu übertragen.

99 Hier zeigt sich eine Parallele zur britischen Diskussion.

100 S. Ministry of Education and Training Ontario 1993: 7.

- Zuweisung notwendiger Ressourcen;
- Entwicklung eines Kommunikationsplans und eines Monitoringprozesses.

Einige, u. E. besonders relevante Aspekte werden im Folgenden konkretisiert.

School-Community-Partnerships

Ausgehend von der Annahme, dass eine auf Chancengleichheit und umfassende Partizipation zielende Erziehung und Bildung den unterschiedlichen Lebenslagen und Erfahrungen aller SchülerInnen Rechnung tragen muss, wird der Etablierung von *School-Community-Partnerships* zentrale Bedeutung zugewiesen. Um die Bedürfnisse aller SchülerInnen berücksichtigen zu können, sollen unterschiedliche Sichtweisen, die innerhalb der jeweiligen lokalen Kontexte existent sind – vor allem solche der traditionell ausgeschlossenen Gruppen – einbezogen werden. Durch die Zusammenarbeit mit den lokalen Communities und Vereinen sowie die Etablierung einer geeigneten Kommunikationsstruktur soll insbesondere auch den Erfahrungen und Bedürfnissen, die von den *Aboriginal People* formuliert werden, Rechnung getragen werden. Unterschiedlichen Gruppen wird eine kontinuierliche Beratungs- und Begleitungsfunktion, nicht nur in der Planungsphase, sondern auch im Kontext des Implementierungs- und Evaluationsprozesses, zugesprochen.[101]

Im Rahmen der Öffnung der Schule wird der Beteiligung der Eltern ein besonderes Gewicht zugemessen. Insbesondere soll der Problematik begegnet werden, dass Eltern von Angehörigen bestimmter Minderheitengruppen und sozio-ökonomisch benachteiligter Gruppen unterrepräsentiert sind in den Schulaktivitäten, Schulkonferenzen und in Eltern-Lehrer-Vereinigungen.

Bei der Realisierung dieser Zielsetzungen zeigt sich, dass hier insofern Barrieren struktureller Art überwunden werden müssen, als dass das Modell der Eltern-Schule-Zusammenarbeit, dem im kanadischen Kontext allgemein eine erhebliche Bedeutung zukommt, faktisch auf einer Idealisierung und Verallgemeinerung „weißer Mittelschichtserfahrungen“ beruht.[102] So kann zum Einen nicht selbstverständlich davon ausgegangen werden, dass ein Elternteil als permanenter schulischer Ansprechpartner zur Verfügung steht, zum anderen ist auch auf Elternseite mit Erfahrungen sozialer Distanz gegenüber den in der In-

---

101 In der Vergangenheit waren es auch vor allem Community-Organisationen wie die *Organization of Parents of Black Children* und die *Black Educators Working Group*, die Schulen überhaupt dazu bewegt haben, anti-rassistische Gleichstellungspolitiken zu entwickeln (s. Dei u. a. 2000: 11).

102 S. Dei u. a. 2000.

stitution Schule geltenden Normen und Praktiken zu rechnen. Zur Bearbeitung dieser Schwierigkeiten haben einige School Boards in Ontario *Community Liaison Counsellors* eingesetzt.

Das *Durham District School Board* hat eine **Beratungskommission (Ethnocultural Advisory Committee)** eingerichtet. An den monatlich stattfindenden Treffen nehmen Angehörige verschiedener lokaler Communities teil und übernehmen eine Beratungsfunktion im Hinblick auf die Implementierung einer antirassistischen Schulpolitik. (S. Durham District School Board 1998)

Die Aktivitäten der **Community Liaison Counsellors**, die in School Boards in Toronto vor ihrer Zusammenlegung 1998 (s. u.) eingesetzt wurden, orientieren sich an den jeweiligen Bedürfnissen der einbezogenen Communities. Dei u. a. beschreiben sechs unterschiedliche Aufgabenbereiche:
• Sprachunterstützung und Übersetzung;
• Beratung bei der Bewertung und Einstufung von SchülerInnen;
• Aufklärung der Eltern über die Besonderheiten und die Funktionsweise des kanadischen Schulsystems;
• Fortbildung von LehrerInnen, *Guidance Counsellors* (s. u.) und den Schulverwaltungen durch Aufklärung und Information über die besonderen Bedürfnisse einzelner Communities;
• Konfliktmediation und Informationsvermittlung zwischen Familien, Schulen und Communities. (s. Dei u. a. 2000: 212)

Entwicklung eines inklusiven Curriculums
Hohe Priorität wird der Entwicklung eines Curriculums zugesprochen, das dem Ziel einer adäquaten Repräsentation unterschiedlicher Sichtweisen in einer zunehmend differenzierten Gesellschaft verpflichtet ist. Dazu bedarf es der Sichtung des Curriculums, nicht nur im Hinblick auf darin enthaltene Stereotypisierungen und Vorurteile. Angestrebt wird auch – und dies für alle Unterrichtsfächer – die Überwindung einer eurozentristischen Festlegung von Themen und Methoden. Denn es wird davon ausgegangen, dass die tradierte eurozentrische Perspektive als ein „heimlicher Lehrplan“ zum Ausschluss des überlieferten Wissens und der Geschichte von Minderheitengruppen führt – und damit zu einer Entwertung ihres soziokulturellen Hintergrunds. Im Hinblick auf den Umgang mit der Geschichte Kanadas als Einwanderungsland wird hier insbesondere die in der Vergangenheit praktizierte, exotisierende und musealisierende Darstellung der *First Nations*, in der die Beschäftigung mit traditionellen Erzählungen, Bräuchen und Lebensweisen im Vordergrund stand, problematisiert. Dem-

gegenüber wird die Notwendigkeit betont, nicht nur die systematische Zerstörung der Lebensformen der *First Nations* durch die europäischen EinwandererInnen, sondern auch die gegenwärtigen sozialen Beziehungen und politischen Konflikte zwischen diesen zu thematisieren.

Die Problematik einer partikularen und eurozentristischen Sichtweise wird nicht nur auf Fächer wie z. B. Geschichte, in denen diese evident ist, bezogen. Vielmehr wird betont, dass die Selektivität in der Aneignung und Vermittlung von Wissen auch solche vermeintlich wertneutralen und kulturell voraussetzungslosen Fächer wie beispielsweise Mathematik[103] betrifft. Die Entwicklung eines inklusiven Curriculums wird daher nicht nur im Interesse der Verbesserung der Lernvoraussetzungen und der Herstellung von Chancengleichheit für Minderheitengruppen als notwendig erachtet, sondern geht grundlegender davon aus, dass die Art und Weise, wie gesellschaftliche Wissensbestände verfügbar gemacht und tradiert werden, auch einen zentralen Einfluss hat auf die Haltungen und Sichtweisen, die Angehörige der Mehrheit gegenüber Minderheiten entwickeln.

Die Zielsetzung des inklusiven Curriculums bezieht sich nicht nur auf die Lerninhalte im engeren Sinne, sondern auch auf disparate Lernerfahrungen, Unterrichtsstile und Lehrmethoden sowie die Problematik der im Schulkontext implizit vorausgesetzten normativen Orientierungen und Werte. So wird darauf hingewiesen, dass insbesondere SchülerInnen, die erst vor kurzer Zeit eingewandert sind, über andere schulische Erfahrungen verfügen können, die eine adäquate, d. h. diese Erfahrungen nicht-abwertende, Berücksichtigung erfahren sollten. Eine Problematik wird beispielsweise darin gesehen, dass in vielen anderen Ländern eher lehrerzentrierte und autoritärere Lernformen vorherrschen und eingewanderte SchülerInnen deshalb potentiell wenige Erfahrungen mit dialogischem und projektbezogenem Lernen haben.[104] Daher besteht eine Anforderung darin, unausgesprochene Regeln transparent zu machen sowie den Sinn und den möglichen Nutzen eines lernerzentrierten und handlungsorientierten

---

103 So wird z. B. problematisiert, dass der zentrale Beitrag von Gruppen nicht-europäischer Herkunft zur Entwicklung der Mathematik im Rahmen gängiger Curricula nicht ausreichend gewürdigt wird. Darüber hinausgehend wird die Notwendigkeit eines Aufzeigens von Diversität im Hinblick auf Basiskonzepte wie Zahlensystem, Kalender, Zeitsystem, Maßeinheiten ebenso betont, wie die Berücksichtigung unterschiedlicher mathematischer Verfahrensweisen und die Akzeptanz der Pluralität von Lösungswegen. In der Bundesrepublik ist an der Universität Hamburg inzwischen ein Forschungsprojekt „Mathematik im Kontext sprachlich-kultureller Diversität" etabliert, das mit ähnlichen Überlegungen operiert; s. www.erzwiss.uni-hamburg.de/matheprojekt.

104 Zu ähnlichen Beobachtungen kommt eine Studie über die Problematik ausländischer Studierender an deutschen Universitäten, die Matthias Otten an der Universität Karlsruhe durchgeführt hat (s. Otten 2004).

Lernens zu verdeutlichen. Neben kooperativen Lernmethoden in heterogenen Gruppen[105] können zur individuellen Unterstützung auch (bilinguale) *Peer Tutors* eingesetzt werden.

Auch dem Umgang mit unterschiedlichen sprachlichen Voraussetzungen und der Problematik einer oftmals monolingualen Schule innerhalb einer multilingualen Umgebung kommt im Rahmen der Entwicklung eines inklusiven Curriculums zentrale Bedeutung zu: Zum einen soll sichergestellt werden, dass SchülerInnen, die eine andere Muttersprache als Englisch bzw. Französisch sprechen, effektive Angebote erhalten, um die Sprache, in der der Unterricht stattfindet, zu erlernen. Zum anderen sollen aber auch Sprachkurse in den Sprachen, die in der Community gesprochen werden, angeboten werden und die SchülerInnen dazu ermuntert werden, Fähigkeiten in ihrer Muttersprache weiterzuentwickeln und als (Lern-)Ressource und Medium zu nutzen.[106] Für die Kommunikation mit den Eltern sollen Bedingungen geschaffen werden, die eine Verständigung in der jeweiligen Herkunftssprache ermöglichen. Ein Instrument hierzu wird in der Ausbildung von älteren SchülerInnen als ÜbersetzerInnen, InterpretInnen und bilinguale TutorInnen gesehen. Darüber hinausgehend wird auch die Notwendigkeit eines veränderten Umgangs mit unterschiedlichen Dialekten, die häufig als abweichend vom *Canadian Standard English* stigmatisiert werden, betont.

In Ontario hat es bereits seit Ende der 70er Jahre vor allem für die Schulstufen der *Elementary Schools* Curriculumreformen gegeben, die auf die Einbeziehung der Sichtweisen unterschiedlicher Minderheitengruppen zielen. In Reaktion auf den Reformbedarf, der in den Sekundarstufen Anfang der 1990er Jahre noch bestand, reagiert das *Ontario Institute for Studies in Education der University of Toronto* mit der Herausgabe von Handreichungen zur **Erarbeitung eines inklusiven Curriculums** für unterschiedliche Jahrgangsstufen, die über die Rassismusproblematik hinausgehend auch andere Formen der Diskriminierung mit berücksichtigen. Als übergeordnete Zielsetzung und rahmende Orientierung wird die Entwicklung einer globalen Perspektive angestrebt, die Aspekte der Menschenrechtspädagogik, Friedenspädagogik und der politischen Bildung mit der Thematik sozialer Gerechtigkeit verbindet. Neben einer umfangreichen Materialsammlung, die über vorhandene Handreichungen und ausgearbeitete Unterrichtsbeispiele informiert, enthalten die Richtlinien allgemeine Überlegungen

---

105 Auf die Möglichkeiten und Ansatzpunkte von Unterrichtsgestaltung durch Methoden des kooperativen Lernens gehen wir im Weiteren in Auseinandersetzung mit der Diversity-Perspektive ein.

106 Eine vergleichbare Perspektive gewinnt inzwischen auch in der bundesdeutschen Fachdiskussion an Einfluss (s. dazu Reich/Roth 2003).

zur Realisierung eines inklusiven Curriculums für die einzelnen Fächer. Anhand von Checklisten können Curriculuminhalte auf Stereotype und Diskriminierungen hin untersucht und dadurch auch Möglichkeiten erschlossen werden, mit vorhandenen vorurteilsbeladenen Materialien konstruktiv zu arbeiten.
Leitfragen zur Untersuchung der Curriculuminhalte auf Stereotypisierungen und im Hinblick auf eine ausreichende Berücksichtigung von Diversität[107]:

- Gibt es Simplifizierungen oder Generalisierungen in den Materialien in Bezug auf Gruppen oder Individuen entlang der Kategorien Gender, Klasse, Kultur, Religion, „Rasse“, Zugehörigkeit zu einer Native Community, Behinderung, Stadt-/Land-Hintergrund, Aussehen, sexuelle Orientierung, regionale Identifikation und Sprache?
- Gibt es eine Gruppe, deren Charakteristika wie Intelligenz, sozialer Status, Kompetenzen, Leistung, Attraktivität und Eigenschaften entweder negativer oder positiver dargestellt werden als die anderer Gruppen? Wenn ja, gibt es hierfür einen plausiblen Grund?
- Welche Sprache wird in Materialien und Lernaktivitäten gewählt, werden verschiedene sprachliche Möglichkeiten genutzt, um dieselbe Sache zu beschreiben?
- Welche SchülerInnen zeigen Interesse an Themen und Aktivitäten, welche nicht?
- Regen die Lehr-/Lernmaterialien SchülerInnen dazu an, sich über Vorurteilsbildungen in ihrem eigenen Leben bewusst zu werden?
- Gibt es eine Vielfalt von Perspektiven und Stimmen, sind diese „authentisch“, sprechen z. B. die Native People selbst über ihre Themen und Kultur?
- Wird eine globale Perspektive vermittelt?
- Werden verschiedene Lernstile unterstützt und eine Fülle unterschiedlicher Lern-Lehrmaterialien benutzt? Gibt es eine Möglichkeit der Wahl?
- Gibt es eine Balance zwischen affektiven und kognitiven Dimensionen?
- Fördert die Lernsituation die gleichberechtigte Interaktion für alle TeilnehmerInnen?
- Werden kooperative Lernstrategien gefördert?
- Wird Gleichberechtigung zum Lerngegenstand: Gibt es Gelegenheiten, über dieses Thema zu reflektieren?
- Werden gesellschaftliche Ungerechtigkeiten, Macht- und Herrschaftsverhältnisse thematisiert?

(S. The Ontario Institute for Studies in Education 2000)

107 Die ausgewählten Beispiele beziehen sich auf die allgemeinen, fächerunspezifischen Checklisten. Für die einzelnen Fächer gibt es zusätzlich konkretisierende Empfehlungen.

Bewertung des Lernerfolgs von SchülerInnen

Während die *Race-Equality-Programme* im britischen Kontext einen starken Akzent auf die Optimierung der Erwartungshaltung der LehrerInnen gegenüber allen SchülerInnen legen und mit der Praxis des *Ethnic Monitoring* eine fortlaufende Evaluation des Lernerfolgs und der Entwicklung von Sprachkompetenz anhand der ethnisierenden Festlegung von Gruppenzugehörigkeiten vollzogen wird (s. o.), wird in den Richtlinien des Erziehungsministeriums von Ontario die Notwendigkeit eines reflektierten und vielschichtigen Umgangs mit Evaluationsverfahren und der Bewertung von Schülerleistungen in den Vordergrund gerückt. In Bezug auf die Problematik, dass Formen der Leistungsbemessung – etwa standardisierte Tests – Wissen und Fähigkeiten bewerten, die einen spezifischen kulturellen und sprachlichen Hintergrund voraussetzen, wird hier die Art und Weise der Evaluation und Bewertung von Fähigkeiten auf ihren möglichen Anteil an der Problematik des relativen schulischen Misserfolgs von Angehörigen bestimmter Minderheitengruppen hin befragt. Insbesondere wird die Notwendigkeit betont, dass für SchülerInnen, die Englisch als zweite Sprache lernen, in der Anfangsphase alternative Methoden der Leistungsbemessung entwickelt werden müssen. Die Zielsetzung einer Verbesserung von Lernchancen und einer möglichst fairen Bewertung und Einschätzung von Leistungen soll durch eine dialogische einzelfallbezogene Klärung von Lernvoraussetzungen und möglichen Lernhemmnissen erreicht werden, die nicht allein dem Schüler-Lehrer-Dialog überantwortet wird, sondern in eine Beratungsstruktur einzubinden ist, in der die *Guidance Counsellors* eine zentrale Rolle übernehmen.

Die **Guidance Counsellors** sind speziell ausgebildete Lehrkräfte, die neben Lehrerausbildung und Lehrerfahrung über eine sozialarbeiterische oder psychologische Zusatzausbildung verfügen. Die an den Schulen angesiedelten BeraterInnen sollen unter Einbeziehung des Schulumfelds und der Eltern, den SchülerInnen Orientierungshilfe im Hinblick auf Bildungs- und Berufsentscheidungen, aber auch Unterstützung bei persönlichen und sozialen Problemen bieten.

Bewertungsverfahren sollen den SchülerInnen und Eltern transparent gemacht werden und Einstufungsmaßnahmen abgesprochen und so flexibel gehandhabt werden, dass sie keinen negativen Einfluss auf die zukünftigen Karrierechancen der SchülerInnen haben. Neben einer die Problematik von Diskriminierung und Rassismus sensibel berücksichtigenden Beratungspraxis sollen spezielle Unterstützungsinitiativen wie MentorInnen- und TutorInnenprogramme, die Angehörige der Communities mit einbeziehen, entwickelt werden.

Für die Realisierung einer antirassistischen Gleichstellungspolitik wird die prozessbegleitende Evaluation als zentral erachtet. Die Entwicklung von Evaluationsstrategien ist als Bestandteil des zu realisierenden Aktions- und Implementierungsplans vorgesehen. Um die Effektivität der Programme bewerten zu können, wird die Sammlung von Daten auf der Grundlage ethnischer Zuordnungen als unausweichlich erachtet. Die Datenerhebung wird aber nicht als unproblematisch angesehen. Deshalb wird die Notwendigkeit eines entsprechend vorsichtigen und sensiblen Umgangs mit den Daten betont. *Dem Ontario Human Rights Code*[108] zufolge ist eine solche Datenerhebung ausschließlich im Kontext antirassistischer Gleichstellungsprogramme zulässig. Sie darf davon losgelöst nicht als allgemein zugängliche Ressource zur Verfügung stehen.

Peer-Group Education und Leadership
Einige *School Boards* haben so genannte *Leadership-Programme* für SchülerInnen entwickelt, in denen diese lernen sollen, persönliche Verantwortung zu übernehmen für die Entwicklung und Realisierung schulbezogener antirassistischer Strategien. Im Kontext einer die SchülerInnen umfassend einbeziehenden dialogischen Praxis kommt diesen als MultiplikatorInnen für die *Peer-Group-Education* eine wichtige Rolle zu.

Das *Durham District School Board* hat ein **antirassistisches Leadership-Programm** vorgelegt, das mittlerweile in zahlreichen Variationen für SchülerInnen verschiedener Schulstufen ausgebaut wurde. Der damit verfolgte Ansatzpunkt, MultiplikatorInnen für die antirassistische *Peer-Group Education* auszubilden, wird von den Initiatoren als eines der effektivsten Verfahren beschrieben, um die Zielsetzungen einer antirassistischen Gleichstellungspolitik in die Schulen hineinzutragen und zu realisieren. Im Folgenden soll das ursprüngliche Programm *Students Together Against Racism* (STAR), das seit 1993 jedes Jahr im Rahmen eines 5-Tage-Camps im *Ontario Education Leadership Center* stattfindet, exemplarisch dargestellt werden:
Die an diesem Programm teilnehmenden Schulen wählen einen Lehrer aus, der sich an der Konzeption und Durchführung des Camps beteiligt und die Verantwortung für die Auswahl der SchülerInnen übernimmt. Die LehrerInnen sollen in erster Linie eine Moderations- und Supervisionsfunktion übernehmen und müssen zur Vorbereitung an mindestens fünf Trainingseinheiten teilnehmen. Ausgesucht werden die teilnehmenden SchülerInnen der Klassen 7-10 entlang

108 Der *Ontario Human Rights Code* stellt das für das in der Provinz Ontario gültige Antidiskriminierungs-Gesetz dar.

folgender Kriterien: soziale und kommunikative Kompetenzen, Interesse an der Thematik sozialer Gerechtigkeit und gute Schulleistungen.
Im Programm ist die Beschäftigung mit den sozialen und historischen Ursachen und Effekten von Rassismus ebenso vorgesehen, wie die Erörterung eher organisatorischer Aspekte, die z. B. für die Entwicklung und Realisierung eines Schulaktionsplans relevant sind. Während der ersten 3 Tage arbeiten die SchülerInnen in Teams, die aus RepräsentantInnen unterschiedlicher Schulen aus der Region zusammengesetzt sind. In den letzten zwei Tagen kehren sie in ihre Schulgruppen zurück und arbeiten einen konkreten Plan zur Implementierung antirassistischer Projekte und Aktivitäten in ihrer Schule aus.
Ein im Jahr darauf folgendes Treffen für alle TeilnehmerInnen des STAR-Programms soll insbesondere dem Austausch über die erfolgreiche Realisierung geplanter Aktivitäten, aber auch der Diskussion über vorhandene Hindernisse und Schwierigkeiten mit denen die SchülerInnen in ihren Schulen konfrontiert waren, dienen. (S. Durham District School Board 2003)

Umgang mit Formen von Diskriminierung

Neben der Entwicklung klarer, verbindlicher und transparenter Verfahrensweisen für den Umgang mit rassistischen Belästigungen wird die Notwendigkeit der expliziten Auseinandersetzung mit den Anti-Diskriminierungs-Grundlagen des *Ontario Human Rights Code* betont. SchülerInnen sollen ihre Rechte und Möglichkeiten, sich gegen etwaige Rechtsverletzungen zu wehren, kennen lernen sowie darüber aufgeklärt werden, dass Diskriminierungen strafbare Handlungen sind. Darüber hinausgehend wird angestrebt, dass die SchülerInnen ein umfassendes Verständnis davon erlangen, was Diskriminierung bedeutet und welche Effekte individuelle und strukturelle Diskriminierungen haben können. Dabei wird auch eine Sensibilisierung von Lehrkräften im Hinblick auf ihre eigene Praxis angestrebt.

Das *Peel District School Board* hat eine Kampagne **Go Beyond Words: Human Rights at the Peel District School Board** gestartet. Als erster Schritt wurde eine Broschüre entwickelt, die Inhalte und Zielsetzungen der Antidiskriminierungspolitik des *School Boards* beschreibt und Handlungsmöglichkeiten für den Fall eines Verstoßes gegen die Antidiskriminierungsrichtlinien aufweist. SchülerInnen und LehrerInnen werden über Ansprechpartner innerhalb und außerhalb des School Boards informiert. Das Board verfügt neben einem *Human Rights Officer* und einem *Equity/Race Relations Officer* auch über einen Beratungsservice im Rahmen eines Angestellten-Unterstützungs-Programm, das bei diskriminierenden Einstellungsverfahren kontaktiert werden kann. (S. Peel District School Board 2003)

Die Ontario Human Rights Commission hat eine **Handreichung zur Menschenrechtpädagogik in Secondary Schools (Teaching Human Rights in Ontario. School package)** herausgebracht, die in Ontarios Schulen vor allem im Rahmen von Rechtskursen für die Jahrgangsstufen 11 zum Einsatz kommt. Darüber hinausgehend ist diese aber auch für den fächerübergreifenden Unterricht gedacht und kann in abgewandelter Form auch mit jüngeren SchülerInnen genutzt werden. Gegenstand der Lehr- und Lernaktivitäten ist die Auseinandersetzung mit den Grundlagen des *Ontario Human Rights Code* und der Arbeit der *Human Rights Commission*. Neben der Erarbeitung von für die Auseinandersetzung mit Diskriminierung zentralen Kategorien, steht die Auseinandersetzung mit Fallbeispielen aus der Rechtssprechung und mit Beschwerden, die der *Human Rights Commission* zugetragen wurden, im Vordergrund.
An den Fallbeispielen wird die Schwierigkeit erörtert, dass Entscheidungen darüber, ob in einem bestimmten Fall diskriminierende Praktiken vorliegen, stark von den jeweiligen Kontextbedingungen abhängen und davon, ob diese vollständig rekonstruiert werden können. In Gruppendiskussionen und in Rollenspielen, welche die Situation in der Rechtssprechung nachempfinden, werden die relevanten Dimensionen und Fragen erörtert, um beurteilen zu können, ob es sich in dem konkreten Fall um eine Verletzung der geltenden Grundsätze des Ontario Human Rights Code handelt. Dieser pädagogische Ansatz reduziert sich durch die dialogische Anlage und starke Akzentuierung der sozialen Dimension und Vielschichtigkeit von Diskriminierungen nicht auf die Vermittlung von Rechtsgrundlagen als Lerngegenstand, sondern zielt umfassender auf eine Wahrnehmungssensibilisierung gegenüber diskriminierenden Praktiken.

Ein Beispiel für Lehr-/Lernaktivitäten[109]
Fallbeispiel: Cassandra und einige ‚schwarze' FreundInnen sind nach der Schule in ein lokales Restaurant gegangen. Sie lachen und albern herum, wie andere im Restaurant. Doch dann gerät die Situation zwischen ihnen und einigen „weißen" SchülerInnen, die an einem anderen Tisch sitzen, außer Kontrolle. Sie bewerfen sich mit Essen und beschimpfen sich gegenseitig. Als die Restaurant-Angestellten Cassandra und ihre FreundInnen bitten, das Restaurant zu verlassen, sind sie verärgert und fühlen sich diskriminiert. Haben die Restaurant-Angestellten die Menschenrechte dieser Gruppe verletzt?
Vorgeschlagene Lösung: vielleicht.
Begründung: Wenn man davon ausgeht, dass die ‚weißen' SchülerInnen in gleicher Weise wie Cassandra und ihre FreundInnen in den Streit verwickelt waren, dann wäre dies ein Fall von direkter Diskriminierung, denn der Human Rights Code besagt, dass jeder das Recht auf gleichberechtigte Behandlung, ungeachtet

109 Dieses Beispiel ist entnommen aus einem Bericht der Ontario Human Rights Commission 1995.

seiner „Rasse“ hat. Wenn die Gruppe ‚weißer' SchülerInnen ebenfalls gebeten worden wäre, das Restaurant zu verlassen, läge dann ein Fall von Diskriminierung vor?
Vorgeschlagene Antwort: Nein, denn der Restaurantbesitzer hätte nur sein legitimes Recht, sich gegenüber geschäftsschädigendem Verhalten zu wehren und die anderen Gäste vor weiteren Störungen zu schützen, wahrgenommen. Welche anderen Szenarien wären noch denkbar? Was wäre z. B., wenn die Gruppe „weißer“ SchülerInnen Cassandra und ihre FreundInnen vor dem Streit beschimpft und belästigt hätte? In diesem Fall verpflichtet der Ontario Human Rights Code den Restaurantbesitzer darauf sicherzustellen, dass alle Gäste – solange sie sich im Restaurant aufhalten – vor Diskriminierung geschützt sind. Dann hätte nur die Gruppe ‚weißer' SchülerInnen aufgefordert werden müssen, das Restaurant zu verlassen. (S. Ontario Human Rights Commission 2001)

Einstellungspraktiken und Personalentwicklung
Zur Realisierung einer auf Chancengleichheit abzielenden Organisationsentwicklung werden insbesondere solche Maßnahmen ergriffen, die den gleichberechtigten Zugang zum Lehrerberuf und eine anti-diskriminierende Einstellungspraxis gewährleisten. Im Hinblick auf die gezielte Förderung der Einstellung von Angehörigen der so genannten *Visible Minorities* – d. h. der vor allem in den letzten 30 Jahren Zugewanderten nicht-europäischer Herkunft – sollen bisherige Einstellungspraktiken kritisch überprüft werden. Damit die Einstellungsinterviews vorurteilsfrei geführt werden, wird eine solche Zusammensetzung der Auswahlkommissionen der Schulbehörden angestrebt, die in der Lage ist, die soziale und kulturelle Vielfalt der Gesellschaft adäquat zu repräsentieren.

Kontinuierliche Fort- und Weiterbildungsangebote sollen LehrerInnen dazu befähigen, rassistische Vorurteile und Stereotypisierungen innerhalb des Curriculums zu identifizieren und auf dieser Grundlage SchülerInnen zum kritisch-reflexiven Denken über Rassismus anzuregen sowie Strategien gegen die Diskriminierung in der Bewertung von Schülerleistungen zu entwickeln.

Einige *School Boards* haben Orientierungsprogramme für LehrerInnen entwickelt, die in anderen Ländern ausgebildet wurden und gelehrt haben. So hat 1994 z. B. das damalige *Peel Board of Education*[110] in Kooperation mit dem Erziehungsministerium von Ontario ein **Orientation Program for Teachers**

[110] Das *Peel Board of Education* existiert heute in dieser Form nicht mehr. Infolge einer Umstrukturierung des Erziehungssystems in Ontario wurden im Rahmen des *Fewer School Boards Act*, 1997 einzelne *School Boards* zu *District School Boards* zusammengelegt. Mit dieser sehr umstrittenen Maßnahme war eine Einschränkung der Autonomie der einzelnen Schulbehörden verbunden (s. etwa OECTA 1997).

Trained Outside Canada konzipiert. Es handelt sich dabei um ein Trainingsprogramm, das die neuen LehrerInnen mit den spezifischen Voraussetzungen und Bedingungen des Lehrerberufs in Kanada vertraut macht sowie Phasen von Schulpraxis und ein *Peer Coaching*, d. h. der kollegialen Beratung, mit einschließt. Auf der Basis eines dialogischen Austauschs sollen nicht nur die neuen LehrerInnen mit den Besonderheiten der kanadischen Schulpraxis vertraut gemacht werden, sondern umgekehrt können auch bereits in Ontario beschäftigte LehrerInnen Kenntnisse über die unterschiedlichen Formen des Lehrens und Lernens in anderen Ländern erwerben und so eine Kompetenz im Umgang mit SchülerInnen, die ihre ersten Schulerfahrungen in anderen Ländern gemacht haben, erlangen.
(S. OSSTF 1995: S. 76)

Bereits in den 80er Jahren haben einzelne *School Boards* multikulturelle und antirassistische Fort- und Weiterbildungsprogramme für LehrerInnen entwickelt, in denen u. a. Curriculum-Materialien auf Vorurteile und Stereotype untersucht und Richtlinien für angemessene Curriculum-Inhalte den AutorInnen der Lehrbücher und den Verlagen weitergegeben wurden (s. Moodley 1995: 804).

Eine Untersuchung zur Verankerung antirassistischer und multikultureller Weiterbildungsprogramme, die zwischen 1996-1999 für das *Canadian Council for Multicultural and Intercultural Education* durchgeführt wurde, zeigt jedoch, dass es weiterhin einen großen Bedarf im Hinblick auf die Lehreraus- und Lehrerweiterbildung im Bereich multikultureller und antirassistischer Pädagogik gibt[111].

---

[111] So kann keineswegs von einer hinreichenden und systematischen Verankerung effektiver Fortbildungsmaßnahmen ausgegangen werden. Über die Hälfte der befragten LehrerInnen hat in den vergangenen vier Jahren keine Fortbildungsmaßnahme mit multikultureller (Teil-)Thematik besucht. Die bestehenden Weiterbildungsangebote reduzieren sich weitgehend auf kurzfristige, punktuelle Workshops. Die Teilnahme an auf Nachhaltigkeit setzende an den Universitäten angesiedelte Weiterbildungskurse findet dagegen in weitaus geringerem Maße statt, ebenso wie eine an die multikulturellen und antirassistischen Aktionspläne der Schulen angekoppelte kontinuierliche schulbasierte Förderung von Professionalität (*School-Based Professional Development*) (s. Young/MacKay 1999; Solomon u. a. 2001).

3.1.4. Ergebnisse und Folgerungen

Kennzeichnend für Kanada ist erstens die Forderung nach einer umfassenden Multikulturalisierung und Ausdifferenzierung der schulischen Curricula, die eurozentrische Engführungen von Themen und Inhalten der einzelnen Fächer überwindet. Eine solche curriculare Öffnung kann Einheimischen und MigrantInnen die Erfahrung zugänglich machen, dass relevantes Wissen nicht ausschließlich ein Ergebnis europäischer respektive deutscher Geschichte und Kultur ist.

Im Hinblick auf rechtsextreme und nationalistische Tendenzen deutscher SchülerInnen ist eine entsprechende Umgestaltung von Curricula in der Bundesrepublik der Möglichkeit nach als ein Beitrag zur Brechung eines naiven Überlegenheitsbewusstseins bedeutsam. Für SchülerInnen mit Migrationshintergrund könnte damit ein Gegengewicht zur impliziten Abwertung der für sie potentiell relevanten Erfahrungen und des Wissens geschaffen werden, die in außereuropäischen Kontexten und von Minderheitenangehörigen hervorgebracht wurden.

Ein weiteres wichtiges innovatives Element stellt zweitens die Betonung der Notwendigkeit dar, unterschiedliche Schulkulturen, Lernformen und Lernerfahrungen zu berücksichtigen. Vorliegende Studien zeigen (Schiffauer u. a. 2002: 160 ff.), dass schulischen Verhaltenserwartungen und Bewertungsverfahren implizite Maßstäbe zu Grunde liegen, die im deutschen Fall auf die spezifischen Selbstverständlichkeiten der gebildeten Mittelschichten verweisen. So ist in Schulen die Verwendung der Hochsprache, ein spezifischer Kommunikationsstil zwischen LehrerInnen und SchülerInnen oder die Beachtung bestimmter Höflichkeitsformen Bestandteil der Organisationskultur. Damit wird ein implizites Regelsystem aufgespannt, das für Schulerfolg und -misserfolg außerordentlich bedeutsam ist. Die sozialisatorische Aneignung eines entsprechenden Habitus wird als erwartbarer Normalfall vorausgesetzt (s. Bourdieu/Passeron 1973). Damit werden aber schichten- und milieuspezifische Differenzen ebenso ignoriert, wie spezifische Erfahrungshintergründe von MigrantInnen und Minderheiten. Darauf bezogen ist es u. E. sinnvoll, LehrerInnen gezielt für diese Problematik zu sensibilisieren sowie SchülerInnen eine individuelle Beratung durch qualifizierte PädagogInnen anzubieten.[112] Dies ist im deutschen Kontext auch deshalb wichtig, weil hier explizite Darstellungen von Regeln und Erwartungen, an denen SchülerInnen sich orientieren können, unüblich sind.

In einschlägigen kanadischen Handreichungen (s. OSStF 1995) wird jedoch deutlich, dass eine Sensibilisierung für kulturelle Hintergründe von

---

112 Dies können LehrerInnen, aber auch SchulsozialarbeiterInnen sein.

MigrantInnen in der Gefahr steht, gruppenbezogene Stereotype zu reproduzieren. Kulturalistische Interpretationen individueller Lernschwierigkeiten und Verhaltensweisen sind unter deutschen LehrerInnen ohnehin verbreitet und werden durch entsprechende Darstellung von MigrantInnen in Schulbüchern gestützt (s. Huth-Hildebrand 2002, Höhne/Kunz/Radtke 1999). *Folglich ist auch hier die Befähigung zu einem reflektierten Umgang mit kulturellen Zuschreibungen unverzichtbare Grundlage einer angemessenen Lehreraus- und -weiterbildung.*

Ein drittes Element des konsequenten Multikulturalismus kanadischer Prägung besteht in der Öffnung von Schulen hin zu den lokalen Communities und zivilgesellschaftlichen Organisationen, um Schulen die Wahrnehmung der Erfahrungen und Anliegen von MigrantInnen und Minderheiten zu ermöglichen. Der Einbezug außerschulischer Akteure in die Planung, Durchführung und Evaluation von Maßnahmen kann als eine dialogorientierte Vorgehensweise charakterisiert werden, die an Stelle einer paternalistischen Zuschreibung von Merkmalen und Eigenheiten tritt. Das kanadische Konzept, Schulen auch für eine „schulfremde" Nutzung zu öffnen und sie dadurch in lokale Zusammenhänge zu integrieren, kann auch dazu beitragen, Schulen den Charakter eines abgeschlossenen Raumes, der nur mit Erlaubnis und unter Regie von LehrerInnen betreten werden darf, zu nehmen – und damit zum Abbau von Hemmschwellen gegenüber der Beteiligung an schulischen Prozessen.

3.2. Republikanische Antidiskriminierungspolitik als Grundlage der französischen Bildungspolitik und Bildungspraxis

Frankreich stellt gegenüber Kanada und Großbritannien einen interessanten Kontrastfall dar. Nicht *Diversity*, sondern *Egalité*, das Postulat der Gleichheit aller BürgerInnen, ist hier die grundlegende Perspektive. *Das französische Einwanderungs- und Integrationsmodell republikanischer Prägung beruht auf der Grundannahme, dass die französische Kultur (Civilisation) Ausdruck universeller Werte der Moderne ist und setzt darauf, dass die Anerkennung dieser Werte die Grundlage gesellschaftlicher Integration und den Fokus pädagogischer Programme und Konzepte bilden soll* (s. dazu Dubet/Duru-Bellat 2000: 62 ff.; Wieviorka 2003: 21 ff.).[113] Vor diesem Hintergrund werden multikulturelle Orientierungen vehement abgelehnt, da hierfür in einer egalitären Gesellschaft freier und gleicher BürgerInnen kein Platz sei. Gleichzeitig haben sich jedoch im konkreten Umgang mit den Realitäten der Einwanderungsgesellschaft die Vorzeichen in den letzten Jahren geändert. Zu beobachten ist die – auch für pädagogische Ansätze und Programmatiken folgenreiche – Infragestellung einer bedingungslosen Assimilationspolitik zu Gunsten einer gemäßigten Integrationspolitik. Zuletzt war aber im Rahmen der erneuten Kopftuchdebatte seit Ende des Jahres 2003 ein Wiedererstarken von Positionen zu beobachten, die für die Durchsetzung der vermeintlich kulturneutralen republikanischen Prinzipien gegen kulturspezifische Artikulationen und Symbolisierungen plädieren.[114] Auch in der Praxis zeigen sich in der französischen Antidiskriminierungs- und Antirassismuspolitik einige Widersprüche. Die republikanische, universalistischen Werten verpflichtete Politik hat ein Problem, mit solchen Differenzen und ethnisch-kulturellen Partikularismen umzugehen, die nicht einfach ignoriert werden können. So heißt es z. B. im *Rapport Belorgey*[115], dass es künftig darum gehen

---

113 Historischer Hintergrund dessen ist ein Überlegenheitsbewusstsein der politischen und intellektuellen Eliten: „Im Grunde wollte die *école publique* von Jules Ferry (Anfang des 19. Jahrhunderts, U.H./A.S.) den Kindern des Mutterlandes wie auch der Kolonien Zugang zum Universellen ermöglichen. Sie ließ die einen aus dem beschränkten Universum der Dialekte, des Dörflichen und der Kleinstädte heraustreten und die anderen aus ihrem Stand der Wildheit. Es ist also nicht erstaunlich, dass der Vater der republikanischen Schule auch ein wichtiger Akteur bei der Kolonialisierung war und dass seine Schul- und Kolonialpolitik in einem engen Zusammenhang standen." (Wieviorka 2003: 23)

114 In der Folge wurde am 10.02.2004 im Kabinett ein Gesetz verabschiedet, das ein konsequentes Verbot des Tragens religiöser Symbole in den Schulen vorsieht.

115 Bericht von Jean-Michel Belorgey an die Ministerin für Arbeit und Solidarität Martine Aubry: „Lutter contre les discriminations" vom 6. April 1999.

müsse, „ein Gleichgewicht zu finden zwischen spezifischen Aktionen, die den Bedürfnissen der unterschiedlichen Bevölkerungsgruppen gerecht werden“, und einer „'affirmative action', die nicht wirklich der französischen Tradition entspricht“, weil bei letzterer ja zwangsläufig auf die Minderheiten fokussiert wird.

Dieses Problem spiegelt sich auch in der antirassistischen und interkulturellen Pädagogik wider: Die aus dem angelsächsischen Raum bekannten Strategien der gezielten Förderung von Minderheiten sind nicht mit dem in der republikanischen Tradition tragenden Postulat der Gleichheit und Gleichbehandlung aller BürgerInnen kompatibel. Deshalb wird im Interesse der Überwindung von Rassismus und Diskriminierung in der Schule vor allem auf eine angemessene staatsbürgerlich-politische Bildung (*Education à la Citoyenneté*) gesetzt. Die schulische und außerschulische Antirassismus-Arbeit orientiert sich an den Werten der Republik und referiert auf die basalen Prinzipien der Gleichheit und Brüderlichkeit. Die Erziehung zum *Citoyen*, zum mündigen Staatsbürger, ist folglich eines der erklärten Bildungsziele aller Akteure in der Antirassismus-Arbeit. Der *Citoyen* wird als positiver Gegenentwurf verstanden – ein aufgeklärter, von universalistischen Prinzipien überzeugter Bürger ist als solcher verpflichtet, rassistische Orientierungen abzulehnen. Diese Grundorientierung ist in zahlreichen Grundsatzprogrammen, Erklärungen und Materialien dokumentiert und wurde in allen Expertengesprächen bestätigt.[116] Die aktuelle Bedeutung der tradierten republikanischen Konzepte *Citoyenneté* und *Civilité*, auf die wir im Weiteren noch ausführlicher eingehen, ist als Reaktion auf gesellschaftliche und politische Transformationsprozesse zu verstehen. Diese ist eingebunden in ein gesellschaftspolitisches Projekt, mit dem auf soziale Konflikte in den Städten und Vorstädten, die Ethnisierung sozialer Ungleichheiten sowie räumliche Segregation reagiert werden soll (s. Bourdieu u. a. 2002; Dubet/Lapeyronnie 1994). In Bezug auf die Schule stellt die *Education Civique* diejenige Programmatik dar, auf die die staatliche Bildungspolitik angesichts sozialer Desintegrationsprozesse und dem bedrohlichen Zulauf zum rechtsextremen *Front National* setzt.

Die Erziehung zur *Citoyenneté* ist auf diese Weise zum nationalen Bildungsprojekt geworden. Dies ist teilweise auch der Einsicht geschuldet, dass eine Antidiskriminierungs-Gesetzgebung keine ausreichende Gewähr dafür bietet, dass sich rassistische Diskriminierungen und rechtsextreme Haltungen verringern (s. dazu Simon 1998).

---

116 Für dieses Kapitel wurde von Veronika Kabis (Saarbrücken) eine Reihe von Interviews mit ExpertInnen der französischen Bildungspolitik durchgeführt.

Gleichwohl setzt die pädagogische Diskussion in Frankreich die Existenz einer Antidiskriminierungsgesetzgebung voraus. Damit ist ein zentraler Unterschied zur deutschen Situation benannt, der auch für die konkreten Bildungsprogramme und -konzepte folgenreich ist.

Neben der staatsbürgerlichen Erziehung im Rahmen der *Education Civique* wird im Weiteren insbesondere auf die Bedeutung, die im französischen Kontext zivilgesellschaftlichen Organisationen im Rahmen der antirassistischen Bildungspolitik zukommt, eingegangen. Denn der Stellenwert, den zivilgesellschaftliche Organisationen im französischen Kontext haben, schlägt sich auch in den konzeptionellen Orientierungen und der gesellschaftspolitischen Verankerung der antirassistischen Bildungspraxis nieder.

3.2.1 Von der Assimilations- zur Antidiskriminierungspolitik

Die Situation der französischen Einwanderungsgesellschaft ist in einigen Aspekten der bundesdeutschen ähnlich. MigrantInnen sind überproportional von Arbeitslosigkeit betroffen und ihre gesellschaftlichen Aufstiegschancen sind begrenzt. Ein erheblicher Teil der Kinder und Jugendlichen mit Migrationshintergrund durchläuft problematische Schulkarrieren und selbst diejenigen, die höhere Abschlüsse erwerben, müssen mit zahlreichen Diskriminierungen auf dem Arbeitsmarkt rechnen. Soziale Ausgrenzung und gesellschaftlicher Abstieg kennzeichnen die Erfahrungen vieler junger ImmigrantInnen der zweiten Generation. Dies ist der Fall, obwohl in Frankreich seit 1972 ein Antidiskriminierungsgesetz in Kraft ist und eine Integrationspolitik praktiziert wird. Diese orientierte sich zunächst am Ziel der Assimilation: Beabsichtigt war, die Einwanderer „in Franzosen zu verwandeln“, d. h. ihre Bindungen an spezifische, herkunftsorientierte Ausdrucksformen – Sprache, Religion, kulturelle und soziale Praktiken – aufzulösen (s. Simon 2002). Deutlich wird dies noch in den 1989 vom Hohen Integrationsrat (*Haut Conseil à l'Intégration*) formulierten Grundsätzen der französischen Einwanderungspolitik:

- Integration ist ein individueller Prozess und darf sich nicht innerhalb struktureller Gemeinschaften vollziehen, die durch ihre Institutionalisierung das Nationalgefüge gefährden.

- Der Zugang zu den Staatsbürgerrechten steht am Ende des Integrationsprozesses und nicht an seinem Anfang; Integration ist an das Prinzip der Gleichheit gekoppelt, dessen gesellschaftliche Umsetzung sie vorantreiben soll.

Ende der 90er Jahre erfolgte schließlich eine Wende in der Integrationspolitik: Als zentrale Zielsetzung wird nicht mehr die Überwindung kultureller oder sozialer Hürden formuliert, sondern die Gewährleistung gleicher Rechte für alle Individuen, unabhängig ihrer vermeintlichen oder tatsächlichen Differenzen. Das Problem wird nicht mehr in dem vermuteten Versagen der Einwanderer gesehen – ihrer Unfähigkeit, sich zu integrieren – sondern in der Unfähigkeit der französischen Gesellschaft, allen dieselben Rechte zuzuerkennen und zugänglich zu machen, und zwar jenseits des Herkunftskriteriums (s. Simon 2002).[117]

Damit wird die *Discrimination raciale* bzw. *Discrimination raciste* zum Thema; zunehmend ist in den Materialien zur Antirassismus-Arbeit auch die Rede von „Diskriminierungen auf Grund der tatsächlichen oder vermeintlichen Herkunft“[118].

Antidiskriminierungs- und Integrationspolitik werden heute in Frankreich miteinander verbunden. Dies wird auch im Wandel der Integrationsstrukturen deutlich. So wird z. B. als Ziel der *CODAC* (*Commissions départementales d'accès à la citoyenneté*) formuliert, „junge Menschen mit Migrationshintergrund bei der Suche nach einer Arbeitsstelle und einem Platz in der Gesellschaft zu unterstützen und die Diskriminierungen, die sie in den Bereichen Beschäftigung, Wohnen und Freizeit erfahren, abzubauen“. Die *CODAC* sind auch zuständig für die Bearbeitung der unter der Rufnummer „114“ (s. u.) gemeldeten Diskriminierungsfälle.

---

117 In einer Grundsatzrede vom Oktober 2002 hat Staatspräsident Jacques Chirac eine neue Integrationspolitik angekündigt. Diese soll aus drei Säulen bestehen: Der beruflichen Integration, der sprachlichen Integration (verbunden mit der Festschreibung eines „Rechts auf Sprache“) sowie der verstärkten Bekämpfung von Diskriminierung. Inzwischen hat die Regierung den Entwurf eines Integrationsvertrags vorgelegt, der mit Neuzuwanderern abgeschlossen werden und deren Eingliederung erleichtern soll. Dieser Integrationsvertrag wird mehrere Teile enthalten, darunter die Verpflichtung auf die Werte der Republik und die Festlegung der Rechte und Pflichten aller Beteiligten. Weiterhin gehört auch das Angebot verschiedener Dienstleistungen dazu: die Vermittlung der französischen Sprache, Unterrichtung in den Bürgerrechten und -pflichten sowie individuelle soziale und berufliche Unterstützung.

118 Seit 1998 haben mehrere offizielle Berichte und Stellungnahmen höchster staatlicher Stellen auf die Notwendigkeit verstärkter Aktivitäten im Bereich der Diskriminierungsbekämpfung hingewiesen. Ein ganzes Instrumentarium ist seither zu diesem Zwecke geschaffen worden (s. u.). Der Übergang von der Integrationspolitik zu einer Antidiskriminierungspolitik ist im Zusammenhang mit europäischen Aktivitäten in diesem Bereich und den entsprechenden Richtlinien zu sehen, die die Europäische Union im Juni 2000 erlassen hat.

3.2.2. Politik und Gesetzgebung zur Bekämpfung von Rassismus und Diskriminierung

Wie bereits erwähnt, existiert in Frankreich seit mehr als dreißig Jahren eine Antidiskriminierungsgesetzgebung, die seither – insbesondere unter dem Einfluss europäischer Richtlinien – kontinuierlich verbessert wurde.[119] Seit Ende der neunziger Jahre hat der französische Staat seine Aktivitäten gegen Diskriminierung verstärkt.

Von staatlicher Seite wurden drei wichtige Einrichtungen geschaffen:

- Der **GELD** (*Groupe d'étude et de lutte contre les discriminations*/Kommission für die Untersuchung und Bekämpfung von Diskriminierungen): Diese soll die Erscheinungsformen von Diskriminierung beobachten und die Effektivität der verschiedenen Bekämpfungsmaßnahmen untersuchen. GELD besteht aus WissenschaftlerInnen, MitarbeiterInnen von Behörden und Mitgliedern von zivilgesellschaftlichen Organisationen.
- Der **Telefonnotruf 114**: Hier können Opfer oder Zeugen von Diskriminierung Meldung machen.
- Die **CODAC**[120]: Ausschüsse, die bei den Präfekturen der einzelnen Départements eingerichtet wurden. Insbesondere ist es Aufgabe der CODAC, die Meldungen, die unter der Rufnummer 114 eingegangen sind, zu bearbeiten. Sie sollen die Opfer bei der Wahrnehmung ihrer Bürgerrechte unterstützen; zu diesem Zwecke wurde ein Referentennetzwerk mit nichtstaatlichen Organisationen aufgebaut.

Eine große Rolle bei der Bekämpfung der Diskriminierung in Frankreich spielen zudem die zivilgesellschaftlichen Organisationen. Sie unterstützen von Diskriminierung Betroffene und informieren diese über ihre Rechte, können Mediationen einleiten und unter bestimmten Bedingungen bei Gerichtsverfahren mitwirken.

In Frankreich existieren vier große Antirassismus-Organisationen: die *Ligue des droits de l'homme* – Liga der Menschenrechte (LDH), *Ligue internationale contre le racisme et l'antisémitisme* – Internationale Liga gegen Rassismus

---

119 Zahlreiche Gesetzestexte schaffen die Grundlage, auf der Diskriminierungen – vor allem rassistische – bekämpft und bestraft werden sollen, insbesondere das Gesetz von 1972 über die Bekämpfung von Rassismus und das Gesetz von 1990 zur Strafverfolgung rassistischer, fremdenfeindlicher und antisemitischer Taten.

120 Commissions Départementales d'accès à la citoyenneté (Ausschüsse für den Zugang zu den Bürgerrechten).

und Antisemitismus (LICRA), der *Mouvement contre le racisme et pour l'amitié des peuples* – Bewegung gegen Rassismus und für Völkerverständigung (MRAP) und *SOS Racisme*. Alle vier sind auch im schulischen Bereich aktiv. Antirassismus-Organisationen mit vergleichbarer Entstehungsgeschichte, langer Tradition und gesellschaftlicher Bedeutung gibt es in Deutschland nicht. Daneben existiert eine Vielzahl von kleineren und mittleren Organisationen, die sich gegen Rassismus engagieren.

Die Antirassismus-Organisationen erzielen mit ihrer Arbeit eine große öffentliche Resonanz. Auf ihre Bedeutung für die schulische Bildungspraxis kommen wir im Weiteren noch zurück.

Exkurs: Nebenfolgen der Antidiskriminierungspolitik

Experten kritisieren, dass die französische Antidiskriminierungspolitik gegenüber einem in der Gesellschaft weit verbreiteten und einflussreichen Diskurs, der Einwanderung als zentrale Ursache gesellschaftlicher Problemlagen postuliert, weitgehend machtlos sei. Eine Untersuchung der CNCDH (*Commission nationale consultative des droits de l'homme*/Nationaler Beratungsausschuss für die Menschenrechte) weist die Verbreitung unterschiedlicher Formen von Fremdenfeindlichkeit nach, die im Selbstverständnis der Befragten jedoch nicht Ausdruck einer rassistischen Haltung sind (s. Institut Louis Harris 2000).[121]

Die strafrechtliche Verfolgung von Diskriminierung kann ersichtlich die Tradierung fremdenfeindlicher und rassistischer Einstellungen nicht verhindern. Sie hat zudem eine unbeabsichtigte Folge: Rassistische Haltungen und Einstellungen werden tabuisiert. Dies kann dazu führen, dass diese damit zwar nicht verschwinden, sich jedoch der Beobachtung und Bearbeitung entziehen.[122]

121 Zwischen 48 und 60 % der Befragten denken, dass zu viele Menschen ausländischer Herkunft in Frankreich leben. 61 % denken, dass man die Zuwanderung begrenzen muss, und 32 %, dass man die Grenzen völlig schließen müsse. 34 % sind der Meinung, dass Frankreich keine Flüchtlinge mehr aufnehmen dürfe; 40 %, dass es sie aufnehmen soll, und 27 % dass Frankreich auch weiterhin ein Aufnahmeland bleiben soll. 73 % der Befragten denken, dass viele Einwanderer nur nach Frankreich kommen, um die Sozialsysteme auszunutzen. Eng mit dieser Idee verbunden und weit verbreitet (74 %) ist die Ansicht, dass Ausländer bevorzugt werden beim Zugang zu den Sozialleistungen. 51 % der Befragten sind der Meinung, dass die Einwanderung die Hauptursache für steigende Kriminalität sei.

122 Die oben erwähnte Untersuchung (Institut Louis Harris 2002) hebt in diesem Zusammenhang einen interessanten Aspekt hervor: Ca. 40 % der Befragten sind der Meinung, dass sie sich nicht frei zu Einwanderungsfragen äußern könnten.

3.2.3. Republikanische Schule, kulturelle Vielfalt und soziale Ungleichheit

Die konsequente Trennung von Kirche und Staat und eine daraus folgende laizistische Orientierung ist für das französische Schulwesen grundlegend. Den daraus resultierenden Anspruch charakterisieren Werner Schiffauer u. a. (2002: 24) wie folgt: „Die Schule setzt alle kulturell spezifischen Unterschiede während der Schulzeiten außer Kraft, um ihrem Ziel gerecht zu werden, staatsbürgerliche Gleichheit herzustellen." Eine Konsequenz daraus ist, dass auf die Erhebung von Daten, die SchülerInnen nach ethnischen Kriterien erfassen – ganz im Gegensatz zu Verfahren des *Ethnic Monitoring* – absichtsvoll verzichtet wird. Schiffauer u. a. beschreiben dies in Bezug auf die schulische Praxis wie folgt:

> „Bei der Datenerhebung unterschied die Schule in Paris prinzipiell lediglich zwischen französischen und ausländischen Staatsbürgern, es wurden aber keine Informationen über sonstige Gruppenzugehörigkeiten eingeholt. [...] Die LehrerInnen sollen weder die ethnische Herkunft ihrer SchülerInnen kennen noch wissen, ob sie französische Staatsangehörige sind oder nicht. Für die LehrerInnen sollten alle prinzipiell gleich und individuell verschiedene SchülerInnen sein." (Schiffauer u. a. 2002: 76)

Dieser Anspruch steht in einem Kontrast zu dem breit diskutierten Qualitätsverlust des öffentlichen Schulwesens, der in erster Linie die unteren Sozialschichten sowie diejenigen ImmigrantInnen betrifft, die auf Grund ihrer finanziellen Möglichkeiten nicht auf das Privatschulsystem als Alternative zu den öffentlichen Schulen zurückgreifen können. Die räumliche Segregation durch die Herausbildung überwiegend von MigrantInnen bewohnter Vorstädte (*Banlieues*) und Stadtteile begünstigt das Entstehen von Schulen mit extrem hohem MigrantInnenanteil und geringem Prestige. Francoise Lorcerie (2000: 78) formuliert pointiert:

> „Sozio-ethnische Polarisierung innerhalb des Bildungssystems, Spaltung der Schülergruppen, Schulen und Klassen entlang der Kategorie Ethnie, Ethnisierung der Kontakte zwischen Schülern und der Interaktionen zwischen Schülern oder Familien und Schulpersonal [...], Mobilisierung von Widerständen oder Gegenwehr auf Seiten der Schüler: An all diesen Stellen lässt sich Ethnisierung durch neue, immer präzisere und umfangreichere Studien nachweisen. Schon heute zeichnen sie ein Bild von den sozialen Prozessen in der Schule oder in Bezug auf das Bildungssystem, das von der republikanischen Ideologie immer weiter entfernt ist."

Dieser Entwicklung soll seit einigen Jahren mit der Kennzeichnung so genannter *Zones d'éducation prioritaires* (ZEP), für die besondere Förderprogramme und sozialpädagogische Maßnahmen bereitgestellt werden, entgegengewirkt werden.

3.2.4. *Staatsbürgerlich-politische Bildung: Education Civique und das neue Unterrichtsfach Education civique, juridique et sociale*

Das auch für die aktuelle Bildungspolitik und Bildungspraxis grundlegende Konzept der *Citoyenneté* umfasste in der Gründungszeit des republikanischen Schulwesens die Idee einer engen Verbindung von individuellem Selbstverständnis und nationaler Zugehörigkeit. Die gegenwärtige Beanspruchung der republikanischen Konzepte *Citoyenneté* und *Civilité* kann als ein Versuch interpretiert werden, auf die Erfahrungen und Prozesse zu reagieren, durch die tradierte Konzepte nationaler Identität in Frage gestellt sind.

> „Was die Gesellschaft „organisch", durch ihr Funktionieren allein nicht mehr leisten kann, versucht sie durch ein voluntaristisches Vorgehen umzusetzen. Hierfür wendet sie sich vorzugsweise an die erste, für die Sozialisation zuständige Instanz, nämlich die Schule, den einzigen Ort, an dem die Gemeinschaft den jungen Menschen eine auf Werten begründete Botschaft vermittelt. Die Krise der Integration, hervorgerufen durch das abnehmende Zugehörigkeitsgefühl zur nationalen Gemeinschaft [...] und durch das Zerbrechen der Strukturen, die bislang integrierend gewirkt haben (Arbeit, Religion, Armee etc.) richtet an die Schule die Erwartung, dass sie die Fähigkeit des Individuums zum Leben in der Gemeinschaft entwickelt, was die Erziehung zum mündigen Staatsbürger und zu den Werten der Demokratie einschließt." (Ballion 1999: 146)

Die *Citoyenneté* wird auch seitens französischer NGOs als ein wichtiger Ansatzpunkt in der Einwanderungs- und Integrationsdiskussion beansprucht. So wird im Zusammenhang mit den Diskussionen um die Verfassung der Europäischen Union die Forderung nach einer *Citoyenneté de résidence* erhoben, d. h. einer Form der Bürgerschaft, die nicht an die Staatsangehörigkeit, sondern an den Wohnort geknüpft ist, und damit grundlegende Bürgerrechte auch für Drittstaatsangehörige bereitstellt. Auch die wiederkehrenden Kampagnen in Frankreich für ein Wahlrecht für ImmigrantInnen artikulieren die Forderung nach einer staatsangehörigkeitsunabhängigen Gewährleistung von Bürgerrechten.

Das Fach *Education Civique* wurde 1985 in den *Collèges*, d. h. an den weiterführenden Schulen ab der Sekundarstufe I, mit neuem Curriculum eingeführt. Zentral sind hier folgende Zielsetzungen:

- Ab dem ersten Schuljahr des *Collège* (*Sixième*) sollen stufenweise die Fragen der Verantwortung des Einzelnen gegenüber dem Anderen, der Umwelt und den Institutionen behandelt werden, um dann in der obersten Klassenstufe (*Troisième*) zur Kernfrage der *Citoyenneté* und der Verantwortung des Bürgers gegenüber dem Staat überzugehen.
- Die *Education Civique* soll zur Chancengleichheit beitragen, indem die Gleichheit der Rechte und Wege der sozialen und kulturellen Integration im Unterricht behandelt werden.
- Die Menschenrechte und Grundlagen der Demokratie sollen ausgehend von einigen Schlüsselkonzepten und Gesetzestexten über die Grundrechte und -freiheiten sowie der Beschreibung der Institutionen und Verfahren erarbeitet werden.

Die staatsbürgerlich-politische Bildung wird in Form des neuen Faches *Education civique, juridique et sociale* (ECJS) im Schuljahr 2001-2002 auch wieder in der Sekundarstufe II unterrichtet. Zu dessen Curriculum gehören u. a. auch Fragen der Einwanderungsgesellschaft. Diese werden auf der Grundlage des Konzepts *Citoyenneté* bearbeitet.[123]

Thema „Integration von Immigranten"

Einführungstext:
„Integration" ist ein Begriff, der häufig in Bezug auf Immigranten und ihre Kinder angewandt wird. Es ist wichtig hervorzuheben, dass die soziale Integration und ihr Gegenteil, der soziale Ausschluss, nicht nur Immigranten und die Kinder von Immigranten betrifft, sondern alle, die Teil einer Gesellschaft sind. Der Begriff bezieht sich nicht auf einen Zustand – die „integrierte Gesellschaft" – sondern auf einen Prozess: Integration stellt sich durch das Handeln aller her, unabhängig von ihrer Herkunft und ihren Eigenschaften. Ausschluss bezeichnet den Prozess der Marginalisierung, den diejenigen erfahren können, die keine Arbeit mehr haben, die in großer Armut leben oder die isoliert sind durch die Abwesenheit familialer und sozialer Bindungen.

---

123 Die folgenden Beispiele sind der zur Einführung des Curriculums publizierten Begleitbroschüre entnommen (s. CNDP 2000a: 10 ff.). Diese sind für die *Classe de Seconde* (10. Klasse) konzipiert.

Den LehrerInnen wird anschließend vorgeschlagen, den speziellen „Fall der Integration von ImmigrantInnen und ihrer Kinder“ als Ausgangspunkt zu nehmen, und deutlich zu machen, dass diese nicht notwendigerweise ein „Integrationsproblem“ darstellen und dass sie nicht notwendigerweise von sozialem Ausschluss bedroht sind.

Die zur Bearbeitung dieser Thematik vorgeschlagene Unterrichtssequenz beinhaltet drei Etappen:

- Erstens geht es darum zu zeigen, dass Kinder von ImmigrantInnen, unabhängig davon, ob sie die französische Staatsangehörigkeit besitzen oder nicht, die gleichen Rechte (als Menschenrechte, auf denen eine demokratische Gesellschaft basiert) wie die anderen SchülerInnen haben – Recht auf Bildung und medizinische Versorgung etc. Ihre Eltern haben als ArbeitnehmerInnen die gleichen Rechte wie die anderen ArbeitnehmerInnen, was Arbeitsverträge, Streikrecht und Rentenregelungen angeht. Außerdem steht ihnen zu, einen Verein zu gründen und ihre Religion auszuüben, sofern dies nicht in Konflikt mit der öffentlichen Ordnung steht.
- Zweitens soll die Notwendigkeit eines aktiven Staatsbürgertums aufgezeigt werden, indem eine Reflexion über die konkrete Realisierung dieser Rechte angeregt wird und darüber, wie man dafür „kämpfen“ kann, dass die republikanischen Prinzipien auch tatsächlich effektiv angewandt werden, ohne die Verantwortung dafür immer den „Anderen“ zuzuschieben?
- Drittens soll daran erinnert werden, dass AusländerInnen, die zwar zivile, ökonomische und soziale Rechte haben, nicht über das politische Recht, zu wählen und gewählt zu werden, verfügen und dass dieses Recht an die französische Staatsangehörigkeit gebunden ist. Daran anschließend geht es um die Beschäftigung mit den Möglichkeiten des Erwerbs der Staatsangehörigkeit, die über die Gewährleistung der Menschenrechte hinaus, den Zugang zu den vollen Bürgerrechten garantiert. Dabei soll die universalistische Konzeption der *Citoyenneté*, die dem französischen Staatsangehörigkeitsrecht mit seinem Prinzip des ius soli – im Gegensatz zum ius sanguinis – zugrunde liegt, verdeutlicht werden.

Im folgenden Text aus dem pädagogischen Leitfaden für LehrerInnen wird jedoch deutlich, wie sehr die republikanische Orientierung dazu tendiert, kulturelle Vielfalt primär als Problem und Konfliktpotential für die republikanische Gesellschaftsordnung darzustellen.

Thema „Vielfalt der kulturellen Traditionen und die gemeinsame Kultur"

Einführungstext:
Jede Nationalgesellschaft ist vielfältig. Sie vereint per definitionem Bevölkerungsgruppen, deren geschichtliche Herkunft, religiöse Überzeugungen und gesellschaftliche Charakteristika unterschiedlich sind. Die *Citoyenneté* steht im Prinzip weder der Wahl partikularer Identitäten noch dem Bekenntnis des Einzelnen zu einer besonderen geschichtlichen Vergangenheit oder einer Glaubensrichtung entgegen. Sie garantiert im Gegenteil deren freie Ausübung. Die demokratische Bürgergesellschaft kann auch ein Instrument des Umgangs mit der Vielfalt sein. Jedoch muss diese Vielfalt, die zu den Grundlagen der Bürgergesellschaft gehört, notwendigerweise Grenzen haben. Damit eine Bürgernation fortbestehen kann, müssen zwei Voraussetzungen erfüllt sein. Auf der einen Seite müssen alle die Trennung von Politik und Religion, die die moderne Demokratie begründet[124], akzeptieren. Auf der anderen Seite darf die Gleichheit der Menschenwürde, die die demokratische Nation ausmacht, nicht durch die Ausübung der Partikularkulturen eingeschränkt werden. Dies betrifft insbesondere den privaten Bereich. Ist es auf lange Sicht zulässig, dass persönliche Werte im Widerspruch stehen zu denjenigen Werten, die die Praktiken des öffentlichen Lebens begründen, ohne dass damit zugleich das gemeinschaftliche Gesellschaftsprojekt selbst in Frage gestellt wird?

Den LehrerInnen werden anschließend drei Unterrichtsetappen vorgeschlagen:

- Erstens den Sinn der Neutralität des Staates in religiösen Dingen aufzuzeigen;
- Zweitens die SchülerInnnen zum Nachdenken über die Grenzen der zugelassenen und zulässigen Diversität anzuregen. Dies etwa anhand folgender Fragen: Kann man solche Praktiken, die im Widerspruch zu den Menschenrechten und der Gleichstellung von Mann und Frau stehen, akzeptieren (z. B. die Klitorisbeschneidung von jungen Mädchen)? Anhand solcher Beispiele soll der Sinn einer gemeinsamen Kultur, die durch das Konzept der *Citoyenneté* als Ausdruck geteilter Werte, die die gleiche Würde aller Menschen gewährleistet, verdeutlicht werden.
- Drittens soll über das Problem der Mittel und Instrumente der *Citoyenneté* diskutiert werden, z. B. anhand folgender Fragen: Verlangt ein aktives Staatsbürgertum nicht eine gemeinsame Sprache, die es erlaubt, sich über Konflikte zu verständigen und diese nach den geltenden Regeln des Rechts zu lösen? Sollte

[124] Hier wird exemplarisch deutlich, dass im französischen Kontext keineswegs die christliche Religion als Garant einer demokratischen Gesellschaft reklamiert wird, wie dies in der Bundesrepublik gelegentlich der Fall ist.

das Recht, eine partikulare Sprache im Privaten zu sprechen, zu Hause oder mit Freunden, automatisch dazu führen, dass diese auch im öffentlichen Raum, im Krankenhaus, in der Verwaltung und in den politischen Institutionen anerkannt wird?
Die Themeneinheit endet schließlich mit der Frage, wo die Grenzen der Akzeptanz kultureller Vielfalt im öffentlichen Raum liegen, der als Raum der gemeinsamen Bürgerrechte und der französischen Kultur konzipiert wird.

Die Materialien für die *Classe de Première* (Klasse 11) knüpfen an diese Beanspruchung der *Citoyenneté* als ein den republikanischen Werten verpflichtetes Konzept, dem integrativer Charakter gegenüber kulturellen Differenzen und Partikularismen zugesprochen wird, an. Dort geht es weiterführend u. a. auch um die Auseinandersetzung mit Konzepten des Multikulturalismus, in denen die kollektive Zugehörigkeit und die Rechte von Gruppen als vorrangig angesehen werden. Dabei wird die Frage aufgeworfen, ob dadurch nicht die Freiheit des Individuums und die Möglichkeiten der Entwicklung einer individuellen Identität stark eingeschränkt wird (s. CNDP 2000b: 29 f.).

Die Auseinandersetzung mit Fragen der Einwanderungsgesellschaft erfolgt im Rahmen der ECJS auch über die Einführung kontroverser Fragestellungen und unterschiedlicher Perspektiven. Dies geschieht im Vergleich zum *Citizenship Curriculum* in England jedoch in weitaus geringerem Maße, denn es wird letztlich kein Zweifel daran gelassen, dass es im Rahmen der staatsbürgerlichen Erziehung vorwiegend um die Vermittlung jener Werte geht, denen der republikanische Universalismus verpflichtet ist. Auf der einen Seite gelten ethnische Identifikationen und religiöse Bekenntnisse durchaus als legitim und ihre Akzeptanz als Ausdruck gesellschaftlicher Freiheit, auf der anderen Seite ist diese Legitimierung an zwei Bedingungen geknüpft: die Wahrung der Laizität und die Distanzierung von Praktiken und Werten, die mit den „öffentlichen Werten" unvereinbar sind. Problemlos durchgehalten werden kann eine solche Position in Bezug auf Praktiken, die mit den Menschenrechten und der Gleichstellung der Geschlechter (z. B. Klitorisbeschneidung) offenkundig nicht vereinbar sind. Eine Auseinandersetzung mit dem Konfliktpotential, wie es z. B. am Fall der „Kopftuchdebatte" manifest wurde, erfolgt jedoch nicht.

Auch findet sich in den offiziellen Handreichungen des CNDP keine weiterreichende Auseinandersetzung mit den Bedingungen von Migration und Flucht sowie mit der Situation von MigrantInnen ohne legalen Aufenthaltsstatus. Einige Schulen und Hochschulen sowie zivilgesellschaftliche Organisationen, die Materialien und Hinweise zu möglichen inhaltlichen Schwerpunkten des Curriculums zusammengestellt haben und diese im Internet zur Verfügung stellen, greifen diese Thematiken jedoch explizit auf.[125] Dies gilt insbesondere auch für die Auseinandersetzung mit der Problematik des Spannungsverhältnisses zwischen Staatsbürgerrechten und den Menschenrechten innerhalb nationalstaatlicher Gesellschaften. Während dieses in der Handreichung des CNDP nur über die Frage, wie die nationale Staatsangehörigkeit erworben werden kann und auf welcher Grundidee die französische Staatsangehörigkeitskonzeption basiert, angesprochen wird, findet sich in den Materialien der Antirassismus-Organisationen auch die Auseinandersetzung mit der Situation der *Sans Papiers* – jener Bewegung von MigrantInnen ohne Aufenthaltsstatus, die mit der Forderung nach Legalisierung ihres Aufenthalts und der Gewährleistung des Zugangs zu sozialen Rechten in den vergangenen Jahren von erheblicher Bedeutung für die gesellschaftspolitischen Auseinandersetzungen und Debatten um Einwanderung in Frankreich waren (s. dazu Cissé 2002). Die Programmatik der Erziehung zur *Citoyenneté* eröffnet also durchaus einen Rahmen, der die Möglichkeit bietet, über die von offizieller Seite gegebene konzeptionelle Ausrichtung hinauszugehen und damit die angesprochenen, im Kontext einer Bildung für die Einwanderungsgesellschaft nicht ignorierbaren Fragen, zu bearbeiten.

Wie gezeigt, liegt den offiziellen Konzeptionen der Erziehung zur *Citoyenneté* zwar keine hinreichende Auseinandersetzung mit der Problematik des Verhältnisses von Universalismus und kultureller Differenz, Individualrechten und kollektiven Zugehörigkeiten zugrunde. Ihre Stärke liegt jedoch darin, dass sie weder eine Defizitpädagogik für Kinder mit Migrationshintergrund ist noch eine moralisierende Didaktik für potenziell vom Abdriften in rechte Milieus bedrohte Jugendliche. Auf Ethnisierung und Kulturalisierung wird verzichtet und das Bewusstsein dafür gestärkt, dass auch MigrantInnen und Minderheitenangehörige Träger von (einklagbaren) Rechten sind.

Die französische Schulkultur, die bislang hierarchisch und autoritär geprägt und traditionell wenig dialogisch orientiert ist, befindet sich seit einigen Jahren im Umbruch. Die Förderung staatsbürgerlicher Erziehungsziele, verbunden mit der Stärkung von Verantwortung, Mündigkeit und aktiver Mitbestimmung durch die SchülerInnen, hat folglich potentiell eine viel größere Tragweite: Sie könnte nach Meinung einiger ExpertInnen zur Demokratisierung der Schule beitragen.

---

[125] S. etwa die Seiten der Académie d'Aix-Marseille (http://pedagogie.ac-aix-marseille.fr/).

3.2.5. *Education antiraciste als gemeinsames Projekt von Schulen und freien Trägern*

Neben der Erziehung zur *Citoyenneté* ist in Frankreich die antirassistische Bildungsarbeit einflussreich. Bei deren Entwicklung und Realisierung kommt zivilgesellschaftlichen Organisationen eine zentrale Rolle zu.

Dabei ist zu berücksichtigen, dass die zivilgesellschaftliche Antirassismus- und Migrationsarbeit in Frankreich selbstorganisiert ist und gleichberechtigt von EinwandererInnen mitgetragen wird. Die in ihrer Gesamtheit als *Mouvement associatif* bezeichneten zivilgesellschaftlichen Organisationen pflegen eine intensive und kritische Streitkultur mit Politik und Institutionen. Sie legen großen Wert auf Unabhängigkeit und Meinungsfreiheit. Die meisten Organisationen verfügen über wenig hauptamtliches Personal, sondern setzen auf das Engagement ihrer ehrenamtlichen AktivistInnen (*Militants*).

Der MRAP (*Mouvement contre le racisme et pour l'amitié des peuples*) – eine Organisation mit 4000 aktiven Mitgliedern und 180 lokalen Komitees – ist anerkannter Träger der Volksbildung (*Association d'éducation populaire*). Seine Bildungsarbeit beruht auf dem Grundsatz „Rassismusprävention durch Erziehung zur *Citoyenneté* und zu den Menschenrechten" in der Schule, in den Medien und den Stadtteilen und umfasst kontinuierliche Aktivitäten und Kampagnen.[126] Zu den laufenden Aktivitäten zählt auf der einen Seite die Opferberatung: Jugendliche, die in der Schule, in der Freizeit oder beispielsweise in einem Ferienlager[127] Opfer von Rassismus geworden sind, können die Beratungsstellen aufsuchen und erhalten dort Unterstützung bis hin zur Prozessbegleitung bei Gericht. Im Rahmen der Opferberatung wird auch versucht, auf Effekte indirekter Diskriminierung im schulischen Alltag und bei schullaufbahnbezogenen Entscheidungsprozessen zu reagieren. Zudem leisten die *Militants* des MRAP eine aufsuchende Arbeit an Schulen und Sozialzentren, und sie führen Fortbildungsveranstaltungen für SozialarbeiterInnen, MitarbeiterInnen im Öffentlichen Dienst (*Sécurité sociale*, Polizei etc.) und LehrerInnen durch[128]. Der MRAP gestaltet eine Vielzahl von pädagogischen Materialien, die er selbst in der Arbeit mit Schulklassen einsetzt oder an LehrerInnen weitergibt. Es fällt auf, dass die

---

126 Hierzu gehört vor allem die Beteiligung an der *Semaine nationale de l'éducation contre le racisme*, die jedes Jahr im März stattfindet.

127 Die so genannten *Colonies de vacances* gelten in Frankreich als Teil der staatlichen *Verantwortung* für die Erziehung der Kinder. Heute sind sie ein wichtiges Instrument in der Sozialarbeit mit benachteiligten Jugendlichen. Der Anteil von jungen ImmigrantInnen an den Ferienlagern ist hoch.

128 Diese Zusammenarbeit ist nach Einschätzung der Verantwortlichen jedoch schwierig, da die Notwendigkeit einer antirassistischen Bildung auf Seiten der Lehrkräfte bislang kaum anerkannt ist.

bestehende Antidiskriminierungsgesetzgebung auch in der pädagogischen Arbeit ein zentraler Anknüpfungspunkt ist. Z. B. entwickelt der MRAP Faltblätter, die sich an Kinder und Jugendliche richten und LehrerInnen zum Einsatz im Unterricht an die Hand gegeben werden. Nachfolgend werden einige dieser Materialien vorgestellt.

Mini-Faltblatt

Ihr seid alle betroffen:
In der Schule, auf der Straße, in der Freizeit ... überall.
Wenn ihr wollt, dass sich daran etwas ändert,
dass die Welt sich bewegt,
dass sie solidarischer wird,
seid wachsam und fordernd – und sprecht darüber.
Rassismus, eine strafbare Form von Gewalt
Beleidigungen, Diskriminierungen ... sie greifen die Menschenwürde an, erniedrigen, schließen aus.
Alle, die sie erdulden müssen, können zutiefst verletzt sein, auch wenn wir es ihnen zunächst nicht anmerken.
Ihr alle könnt betroffen sein, auf Grund eurer tatsächlichen oder angenommenen Herkunft, eures Namens, eures Aussehens, eurer Religion, eurer Lebensweise.

Beleidigungen
Ob im Gymnasium, auf der Straße, in der Freizeit oder im Internet: Mündliche oder schriftliche rassistische Beleidigungen sind verboten und stehen unter Strafe.
Das gleiche gilt für zweifelhafte „Witze“ mit rassistischem Beigeschmack.
Aber Achtung: In diesem Fall habt ihr nur drei Monate Zeit, um zu reagieren und Anzeige zu erstatten.

Diskriminierung: Beispiel Freizeit
In einer Diskothek in Straßburg.
Ein Türsteher, der zwei „farbigen“ Männern den Eintritt in eine Diskothek unter dem Vorwand, dass sie schon voll sei, verwehrt hatte, wurde wegen rassistischer Diskriminierung zu drei Monaten Gefängnis auf Bewährung und zur Zahlung von Schmerzensgeld in Höhe von 2.286 Euro an die Opfer und ein Bußgeld an Antirassismus-Organisationen verurteilt.

Diskriminierung: Beispiel Schule und Arbeit
Bei der Suche nach Arbeits- oder Praktikumsstelle können sich die Türen auf Grund des Namens oder des Aussehens verschließen. Diese Form von Diskriminierung ist insbesondere dort verbreitet, wo es um Kundenkontakte geht. In

Betrieben kann sich Rassismus auch in versteckter Form zeigen: bei der Bezahlung, dem beruflichen Aufstieg ... Gewerkschaften und Organisationen können einschreiten: Nimm Kontakt zu ihnen auf.

Zeugenaussagen:
Ohne Beweis hat das Opfer kaum Chancen, einen Prozess zu gewinnen.
Aber durch eine Zeugenaussage kann alles anders werden ...
Also: wenn du eine rassistische Tat beobachtet hast, zögere nicht.
Eine Zeugenaussage zu machen, bedeutet nicht, jemanden zu „verpfeifen", sondern es ist ein Zeichen für Mut und Solidarität.

Opfer oder Zeuge:
Ruft an:
114
Gebührenfreier
Anruf

Mit diesem Faltblatt werden sowohl potenzielle Opfer rassistischer Beleidigungen und Diskriminierungen als auch Täter angesprochen. Beiden wird vermittelt, dass rassistische Beleidigungen oder Angriffe sowie Diskriminierungen rechtlich strafbare Handlungen sind. Diese Feststellung dient auf der einen Seite zur Stärkung des Selbstbewusstseins der Opfer, ihrem Empowerment: Ihnen wird ein offensiver Umgang mit Rassismuserfahrungen nahe gelegt. Auf der anderen Seite enthält es eine deutliche Abschreckungsfunktion: Wer diskriminiert, macht sich strafbar. Die Bezugnahmen auf die bestehende Rechtslage (Antidiskriminierungsgesetze) und die Instrumentarien zur Bekämpfung von Rassismus (Telefonruf 114) verleihen den Aussagen und Argumenten Durchsetzungsmöglichkeiten, die nicht allein an moralische Überzeugungskraft gebunden sind.

Le jeu de loi: racisme, hors-jeu!

(Das Spiel der Gesetze: Rassismus ins Abseits!)
Hierbei handelt es sich um ein Gesellschaftsspiel für Gruppen von 12 bis 24 Kindern im Alter von 8 bis 13 Jahren. Bei diesem Spiel sollen die Kinder die vielfältigen Formen von Rassismus entdecken und gleichzeitig lernen, wie sie sich Rassismus gegenüber verhalten können und welche juristischen Möglichkeiten es gegen rassistische Diskriminierung gibt. Das Spiel besteht aus 81 Platten, die auf dem Boden ausgelegt werden und auf denen sich vier Mannschaften vorwärts bewegen. Der Parcours enthält verschiedene Hindernisse. So können die Platten mit der Aufschrift „Verstöße" durch gemeinsames Handeln der Spieler und das Auffinden der Platten mit den passenden Gesetzen überwunden werden.

Ziel des Spieles ist es, die Kinder spielerisch mit konkreten Rassismus-Situationen zu konfrontieren. Sie sollen aktiv lernen und dabei pädagogisch begleitet werden. Das gesetzliche Instrumentarium, mit dem gegen rassistische Diskriminierung vorgegangen werden kann, wird ihnen in konkreter und leicht verständlicher Sprache vermittelt. Die grafische Gestaltung soll sie an die wichtigsten Schlüsselbegriffe heran führen (Gesetz, Zeugenaussage, Verantwortung, Delikt, Gleichheit, Respekt etc.). Das Spiel eignet sich auch zur Verwendung in Projekten zur *Citoyenneté*.

Ausstellung Citoyenneté et égalité des droits

Im Rahmen einer von 80 Organisationen getragenen Kampagne *même sol, mêmes droits, mêmes voix* (gleicher Boden, gleiche Rechte, gleiche Stimmen), die sich für das kommunale Wahlrecht von MigrantInnen einsetzt, hat der Bildungssektor des MRAP eine Ausstellung erarbeitet, die über die Lokalkomitees in Schulen eingesetzt wird. Zu den Exponaten gehören Texte und Bilder zu folgenden Themen: Freiheit und Gleichheit = Grundrechte; Der Zugang zum Allgemeinen Wahlrecht; *Citoyennes*! Der Kampf der Frauen für Gleichheit; *Citoyen* zu werden will gelernt sein; Von der Erklärung der Rechte bis zu ihrer effektiven Umsetzung; Europa und das Ausländerwahlrecht.

Website „Arc-en-ciel" (Regenbogen)

Arc-en-ciel ist eine Internet-Zeitung, die unter Federführung des MRAP von und für Kinder von sieben bis dreizehn Jahren betreut wird. Themen sind der Respekt für andere, die Bekämpfung von Rassismus und Völkerverständigung. Schulen und außerschulische Einrichtungen haben die Möglichkeit, aktiv an der Gestaltung der Website mitzuwirken. Gestaltungselemente sind Artikel, Gedichte, Zeichnungen, Fotos etc. (www.mrap-arcenciel.net)

Ein weiteres wichtiges Element der Kooperation zwischen staatlicher Bildungspolitik und zivilgesellschaftlichen Organisationen ist der Einbezug der Liga gegen Rassismus und Antisemitismus (LICRA) in schulische Projekte und die Lehrerausbildung. Diese Zusammenarbeit wurde durch einen formellen Vertrag zwischen der LICRA und dem französischen Bildungsminister im Januar 2002 verbindlich geregelt. In diesem Kooperationsvertrag[129] verpflichtet sich die LICRA dazu, ihr mehrere tausend Mitglieder umfassendes Netzwerk an Ehrenamtlichen in die Umsetzung der Bildungspolitik einzubringen. Das Bildungsministerium seinerseits schafft die Voraussetzungen dafür, dass entsprechende

129 Convention de Partenariat entre le Ministère de l'Education nationale et la LICRA. In: Le droit de vivre (Mitgliederzeitschrift der LICRA) 01/2002, S. 7.

Veranstaltungen und Treffen an Schulen und Lehrerausbildungsstätten unter geeigneten Bedingungen stattfinden können.

Artikel 1
Die LICRA verpflichtet sich, zur Entwicklung der staatsbürgerlichen Bildung aller Schüler beizutragen. Zu diesem Zwecke initiiert sie Treffen und Veranstaltungen in den collèges und Gymnasien, bei denen sie die Schüler über ihre staatsbürgerlichen Rechte und Pflichten informieren soll. Sie beteiligt sich an der Woche der Erziehung gegen Rassismus.
Mit dem Ziel, der Marginalisierung und Ausgrenzung vorzubeugen, führt sie in Zusammenarbeit mit den zuständigen Diensten des Bildungsministeriums begleitende Aktionen zur Unterstützung von Schülern bei ihrer beruflichen Orientierung und Eingliederung durch.
Artikel 2
Die LICRA entwickelt ihre Begleitmaßnahmen zur Umsetzung der nationalen Bildungspolitik entlang dreier Leitlinien: Erziehung zum Staatsbürger; Prävention und Maßnahmen gegen Gewalt; Prävention und Maßnahmen gegen schulischen Misserfolg und Ausgrenzung.
Artikel 3
[...] Die LICRA beteiligt sich auf Anfrage der Schulleiter und der Direktoren der IUFM[130] an den Bildungsmodulen über spezielle Themen wie Rassismus und Gewalt. Sie soll an der Erziehung zum Staatsbürger teilhaben, indem sie in Zusammenarbeit mit den Lehrkräften und in Absprache mit den Schulleitern entsprechende Unterrichtseinheiten mitgestaltet.
Artikel 4
Das nationale Bildungsministerium verpflichtet sich, die Schulleiter, Akademieinspektoren und Direktoren der IUFM in Kenntnis zu setzen, damit
• der Austausch zwischen der LICRA und den Bildungsträgern gefördert wird, insbesondere durch die Organisation von Veranstaltungen innerhalb der Schulen, während oder außerhalb der Schulzeit.
• die Beteiligung der LICRA an Bildungs-, Kultur- und Berufsbildungsprojekten der Schüler unter der Leitung ihrer Lehrer erleichtert wird.

Über die Praxis der Umsetzung der beschriebenen Maßnahmen und ihrer Effekte liegen keine verlässlichen Informationen vor. In den Expertengesprächen wurde argumentiert, dass die theoretische Fundierung der antirassistischen Erziehung unzureichend ist und keine aussagefähigen Programmevaluationen

130 Instituts universitaires de formation des maîtres (Lehrerbildungsinstitute).

durchgeführt wurden.[131] Francoise Lorcerie, renommierte Expertin für den Bereich der interkulturellen und antirassistischen Bildung, problematisierte, dass die *Education antiraciste* und *Pédagogie interculturelle* nicht systematisch in die Curricula integriert sind. Es handelt sich um punktuelle Aktionen, die zumeist von Antirassismus-Organisationen in die Schulen hereingetragen werden.

3.2.6. Pädagogische Aktionswoche gegen Rassismus

Die Initiative zur *Semaine d'éducation contre le racisme* ging 1989 von *SOS Racisme* aus. Sie sollte künftig jedes Jahr im März rund um den internationalen Antirassismus-Tag (21. März) stattfinden.[132] Die Programmatik der Aktionswoche versteht Rassismus als „einen Angriff auf den republikanischen Universalismus, die Toleranz, den Respekt und die Laizität".

Das nationale Bildungsministerium fördert die Aktivitäten der *Semaine*, indem die Schulinspektoren durch Rundschreiben aufgefordert werden, geeignete Rahmenbedingungen zu schaffen. Insbesondere wird darauf hingewiesen, dass die antirassistische Praxis sich nicht auf einmalige Aktionen beschränken sollte, sondern in der politisch-staatsbürgerlichen Bildung dauerhaft zu verankern und mit außerschulischen Aktivitäten zu verbinden ist.[133]

Die Vorbereitungsgruppe der *Semaine* gibt jährlich eine Reihe von Materialien heraus, die den LehrerInnen und SchülerInnen zur Verfügung gestellt werden. Zentrale Dokumente sind die Broschüren *Agir contre le racisme*, die für drei Altersgruppen entwickelt und in einer Auflage von mehreren zehntausend Exemplaren gedruckt werden. In der Broschüre 2002 für 14-18-Jährige werden u. a. folgende Themen behandelt: die Gesetzgebung gegen Rassismus; Diskriminierung bei Arbeits- und Wohnungssuche; Stereotypen und Klischees; die Gefahren der Gentechnologie in Bezug auf die Selektion genetischer Merkmale. Die Broschüre 2001 behandelt die internationalen Verträge gegen Rassismus und die Weltrassismuskonferenz; Rassismus im Sport; die gesetzlichen und in-

---

131 Roland Biache – ehemaliger Koordinator der *Semaine de l'éducation contre le racisme* – formulierte im Expertengespräch, dass eine systematische Zusammenarbeit mit Wissenschaft und Forschung vonseiten der PraktikerInnen in den letzten Jahren weitgehend versäumt worden sei.

132 *SOS Racisme* trat mit dieser Initiative an die *Ligue de l'Enseignement* heran, die größte nichtstaatliche Bildungsorganisation in Frankreich. Seither liegt die Federführung bei der *Ligue*, die im Lauf der Zeit ein immer größeres Kollektiv an Mitveranstaltern gewonnen hat. Die Schirmherrschaft übernimmt jedes Jahr das Nationale Bildungsministerium; die Finanzierung liegt beim FAS (*Fonds d'action sociale*), dem Jugend- und Sportministerium sowie dem Kulturministerium.

133 Bulletin Officiel du ministère de l'Education Nationale vom 20. Februar 2002.

stitutionellen Instrumentarien zur Bekämpfung von Rassismus in Frankreich; den genetischen Rassismus. Daneben setzen die beteiligten Organisationen ihre eigenen Materialien[134] ein.

Bei der Umsetzung der Aktivitäten – Diskussionsrunden, Vorträge, Filmvorführungen, Gespräche mit ehemaligen Widerstandskämpfern und Holocaust-Überlebenden etc. – gehen die Schulen Partnerschaften mit den lokalen Antirassismus-Organisationen ein. In den Medien erfolgt eine umfangreiche Berichterstattung.

3.2.7. Interkulturelle Inhalte in der Lehreraus- und -fortbildung

Infolge der für die französische Schule konstitutiven Fiktion der Gleichheit aller SchülerInnen stehen interkulturelle Ansätze in der Lehrerausbildung unter Rechtfertigungszwang: Sie werden mit dem Vorwurf der Folklorisierung von Kulturen sowie der problematischen Vermengung unterschiedlicher Ebenen – soziale Benachteiligung, Gewalt an den Schulen, kulturelle Herkunft – konfrontiert. Deshalb wird interkulturellen Curricula an den universitären Lehrerausbildungsstätten IUFM[135] ein geringer Stellenwert zugewiesen (Hedibel 2002: 208).

Die in der französischen Fachdiskussion gegenwärtig favorisierten Konzepte interkultureller Bildung, verfolgen jedoch keineswegs die Absicht, die Pädagogik zu „kulturalisieren"[136].

Die aktuellen Bestrebungen zur stärkeren Verankerung interkultureller Ansätze in der Lehrerbildung sollen vielmehr zur Auflösung kultureller und religiöser Zuschreibungen, zur Selbstaufklärung der LehrerInnen und zur Reflexion

---

134 S. etwa die Zusammenstellung „50 titres – L'Éducation aux droits de l'Homme, lutter contre le racisme" des Centre national de documentation pédagogique (1997).

135 Wer in den französischen Schuldienst möchte, muss zunächst einen Studienabschluss in einem Fach (Licence oder vergleichbares Diplom) erwerben. Die Lehrerausbildung selbst leisten die Instituts universitaires de formation des maîtres (IUFM). Das erste Studienjahr ist freiwillig und dient der Vorbereitung auf die *concours*, die zentralen Aufnahmeprüfungen für das Lehramt. Im zweiten – verpflichtenden – Jahr erfolgt dann die praktische Berufsausbildung der Referendare (fonctionnaires stagiaires). Insgesamt gibt es 31 IUFM, davon 26 im französischen Mutterland und fünf in den Überseegebieten (DOM-TOM). Die IUFM sind an die Universitäten angeschlossen, sind jedoch unabhängige Einrichtungen. Sie sind auch für die Lehrerfortbildung und Bildungsforschung zuständig.

136 So formuliert Maryse Hedibel (2002: 207): „Die interkulturelle Bildung dient dazu, die Sichtweisen der künftigen bzw. bereits im Beruf stehenden Lehrer zu hinterfragen. Ausgehend von verschiedenen Fragestellungen findet hier eine Arbeit über Identität und Alterität statt, die es erlauben soll, folklorisierende Vorstellungen zu überwinden und zur Erziehung zur Citoyenneté beizutragen"

über die Zusammenhänge von kultureller Herkunft, sozialer Ausgrenzung und Selbstethnisierung dienen (Hedibel 2002: 208 f.).

Systematisch wird die Frage der Interkulturalität bislang jedoch lediglich im so genannten Internationalen Ausbildungsgang behandelt, der sich an LehrerInnen richtet, die einen Auslandsaufenthalt planen. Der Schwerpunkt in der aktuellen Diskussion um die notwendige Anpassung des Bildungswesens an die Herausforderungen der Einwanderungsgesellschaft liegt weniger auf der interkulturellen Pädagogik, als auf der Neuordnung der Integrations- und Fördermaßnahmen für Neueinwanderer. Dabei steht im Zusammenhang mit der Verstärkung der allgemeinen Integrationspolitik die Effizienz der Vorbereitungsklassen und Sprachfördermaßnahmen derzeit auf dem Prüfstand.

3.2.8. Ergebnisse und Folgerungen

Die Erziehung zur *Citoyenneté* zielt auf die Überwindung einer Spaltung der Gesellschaft in Bürger unterschiedlicher Klassen entlang ethnischer Grenzziehungen. Diese egalitäre Orientierung wird mit der Zielsetzung verbunden, zum *Empowerment* der eingewanderten Minderheiten beizutragen. Kennzeichnend für die französische Situation ist weiter, dass die staatliche Antidiskriminierungspolitik und die Antidiskriminierungsgesetzgebung ein wichtiger Bezugspunkt der Bildungspolitik und Bildungspraxis sind.

Der weitreichende Einbezug der von MigrantInnen wesentlich mitgetragenen antirassistischen Organisationen zeigt eine Möglichkeit zur Überwindung paternalistischer Orientierungen auf, da hier MigrantInnen und Minderheiten nicht nur Thema bzw. Objekt von Diskursen sind, sondern im Kontext der Auseinandersetzung um gesellschaftspolitisch relevante wie kontroverse Fragen der Einwanderungsgesellschaft, Flucht und Migration als eigenständige Akteure anerkannt sind.

In der vorstehenden Auseinandersetzung mit der französischen Diskussion wurde das Spannungsverhältnis deutlich, das zwischen republikanischen bzw. universalistischen Orientierungen einerseits, interkulturellen bzw. multikulturellen andererseits, besteht. Darauf wird im Weiteren in den Kapiteln zur Menschenrechtspädagogik und zur Diversity-Pädagogik noch näher eingegangen.

III. Zwischenbetrachtung: Der Möglichkeitsraum einer Bildung für die Einwanderungsgesellschaft

Wir leiten aus unserer ländervergleichenden Analyse nicht die Konsequenz ab, die Adaption einzelner, aus heterogenen Kontexten entnommener Elemente zu empfehlen und diese additiv zu einem Modell zusammenzufügen. Ein solches Modell wäre auf Grund der gesellschaftspolitischen Voraussetzungen und Implikationen seiner Bestandteile notwendig in sich inkonsistent. Hinzu kommen die oben dargestellten Transferprobleme, aber auch die immanente Problematik sowohl multikultureller als auch republikanisch-universalistischer Bildungskonzepte. Unsere Auseinandersetzung mit der internationalen Diskussion hat uns deshalb zu dem Versuch veranlasst, eine Programmatik zu konturieren, die eine in sich konsistente und systematisch auf die Erfordernisse einer Bildung für die Einwanderungsgesellschaft bezogene Verknüpfung von Menschenrechtsbildung, interkultureller und antirassistischer Bildung, historisch-politischer Bildung und Diversity-Pädagogik erlaubt.

Von grundlegender Bedeutung für eine solche Verknüpfung ist u. E. der Verzicht darauf, einen spezifischen gesellschaftspolitischen Entwurf als Fundierung für die pädagogische Programmatik zu beanspruchen. Eine Unterordnung pädagogischer Orientierungen unter gesellschaftspolitische Vorgaben ist nicht nur aus prinzipiellen Gründen problematisch.[137] Eine kritische Betrachtung des republikanischen Universalismus und des Multikulturalismus lässt darüber hinaus, wie gezeigt, deutlich werden, dass ein solches Vorgehen dazu führt, dass sich im pädagogischen Kontext die Strukturprobleme des jeweiligen Gesellschaftsmodells reproduzieren. Demgegenüber beanspruchen wir eine absichtsvoll voraussetzungsarm gefasste Grundlegung der pädagogischen Programmatik, die nicht mehr beanspruchen muss als die Anerkennung des in den Menschenrechtserklärungen kodifizierten Antidiskriminierungsgrundsatzes.

Die so eingenommene Perspektive ermöglicht es zudem, wie im Weiteren noch deutlicher werden wird, unterschiedliche, im vorliegenden Kontext rele-

---

137 S. dazu kritisch bereits Theodor Geiger (1930).

vante pädagogische Programmatiken zu reinterpretieren: Im Rahmen von Menschenrechtspädagogik, interkultureller, antirassistischer und Diversity-Pädagogik vorliegende Analysen, Begriffe, Konzepte und Handlungsempfehlungen werden daraufhin betrachtet, welche Bedingungen, Formen und Folgen struktureller, institutioneller und interaktioneller Diskriminierung sie in den Blick rücken und welche Möglichkeiten zu deren Bearbeitung sie eröffnen.[138]

Damit bietet sich die Möglichkeit zu einem konstruktiven Umgang mit dem grundlegenden und nicht auflösbaren Spannungsverhältnis, das zwischen der Beanspruchung eines republikanischen Universalismus und multikulturalistischen Positionen besteht: Im Kontext einer fundierenden Programmatik der Antidiskriminierung wird „Kultur" nicht als fraglos gegebenes Unterscheidungsmerkmal von Kollektiven und auch nicht als unabhängige Ursache für Konflikte in Einwanderungsgesellschaften vorausgesetzt. Vielmehr wird die Beanspruchung bzw. Zuschreibung von kulturellen Zugehörigkeiten und Identitäten als ein Moment gesellschaftspolitischer Auseinandersetzungen thematisiert, die eng mit gesellschaftlichen Ungleichheitsverhältnissen verwoben sind (s. Hormel/Scherr 2004). Konstruktionen von nationaler Kultur, Ethnizität und kultureller Differenz werden deshalb primär als ein Moment der Prozesse thematisch, in denen unterschiedliche Formen von Diskriminierung entstehen und reproduziert werden.

Eine naive interkulturelle Pädagogik, die postuliert, dass Individuen Angehörige von Ethnien und Kulturen sind, kann aus den genannten Gründen nicht in die Programmatik einer Bildung für die Einwanderungsgesellschaft integriert werden. Darauf, wie das Verhältnis von universalistischen Orientierungen, individueller Selbstbestimmung und kollektiven Zuordnungen bzw. Identifikationen angemessen zu fassen ist, kommen wir in dem Kapitel zur Diversity-Pädagogik zurück.

Es ist also erforderlich, programmatische Orientierungen am Ziel der Anerkennung von und Toleranz gegenüber kulturellen Unterschieden kritisch zu hinterfragen. Denn die Forderung, „andere Kulturen" anzuerkennen bzw. zu tolerieren, steht in dem Maß in einem Spannungsverhältnis zu einer Orientierung an der Ermöglichung individueller Selbstbestimmung, wie MigrantInnen als Angehörige einer Kultur wahrgenommen sowie Einschränkungen der lebenspraktischen Autonomie und Eigenverantwortlichkeit durch kulturalistische Deutun-

---

[138] Auf den eigenständigen Stellenwert einer auf den Nationalsozialismus und Holocaust bezogenen historisch-politischen Bildung gehen wir in Kapitel VI ein.

gen, Traditionen und Normen begründet werden. Eine Pädagogik für die Einwanderungsgesellschaft sollte deshalb im Unterschied zu einer generellen und dekontextualisierten Forderung nach Anerkennung kultureller Vielfalt darauf ausgerichtet sein, nationale, religiöse und ethnische Selbst- und Fremdzuordnungen nicht als selbstverständlich gegebene Sachverhalte voraussetzen und die Selbstbestimmungsfähigkeit des Einzelnen auch im Verhältnis zu kulturell abgestützten Normierungen zu fördern.

1. Gestaltungsebenen antidiskriminierender Bildungspolitik und Bildungspraxis

Die Relevanz einer pädagogischen Antidiskriminierungsperspektive ergibt sich daraus, dass der gesellschaftliche Modernisierungsprozess bislang weder zu einer Überwindung struktureller Diskriminierungen und Benachteiligungen geführt hat, noch zu einem Bedeutungsverlust fremdenfeindlicher, rassistischer und rechtsextremer Deutungsmuster und Ideologien einerseits, ethnisierender und religiöser Identifikationen andererseits.[139] Bei der damit angesprochenen Problematik handelt es sich jedoch nicht um Phänomene, die quasi von außen auf das Bildungssystem einwirken, sondern um solche, die auch innerhalb des Bildungssystems selbst bedeutsam sind. Daher fordert eine menschenrechtlich verankerte Antidiskriminierungsperspektive zu einer differenzierten Beobachtung und aktiven Auseinandersetzung mit diskriminierenden Strukturen und Praktiken auch *innerhalb* des Bildungssystems und der Organisation Schule auf.

Eine bildungspolitische und pädagogische Innovationsstrategie kann sich deshalb nicht auf den Versuch beschränken, durch veränderte Unterrichtsinhalte auf Bewusstseinsbildungsprozesse von SchülerInnen einzuwirken. Sie muss die Lehrerausbildung und eine systemisch angelegte Veränderung der Institution Schule umfassen, die die Zusammensetzung der Schulleitungen und des Lehrpersonals ebenso berücksichtigt wie die Kooperations- und Kommunikationsbeziehungen zwischen Schulen, zivilgesellschaftlichen Organisationen und

139 Der erstgenannte Aspekt wird auch in der soziologischen Systemtheorie Luhmannscher Prägung keineswegs bestritten (s. dazu Luhmann 1985). Auf dem Abstraktionsniveau der Luhmannschen Gesellschaftstheorie werden jedoch diskriminierende Strukturen und Praktiken, die nicht als Folgeprobleme funktionaler Differenzierung verständlich sind, weitgehend ausgeblendet.

Migrantencommunities, aber auch die Entwicklung von Schulprogrammen und die Veränderung der Schulkultur einschließt.

Dabei sind auf diesen Gestaltungsebenen solche Vorgehensweisen anzustreben, die die programmatischen Vorgaben der Antidiskriminierungsperspektive konsistent in die Praxisgestaltung übersetzen sowie mit den Grundsätzen einer bildungsorientierten, dialogisch angelegten Pädagogik übereinstimmen (s.o. Kapitel I).

Vor dem Hintergrund der bislang entwickelten Überlegungen kann diese Zielsetzung zunächst wie folgt konkretisiert werden[140]:

Organisationsentwicklung

- Entwicklung einer Organisations- und Schulkultur sowie eines Schulprogramms, das mit den pädagogischen Zielsetzungen einer Bildung für die Einwanderungsgesellschaft übereinstimmt (Zusammensetzung des Personals[141], Sozialklima und Lernkultur, Kultur der Anerkennung, Anti-Diskriminierung, Demokratisierung usw.);
- nachhaltige Anlage antidiskriminierender Pädagogik und Anerkennung dieser als fächerübergreifende Querschnittsaufgabe sowie Einbettung in ein pädagogisches Gesamtkonzept;
- Kooperation mit außerschulischen Bildungsträgern und Projekten sowie zivilgesellschaftlichen Akteuren[142]; Öffnung von Schule gegenüber dem Gemeinwesen;
- gezielte Förderung des Einbezugs der Eltern von MigrantInnen und Minderheitsangehörigen in schulische Aktivitäten und Gremien.

Es ist nicht sinnvoll, allein auf isolierte Maßnahmen im Sinne einer problemspezifischen Intervention zu setzen, sondern angemessen, diese als Elemente einer solchen Gestaltung des Bildungsorts Schule zu begreifen, die umfassend an dem Ziel orientiert ist, für Formen der Benachteiligung und Diskriminierung zu sensibilisieren sowie Möglichkeiten der gleichberechtigten Kooperation zu vermitteln *und* erfahrbar zu machen. Veränderungen von Wahrnehmungs-, Deu-

---

140 Unter dem Titel Diversity within Unity hat eine Gruppe US-amerikanischer ExpertInnen den Versuch unternommen, Grundprinzipien des Lehrens und Lernens in multikulturellen Gesellschaften zusammenzufassen (s. Banks u. a. 2001). Diese stimmen in zentralen Gesichtspunkten mit den folgenden Überlegungen überein.

141 James A. Banks u. a. weisen auf ein auch für deutsche Schulen relevantes Problem hin: „While the student population is becoming increasingly diverse, the teaching force remains predominantly white, middle-class, and female" (Banks u. a. 2001: 5).

142 Hierauf wurde in den obigen Länderbetrachtungen zu Frankreich und Kanada näher eingegangen.

tungs- und Bewertungsmustern können am ehesten durch langfristig angelegte Lernprozesse angeregt werden. Eine kurzzeitpädagogische Beschränkung ist insofern wenig sinnvoll.

Personalentwicklung

- Befähigung des pädagogischen Personals zu einem theoretisch fundierten Umgang mit Methoden, Konzepten und Materialien sowie gezielte methodisch-didaktische Qualifizierung;
- Verankerung von menschenrechtlicher, interkultureller, antirassistischer und Diversity-Pädagogik sowie der historisch-politischen Bildung in der Lehreraus- und Weiterbildung;
- Qualifizierung von PädagogInnen im Hinblick auf sozialwissenschaftliche und rechtliche Dimensionen der Einwanderungsgesellschaft (etwa Ausländer- und Aufenthaltsrecht);
- Auseinandersetzung der pädagogischen Fachkräfte mit eigenen Erfahrungen und Überzeugungen im Sinne der Selbstaufklärung[143]; Klärung der Grundlagen der eigenen pädagogischen Professionalität (Kommunikationsstile, Ethik, Handlungskompetenzen usw.).

Pädagogische Modelle können nicht einfach voraussetzungslos angewandt werden. Für einen angemessenen Umgang mit pädagogischen Konzepten und Programmatiken ist es vielmehr erforderlich, dass die pädagogischen Fachkräfte zu einem theoretisch fundierten Umgang mit Komplikationen, Problemen und Dilemmata befähigt werden. Z. B. kann das Spannungsverhältnis zwischen menschenrechtlich-universalistischen und kulturell-partikularistischen Elementen nicht einfach methodisch gelöst werden, sondern erfordert Fachkräfte, die damit situationsbezogen und reflektiert umgehen können.

Programm- und Konzeptentwicklung

- Entwicklung von Curricula, die die Auseinandersetzung mit Formen der strukturellen, institutionellen und interaktionellen Diskriminierung als fächerübergreifende Querschnittsaufgabe sowie Menschenrechte, Diversity, Interkulturalität und Rassismus als fächerübergreifende Querschnittsthemen anerkennen;

---

143 Banks u. a. (2001: 6) bestimmen die Auseinandersetzung mit den eigenen persönlichen Einstellungen im Verhältnis zu Minderheiten als ein zentrales Element von Professionalisierungsprozessen.

- systematische theoretische Begründung der spezifischen Lern- und Bildungsproblematik durch jeweilige Programm- und Projektverantwortliche unter Berücksichtigung der lokalen Rahmenbedingungen;
- dialogische Anlage von Bildungsprozessen und Ermöglichung von Partizipation der AdressatInnen bei der Programmentwicklung;
- umfassender Einbezug der Erfahrungen, Wahrnehmungen und Deutungsmuster der AdressatInnen und Entwicklung von alternativen Sichtweisen und Erklärungen der Probleme;
- Förderung der Persönlichkeitsbildung (etwa Ambiguitätstoleranz, Rollendistanz, Empathie, Konflikt- und Diskursfähigkeit);
- Klärung der Grenzen der Einflussmöglichkeiten jeweiliger pädagogischer Programme, Konzepte und Maßnahmen mit dem Blick auf gesellschaftliche Rahmenbedingungen und Kontexte im Interesse des Verzichts auf unrealistische Machbarkeitserwartungen.

In der lern- und bildungstheoretischen Fachdiskussion wird argumentiert, dass Überzeugungen, Meinungen und Einstellungen nicht einfach durch Versuche der Informations- und Wertevermittlung beeinflusst werden können. Vielmehr gilt es, auch anti-demokratische und rassistische Orientierungen oder Haltungen als Ausdruck des Versuchs anzuerkennen, eigenen Erfahrungen Sinn zu verleihen. Deshalb sind solche Vorgehensweisen erforderlich, die SchülerInnen Möglichkeiten der Artikulation eigener Erfahrungen, Überzeugungen und der Auseinandersetzung mit diesen eröffnen. Dazu geeignet sind pädagogische Settings, in denen normative und moralische Prinzipien nicht als unhinterfragbare Grundsätze vorausgesetzt, sondern themen- und problembezogen entwickelt und in ihrem Sinn verständlich werden. Dabei muss berücksichtigt werden, dass Einwanderung von Jugendlichen in ihren alltäglichen Erfahrungszusammenhängen nicht nur primär als kulturelle Bereicherung, sondern auch als Ursache konkreter Konflikte interpretiert wird.

2. Monitoring Bildungsinklusion

Im Gang der Argumentation haben wir an verschiedenen Stellen darauf hingewiesen, dass die Bildungsbenachteiligung von MigrantInnen zu alltäglichen Ungleichheitserfahrungen führt, die die Zielsetzung konterkarieren, dass sich SchülerInnen mit und ohne Migrationshintergrund als gleichwertig und gleichberechtigt betrachten sollen.

Die asymmetrische Verteilung von Schülerpopulationen auf unterschiedliche Schultypen bedeutet ersichtlich auch eine strukturelle Einschränkung der Möglichkeiten, Heterogenität im pädagogischen Prozess produktiv aufzugreifen. Folglich können auf die Realisierung der skizzierten Programmatik einer Bildung für die Einwanderungsgesellschaft ausgerichtete Strategien die Strukturfrage des Bildungssystems nicht ausklammern. Anzustreben ist die Entwicklung eines inklusiven und integrativen Schulsystems, das Abgrenzungen zwischen Einheimischen und MigrantInnen nicht verfestigt, sondern dazu befähigt, diese zu thematisieren und ihnen entgegenzuwirken.

Da die aus unterschiedlichen Gründen plausible Forderung nach Überwindung des viergliedrigen Schulsystems auf absehbare Zeit nicht durchsetzbar ist und spezifische pädagogische Strategien zur Überwindung von Chancenungleichheit und Diskriminierung auch nicht überflüssig werden lässt, schlagen wir ein Monitoring Bildungsinklusion vor, das eine genaue Beobachtung gruppenbezogener Diskriminierungseffekte ermöglicht und damit eine wichtige Grundlage für bildungspolitische Entscheidungen sowie die Schulentwicklungsplanung darstellen kann.

Als Instrument der lokalen bzw. regionalen Beobachtung entsprechender Ungleichheiten schlagen wir – als Alternative zu einem ethnische Kategorien festschreibenden Ethnic-Monitoring einerseits, der Unterstellung der Irrelevanz ethnisierender Identifikationen und Zuschreibungen in der republikanischen Schule französischer Prägung andererseits – ein Verfahren des Monitoring vor, das die Zusammensetzung der Schüler- und Lehrerschaft sowie ihre Verteilung auf verschiedene Schultypen mit folgenden Kategorien erfasst:

- Staatsangehörigkeit, Aufenthaltsdauer und Aufenthaltstitel
- Migrationshintergrund (Indikatoren: Geburtsort der Großeltern und Eltern, Geburtsort der SchülerInnen bzw. LehrerInnen)
- Erstsprache und familiale Verkehrssprache

- Sprachkompetenz in der deutschen Sprache (Indikator: PISA-Modell der literacy-Kompetenz)
- Berufsposition und Bildungsabschluss der Eltern

Ein solches Monitoring ermöglicht es, Formen der Benachteiligung von MigrantInnen (Verweisung auf die unteren Stufen des gegliederten Schulsystems, geringer Abitu-rientenanteil usw.) differenziert zu erfassen. Dazu ist es zwar erforderlich, aber nicht hinreichend, allein die Staatsangehörigkeit von SchülerInnen und ihren Eltern – wie in zahlreichen Studien üblich – zu erheben. Denn bekanntlich betrifft schulische Diskriminierung nicht alle MigrantInnen gleichermaßen, sondern insbesondere MigrantInnen aus so genannten bildungsfernen Schichten. Deshalb schlagen wir neben einer differenzierten Erfassung von Indikatoren zum Migrationshintergrund den Einbezug solcher Indikatoren vor, mit denen der soziale Status erfasst werden kann (Schicht- bzw. Klassenzugehörigkeit). Darüber hinaus erscheint es sinnvoll, die Sprachkompetenz von SchülerInnen eigenständig zu testen, da sie nicht zwingend mit der Staatsangehörigkeit und der Erstsprache korreliert, aber von zentraler Bedeutung für schulischen Erfolg ist.

Durch ein solches Monitoring können einzelne Schulen, lokale Schulbehörden, die Kultusministerien der Länder und die nationale Bildungspolitik befähigt werden, genau zu beschreiben, wie welche Teilgruppen der MigrantInnen in das Bildungssystem einbezogen sind. Damit wird eine Informationsgrundlage für korrigierende Maßnahmen geschaffen und zugleich ein Instrument bereitgestellt, das bei der Überprüfung solcher Maßnahmen eingesetzt werden kann.

Ein erster wichtiger Erhebungszeitpunkt wäre der Beginn des fünften Schuljahres, denn zu diesem Zeitpunkt werden die Effekte der Selektivität sichtbar, ohne dass die Sprachkompetenz bereits von schulformspezifischen Effekten beeinflusst ist. Hinzu kommen sollte eine Erhebung im neunten und im elften Schuljahr.

IV. Menschenrechtsbildung im Kontext einer einwanderungsgesellschaftlichen Programmatik

Die politische und pädagogische Beanspruchung der Menschenrechte hat seit einiger Zeit Konjunktur. Dabei wird vielfach vorausgesetzt, dass die Menschenrechtserklärungen eine normative und rechtliche Grundlage bereitstellen, die im Kern nicht diskussionsbedürftig ist. Damit einher geht vielfach die Überzeugung, dass die Menschenrechte in den rechtsstaatlichen, demokratisch verfassten modernen Gesellschaften gewährleistet sind. Diese Annahmen halten einer näheren Betrachtung jedoch keineswegs stand. Eine theoretisch fundierte Bezugnahme auf die Menschenrechte kann deshalb nicht darauf verzichten, die konkreten Menschenrechtserklärungen als in politischen Auseinandersetzungen entstandene Dokumente zu analysieren, und auch nicht darauf, die Diskrepanz zwischen aus den Menschenrechten ableitbaren Ansprüchen und den Begrenzungen ihrer Einlösung zu thematisieren, die insbesondere für Nicht-StaatsbürgerInnen auch in modernen Einwanderungsgesellschaften beschreibbar sind.[144]

Die Bedeutung einer Pädagogik der Menschenrechte im Kontext einer Bildung für die Einwanderungsgesellschaft ergibt sich zunächst daraus, dass diese einen kritischen Maßstab bereitstellen, der in Diskussionen über die anzustrebende Gestaltung der Einwanderungsgesellschaft beansprucht werden kann. Denn diesbezüglich kann in Deutschland bekanntlich nicht von einem gesellschaftspolitischen Konsens ausgegangen werden, an dem sich schulische und außerschulische Pädagogik orientieren können. Deutlich wurde dies zuletzt in den Kontroversen um das Zuwanderungsgesetz sowie im anhaltenden Streit um die Frage, ob kopftuchtragende Musliminnen in staatlichen Schulen unterrichten dürfen. Wir nehmen daher hier auf die Menschenrechte als diskussionsbedürfti-

---

144 Sie ist auch zu unterscheiden von einer legitimatorischen Beanspruchung der Menschenrechte in moralisierenden politischen Diskursen. Letztere ist dadurch charakterisiert, dass an allgemeine Zustimmungsbereitschaft zur Forderung nach Achtung der Menschenrechte appelliert wird und damit KritikerInnen von Positionen, die sich auf die Menschenrechte berufen, unter erheblichen Rechtfertigungszwang gestellt werden (s. dazu Schwab-Trapp 2003: 184ff.). Dabei werden die Menschenrechte vielfach reklamiert ohne dass ausgewiesen wird, welche konkreten Bestimmungen gemeint sind.

ge normative Prinzipien Bezug, die es erlauben, politische und rechtliche Regulierungen des Verhältnisses von StaatsbürgerInnen und Nicht-StaatsbürgerInnen sowie Regulierungen von Zuwanderungen in den Blick zu nehmen, ohne sich dabei schlicht affirmativ an aktuell einflussreichen politischen Positionen und geltenden nationalstaatlichen gesetzlichen Vorgaben zu orientieren. Darüber hinaus können die Menschenrechte als eine Explikation von Grundsätzen verstanden werden, deren Missachtung rechtsextreme Ideologien charakterisiert.

Für eine eigenständige Menschenrechtsbildung können auch genuin pädagogische Argumente geltend gemacht werden.[145] Für die Auseinandersetzung mit Rechtsextremismus, Fremdenfeindlichkeit und Rassismus, mit Formen der strukturellen, institutionellen und interaktionellen Diskriminierung von MigrantInnen und Minderheiten, mit kulturellen Differenzen sowie mit Konfliktpotentialen in der Einwanderungsgesellschaft sind Kriterien unverzichtbar, auf deren Grundlage Verständigung über die Bedeutung und Bewertung jeweiliger Einstellungen, Handlungsweisen, Sachverhalte und Ereignisse möglich ist. Denn jede argumentative Auseinandersetzung über Ideologien, Vorurteile und Feindbilder sowie über Diskriminierungen und Konflikte setzt einen gemeinsamen Horizont von Kriterien und Bewertungsmaßstäben derjenigen voraus, die sich daran beteiligen: Ohne die Anerkennung des Postulats allen Einzelnen unabhängig von Nationalität, Religionszugehörigkeit, Geschlecht und „Rasse" gleichermaßen zukommender Rechte kann faktische Rechtlosigkeit nicht kritisiert werden. Ohne die Anerkennung des Postulats der Gleichheit aller Individuen und der daraus abgeleiteten Ablehnung rassistischer und geschlechtsbezogener Ungleichbehandlung ist keine Verständigung darüber möglich, dass Diskriminierung ein Problem – also nicht nur einen empirisch feststellbaren Sachverhalt – darstellt. Selbst eine Kritik rassistischer, rechtsextremer und fremdenfeindlicher Gewalt findet nur dann Resonanz bei den KommunikationsteilnehmerInnen, wenn sie an die Norm appellieren kann, dass physische Gewalt kein legitimes Mittel der Konfliktaustragung und der Interessensdurchsetzung ist.

In Kontexten antirassistischer und interkultureller Pädagogik wird in aller Regel ein entsprechender Konsens als selbstverständlich gegeben unterstellt, ohne dass dieser explizit dargestellt und begründet sowie seine Erarbeitung als ein notwendiges Element der pädagogischen Praxis begriffen wird. Wenn von Rassismus, Ideologien der Ungleichheit, Vorurteilen usw. die Rede ist, dann geht dies mit der impliziten Unterstellung einher, dass PädagogInnen und ihre

---

145 Zur menschenrechtspädagogischen Diskussion liegt eine Reihe neuer Veröffentlichungen vor; s. etwa Lenhart 2003, Fritzsche 2004 und Lohrenscheit 2004. Dort sind z. Teil deutlich andere Akzentuierungen entwickelt als in unseren Überlegungen.

AdressatInnen sich von vornherein bezüglich der politischen Kritik und/oder moralischen Verwerflichkeit solcher Orientierungen prinzipiell einig sind und dass es deshalb gelingen kann, diese zu überwinden, wenn angemessene Informationen, Reflexionsmöglichkeiten oder sozialpädagogische Hilfen zur Verfügung gestellt werden.[146] Wenn auf diesbezügliche Klärungen im pädagogischen Prozess verzichtet wird, setzt pädagogische Praxis jedoch etwas voraus, was sie de facto keineswegs immer als selbstverständlich gegeben unterstellen kann – und dann sind pädagogische Bemühungen, die auf Aufklärung über Formen der Diskriminierung zielen, zum Scheitern verurteilt. Dass etwa Ungleichbehandlung rechtfertigende (kultur-)rassistische Ideologien kritikbedürftig sind, kann nicht allein empirisch begründet werden. Es kann zwar aufgezeigt werden, dass es empirisch keine Rassen im Sinne des biologischen Rassismus gibt, also keine Entsprechung von Körpermerkmalen und Persönlichkeitseigenschaften, aber nicht, dass es deshalb auch unzulässig ist, etwa Menschen mit schwarzer Hautfarbe zu diskriminieren.[147] Diese Konklusion ist vielmehr erst dann zwingend, wenn zugleich Übereinstimmung darin besteht, dass allen Individuen – und dies unabhängig von realen oder zugeschriebenen Unterschieden – gleiche Rechte und Chancen zukommen. Denn jenseits eines diesbezüglichen Konsenses kann auf Kritik immer mit Varianten des Satzes reagiert werden: „Wenn das Rassismus ist, dann bin ich eben Rassist" (s. Levi-Strauss 1989: 219 ff.).

Es liegt nahe, die Allgemeine Erklärung der Menschrechte von 1948, also den einzigen religiöse und nationale Differenzen übergreifenden Katalog basaler Werte und Normen, der de jure universelle Geltung beanspruchen kann[148], als Grundlage für diesbezügliche Verständigungsprozesse und als Ausgangspunkt für die pädagogische Praxis zu begreifen. Vorliegende Untersuchungen zeigen

---

146 Zugespitzt deutlich wird diese Problematik im Konzept der akzeptierenden Jugendarbeit mit rechten Jugendlichen, das davon ausgeht, dass auch im Fall solcher Jugendlicher ein eigentlich intakter Persönlichkeitskern von falschen politischen Überzeugungen unterschieden werden kann; die inzwischen vorgenommene Umbenennung und Revision dieses Konzeptes in Richtung auf eine gerechtigkeitsorientierte Jugendarbeit hat auf die einschlägige Kritik reagiert und erklärt die Vermittlung von Gerechtigkeitsnormen deshalb auch ausdrücklich zu einer eigenständigen Aufgabe von Jugendarbeit; s. dazu Krafeld 2001.

147 Auf die Widerlegung biologistischer „Begründungen" kann vielmehr auch mit der Suche nach veränderten Rechtfertigungen oder aber schlicht mit Verweigerung argumentativer Auseinandersetzungen und rationaler Begründungen reagiert werden. Dazu formulierte bereits Theodor W. Adorno (1951: 130) treffend: „Das geläufige Argument der Toleranz, alle Menschen, alle Rassen seien gleich, ist ein Bumerang. Es setzt sich der bequemen Widerlegung durch die Sinne aus, und noch die zwingendsten anthropologischen Beweise dafür, dass die Juden keine Rasse seien, werden im Fall des Pogroms kaum etwas daran ändern, dass die Totalitären ganz gut wissen, wen sie umbringen wollen und wen nicht."

148 Norberto Bobbio (1998: 10) weist darauf hin, dass insofern von einer faktischen Universalität der Menschenrechte ausgegangen werden kann, als die Allgemeine Erklärung der Menschenrechte von allen UN-Mitgliedsstaaten formell anerkannt ist.

aber, dass schon die Inhalte dieser Erklärung kaum bekannt sind (s. Brähler/Sommer/Stellmacher 2002).[149] Folglich ist auch nicht damit zu rechnen, dass bei SchülerInnen und LehrerInnen ein geteiltes menschenrechtliches Grundwissen selbstverständlich gegeben ist.[150]

Diese Problematik führt der Möglichkeit nach dazu, dass Menschenrechtsbildung schon daran scheitert, dass sie über die Missachtung von Normen und Prinzipien zu informieren bzw. für diese zu sensibilisieren versucht, deren Geltung, Sinn und Bedeutung den AdressatInnen solcher Aufklärungsversuche der Möglichkeit nach unklar oder uneinsichtig ist. Dies gilt insbesondere für die Beanspruchung einer universell geltenden menschenrechtlichen Moralität. Denn es gibt in der sozialhistorischen und sozialpsychologischen Forschung eine ganze Reihe von Hinweisen darauf, dass moralische Prinzipien gewöhnlich „auf der begrenzten Ebene kleiner Gruppen mit ziemlich regelmäßigem persönlichem Kontakt“ (Moore 1982: 667) sozial verankert sind und dass es keineswegs selbstverständlich ist, dass dort geltende Prinzipien in Richtung auf ein postkonventionelles Moralbewusstsein generalisiert werden.[151]

Vorliegende Fallstudien (Nickolai 2002; Hollstein u.a. 2002) zeigen auch empirisch, dass dies in der pädagogischen Praxis zu Spannungen und Konflikten führen kann, die ohne eine explizite Verständigung über gemeinsame normative Grundlagen nicht lösbar sind. An SchülerInnen gerichtete Aufforderungen zu moralischen Bewertungen oder die an sie gerichtete Erwartung moralischer Empörung rufen irritierende Abwehrreaktionen hervor, wenn jeweilige Prinzipien nicht als eigene Werte anerkannt bzw. in pädagogischen Kontexten entsprechende Bekenntniszumutungen verweigert werden.

Solche Beobachtungen verweisen auf ein strukturelles Problem pädagogischer Kommunikation: Wird von jeweiligen TeilnehmerInnen die Fähigkeit und Bereitschaft zu einer kritischen Bewertung von Sachverhalten erwartet, ohne dass eine vorgängige Verständigung über konsensuell beanspruchbare Grundlagen solcher Bewertung erfolgt ist, dann kann dies als eine Moralisierungszumutung erlebt werden, die als solche Abwehr auslöst. Solche Abwehr richtet sich

---

149 Studien zum Ausmaß der Zustimmung und Ablehnung zu diesen Inhalten fehlen.

150 Deshalb würde eine solche Menschenrechtsdidaktik, die auf die Anerkennung der Menschenrechte als Bestandteil der eigenen (impliziten) Moralvorstellungen zielt, also auf die Einsicht, dass die bereits entwickelten eigenen Moralvorstellungen mit den explizierten Menschenrechten übereinstimmen, zuviel voraussetzen.

151 Einen Einblick in die einschlägige Diskussion geben die Beiträge in Edelstein/Nunner-Winkler (1986). Werner Schiffauer (1997: 35) formuliert die kulturanthropologische These, dass moderne Vergesellschaftung einen Bruch mit der Vorstellung, „dass primären Beziehungen (Verwandtschafts-, Freundschafts-, Gefolgschaftsbeziehungen) auch primäre Bedeutung zukommt“, voraussetzt.

dann nicht notwendig gegen den jeweiligen moralischen Grundsatz selbst, sondern der Möglichkeit nach gegen die Unterstellung einer fraglosen und nicht diskutierbaren normativen Übereinstimmung zwischen PädagogInnen und SchülerInnen, innerhalb einer Schulklasse oder Jugendgruppe, also gegen die implizite Vergemeinschaftungszumutung.[152]

Folglich kommt im Kontext einer Bildung für die Einwanderungsgesellschaft der Menschenrechtsbildung eine spezifische Bedeutung zu: Ihre Aufgabe liegt zunächst darin, eine Möglichkeit zur Auseinandersetzung über die moralischen und normativen[153] Grundlagen zu bieten, die einer Kritik von Ungleichheiten und Diskriminierungen und ihren Rechtfertigungen zu Grunde gelegt werden können. Darüber hinaus kann Menschenrechtspädagogik, wie im Weiteren noch zu zeigen sein wird, nicht darauf verzichten, die Frage zu stellen, ob die Menschenrechte von Flüchtlingen, Nicht-StaatsbürgerInnen und MigrantInnen ohne legalen Aufenthaltsstatus tatsächlich ausreichend gewährleistet sind.

---

152 D. h.: Gegen die Erwartung, dass alle Anwesenden sich als Mitglieder einer Gruppe mit gemeinsamen Werten und Normen zu definieren haben, die als solche nicht zur Diskussion stehen. Diese Erwartung provoziert aber gerade in Gruppen mit einer hierarchischen und/oder konfliktären Binnenstruktur, also etwa in Schulklassen, mit hoher Wahrscheinlichkeit Abwehr.

153 Unter Moralen verstehen wir hier und im Weiteren Aussagesysteme, die sozial zulässige bzw. erwünschte Verhaltensweisen im Sinne einer grundlegenden Sittlichkeit beschreiben, die menschliches Zusammenleben regeln soll. Moralen können soziologisch verstanden werden als Regulierungen der wechselseitigen Verpflichtungen, die sich aus einem konkreten Vergesellschaftungszusammenhang ergeben. Moralen werden als wechselseitige Bindungen an einen Verhaltenskodex wirksam, innerhalb dessen soziale Beziehungen, Konflikte usw. situiert sind sowie als Bedingungen der Achtung: Nur wer sich an die jeweilige Moral bindet, wird als legitimer sozialer Akteur anerkannt. So betrachtet ist die Entwicklung von Binnenmoralen sozialer Gruppen ein naturwüchsiger Prozess, denn der Sinn und die Notwendigkeit moralischer Regulierungen folgt aus der Erfahrung konkreter Sozialität. Binnenmoralen sozialer Gruppen sind demnach keine historischen Restbestände, sondern entstehen in Familien, Schulen, Berufsgruppen usw. immer wieder neu. Dies geschieht vor dem Hintergrund einflussreicher Ethiken, Diskurse und Ideologien. Die Menschenrechte enthalten demgegenüber eine Abstraktionszumutung, nämlich die Zumutung einer moralischen Verpflichtung, die über konkret erfahrbare Kommunikations- und Kooperationszusammenhänge hinausweist.

1. Grundlagen einer Pädagogik der Menschenrechte

Die damit zunächst grob skizzierte Programmatik einer Pädagogik der Menschenrechte[154] ist kein Substitut für und keine Alternative zu antirassistischer, interkultureller und diversity-orientierter Pädagogik. Eine ihrer genuinen, in den genannten pädagogischen Programmen vernachlässigten, Aufgaben besteht darin, die Entwicklung einer in Auseinandersetzung mit menschenrechtlichen Prinzipien fundierten Urteils- und Reflexionsfähigkeit zu fördern. Zudem ist, wie oben gezeigt, eine nicht naive interkulturelle Pädagogik auf eine Grundlage angewiesen, die es erlaubt, auch kulturelle Legitimationen von Diskriminierung kritisch in den Blick zu nehmen. Menschenrechtspädagogik kann sich zudem nicht auf die Auseinandersetzung mit der Bedeutung menschenrechtlicher Prinzipien beschränken. Sie muss auch die Diskrepanzen zwischen den deklarierten Rechten und der sozialen Realität einbeziehen. Dies betrifft nicht nur die Frage nach der Gewährleistung des Asylrechts und nach den Rechten von Nicht-StaatsbürgerInnen (s.u.), sondern etwa auch das „Recht auf Arbeit, auf freie Berufswahl, auf angemessene und befriedigende Arbeitsbedingungen" (Allgemeine Erklärung der Menschenrechte, Art. 23) oder auf eine Bildung, die „auf die volle Entfaltung der menschlichen Persönlichkeit [...] gerichtet" ist (ebd. Art. 26).

Der Sinn und die Notwendigkeit einer Pädagogik der Menschenrechte sind nun zwar allgemein anerkannt. Dies wird bereits in dem Beschluss der Kultusministerkonferenz von 1980 und in der daran anschließenden KMK-Empfehlung aus dem Jahr 2000 deutlich. Dort wird Menschenrechtserziehung als „Kernbereich des Bildungs- und Erziehungsauftrages von Schule" und als „oberstes Bildungsziel"[155] bestimmt; dem entsprechen auf internationaler Ebene die Vorgaben der UN-Kinderrechtskonvention sowie Entschließungen der UNESCO und der UN-Generalversammlung, die am 23.12.1994 für den Zeitraum 1995-2004 eine UN-Dekade der Menschenrechtserziehung ausrief (s. dazu Schmolke 2002: 11 ff.; Lenhart 2003: 31 ff.).[156] Bislang hat eine verbindliche

---

154 Während der Arbeit an diesem Projekt sind einige aktuelle Veröffentlichung zur Menschenrechtspädagogik erschienen; hinzuweisen ist hier insbesondere auf Lenhart (2003) sowie Fritzsche (2004). Auf eine ausführliche Diskussion der Übereinstimmungen mit und Differenzen zu unseren Überlegungen verzichten wir hier.

155 Bekanntmachung des Ministeriums für Bildung, Wissenschaft und Weiterbildung vom 11. Januar 2001 (15411 A-51303/30).

156 Die Effekte der UN-Dekade werden insgesamt skeptisch eingeschätzt; s. dazu Rosemann 2003.

Verankerung auf der Ebene schulischer Curricula und in der Lehrerausbildung jedoch nicht stattgefunden.[157] Inzwischen ist auch eine Fülle menschenrechtspädagogischer Materialien und Handreichungen verfügbar (s. u.), und es finden sich dort durchaus auch Ansatzpunkte einer solchen Menschenrechtsbildung, die mit Prinzipien einer subjektorientierten, dialogischen und erfahrungsbezogenen Bildung für die Einwanderungsgesellschaft kompatibel sind (s. u.).[158]

In den vorliegenden menschenrechtspädagogischen Materialien wird jedoch den spezifischen Aspekten einer Bildung für die Einwanderungsgesellschaft nicht zureichend Rechnung getragen. Das Menschenrecht auf Asyl wird zwar behandelt, aber nur als ein Thema unter vielen. Die menschenrechtliche Situation von MigrantInnen ohne legalen Aufenthaltsstatus findet kaum Berücksichtigung, und die Problematik der Einklagbarkeit von Menschenrechten für Nicht-StaatsbürgerInnen wird nicht zureichend diskutiert.

Unseres Erachtens genügt es jedoch nicht, wie in einem Teil der vorliegenden Materialien, von einer didaktischen Orientierung auszugehen, die zentral auf die Aneignung bzw. Verinnerlichung der Menschenrechte als ein gegebener, unstrittiger und als gültig postulierbarer Moralkodex zielt. Denn eine solche Orientierung ist aus angebbaren Gründen (s. u.) nicht sachlich rechtfertigbar.

Im Weiteren ist deshalb in Auseinandersetzung mit vorliegenden menschenrechtspädagogischen Materialien, aber auch in Rekurs auf sozialphilosophische und sozialwissenschaftliche Auseinandersetzungen um die Menschenrechte, die Programmatik einer solchen dialogisch angelegten menschenrechtlichen Bildung zu entwickeln, die die Bedeutung menschenrechtlicher Prinzipien für die Auseinandersetzung mit der je eigenen Lebensgeschichte und Lebenssituation ebenso verständlich macht wie für die Auseinandersetzung mit geschichtlichen und aktuellen gesellschaftlichen Formen der Entwürdigung, Demütigung, Entrechtung und Missachtung.

Da die konkreten Fassungen der Allgemeinen Erklärung der Menschenrechte von 1948 sowie der einschlägigen Deklarationen der UNO nicht als eine politisch, juristisch und sozialphilosophisch unumstrittene Grundlage vorausgesetzt werden können (s. u.), ist im Weiteren zunächst eine grundsätzliche Erörte-

---

[157] Dies wird im dritten Bericht der Europäischen Kommission gegen Intoleranz und Rassismus (ECRI) über Deutschland kritisiert. Dort wird die Einführung eines Pflichtfaches empfohlen, das „die Erziehung zur Achtung der Menschenrechte" zum Gegenstand haben soll. (s. ECRI 2004)

[158] Eine solche menschenrechtliche Bildung kann sich nicht – und dies ist in der einschlägigen Fachliteratur weitgehend konsensuell – auf den Versuch der Vermittlung von Wissen *über* die Menschenrechte reduzieren.

rung der Frage erforderlich, welches Verständnis der Menschenrechte im Rahmen einer Bildung für die Einwanderungsgesellschaft beansprucht und wie dieses in eine pädagogisch angemessene Programmatik übersetzt werden kann. Auf dieser Grundlage ist dann weiter zu klären, welche Konsequenzen sich hieraus für die konzeptionellen, didaktischen und methodischen Erfordernisse der Menschenrechtspädagogik ergeben.

Hierfür ist zunächst insbesondere eine Auseinandersetzung mit der Problematik unverzichtbar, dass der Geltungsanspruch der Menschenrechte universell, d. h. für alle Menschen unabhängig von ihren geschichtlichen, gesellschaftlichen, politischen und kulturellen Kontexten gefasst ist, die konkreten Fassungen und Interpretationen der kodifizierten Menschenrechte aber an spezifische gesellschaftsgeschichtliche Erfahrungen und Bedingungen gebunden waren und sind.

Im Unterschied zu der bei Volker Lenhart (2003) entwickelten Pädagogik der Menschenrechte, die akzentuiert, dass die Menschenrechte in den dem Europarat angehörenden Staaten von betroffenen Individuen juristisch beansprucht werden können, stellen wir im Weiteren ein Verständnis der Menschenrechte als Bezugspunkt für normative und gesellschaftspolitische Diskurse ins Zentrum. Damit soll der Sinn einer solchen Pädagogik, die auch darauf zielt, den AdressatInnen zu verdeutlichen, dass sie juristisch kodifizierte Rechte in Anspruch nehmen können, nicht in Frage gestellt sein. Wie wir im Weiteren zeigen werden, ist aber ein rechtspositivistisches Menschenrechtsverständnis insbesondere im Kontext einer Bildung für die Einwanderungsgesellschaft nicht ausreichend. Deshalb bildet u. E. der gegenwärtig erreichte Stand der Institutionalisierung der Menschenrechte kein zureichendes Fundament für die Menschenrechtspädagogik.
Folglich präferieren wir eine Herangehensweise, die die Menschenrechtserklärungen als gesellschaftsgeschichtlich situierte Dokumente begreift, denen Erfahrungen mit bestimmten Prozessen der Entrechtung und Demütigung zugrunde liegen und die deshalb nicht als abschließende Fassungen einer universell geltenden Moral verstanden werden können. [159]

---

[159] In einem ausführlichen und differenzierten Kommentar zur ersten Fassung dieses Kapitels hat Volker Lenhart (2004) darauf hingewiesen, dass unsere Überlegungen eine deutliche Affinität zu einem menschenrechtspädagogischen Transformationsmodell aufweisen, das „Menschenrechtsbildung mit den Anliegen anderer Empowerment-Strategien“ verbindet, „stark lebensweltbezogen“ ist sowie „Konflikte in der Einzelgesellschaft und im System von Gesellschaften“ aufgreift (ebd.: 7). Diese Einordnung charakterisiert unsere Orientierung treffend, obwohl die von Lenhart in Anschluss an Felisa Tibbits (2002) vorgeschlagene Unterscheidung zwischen (a) einem Werte- und Aufmerksamkeitsmodell, (b) einem Verantwortlichkeits- und (c) einem Transformationsmodell u. E. zwar analytisch hilfreich, aber nicht trennscharf ist.

1.1. Menschenwürde und Menschenrechte

Die Menschenrechte werden gewöhnlich als unveräußerliche Rechte verstanden, die nicht erworben werden müssen und nicht an einen bestimmten Status gebunden sind, sondern allen menschlichen Individuen qua Geburt zukommen. Formuliert wurde ein solches Verständnis bekanntlich zuerst in den frühbürgerlichen Sozialvertragslehren sowie in der Form naturrechtlicher Begründungen, und dies geschah im Zuge der Kritik der absolutistischen Ständeordnungen, deren Grundlage die Überzeugung der grundlegenden Ungleichheit der Stände und der ihnen angehörenden Individuen war. Vor dem Hintergrund dieser Überzeugung erschien, woran Dieter Senghaas (2003: 7) kürzlich erinnert hat, „die heute glücklicherweise in Grund- und Menschenrechtsdeklarationen formulierte Unterstellung, alle Menschen seien gleich und frei an Würde und Rechten geboren, in Alteuropa als eine befremdlich abwegige Idee“[160]. Für alle Individuen als Gleiche geltende Menschenrechte sind also auch in der westeuropäischen Tradition nicht immer schon evident gewesen. Vielmehr ist die Formulierung universeller Menschenrechte Bestandteil und Ausdruck der bürgerlich-demokratischen Revolutionen und der Entstehung moderner Nationalstaaten. Diesen spezifischen historischen Ursprung und damit die gesellschaftsgeschichtliche Relativität blenden aber nicht nur die älteren sozialphilosophischen Begründungen, sondern auch die aktuellen Menschenrechtsdokumente aus, sofern Menschenrechte dort als allen positiven Rechtssetzungen vorgängige und fraglos evidente verstanden werden.

Dies geschieht in der Form von Aussagen, die die Differenz zwischen Norm und Realität einebnen, indem erklärt wird, dass die Würde des Menschen unantastbar „ist“, also nicht formulieren, dass sie nicht angetastet werden soll. Diese symptomatische Gleichsetzung von „Sein und Sollen, von Gegebenheit und Forderung“ (Narr 1981: 487) ist historisch und aktuell als Ausdruck des Interesses verständlich, die menschliche Natur als unhinterfragbare Grundlage menschenrechtlicher Prinzipien zu beanspruchen. Solche Versuche, mögliche Infragestellungen der Menschenrechte abzuwehren, indem sie als zweifelsfreie Grundsätze beansprucht werden, sind jedoch erkennbar paradox: Gäbe es selbstverständliche überpositive, universell geltende und unveräußerliche Rechte, wäre es nicht erforderlich, diese in Erklärungen zu kodifizieren, zu spezifizieren, rechtliche Verfahren zu ihrer Gewährleistung vorzusehen und Men-

160 Dass diese Idee für Männer und Frauen gleichermaßen gilt, erscheint auch heute noch manchem Alteuropäer als tendenziell absurd, und die Frage nach der gleichen Würde und den gleichen Rechten von Behinderten und Strafgefangenen wird immer noch nicht selbstverständlich positiv beantwortet.

schenrechtsdeklarationen weiter zu entwickeln (s. dazu Luhmann 1993: 574 ff.). Zieht man hieraus die theoretisch nicht vermeidbare Konsequenz, dass die Idee der allen Individuen zukommenden Menschenwürde und der darauf bezogenen Menschenrechte Ergebnis eines gesellschaftsgeschichtlichen Lernprozesses und daraus resultierender Festlegungen ist, verlieren die Menschenrechte zunächst den Charakter selbstverständlicher und prinzipiell unstrittiger Grundsätze. Damit werden Entstehungsbedingungen, Gemeinsamkeiten und Unterschiede zwischen den historischen und aktuellen Menschenrechtserklärungen für die Menschenrechtspädagogik relevant.

1.2. Zur Entwicklung des Menschenrechtsverständnisses

Fundierend für die unterschiedlichen Fassungen der Idee der Menschenrechte seit der amerikanischen Declaration of Indepence von 1776 und der französischen Déclaration des droits de l'homme et du citoyen von 1789 ist das gemeinsame Postulat der allen menschlichen Individuen als freien und gleichen Einzelnen unabhängig von sozialer und nationaler Herkunft, Geschlecht, Religion, Staatsangehörigkeit, „Rasse" usw. gleichermaßen zukommenden Würde. Damit vollzieht sich eine grundlegende Wende im Rechtsverständnis (s. Bobbio 1998: 48f.): Die Menschenrechte legen – im Unterschied zu traditionellen religiösen und säkularen Rechtssetzungen – nicht mehr primär für den Bestand von Gesellschaften und Gemeinschaften bedeutsame Regeln fest, den sich die Einzelnen unterwerfen müssen, sondern formulieren eigene Rechte des Individuums im Verhältnis zur staatlich-politischen Ordnung.

Zudem fasst die fundierende Idee der individuellen Menschenwürde ersichtlich keine empirisch beobachtbaren Tatbestände zusammen – Individuen werden de facto nicht frei und gleich geboren, ihre Würde ist de facto antastbar – sondern formuliert vor dem Hintergrund historisch situierter Erfahrungen der Ungleichbehandlung, Rechtlosigkeit und Demütigung „ein zu verfolgendes Ideal, nichts Existierendes, sondern einen Wert, eine Verpflichtung" (Bobbio 1998: 11). Die konkreten Fassungen der Menschenrechtserklärungen seit der *Declaration of Independence* (1776) können darauf bezogen als unterschiedliche Bemühungen verstanden werden, solche Bedingungen zu benennen, die für die Wahrung der Menschenwürde unverzichtbar bzw. dieser förderlich sind.

Die *Déclaration des droits de l'homme et du citoyen* fasst liberté, propriété, sureté und résistance à l'oppression (Freiheit, Eigentum, Sicherheit und Widerstand gegen Unterdrückung) als fundamentale Rechte. Im Unterschied dazu sind für die *Declaration of Independence* life, liberty und der pursuit of happiness (Leben, Freiheit und das Streben nach Glück) zentral. Damit wird deutlich, dass bereits in die historischen Grundlagentexte unterschiedliche Grundannahmen eingehen, also von Anfang an nicht von *den* Menschenrechten als einem konsensuellen Kodex ausgegangen werden kann (s. Bloch 1980: 68 ff.; Ignatieff 2002: 30 ff.). Daraus ergibt sich eine Problematik, die auch aktuell noch hoch bedeutsam ist: *Die konkreten Menschenrechtserklärungen enthalten mehr als Festlegungen dessen, was unter elementaren, d. h. prinzipiell unstrittigen*[161] *Verletzungen der Menschenwürde zu verstehen ist*, denn in sie gehen auch Gerechtigkeitskonzepte sowie Annahmen ein, die eng an keineswegs universelle, sondern spezifische gesellschaftspolitische und kulturelle Konzepte gebunden sind.[162] *Vor diesem Hintergrund stellt sich die Frage, ob es sinnvoll ist oder nicht, rechtlichen, politischen und pädagogischen Beanspruchungen der Menschenrechte die kodifizierten Menschenrechte umfassend zugrunde zu legen, oder aber vor allem solche Kerngehalte, die auf evidente Gefährdungen der Menschenwürde verweisen.* Darauf wird im Weiteren noch einzugehen sein.

Für eine enge Bindung des Menschenrechtsverständnisses an die Idee der Menschenwürde und gegen eine Ausweitung auf soziale und wirtschaftliche Rechte plädiert Luhmann (1993: 577 ff.) mit dem Argument, dass „Einschränkungen der Rechte auf Freiheit und Gleichheit, die auch als Menschenrechte geführt werden", in der Weltgesellschaft „so normal" und für die Aufrechterhaltung der etablierten politischen Ordnungen „so unentbehrlich" (ebd.: 580) sind, dass die Gefahr einer Inflationierung in Rechnung zu stellen sei. „Die Inflationierung ruiniert den Wert des symbolischen Mediums, und die wirklich krassen, empörenden, aktiven Einbrüche in die Zone des unbedingt Schutzwürdigen – Stichwort Menschenwürde – fallen nicht mehr auf, wenn es ohnehin als normal empfunden wird, dass Menschenrechte überall unberücksichtigt bleiben" (ebd.: 578). Diese, zweifellos diskussionsbedürftige Stellungnahme weist auf einen auch pädagogisch wichtigen Aspekt hin: Es gilt sowohl zu vermeiden, dass ein illusionäres Verständnis zu Grunde gelegt wird, das Menschenrechtsverletzungen als Einzel- und Ausnahmefälle darstellt, aber auch eine undifferenzierte Sichtweise, die auf Gewichtungen und Abwägungen verzichtet und dann die

---

161 Dass körperliche Misshandlungen und Folter die Würde des Einzelnen verletzen, ist unstrittig; die Sklaverei wurde aber lange nicht als Verletzung der genannten Grundsätze wahrgenommen, und die Ratifizierung der Allgemeinen Erklärung der Menschenrechte hat nicht unmittelbar zur Abschaffung der Rassentrennung geführt.

162 Dies gilt etwa für das Recht auf Staatsbürgerschaft ebenso wie für das Recht auf angemessen entlohnte Erwerbsarbeit schon deshalb, weil Staatsbürgerschaft und Lohnarbeit ersichtlich nicht als universelle Formen menschlicher Existenz postuliert werden können.

Konsequenz nahe legt, dass die Menschenrechte ein illusionäres Konzept darstellen, das wirklichkeitsfremd bzw. utopisch und folglich auch als kritischer Maßstab untauglich ist.

Für die Auseinandersetzung mit der Frage, was unterhalb der je konkreten Fassungen der Menschenrechte prinzipiell als Menschenwürde zu verstehen ist, ist die philosophische Begründung des modernen Begriffs von Menschenwürde bei Immanuel Kant von zentraler Bedeutung (s. dazu etwa Bielefeldt 1998: 45 ff.; s. Maunz/Düring 1989). Kant zufolge ist die Idee der Menschenwürde an die Fähigkeit autonomer Individuen zu vernünftiger Selbstbestimmung gebunden, was bei Kant mit der Verpflichtung zur Unterwerfung unter ein logisch zwingend begründbares moralisches Gesetz einhergeht, nämlich an den Imperativ, so zu handeln, dass die Grundsätze des eigenen Handelns als universalisierbare Grundlage eines verantwortlichen gesellschaftlichen Zusammenlebens gelten können. Ein solches Zusammenleben basiert auf der gegenseitigen moralischen Verpflichtung, andere Menschen nicht „als bloßes Mittel", sondern immer auch als „Zweck an sich selbst" zu behandeln, also auf der Anerkennung der Würde, die ihnen als selbstbestimmungsfähige Subjekte zukommt. Die aus Kants Begründung der menschlichen Würde abgeleitete Konzeption der Menschenrechte bestimmt diese als wesentlich vorpolitische und moralisch begründete negative Freiheitsrechte des Individuums.

Aus einem solchen einflussreichen Begründungszusammenhang ergeben sich jedoch zumindest vier Probleme:

- Die enge Anbindung von Menschenwürde an eine bestimmte, individualistische Vernunftkonzeption der europäischen Aufklärung, die auf problematischen Prämissen basiert. Denn Würde kommt demnach nur denjenigen zu, die als sozial und ökonomisch unabhängige Einzelne zu vernünftiger Selbstbestimmung in der Lage und bereit sind, sich die Anforderungen einer vernunftgeleiteten Lebensführung zu eigen machen. Damit wird Würde exklusiv und graduierbar gefasst, sie kommt nicht allen menschlichen Individuen gleichermaßen zu, sondern eben nur denen, die jeweils als (mehr oder weniger) unabhängig[163] und vernunftfähig[164] gelten.
- Die Achtung der Menschenwürde ist in der kantianischen Tradition eine vernünftig einsehbare moralische Pflicht. Es ist jedoch logisch keineswegs zwingend, aus der Tatsache der gemeinsamen Zugehörigkeit zur Gattung Mensch die Folgerung abzuleiten, dass alle menschlichen Individuen einer

---

163 Für Kant setzt solche Unabhängigkeit noch den Besitz von Eigentum voraus, was abhängige Handwerker und Arbeiter ausschließt; s. zur Lippe 1975: 70 ff.

164 Dies schließt bei Kant noch Kinder und Frauen aus; s. dazu zur Lippe 1975: 70 ff.

moralischen Gemeinschaft angehören, innerhalb derer eine Verpflichtung zu moralischem Handeln gilt (s. Rorty 2003: 256 ff.).

- In Abgrenzung zu Kant kritisiert Habermas (1992: 151 ff.) den Versuch der Ableitung von Rechtssetzung aus der moralischen Selbstbestimmung autonomer Individuen und wendet sich damit gegen die Identifikation von privater Moral und öffentlichem Recht. Er argumentiert, dass die auf die individuelle Lebensführung bezogene „moralische Selbstgesetzgebung“ zu unterscheiden ist von der „Idee der Selbstgesetzgebung von Bürgern“ als politischen Subjekten und dass beide Aspekte, anders als Kant annimmt, nicht aufeinander reduzierbar sind. Seines Erachtens kommt den Menschenrechten historisch und gesellschaftlich dagegen eine doppelte Funktion zu: Sie sollen sowohl die Privatsphäre der Bürger schützen als auch Individuen in die Lage versetzen, sich am politischen Diskurs aktiv zu beteiligen.[165] Die Annahme der positiven Beschreibbarkeit und Konkretisierbarkeit eines allgemeinen Begriffs von menschlicher Würde durch einen singulären, universellen und allgemeingültigen Menschenrechtskatalog, der von geschichtlichen und kulturellen Differenzen abstrahiert, setzt die universelle Gültigkeit der historisch situierten Menschenrechtserklärung voraus und ignoriert, dass in anderen gesellschaftsgeschichtlichen Kontexten andere Akzentuierungen der Bedingungen eines Lebens in Würde vorgenommen werden, etwa im Sinne eines stärker familialistischen statt individualistischen Selbstverständnisses (s. dazu Galtung 1994).

Auf die skizzierten Problematiken reagieren diejenigen aktuellen philosophischen Auseinandersetzungen um die Begründbarkeit der Menschenrechte, in deren Zentrum die Frage steht, ob und wie ein zwingender Nexus zwischen der Idee der Menschenwürde und den konkreten Fassungen der Menschenrechte hergestellt werden kann und – damit zusammenhängend – ob die Menschenrechte vorrangig als moralische Prinzipien oder aber als juridisch kodifizierte Rechte aufzufassen sind.[166] In explizitem Gegensatz zur kantianischen Tradition argumentiert u. a. Richard Rorty (1989: 21 ff. und 305 ff.), dass es keine unstrittigen und fraglos-selbstverständlichen moralischen Prinzipien und keine ethischen Regulierungen einer konkreten Lebenspraxis geben kann, deren Begründung „ohne etwas jenseits von Geschichte und Institutionen auskommt“ (ebd.: 306), also aus universellen, ahistorisch geltenden Grundsätzen zwingend ableitbar ist.

---

165 „Die Idee der Selbstgesetzgebung von Bürgern darf [...] nicht auf die moralische Selbstgesetzgebung einzelner Personen zurückgeführt werden. Autonomie muss allgemeiner und neutraler begriffen werden.“ (Habermas 1992: 154)

166 In der philosophischen Diskussion um den Status der Menschenrechte bildet die Frage, ob die Menschenrechte vorrangig als moralische Prinzipien oder als juridische Rechte aufzufassen sind, einen zentralen Ansatzpunkt der Auseinandersetzung (s. dazu Paul 1999: 20 f.; Lohmann 1999: 62 ff.).

Seines Erachtens bietet die Forderung nach Achtung der allen menschlichen Individuen innewohnenden Vernunft deshalb keine hinreichende Grundlage für die Fundierung einer potentiell als Handlungsregulativ empirisch wirksamen Moralität. Hinzukommen muss Rorty zufolge die Darstellung von konkreten Erfahrungen mit Formen und Folgen der Verletzung von Menschenwürde sowie die Befähigung dazu, Mitleid und Wohlwollen auch für solche Individuen zu empfinden, die traditionelle Unterscheidungen nicht zu dem Kreis derjenigen rechnen, für die Solidaritätsverpflichtungen gelten (ebd.: 310).

Angesprochen ist damit ein Aspekt, dem auch in der aktuellen Diskussion über Menschenrechtsverletzungen zentrale Bedeutung zugesprochen wird: die Tatsache, dass Menschenrechtsverletzungen nicht aus der generellen Abwesenheit moralischer Überzeugungen, sondern aus der Begrenzung des Geltungsbereichs solcher Überzeugungen resultieren können. So bestimmt Abram de Swaan *„Desidentifikation"* als eine Ermöglichungsbedingung von Menschenrechtsverletzungen, d. h.: den „Entzug des identifikatorischen Affekts, eine Abwehr des Gedankens, die Zielbevölkerung könne einem selbst ähnlich sein, dazu die Unterdrückung aller Emotionen, die aus dem identifikatorischen Affekt erwachsen, wie z. B. Mitgefühl, Erbarmen, Anteilnahme, Eifersucht usw." (de Swaan 2000: 197).

Dies ist für die Programmatik einer Menschenrechtsbildung hoch folgenreich, denn in der Konsequenz kann diese nicht allein auf vernünftiges Argumentieren und rationale Einsichten setzen, sondern hat auch die Möglichkeiten und Probleme affektiver und emotionaler Lernprozesse in den Blick zu nehmen. Vor diesem Hintergrund ist auf eine Problematik hinzuweisen mit der jede Menschenrechtspädagogik konfrontiert ist: Die Deklaration von Menschenrechten etabliert die Erwartung einer moralischen Verpflichtung auch gegenüber Individuen, mit denen jeweilige AdressatInnen in keinem konkreten Kommunikations- und Kooperationszusammenhang stehen. Eine solche abstrakt gefasste moralische Verpflichtung ist nicht als unmittelbare Konsequenz aus eigenen sozialen Erfahrungen einsichtig.

Dass der Status und die Funktion der Menschenrechte innerhalb der sozialphilosophischen Diskussion umstritten sind, ist für programmatische Überlegungen zur Menschenrechtspädagogik auch insofern folgenreich, als ihre Grundlagen bzw. ihr Gegenstand nicht einfach fraglos vorausgesetzt werden können. Nun kann es im Rahmen einer pädagogischen Beanspruchung der Menschenrechte zweifellos nicht um Grundsatzentscheidungen in Bezug auf philosophische Positionen gehen, gleichwohl ist die Explikation dessen, was gemeint ist und vorausgesetzt wird, wenn die Menschenrechte als Bezugspunkt einer solchen Bildung gewählt werden, unverzichtbar.

Eine rechtspositivistische Sichtweise, mit der die Menschenrechte wesentlich als feststehende und kodifizierte Rechte in den Blick geraten, ist nicht nur auf Grund der sozialphilosophischen Kritik als Grundlage für eine dialogische Menschenrechtsbildung problematisch. Eine bildungstheoretisch fundierte Menschenrechtspädagogik kann sich auch aus konzeptionellen Gründen nicht darauf beschränken, positive Rechte als einen feststehenden Moralkodex zu vermitteln, der selbst nicht mehr im Dialog begründet werden muss und auch nicht mehr hinterfragt werden kann. Menschenrechtsbildung kann also nicht als Wertevermittlung, als Versuch der Übermittlung vorab feststehender Werte verstanden werden (s. Schmolke 2002: 20). Eine Menschenrechtspädagogik, die eine Wertevermittlung anstrebt, muss darüber hinaus in Rechnung stellen, dass sich Aneignungsprozesse von Werten, Moralen und Normen prinzipiell als eigensinniger Bildungsprozess vollziehen.[167] D. h.: Gesellschaftspolitische Orientierungen, Werte und Normen werden auf der Grundlage der Erfahrungen, Deutungs- und Handlungsmuster der AdressatInnen sowie impliziter Alltagsmoralen interpretiert und auf dieser Grundlage als relevant oder irrelevant, plausibel oder unplausibel usw. wahrgenommen (s. Dewe/Scherr 1990; Meueler 1993). Folglich ist es auch terminologisch angemessener, von dialogischen Bildungsprozessen statt von Wertevermittlung oder Werteerziehung zu reden. Demgegenüber ist für eine solche Sichtweise, die die Dimension positiv gesetzten Rechts überschreitet, gerade das mit den oben angedeuteten unterschiedlichen sozialphilosophischen Positionen aufgeworfene Spannungsfeld zwischen Ethik/Moral und Recht von Bedeutung. Denn die je konkreten Fassungen und Interpretationen der Menschenrechte können nicht aus einem abstrakten und ahistorisch geltenden Ideal der Menschenwürde logisch zwingend abgeleitet werden. Dies zeigt sich empirisch daran, dass die Herausbildung eines politischen und sozialphilosophischen Konsenses darüber, welche Menschenrechte vorrangig und welche nachrangig sind sowie in welchem Maß und wie jeweilige Rechte zu gewährleisten sind, immer wieder scheitert.[168] Diese Nicht-Ableitbarkeit bedeutet aber nicht, dass die Idee der Menschenwürde als grundlegende Referenzfigur für die

---

167 Lenhart (2003: 86) weist entsprechend darauf hin, dass bereits Immanuel Kant argumentiert hat, „dass die Individuen den Schritt zur Moralität nur selbst tun können“.

168 Exemplarisch deutlich wird dies etwa an den Debatten um das Asylrecht. In diesen wird oft nicht nur schlicht ignoriert, dass das Asylrecht als ein Menschenrecht kodifiziert ist, darüber hinaus finden sich selbst in Publikationen der Bundeszentrale für politische Bildung Texte, die von einer „deutsche[n] Asylnot“ sprechen, der eine revisionsbedürftige „noble Geste“ zugrunde liegt (Stürmer 1997: 29).

jeweiligen konkreten Rechtssetzungen und Ausformulierungen der Menschenrechte verzichtbar ist.[169]

Eine angemessene Programmatik der Menschenrechtspädagogik muss daher die Frage berücksichtigen, wie sich das Verhältnis bestimmen lässt zwischen dem Postulat der Menschenwürde als einer nicht in den kodifizierten Rechten umfassend aufgehobenen Idee einerseits, den Menschenrechten als juridisch kodifizierten und unter bestimmten Bedingungen auch einklagbaren Rechten andererseits. Da das „Menschenwürdeprinzip [...] erklärungsoffen und mit keinem konkreten Ethos identisch" (Reuter 1999: 100) ist, stellt sich die Frage, ob und wie das Postulat der Menschenwürde als ein „regulatives Ideal" (s. Kettner 1999) für die Auseinandersetzung mit den Menschenrechten im pädagogischen Kontext beansprucht werden kann. Vor diesem Hintergrund können die Allgemeine Erklärung der Menschenrechte (und die daran anschließenden Deklarationen) nicht als fundamentale und endgültige Explikationen der Menschenwürde verstanden werden, sie müssen vielmehr als eine unter bestimmten historischen Bedingungen und als Ergebnis politischer Aushandlungsprozesse entstandene Kodifizierungen betrachtet und als solche verständlich gemacht werden.[170]

---

169 Kettner beschreibt die Menschenwürde als den „Grund" der Menschenrechte: „Menschenwürde ist im eurogenen begrifflichen Konnex mit der Rede von Menschenrechten die Chiffre für einen selber nicht rechtsförmigen Grund aus dem Menschenrechte überhaupt gesetzt sein sollen." Dabei gehe das „mit der Idee einer Würde von Menschen als solche Angezeigte in jede dieser positiven Setzungen (= die erklärten Menschenrechte) ein, doch in keiner auf" (Kettner 1999: 72).

170 Die Allgemeine Erklärung der Menschenrechte hat also nicht den Status wie die zehn Gebote oder vergleichbare religiöse Dokumente, für die zeitlose Geltung und eine metasoziale Absicherung beansprucht wird.

2. Kontextualität und politischer Charakter der Menschenrechte

Eine pädagogische Beanspruchung der Idee der Menschenwürde unter Bedingungen der Globalisierung und der kulturell pluralisierten Einwanderungsgesellschaft muss auch so weit als möglich darauf verzichten, die Anerkennung spezifischer religiöser oder philosophischer Denktraditionen als Ausgangspunkt vorauszusetzen. Denn je weniger spezifische Prämissen als Ausgangsbedingungen postuliert werden, desto eher kann ein Dialog eröffnet werden. Werden die Menschenrechte etwa als Erbe der christlichen Tradition bzw. der europäischen Aufklärung definiert, dann werden schon damit erhebliche Eintrittsschwellen für diejenigen, die sich nicht in diesen Traditionen verorten, aufgebaut.[171]

Ein Verständnis des Begriffs der Menschenwürde, der diesem Anspruch weitgehend gerecht wird, kann in Anschluss an Avishai Margalit (1997) entwickelt werden. Margalit legt in seinem Entwurf einer Gesellschaft, die sich nicht an einem positiven Verständnis von Gleichheit und Gerechtigkeit, sondern der Vorstellung orientiert, dass gesellschaftlich auf institutionelle Demütigung verzichtet werden soll[172], einen Begriff von Würde nahe, der Menschenwürde nicht als positiv bestimmbare Größe oder anthropologische Grundfigur voraussetzt, sondern über kontextgebundene Erfahrungen und Artikulationen von Rechtlosigkeit, Missachtung, Demütigungen und Erniedrigungen ex negativo entfaltet. Eine negative Begründung der Menschenwürde bedarf Margalit (1997: 108) zufolge nicht mehr als die Anerkennung des Postulats, dass Grausamkeit vermieden werden soll und dass man Menschen deshalb auch nicht demütigen darf: „Die Argumentation verläuft im Ganzen wie folgt: Grausamkeit ist das schlimmste Übel, die Vermeidung von Grausamkeit demnach das höchste moralische Gebot. Demütigung ist die Ausdehnung von Grausamkeit von dem physischen auf den psychischen Bereich. Demütigung ist seelische Grausamkeit. Es reicht nicht, dass die Institutionen einer anständigen Gesellschaft nur auf körperliche Gewalt verzichten; sie müssen auch seelische Grausamkeit vermeiden.“ (Ebd.: 109)[173]

---

171 In manchen deutschen Landesschulgesetzen wird ein solcher, keineswegs unmittelbar plausibler Zusammenhang unterstellt.

172 Hintergrund dessen ist der Israel-Palästina-Konflikt und die Einschätzung, dass dieser nicht durch eine Einigung auf einen gemeinsamen Gesellschaftsentwurf gelöst werden kann.

173 Der für den israelischen Sozialphilosophen Margalit primär relevante Fall solcher Demütigung sind gruppenbezogene Diskriminierungen.

In ähnlicher Weise ist auch für Rorty (1993; s. auch Rorty 2003) das Ziel der Verringerung von Grausamkeit der elementare Ausgangspunkt für die Plausibilisierung der Menschenrechte.[174] Diese können seines Erachtens nicht logisch zwingend begründet, sondern nur als eine im Interesse der Verringerung von Grausamkeit nützliche Vorstellung dargestellt werden.

Ein solches, relativ voraussetzungsarmes Verständnis der Menschenrechte kann an eine grundlegende und potentiell allen Individuen verfügbare Erfahrung anknüpfen: Eigene und/oder historische Erfahrungen des Leidens an Formen der Demütigung und Erniedrigung sind prinzipiell Jedem zugänglich, also nicht an die Anerkennung der Gültigkeit einer bestimmten religiösen oder philosophischen Position gebunden.[175]

Geht man in dieser Weise davon aus, dass die Idee der Menschenwürde an eine potentiell allen Individuen zugängliche Erfahrung anknüpfen kann, dann eröffnet sich ein solcher Zugang zu den Grundgehalten der Menschenrechte, der keine spezifische religiöse oder philosophische Position voraussetzt. D.h.: Unterschiedliche religiöse und säkulare Fassungen, Begründungs- und Reflexionszusammenhänge von Moralität sind zwar nicht folgenlos für das Selbstverständnis derjenigen, die in sie involviert sind. Es handelt sich jedoch dann und insofern nicht um ineinander unübersetzbare und füreinander unverständliche kulturelle Formen, wie ein gemeinsamer Bezug auf ähnliche Erfahrungen zu Grunde liegt.[176]

Ein solcher Zugang ist jedoch keineswegs hinreichend, um daraus die kodifizierten Menschenrechte direkt und umfassend abzuleiten. Denn die formulierten Menschenrechte weisen, folgt man Margalit (2000), über die Idee der Würde hinaus, da nicht jede Verletzung eines Rechts zugleich eine Dimension der Missachtung, Demütigung und Erniedrigung einschließt. Menschenrechtsverletzungen betreffen vielmehr auch hierin nicht aufgehende Fragen der Gleichheit und Gerechtigkeit. Dies gilt insbesondere für die sozialen und wirtschaftlichen Menschenrechte, weniger für die individuellen Freiheits- und Abwehrrechte.

---

174 Darüber hinausgehend sieht Margalit (1997: 91 ff.) einen positiven Ansatzpunkt in der Vorstellung, dass Menschen die Fähigkeit haben, ihrem „eigenen Leben zu jedem beliebigen Zeitpunkt eine völlig neue Deutung zu geben und es dadurch radikal zu verändern".

175 Entsprechend erwartet Luhmann (1993: 582) eine Weiterentwicklung der Menschenrechtserklärung in Richtung auf ein „von regionalen Traditionen und regionalstaatlichen politischen Interessen unabhängiges Rechtsnormengerüst". Die weltpolitische Entwicklung seit Beginn der 90er Jahre stützt eine solche Erwartung jedoch kaum.

176 Auch die neuere an die grundlegenden Arbeiten von Jean Piaget anschließende Sozialisationsforschung weist darauf hin, dass für primäre Sozialbeziehungen Prinzipien der Reziprozität und der gegenseitigen Anerkennung konstitutiv sind. Folglich kann gesellschaftlich nicht beliebig über individuelle moralische Orientierungen verfügt werden.

Allerdings ist auch diese Unterscheidung diskussionsbedürftig. Denn unter Bedingungen absoluter Massenarmut in Ländern der so genannten Dritten und Vierten Welt können die wirtschaftlichen und sozialen Bedingungen nicht als prinzipiell nachrangig im Verhältnis zu den Freiheitsrechten verstanden werden. Vielmehr kann darauf bezogen mit guten Gründen argumentiert werden, dass eine Gewährleistung sozialer Grundrechte unverzichtbar für die Ermöglichung eines würdigen Lebens ist, d. h. hier: eines Lebens, das nicht auf alltägliche Überlebensbemühungen reduziert ist (s. dazu Nuscheler 2003).

Damit ist die Problematik angesprochen, dass die Menschenrechtserklärung unterschiedliche Kernbereiche von Rechten umfasst, die von negativen Freiheitsrechten über politische Teilnahmerechte zu sozialen Rechten reichen, die also auf sehr unterschiedlichen Ebenen ansetzen. Rechtliche Auffassungen oder politische Positionen unterscheiden sich nach ihrer Gewichtung dieser Bereiche, also danach, ob jeweils die Dimension der Freiheit, der Gleichheit oder der Solidarität in den Vordergrund gestellt und welche demgegenüber als sekundär oder ableitbar betrachtet wird.

Lohmann beschreibt drei idealtypisch unterscheidbare Positionen, die jeweils bestimmte inhaltliche Dimensionen der Menschenrechte hervorheben: 1. Die klassisch-liberale Auffassung (Locke/Kant) die sich wesentlich auf die negativen Freiheitsrechte bezieht. 2. Die republikanische Auffassung (Rousseau), die wesentlich auf die positiven Teilnahmerechte fokussiert und 3. die sozialistische Auffassung, die die sozialen Teilhaberechte in den Vordergrund stellt (s. Lohmann 1999: 64 f.).
Vor diesem Hintergrund ist die UN-Deklaration von 1948 als Ergebnis eines Aushandlungsprozesses verständlich, der zu einer Kompromissbildung geführt hat. Sowohl die Staaten des Warschauer Pakts als auch die Nato-Staaten finden für ihre Gesellschaftskonzeptionen Anhaltspunkte in der Menschenrechtserklärung und damit die Möglichkeit, die Nicht-Gewährleistung anderer Menschenrechte als weniger bedeutsam zu betrachten.

Die Frage, was aus der Deklaration der Menschenrechte folgt, ist damit nicht nur Bestandteil gesellschaftspolitischer Kontroversen, sondern ist auch mit den Spannungen und Widersprüchen konfrontiert, die sich aus dem ungeklärten Verhältnis der einzelnen Menschenrechte zueinander ergeben. Menschenrechtspädagogische Konzepte stehen also vor der Entscheidung, ob sie ein enger gefasstes, am Begriff der Würde orientiertes Verständnis zugrunde legen, oder aber ein weiter gefasstes, das die Dimensionen von Gleichheit und Gerechtigkeit mit einbezieht.

Vor diesem Hintergrund wird deutlich, dass die Frage nach der angemessenen Interpretation der Menschenrechte nicht unabhängig von historischen und politischen Bedingungen und Auseinandersetzungen beantwortet werden kann. Auf Grund dieser Einsicht ist es erforderlich, Auseinandersetzungen mit der Idee der Menschenrechte auch im Rahmen der Menschenrechtspädagogik zu kontextualisieren, also der Tatsache Rechnung zu tragen, dass diese als konkrete Reaktionen auf konkrete Unrechtserfahrungen formuliert wurden und ihre Durchsetzung durch gesellschaftliche Aushandlungsprozesse und Konflikte erfolgt (s. Ignatieff 2002: 35 ff.). Die konkreten Inhalte der Menschenrechtsdokumente sind folglich nur als historisch spezifische und kontextgebundene Konkretisierungen der Kernideen von Freiheit, Gleichheit und Würde zu verstehen, die prinzipiell veränderbar, erweiterbar und ausdifferenzierbar sind.

Die Frage nach den Grundlagen und dem Lerngegenstand einer Pädagogik der Menschenrechte kann also nicht zureichend mit dem Hinweis auf die einschlägigen Dokumente beantwortet werden. Es ist vielmehr geboten, den Lerngegenstand als ein offenes Diskursfeld zu begreifen, in dem Auseinandersetzungen über die Bedeutung der Ideen der Menschenwürde, der Freiheit, Gleichheit und Gerechtigkeit sowie ihre konkreten Implikationen geführt werden können.

Menschenrechtliche Diskurse werden ersichtlich nicht nur in Westeuropa und Nordamerika geführt und es ist auch keineswegs so, dass dort die Menschenrechte tatsächlich umfassend garantiert sind.[177] Den anhaltenden Auseinandersetzungen um die Gestalt, den Legitimationszusammenhang und den Geltungsbereich von Menschenrechten liegt auch nicht – wie vielfach behauptet wird – zentral der Konflikt Universalismus vs. kultureller Partikularismus im Sinne der Problematik zu Grunde, dass ein eurozentristisches Konzept der Menschenrechte auf damit unvereinbare Traditionen und Kulturen in nicht-westlichen Kontexten trifft. Denn es lässt sich einerseits zeigen, dass die Menschenrechte auch in Westeuropa und Nordamerika historisch in einem langwierigen Prozess der Kritik von Traditionen durchgesetzt wurden, der, so etwa im Fall der Rassentrennung, auch in der zweiten Hälfte des 20. Jahrhunderts noch nicht abgeschlossen war. Andererseits werden gerade auch in nicht-westlichen Gesellschaften die Menschenrechte als eine wesentliche Grundlage der Kritik von Macht- und Herrschaftsverhältnissen beansprucht, und dies geschieht auch

[177] Im Sinne elementarer Menschenrechtsverletzungen problematisch ist das Festhalten an der Todesstrafe in den USA und aktuell die Praxis der Inhaftierung von Kriegsgefangenen des Afghanistankrieges. Bekanntlich weigert sich die Bundesrepublik Deutschland bislang, die UN-Kinderrechtskonvention vorbehaltlos umzusetzen, um an der Praxis festhalten zu können, minderjährige Flüchtlinge als Erwachsene zu behandeln. Auch die Handhabung des Asylrechts widerspricht dem Wortlaut des Artikels 14 der Allgemeinen Menschenrechtserklärung.

auf der Grundlage eigenständiger, nicht zwingend westlicher Traditionen. *Folglich ist es sinnvoller, von einem Konflikt um die Bedeutung und Geltung der Menschenrechte innerhalb der Gesellschaften und Kulturen, statt von einem Konflikt zwischen den Kulturen ausgehen* (s. dazu Senghaas 1998).[178]

Vor diesem Hintergrund gilt es auch im pädagogischen Kontext den Blick darauf zu lenken, dass die Menschenrechte nicht in bestimmten religiösen bzw. kulturellen Traditionen naturwüchsig entstanden sind, sondern politisch durchgesetzt wurden und werden sowie dass ihre Interpretation und Reichweite selbst dann, wenn sie formal als normativer Konsens innerhalb einer kulturellen Tradition oder Religion beansprucht werden, in hohem Maße umstritten sind.

Hinzu kommt die Problematik, dass die Menschenrechte vor allem vermittels nationalstaatlicher Gesetze in einklagbare Rechte übersetzt werden, d. h. gerade nicht als unmittelbar geltende subjektive Rechte jedes Individuums wirksam sind.[179] Daraus ergibt sich ein Spannungsverhältnis zwischen Menschenrechten und Staatsbürgerrechten. Die Menschenrechte besitzen zunächst lediglich den Status moralischer Normen bzw. werden als ein „soft law" verstanden, das den Charakter bloßer Absichtserklärungen hat.[180] In Einwanderungsgesellschaften können Nicht-StaatsbürgerInnen sich folglich nicht unmittelbar auf ihre Menschenrechte beziehen, sondern von der Ausnahme gravierender Menschenrechtsverletzungen abgesehen, nur solche Rechte beanspruchen, die ihnen die nationale Gesetzgebung zuspricht.[181] Deutlich wird diese Problematik etwa an der Beschränkung politischer Teilhaberechte, die das Grundgesetz für Nicht-StaatsbürgerInnen vorsieht, sowie in zugespitzter Form an den Einschränkungen bürgerlicher Freiheitsrechte, die für Asylsuchende rechtlich vorgesehen sind.

---

178 Die in den 90er Jahren von einigen asiatischen Staaten initiierte Debatte um „asiatische Werte", die als Kritik an der Beanspruchung der Geltung der Menschenrechte als universelle Normen formuliert wurde, wurde auch innerhalb „der" asiatischen Länder keineswegs einheitlich und widerspruchsfrei geführt. So wurde auf der Wiener Menschenrechtskonferenz von 1993 von VertreterInnen der asiatisch-pazifischen Menschenrechtsorganisationen vehement gegen die kulturrelativistische Sicht einiger asiatischer RegierungsvertreterInnen protestiert (s. Klein 2002: 16 ff.).

179 Luhmann (1993: 577 ff.) kritisiert ein Verständnis der Menschenrechte als bloß subjektive Rechte mit dem Argument, dass individuelle Entscheidungen für die Beanspruchung eigener Menschenrechte „unter den gegebenen politischen Verhältnissen oft nicht frei getroffen werden" können. Er fordert demgegenüber ein „Weltrechtssystem" (ebd.: 580), das einzelne Staaten zur Beachtung der Menschenrechte verpflichtet.

180 Das ist eine unter JuristInnen gängige Einschätzung, die u. a. dazu führt, dass die Menschenrechtserklärungen auch in der Juristenausbildung kaum behandelt werden.

181 Auf diese Problematik im Rekurs auf die Menschenrechte hat Hannah Arendt hingewiesen. Sie konzipiert das „Recht, Rechte zu haben" als das Recht einem politischen Gemeinwesen anzugehören, das diese Rechte garantieren kann. Dieses stellt Arendt zufolge das einzige vorpolitische, vorstaatliche im Sinne eines allgemeinen Menschenrechts formulierbare Recht dar (s. Arendt 2000: 601 ff.).

Selbst im „Internationalen Übereinkommen zur Beseitigung jeder Form von Rassendiskriminierung" vom 07.03.1966 werden „Unterscheidungen, Ausschließungen, Beschränkungen oder Bevorzugungen, die ein Vertragsstaat zwischen eigenen und fremden Staatsangehörigen vornimmt" (Art. 1, Abs. 2), ausdrücklich für zulässig erklärt. Dies steht aber erkennbar im Widerspruch zum Anspruch der universellen Geltung der Menschenrechte. Denn in der Allgemeinen Erklärung der Menschenrechte von 1948 wird wie folgt konkretisiert:

> „Jedermann hat Anspruch auf die in dieser Erklärung proklamierten Rechte und Freiheiten ohne irgendeine Unterscheidung, wie etwa nach Rasse, Farbe, Geschlecht, Sprache, Religion, politischer oder sonstiger Überzeugung, nationaler oder sozialer Herkunft, nach Vermögen, Geburt oder sonstigem Status." (Art. 2)

Folglich enthält die Idee der Menschenrechte in Einwanderungsgesellschaften auch einen kritischen Maßstab und Bezugspunkt, der für die Auseinandersetzung mit Ungleichheitsverhältnissen und Diskriminierungen im Verhältnis von StaatsbürgerInnen und Nicht-StaatsbürgerInnen geltend gemacht werden kann. Dies betrifft ersichtlich gesellschaftspolitisch weitreichende und kontroverse Fragen wie die nach der menschenrechtlich legitimierbaren Regelung des Zugangs zu staatsbürgerlichen Rechten[182] und nach einer menschenrechtlich angemessenen Umsetzung des Asylrechts.[183] Eine Pädagogik der Menschenrechte kann auch nicht der Frage ausweichen, dass elementare Menschenrechte – etwa das Recht auf Leben, Freiheit und Sicherheit der Person – in zahlreichen Regionen der Weltgesellschaft nicht gewährleistet sind und was daraus für eine den Menschenrechten verpflichtete Politik im Bereich der Außen-, Entwicklungs-, Einwanderungs- und Wirtschaftspolitik folgt. Bezogen auf die hier genannten Aspekte kann zwar an einen geteilten normativen Konsens appelliert werden, es ist aber offenkundig, dass die Frage nach dessen angemessener Konkretisierung in erhebliche politische Spannungen und Konflikte hineinführt.

In darauf bezogenen Auseinandersetzungen können die Menschenrechte nicht als „Verkündung und Durchsetzung ewiger Wahrheiten" (Ignatieff 2002:

---

182 Die Allgemeine Erklärung der Menschenrechte von 1948 setzt Nationalstaatlichkeit und Staatsbürgerschaft als selbstverständliche Prämissen voraus und hat als diesbezügliches Problem vor allem die Aberkennung von Staatsbürgerschaft im Blick. Unter gegenwärtigen Bedingungen gewinnt aber das Problem an Bedeutung, wie Würde und Rechte derjenigen zu gewährleisten sind, denen die Staatsbürgerschaft in der Einwanderungsgesellschaft verweigert wird oder die ohne legalen Aufenthaltsstatus in einem Land leben, ohne eine Legalisierung anzustreben; s. dazu Agamben 2001; Balibar 2003.

183 S. hierzu etwa Herzog/Wäldle 2004. In dieser Studie wird u.a. dokumentiert, dass seit der 1993 vorgenommenen Änderung des Asylrechts 145 Menschen beim Versuch des Grenzübertritts starben und 111 Flüchtlinge dadurch zu Tode kamen, dass sie wegen ihrer drohenden Abschiebung Suizid begingen.

45) beansprucht werden. Sie müssen vielmehr als tendenziell offenes Diskursfeld und lebendig zu haltende Tradition (s. Galtung 1994: 12) betrachtet werden. Im Unterschied zu einem Verständnis der Menschenrechte als Kodifizierung einer universellen Moral wird mit einer solchen Argumentation der *genuin politische Charakter der Menschenrechte*[184] betont, d. h. ihr Charakter als ein Bezugspunkt in konflikthaften politischen Auseinandersetzungen (Ignatieff 2002: 45)

3. Erste Folgerungen für eine Pädagogik der Menschenrechte

Die Menschenrechte können im Kontext einer Bildung für die Einwanderungsgesellschaft also weder als eine klare und eindeutige Lösung der Frage nach den moralischen Grundprinzipien einer Auseinandersetzung mit Diskriminierungen, des Umgangs mit Differenz usw., noch als unstrittige positive Vision einer guten und gerechten Gesellschaft beansprucht werden. Der universelle Geltungsanspruch der Menschenrechte, die daraus abgeleiteten Diskriminierungsverbote sowie die Idee der Menschenwürde können gleichwohl als Kriterien verstanden werden, die im pädagogischen Kontext als Bezugspunkt für Auseinandersetzungen und Klärungsprozesse in besonderer Weise geeignet sind. Denn die Idee der Menschenwürde und die deklarierten Menschenrechte stellen einen kritischen Maßstab dar, dessen Geltung nicht an eine spezifische religiöse oder politische Tradition gebunden ist. Begreift man die Menschenrechte in der oben skizzierten Weise, dann folgt daraus gleichwohl, dass sie nicht als eine kontextfreie, immer und überall geltende Kodifizierung der Idee der Menschenwürde vermittelt werden können. *Vielmehr muss Menschenrechtsbildung ihren Lerngegenstand so bestimmen, dass gesellschaftlich situierte Formen von Diskriminierung, Entrechtung und Demütigung als zentraler* Gegenstand gefasst werden.

184 Ignatieff plädiert für eine Akzentuierung des politischen Charakters der Menschenrechte und für eine solche Begründung, die sich aus der konkreten historischen Erfahrung und daraus, welche praktische Wirkung und Bedeutung die Menschenrechte in der Abwehr und Überwindung von Unrecht und Unterdrückung historisch entfaltet haben, ableitet und nicht aus einem abstrakten Begriff der Würde oder der menschlichen Natur (s. Ignatieff 2002: 75 f.).

In der pädagogischen Praxis kann kein Vorwissen über die Geschichte, Bedeutung und Inhalte der Menschenrechtserklärung vorausgesetzt werden. Folglich muss es in einer Pädagogik der Menschenrechte in einem ersten Schritt zunächst um die Annäherung an menschenrechtliche Kernideen (Menschenwürde, Gleichheit, Gerechtigkeit) gehen, in einem zweiten Schritt um die Relevanz dieser Ideen für die Auseinandersetzung mit konkreten Problemlagen in der Einwanderungsgesellschaft und darauf aufbauend in einem dritten Schritt um die Überprüfung der Frage, ob und wie die kodifizierten Menschenrechte sowie nationalstaatliche Gesetzgebungen der jeweiligen Problematik angemessen sind.[185]

Im Rahmen der so konturierten Programmatik ist es auch bedeutsam, den jeweiligen AdressatInnen ein Wissen über die für sie relevanten Menschenrechte als in Auseinandersetzungen beanspruchbare Grundlage für die Reklamation eigener Interessen zu vermitteln.[186] Eine so verstandene Menschenrechtsbildung zielt als politische Bildung im Sinne von Empowermentkonzepten auch darauf, die Fähigkeiten ihrer AdressatInnen zur Artikulation eigener Problemlagen und eigener Interessen zu stärken (s. auch Lohrenscheit 2004: 279f.).

Die obige Reihenfolge ist u. E. sowohl bildungstheoretisch als auch didaktisch relevant. In seiner an die Kohlbergsche Entwicklungspsychologie anschließende Konzeption schlägt Lenhart (2003: 88) dagegen folgende Unterrichtsprinzipien vor: „vom Rechtsaspekt der Menschenrechte zu ihrem Moralaspekt", „vom einzelnen [...] konkreten Recht zum Begriff der Menschenrechte", „von den Menschenrechten als Thema zu den Menschenrechten als Wertungsgrundlage". Hierin wird deutlich, dass die unterschiedliche Akzentuierung der Menschenrechte als Lerngegenstand auch didaktisch folgenreich ist.

Aus dem oben skizzierten Verständnis der Menschenrechte folgt, dass die Frage nach der Geltung und den Bedingungen der Verwirklichung der Menschenrechte situiert und konkret gestellt werden muss. Im Unterschied zu einer Pädagogik, die auf die generelle und themenunspezifische Befähigung zu universalistischem moralischen Argumentieren zielt[187], muss es also um die Thematisierung der konkreten Vorgaben der Menschenrechtserklärungen und die

---

185 Auf Konkretisierungen dieser didaktischen Grundfigur in den konkreten pädagogischen Programmen gehen wir im Weiteren noch ein.

186 In der bereits erwähnten Kommentierung der ersten Fassung dieses Kapitels hat Lenhart (2004) darauf hingewiesen, dass das pädagogische Potential nicht ausgeschöpft wird, wenn Menschenrechte allein als moralische und nicht auch als beanspruchbare Rechtsprinzipien dargestellt werden.

187 Der empirischen Forschung zur Moralentwicklung sind deutliche Hinweise darauf zu entnehmen, dass moralisches Argumentieren und moralische Motivation nicht als unspezifische Persönlichkeitseigenschaften, sondern thematisch spezifisch entwickelt und aktualisiert werden (s. Nunner-Winkler 1991).

Frage gehen, auf welche gesellschaftspolitischen Probleme und Erfordernisse diese verweisen.

Eine wichtige Anforderung an eine angemessene Didaktik und Methodik der Menschenrechte liegt vor diesem Hintergrund zudem darin, die Beschäftigung mit den Menschenrechten mit der kritisch-selbstreflexiven Auseinandersetzung mit Erfahrungen und eigenem Handeln sowie im sozialen Nahraum beobachtbaren Formen der Demütigung und Diskriminierung hin zu verbinden. Es geht also um eine Methodik und Didaktik, die nicht auf die bloße Akzeptanzbeschaffung für ein gegebenes Regelwerk zielt sowie einen moralisierenden Ansatz[188] vermeidet. Ein unverzichtbares Element einer solchen Menschenrechtsbildung sind Arrangements, in denen eine Sensibilisierung und offensive Auseinandersetzung mit Formen der Diskriminierung angeregt wird, eigene Diskriminierungserfahrungen zur Sprache gebracht werden können und die die selbstreflexive Bearbeitung von Vorurteilen und Feindbildern ermöglichen. Etwas emphatisch formuliert: Anzustreben sind Bildungsprozesse, in dem die menschenrechtliche Moral subjektiv auch tatsächlich angeeignet, d. h. in ein Moment des eigenen Selbst- und Weltverständnisses transformiert werden kann (s. dazu Butler 2003: 15 ff.).

Für eine Methodik und Didaktik der Menschenrechtsbildung ist es nicht verzichtbar, auch gesellschaftsstrukturelle und soziale Bedingungen von Menschenrechtsverletzungen ins Blickfeld zu rücken. Dieser Gesichtspunkt ist für Strategien gegen Fremdenfeindlichkeit, Rassismus und Rechtsextremismus auch deshalb relevant, weil individualpsychologische Erklärungen, die die Charakterstrukturen und Persönlichkeitseigenschaften von Mitgliedern rechtsextremer Szenen und Organisationen ins Zentrum stellen, unzureichend sind. Die oben bereits skizzierte Einsicht, dass Menschenrechtsverletzungen durch Mechanismen der Desidentifikation ermöglicht werden, kann in Anschluss an Rorty zu der auch im Hinblick auf aktuelle Formen von Fremdenfeindlichkeit, Rassismus und Rechtsextremismus relevanten These zugespitzt werden, dass nicht allein moralische Defizite der Akteure und Täter das Problem sind, sondern durch einflussreiche Diskurse und Ideologien legitimierte Begrenzungen des Geltungsbereichs moralischer Prinzipien (s. Rorty 1993: 158). Damit wird auf die Bedeutung kollektiver Identifikationen und Abgrenzungen sowie von Strukturen und Ideologien hingewiesen, die die jeweils Anderen aus dem Geltungsbereich derjenigen Normen und Prinzipien ausgrenzen, die innerhalb der Eigengruppe als gültig betrachtet werden. Vor diesem Hintergrund argumentiert Rorty, dass

---

188 Moralisierung meint hier die Zumutung, sich auf einen weiter nicht diskutierbaren Konsens zu verpflichten sowie darauf bezogene Betroffenheit einzufordern.

Lernprozesse, die ein nicht-exklusives Verständnis moralischer Verpflichtungen befördern sollen, nicht als ein reines Aufklärungsprojekt angelegt werden können, sondern auch emotionale Lernprozesse (s. ebd. 161) beinhalten und mit der Befähigung zur Selbstreflexion einhergehen müssen. Eine Kritik der konkreten, in jeweiligen gesellschaftspolitischen Ideologien und Diskurse, durch die Individuen als Angehörige nationaler oder ethnischer Kollektive konstruiert werden, wird jedoch damit nicht verzichtbar.

Der von Rorty mit der Forderung nach „Kultivierung der Gefühle" (ebd. 161) angesprochene Gesichtspunkt anzustrebender emotionaler Lernprozesse weist auf eine zweifellos wichtige Dimension des Problemzusammenhangs hin. Entsprechend wird in pädagogischen Kontexten die Förderung von Empathiefähigkeit zum Programm erklärt. Gegenüber pädagogischen Allmachtsphantasien, die suggerieren, es könnten nicht nur rationale Lernprozesse herbeigeführt, sondern darüber hinaus Menschen umfassend („ganzheitlich") beeinflusst werden, ist jedoch prinzipielle Skepsis angesagt. Zudem ist in Rechnung zu stellen, dass Versuche emotionale Betroffenheit auszulösen, ebenso Abwehrhaltungen aufrufen können, wie Versuche moralische Lernprozesse zu bewirken. Auch sind Versuche, in pädagogischen Settings gezielt auf Emotionen einzuwirken auch deshalb problematisch, weil hier, anders als in therapeutischen Settings, keine Rahmenbedingungen gegeben sind, die einen professionellen Umgang mit dadurch veranlassten psychischen Dynamiken erlauben. Weiter ist in Rechnung zu stellen, dass emotional aufgeladene Abwehrhaltungen gegenüber MigrantInnen und Minderheiten nicht unabhängig von politischen Überzeugungen und diese ihrerseits nicht unabhängig von gesellschaftspolitischen Diskursen und Ideologien sind. Emotionale Dimensionen von Rechtsextremismus, Rassismus und Fremdenfeindlichkeit können also nicht als ein davon unabhängiges Phänomen bearbeitet werden.

Nicht zuletzt im Hinblick auf das Spannungsverhältnis zwischen dem formulierten Gleichheitspostulat der Menschenrechte und faktisch bestehenden Ungleichheiten ist es weiter nicht vertretbar, den AdressatInnen einer solchen Pädagogik ein illusionäres Menschenrechtsverständnis zu suggerieren. D. h.: Es muss pädagogisch der Tatsache Rechnung getragen werden, dass es sich im Fall der Menschenrechte um weitreichende Ansprüche handelt, die auch in den demokratisch verfassten Gesellschaften der so genannten Ersten Welt keineswegs vollständig eingelöst sind. Folglich kann die Menschenrechtsthematik auch nicht externalisiert, d. h. allein als ein „Problem der Anderen", etwa der so genannten Entwicklungsländer, behandelt werden. Dies würde zudem einen paternalistischen Gestus aufrufen, der gleichzeitig die Botschaft vermittelt, dass die

Gültigkeit der Menschenrechte im eigenen gesellschaftlichen Kontext unhinterfragt vorausgesetzt werden kann.

Im Kontext einer Bildung für die Einwanderungsgesellschaft sind die aufgeworfenen Fragen vor allem dahingehend zu spezifizieren, wie menschenrechtspädagogische Ansätze mit den folgenden Aspekten umgehen:

- der Notwendigkeit, ein solches Verständnis der Idee der Menschenwürde sowie der Ideen von Gleichheit und Gerechtigkeit zu entwickeln, das als kritischer Maßstab angeeignet werden kann und zugleich zu einer Aufarbeitung eigener Erfahrungen und Beobachtungen sowie zu einer Auseinandersetzung mit den kodifizierten Menschenrechten befähigt;
- der Einsicht, dass die Anerkennung anderer als Individuen, denen unabhängig von spezifischen, realen oder zugeschriebenen Eigenschaften und Merkmalen gleiche Rechte zukommen sollen, nicht argumentativ erzwungen werden kann, sondern auf die Notwendigkeit der Förderung einer Urteilsfähigkeit verweist, die dazu befähigt, die Geltung menschenrechtlicher Prinzipien nicht auf die reale oder imaginierte Wir-Gruppe einzuschränken;
- der gesellschaftlichen und rechtlichen Verankerung sowie den Erfordernissen der praktischen Umsetzung der weitreichenden Diskriminierungsverbote, die Menschenrechtsdokumente enthalten; zu berücksichtigen ist dabei die menschenrechtliche Situation von Nicht-StaatsbürgerInnen in der Einwanderungsgesellschaft sowie der Zusammenhang von Flucht und Migration und einer weltgesellschaftlichen Wirklichkeit in der elementare Menschenrechte vielerorts verletzt werden;
- dem Dilemma, das daraus resultiert, dass die universelle Geltung beanspruchenden Menschenrechte auf eine Weltgesellschaft auftreffen, die durch Strukturen der Ungleichheit und der Nationalstaatlichkeit gekennzeichnet ist, was nicht zuletzt daran deutlich wird, das Menschenrechte überwiegend nur als Staatsbürgerrechte eingefordert werden können;
- dem Spannungsverhältnis zwischen dem universellen Geltungsanspruch der Menschenrechte und solchen Elementen partikularer Kulturen und Religionen, die einzelnen Menschenrechten widersprechen;
- der problematischen Tendenz zu einer Externalisierung der Menschenrechtsproblematik, also ihrer vermeintlichen Irrelevanz für eine Auseinandersetzung mit den entwickelten westlichen Gesellschaften;
- einem verkürzten, individualisierenden Verständnis der Ursachen von Menschenrechtsverletzungen.

4. Konzepte und Materialien der Menschenrechtspädagogik

Im Folgenden stellen wir ausgewählte Materialien, Konzepte und Praxistools vor, die eine explizite Programmatik und eine begründete Methodik und Didaktik der Menschenrechtspädagogik vorlegen. Auffällig für die vorliegenden Materialien ist, dass es hinsichtlich der Begründung der spezifischen Lernthematik und des Lerngegenstandes sowie in den didaktischen und methodischen Überlegungen starke Überschneidungen gibt. Daher ist es sinnvoll, zunächst zusammenfassend die konzeptionellen Grundlagen darzustellen und vor dem Hintergrund der bislang angestellten Überlegungen und formulierten Anforderungen an eine Menschenrechtspädagogik im Rahmen einer Bildung für die Einwanderungsgesellschaft zu diskutieren. Daran anschließend analysieren wir ausgewählte Praxisbeispiele, bei denen folgende Unterrichtsmaterialien berücksichtigt werden:

- Amnesty International: Unterrichtspraxis Menschenrechte, Themenhefte Asyl, Religion, Diskriminierung, Toleranz (1995-1998)
- Bundeszentrale für politische Bildung (Hg.): Menschenrechte (2000)
- Council of Europe: A Manual on Human Rights Education with Young People (2002)
- Hermann, Axel: Menschenwürde, Menschenrechte, Lehrerheft der Bundeszentrale für politische Bildung (1997)
- Human Rights Educators' Network, Amnesty International USA: Human Rights Here &Now (1998)
- Human Rights Education Team, Amnesty International London: First Steps: A Manual for Starting Human Rights Education (1996)
- Human Rights Resource Center, University of Minnesota (Ed.): The Human Rights Education Handbook. Effective Practices for Learning, Action and Change (2000)
- Reardon, Betty: Educating for Human Dignity (1995)
- Suntinger, Walter/Weber, Barbara: Alle Menschenrechte für alle (2000)
- UNESCO: All Human Beings … Manual for Human Rights Education (1998)
- United Nations – High Commissioner for Human Rights: ABC, Teaching Human Rights (1998)

4.1. *Programmatik und Konturierung der spezifischen Lernthematik*

Wie oben gezeigt, besteht kein klarer und unstrittiger fachlicher Konsens darüber, worin die spezifische Lernherausforderung und -chance der Menschenrechte liegt. Eine explizite Begründung der spezifischen Lernthematik wird nur in einigen Tools vorgelegt. Manche Materialien nehmen eine diskursimmanente, d. h. aus der UN-Erklärung selbst abgeleitete Begründung des Lerngegenstands vor, indem sie das Menschenrecht auf Bildung, wie es dort formuliert ist, als Ausgangspunkt setzen. Dort wird menschenrechtliche Bildung selbst explizit als ein Menschenrecht gefasst: „Jeder Mensch hat ein Recht auf Bildung [...] Die Bildung muss auf die volle Entfaltung der menschlichen Persönlichkeit und auf die Stärkung der Achtung vor den Menschenrechten und Grundfreiheiten gerichtet sein." (Artikel 26, Abs. 1 und 2) Menschenrechtsbildung kommt damit kein akzidentieller Stellenwert zu, sondern sie gilt als ein Kernelement des allgemeinen Rechts auf Bildung (s. dazu auch Lohrenscheit/Rosemann 2003: 4).

„The mandate for human rights education is unequivocal: you have a human right to know your rights. The Preamble to the Universal Declaration of Human Rights (UDHR) exhorts 'every individual and very organ of society' to 'strive by teaching and education to promote respect for these rights and freedoms'. Article 30 of the UDHR declares that one goal of education should be 'the strengthening of respect for human rights and fundamental freedoms'. According to the International Convention on Civil and Political Rights (ICCPR), a government 'may not stand in the way of people's learning about [their rights]'." (Human Rights Resource Center, University of Minnesota 2000, Teil I B: 2)

Damit wird geltend gemacht, dass zur Verwirklichung der Menschenrechte eine solche Bildung aller Individuen unverzichtbar ist, die diese befähigt, ihre Rechte zu erkennen und deren Anerkennung einzufordern. Dieser Ausgangspunkt bietet jedoch keine zureichende Grundlage für die Praxis der Menschenrechtspädagogik, denn es setzt die Verpflichtung auf die Menschenrechte als Grundlage pädagogischen Handelns selbstverständlich voraus. Der Verweis auf diese rechtliche Verankerung von Menschenrechtsbildung kann – ebenso wenig wie die Bestimmung von Menschenrechtserziehung als oberstes Bildungsziel seitens der KMK und einigen Landesschulgesetzen – nicht sinnvoll anstelle nachvollziehbarer Begründungen treten, die es PädagogInnen verständlich machen, worin die Aufgabe einer Menschenrechtsbildung liegt.

Andere Materialien gehen deshalb auf den inneren Zusammenhang zwischen der Achtung der Menschenrechte und der Entwicklung einer demokratischen Kultur ein, versuchen also aufzuzeigen, dass eine menschenrechtliche Bildung unverzichtbare Grundlage für Demokratie bzw. Demokratisierung ist. Dort wird Demokratie nicht nur als politische Repräsentationsform gefasst, sondern in erster Linie als Form des Zusammenlebens und alltägliches Gestaltungsprinzip begriffen. Vor diesem Hintergrund wird die Aufgabe von Menschenrechtserziehung darin gesehen, einen Beitrag zur Etablierung einer demokratischen Kultur zu leisten. Die Menschenrechte werden als normativer Bezugspunkt für die Auseinandersetzung und den Umgang mit gesellschaftspolitischen Konflikten als auch solchen des alltäglichen Zusammenlebens beansprucht. Im Sinne eines Demokratieverständnis, das die aktive Partizipation der BürgerInnen als grundlegend erachtet, wird auch die Notwendigkeit eines Lernprozesses betont, der SchülerInnen zur Entwicklung einer kritisch-reflektierten Haltung gegenüber den Regierungsinstitutionen und ihren Entscheidungen befähigt.

„The responsibilities of all citizens in a democratic society are inseparable from the responsibility to promote human rights. To flourish, both democracy and human rights require people's active participation. Human rights education includes learning the skills of advocacy – to speak and act every day in the name of human rights. Human rights education also provides a basis for conflict resolution and the promotion of social order. Rights themselves often clash, such as when one person's commitment to public safety conflicts with another's freedom of expression. As a value system based on respect and the equality and dignity of all people, human rights can create a framework for analyzing and resolving such differences. Human rights education also teaches the skills of negotiation, mediation, and consensus building." (Human Rights Educators' Network, Amnesty International USA 1998, Teil II)

„Human rights, the rule of law and democracy are closely intertwined. Respect for human rights and fundamental freedoms is one of the characteristics of a democracy. In more general terms, the democratic functioning of a human group implies the possibility of dialogue among all its members: between the State and its citizens, government and governed, and people of all beliefs and opinions. Democracy is a way of living together and an expression of respect for other people; it must be rooted in a genuine democratic culture, a culture of debate and dialogue. In education everything that promotes the citizen's demand for democracy is bound up with respect for human rights and learning how to achieve it. A critical attitude should therefore be developed in children and young people towards the institutions that govern a State or regulate life in a given society." (UNESCO 1998: 18)

In anderen Konzeptionen wird Menschenrechtspädagogik eine Schlüsselstellung im Verhältnis zu anderen Pädagogiken wie beispielsweise multikultureller, Moral-, Friedens-, Global-, Rechtspädagogik zugesprochen (s. hierzu auch Tarrow 1992: 29 ff.). Betont wird dort der integrative Charakter von Menschrechtspädagogik. Diese wird als ein Wertehorizont reklamiert, der auch als Grundlage für andere Pädagogiken geeignet sei.

„Human rights education, however, provides a shared value system where all intersect. For example, peace education incorporates human dignity and the right to peace and security. Multicultural education reflects the human rights principles of nondiscrimination and participation in one's own language, culture, and religion. Law-related education enables students to measure US law against international human rights standards." (Human Rights Educators' Network, Amnesty International USA 1998, Teil II)
„Human rights can be regarded as the common feature or point of intersection of many recent trends in education such as conflict resolution, law-related education, development education, issues-related education, peace education, anti-bias education, multicultural education, and global education. Like all of these, human rights is easily marginalized in a curriculum increasingly driven by standardized testing and a 'back-to-basics' approach that excludes many kinds of integral learning. However, while these trends are subject to the fluctuations for educational fads and fashion, human rights remains a constant as a value system that informs them all." (Human Rights Resource Center, University of Minnesota 2000, Teil III A: 1 f.)

Dies stimmt mit den oben entwickelten Überlegungen überein. Zweifellos können sowohl antirassistische als auch interkulturelle Pädagogiken als unterschiedliche Entfaltungen des menschenrechtlichen Antidiskriminierungsverbots verstanden werden. Ähnliche Bezüge lassen sich auch für Moralerziehung, Friedenserziehung usw. ausweisen. Eine solche Etikettierung oder Subsumierung unter das Label Menschenrechtspädagogik ist u. E. aber dann problematisch, wenn unterschiedliche Entstehungshintergründe, theoretische Grundlagen und inhaltliche Schwerpunktsetzungen damit aus dem Blick gerückt und der Eindruck einer unproblematischen Konvergenz erweckt wird.

In den Materialien des Europarats (s. Council of Europe 2002) wird das Potential von Menschenrechtspädagogik explizit auf die Erfordernisse des Lebens in einer „modernen multikulturellen Gesellschaft“ bezogen. Es wird angenommen, dass Kinder und Jugendliche im Zuge der Globalisierung zunehmend mit Fragen religiöser, ethnischer und nationaler Differenz sowie mit Prozessen der sozialen Exklusion konfrontiert sind. Für darauf bezogene Auseinandersetzungen werden die Menschenrechte als Grundlage beansprucht.

„Contemporary societies and, in particular, the youth population are increasingly confronted by processes of social exclusion, of religious, ethnic and national differences, and by the disadvantages – and advantages – of increasing globalisation. Human rights education addresses these important issues and can help to make sense of the different perceptions, beliefs, attitudes and values of a modern multi-cultural society. It helps individuals to find ways of using such differences in positive ways.” (Council of Europe 2002: 20 f.)

Der größte Teil der vorliegenden Materialien setzt die juridische und moralische Dimension der Menschenrechte als Grundlage von Menschenrechtspädagogik voraus, d. h. es wird zum Einen von den kodifizierten Rechten, wie sie in den Menschenrechtsdokumenten definiert sind, ausgegangen, zum anderen von den Menschenrechten als Formulierung basaler moralischer/ethischer Werte. Eine explizite Begründung der Kerngehalte und des Geltungsanspruchs der Menschenrechte wird dabei in der Regel nicht entwickelt. Dies führt dazu, dass unterschiedliche Definitionen und Verständnisse der Menschenrechte ohne nähere Begründung beansprucht werden:

In einigen Materialien werden die Menschenrechte als solche Rechte gesetzt, die der menschlichen Natur eigen sind und ohne die „wir“ nicht als menschliche Wesen leben können.

„Human rights could be generally defined as those rights which are inherent in our nature and without which we cannot live as human beings.“ (UNHCR 1998: 5)

Dies ist u. E. deshalb problematisch, weil damit denjenigen ihre basale Menschlichkeit bestritten wird, die de facto von der Geltung wichtiger Menschenrechte ausgeschlossen sind. In anderen Konzepten werden die Menschenrechte als grundlegende Standards verstanden, die gewährleistet sein müssen, damit Menschen ein der individuellen Würde gemäßes Leben führen können.

„Human rights can be defined as those basic standards without which people cannot live in dignity as human beings. […] Human rights do not have to be bought, earned or inherited, they belong to people simply because they are human – human rights are 'inherent' to each individual." (Human Rights Education Team, Amnesty International London 1996, Teil I: 2)

Aber auch dieser Ausgangspunkt ist insofern problematisch, wie er eine Interpretation ermöglicht, die bestreitet, dass Menschen ein Leben in Würde führen können, denen zugleich bestimmte Rechte vorenthalten sind.[189] Grundsätzlich ist unseres Erachtens davon auszugehen, dass die Würde des Einzelnen zwar antastbar ist, dass es sich aber verbietet, auf Grund generalistischer Annahmen und unter Verzicht auf eine gründliche Auseinandersetzung mit den Betroffenen selbst und ihrer Lebenssituation zu beurteilen, ob und wie ihre Würde angetastet ist. Historische Erfahrungen zeigen, dass es Menschen immer wieder gelingen kann, selbst unter extremen Bedingungen Selbstachtung, moralische Prinzipien und eine wie immer rudimentäre Selbstbestimmung aufrecht zu erhalten. Auch deshalb verbietet sich es, die Anwaltschaft für die Menschenrechte mit einer paternalistischen Position zu verbinden, die es sich zutraut, für andere zu entscheiden, wann ihre Würde gewährleistet ist und wann nicht. Zudem ist es problematisch, menschenrechtliche Ansprüche nur dann als legitim zu betrachten, wenn Formen der Demütigung und Missachtung offenkundig sind, die zu Verletzungen der Menschenwürde führen können. Denn die Allgemeine Erklärung der Menschenrechte enthält auch spezifische Standards, denen nicht generell ein Verständnis von Menschenwürde, sondern spezifischere Annahmen über ein anstrebenswertes Leben in modernen nationalstaatlich verfassten und industrialisierten Gesellschaften zugrunde liegen.[190]

In den Materialien des Europarats wird über die Betonung des inneren Zusammenhangs zwischen den Menschenrechten und der individuellen Würde hinausgehend, ein Verständnis geltend gemacht, für das Würde und Gleichheit unauflöslich verbundene Kernelemente sind.

„There are thus two key values lie at the core of the idea of human rights. The first is human *dignity* and the second is *equality*. Human rights can be understood as defining those basic standards which are necessary for a life of dignity; and their universality is derived from the fact that in this respect, at least, all humans are equal. We should not, and cannot, discriminate between them." (Council of Europe 2002: 284)

---

189 Es kann nicht unterstellt werden, dass z. B. nicaraguanische Straßenkinder, die keinen Zugang zu organisierter Bildung finden, zugleich aber gezwungen sind, durch illegalisierte Arbeit den Lebensunterhalt ihrer Familien zu sichern, ein würdeloses Leben führen (s. Liebel 2001).

190 Manche Ansätze changieren zwischen den beiden oben genannten Definitionen.

Damit wird in Übereinstimmung mit unseren obigen Ausführungen eine Position bezogen, die sich einer Beschränkung der Menschenrechte auf die Idee der Menschenwürde verweigert.

Fast alle Materialien betonen aber, dass die Durchsetzung der Menschenrechte an politische Kämpfe um ihre Anerkennung und gesellschaftliche Aushandlungsprozesse gekoppelt sind und gehen damit auf die historisch-politische Dimension und Kontextualität der Menschenrechte ein. In einigen Materialien wird herausgestellt, dass die rechtliche Kodifizierung der Menschenrechte kein abgeschlossener Prozess ist, sondern dass ihre Konkretisierung und Ausformulierung weiter andauern wird. Vielfach wird aber nicht explizit von einem solchen dynamischen Konzept der Menschenrechte ausgegangen, das diese als ein offenes Diskursfeld behandelt. Überwiegend steht ein Verständnis im Vordergrund, das die Menschenrechtserklärungen als vorerst abgeschlossene Werte- und Normenkataloge betrachtet, die lediglich um Aspekte erweiterbar sind.

„Human rights will no doubt continue to be expressed in changing language, as will the legal guarantees required to ensure their observance. The fight for justice, freedom and human dignity will, however, be eternal and the values inherent in human rights will always constitute a benchmark for humanity." (UNESCO 1998: 38)

Im Unterschied hierzu wird im Handbook des Human Rights Resource Centers der Universität Minnesota nicht nur auf die Notwendigkeit der fortdauernden Entwicklung und Neuinterpretation der Menschenrechtsgesetzgebung hingewiesen, sondern betont, dass die am Lernprozess Beteiligten ermutigt werden sollen, die Menschenrechtsdokumente auch als streitbare Grundlage zu betrachten.

„Introduce human rights law as a 'work in progress'. Everyone has a right to know their human rights, and such knowledge can be empowering. Explicitly link people's personal experience to human rights issues; when possible connect the issue to specific articles in the Universal Declaration of Human Rights and other relevant human rights documents. However, don't emphasize documents over experience or present them as „perfect" or „settled". Encourage participants to examine and question everything. Emphasize also that each of these international documents resulted from the efforts of men and women to codify moral principles of justice and human dignity. And as social conditions change, new human rights laws must be developed or existing laws adapted in response to newly recognized needs. The ongoing participation of all people is needed for human rights law to continue to develop and be interpreted." (Human Rights Resource Center, University of Minnesota 2000, Teil II D: 1)

Darüber hinausgehend wird hier die erfahrungsbezogene Klärung eigener Rechtsansprüche als zentraler Ausgangspunkt gesetzt, dem auch systematischer Vorrang gegenüber der Befassung mit den kodifizierten Rechten zugewiesen wird. Insgesamt liegt hier eine Grundlegung vor, die mit unseren Überlegungen zum Status einer Menschenrechtspädagogik übereinstimmt.[191]

In den Materialien des Europarats werden unter der Problemstellung „Dilemmata und Missbrauch von Menschenrechten" aktuelle und gesellschaftspolitisch kontroverse Themen angesprochen, die sich einfachen Antworten entziehen. Am Beispiel der staatlichen Einschränkung basaler Freiheitsrechte von Minderheitengruppen nach dem 11. September und deren Legitimierung als notwendige Strategie zur Bekämpfung von Terrorismus sowie im Bezug auf Sanktionen und Militäreinsätze im Namen der Verteidigung von Menschenrechten wird aufgezeigt, dass die Menschenrechte ein weiter zu entwickelndes und streitbares Feld moralisch und rechtlichen Denkens sind, das auf gesellschaftspolitische Aushandlungsprozesse bezogen ist (s. Council of Europe 2002).

„Such debates are an indication both of pluralistic approach that is fundamental to the notion of human rights and of the fact that human rights are not a science, not a fixed 'ideology', but are a developing area of moral and legal thought. We should not always expect black and white answers – partly, because the issues are complex, but also because there are no experts on the subject who are qualified to have the final word and settle all arguments." (Council of Europe 2002: 290)

Geltend gemacht wird hiermit auch, dass es vielfach keine eindeutigen Ableitungen konkreter Forderungen aus den menschenrechtlichen Prinzipien geben kann, sondern dass hier, wie in anderen Feldern der Rechtssprechung auch, konkrete Fälle immer Abwägung zwischen einzelnen Rechtsgrundsätzen erforderlich machen sowie zu klären ist, wie ein konkreter Fall rechtlich klassifiziert werden kann.

Dem überwiegenden Teil der Materialien liegt ein Verständnis von Menschenrechten zu Grunde, das das Selbstverständnis, wie es durch die Allgemeine Erklärung der Menschenrechte formuliert ist, voraussetzt, d. h. von den grundlegenden und unhinterfragbaren Prinzipien der Universalität, der Unteilbarkeit

---

191 Dieser Anspruch wird aber in dem erwähnten Handbook nicht konsequent durchgehalten.

und der Unveräußerlichkeit ausgeht. In einigen Materialien spitzt sich diese Setzung, wie oben erwähnt, dahingehend zu, dass behauptet wird, dass die Menschenrechte die basalen Standards umfassen, ohne die es Menschen nicht möglich ist, die ihnen eigene Würde zu realisieren.

Teilweise wird betont, dass die Menschenrechte als unteilbare Einheit verstanden werden müssen, d. h. eine Hierarchisierung sich verbietet, die etwa die politischen Freiheitsrechte als wichtiger erachtet als die ökonomischen und sozialen Rechte.

„[...] Nor can anyone decide that certain human rights are more important than others. Human rights form a whole, and represent an aggregate of values and principles that all human beings in all countries and all cultures must respect. All individuals can and should invoke for themselves, and for others, the full range of human rights." (UNESCO 1998: 30)

Eine solche Argumentation ist auf den ersten Blick einleuchtend, insbesondere in dem Sinn, dass damit die Unverzichtbarkeit auch der sozialen und ökonomischen Menschenrechte betont wird. Sie abstrahiert jedoch von der historisch-politischen Kontextualität und Konflikthaftigkeit, in die die jeweiligen Konkretisierungen der Menschenrechte eingelassen sind. Im Bezug auf diese Problematik wird in den Materialien von Amnesty International USA eine u. E. tragfähige Position eingenommen. Dort wird betont, dass Auseinandersetzungen um die Frage, welche Menschenrechte als vor- oder nachrangig zu betrachten sind, von den jeweils spezifischen Kontexten, Bedingungen sowie staatlichen und politischen Orientierungen abhängen. Auf dieser Grundlage wird z. B. die Engführung des Konzepts der Menschenrechte auf politische und zivile Rechte problematisiert.

„The United States has focused on political and civil rights and has advocated strongly against regimes that torture, deny religious freedom, or persecute minorities. On the other hand, the US government rarely recognizes health care, homelessness, environmental pollution, and other social and economic concerns as human rights issues, especially within its own borders. Across the USA, a movement is rising to challenge this narrow definition of human rights and to restore social, economic, and cultural rights to their rightful place on the human rights agenda. The right to eat is as fundamental as the right not to be tortured or jailed without charges!" (Human Rights Educators' Network, Amnesty International USA 1998, Teil I: 2)

Angesprochen ist hier auch die Problematik, dass die Realisierung und gesellschaftliche Umsetzung der Menschenrechte nach wie vor – auch in den westlichen Industrieländern – als eine zentrale Aufgabe begriffen werden muss. In diesem Zusammenhang wird im Handbook des Human Rights Resource Centers der Universität Minnesota (2000) auch auf die Schwierigkeit verwiesen, dass eine menschenrechtsbezogene Bildung, die sich mit gesellschaftlich kontroversen Fragen beschäftigt, ein Konfliktpotential im Verhältnis zu staatlichen Interessen, politischen Überzeugungen der Regierenden und auch innerhalb der Schule und des Schulumfelds aufrufen kann.

„Schools in general are conservative. As the principal institution for the socialization of children, as well as the source of basic education, they usually embody the values of the communities in which they exist. In addition, they may reflect government efforts to use schools to pursue political objectives, such as shaping attitudes on patriotism, religion, family planning, alcohol and drug use, and minorities. Some governments necessarily regard teaching human rights in schools as contrary to their own interests." (Human Rights Resource Center, University of Minnesota 2000, Teil I C 2)

Dies betrifft im bundesdeutschen Kontext nicht zuletzt die Verankerung eines christlichen Verständnisses in einigen Landesschulgesetzen. In der Perspektive einer antirassistisch und interkulturell fundierten menschenrechtlichen Pädagogik ist eine solche Privilegierung der christlichen Religionen ersichtlich hoch problematisch.

In einigen Materialien, so auch in den Informationen der Bundeszentrale zur politischen Bildung, wird die Problematik von Menschenrechtsverletzungen weitgehend externalisiert und als Problem der so genannten Entwicklungsländer markiert.

„Die Massenflucht aus einem von Terror und Bürgerkrieg heimgesuchten Land Afrikas und die Folter in einem lateinamerikanischen Gefängnis dürfen uns ebenso wenig unberührt lassen wie der Völkermord auf dem Balkan oder die Ausbeutung von Kindern als billige Arbeitssklaven auf dem indischen Subkontinent. Wohl gibt es in der Bundesrepublik Deutschland keine Menschenrechtsverletzungen in nennenswertem Umfang, doch wer möchte die Garantie übernehmen, dass dies für alle Zeiten auch so bleibt?" (Bundeszentrale für politische Bildung 2000: 4)

Diese Einschätzung ist zumindest im Hinblick auf die Situation von Asylsuchenden und MigrantInnen ohne legalen Aufenthaltsstatus nicht überzeugend.

In dem obigen Zitat klingt zudem eine generelle Problematik an, die auf menschenrechtliche Sensibilisierung zielt: Vermittelt durch die Massenmedien ist prinzipiell eine Vielzahl weltgesellschaftlicher Menschenrechtsverletzungen wahrnehmbar. Wird gefordert, sich von diesen subjektiv berühren zu lassen, dann ist zumindest zu bedenken, an welche Grenzen der subjektiven Verarbeitungsfähigkeit dies stößt. Niemand kann subjektive Betroffenheit und eigenes Engagement in Bezug auf alle Menschenrechtsverletzungen entwickeln, die ihm bekannt werden. In pädagogischen Kontexten gilt es mit Betroffenheitserwartungen sensibel umzugehen und die subjektiven Grenzen der AdressatInnen zu respektieren.

Einzugehen ist im Folgenden noch auf einen weiteren grundlegenden Aspekt: Insgesamt wird in nur wenigen der Praxistools ausführlich die Problematik aufgegriffen, dass der Status und die Legitimierung von Menschenrechten als universelle Prinzipien keineswegs unumstritten ist. In der Handreichung „ABC, Teaching Human Rights“ der UNESCO wird jedoch die Beanspruchung kulturrelativistischer Positionen thematisiert, die behaupten, dass die Menschenrechte keinen übergeordneten universellen Status gegenüber partikularen kulturellen Traditionen beanspruchen können. Diese Kritik des Kulturrelativismus macht geltend, dass dieser ein statisches Konzept von Kulturen voraussetzt sowie dass es nicht zulässig ist, Menschenrechtsverletzungen durch den Verweis auf kulturelle Traditionen zu legitimieren.

„There is […] a school of thought that stresses 'cultural relativism' and calls into question the universality of these rights. The idea that traditional customs and standards could burden a society forever, and hold individuals in a straitjacket, is not one we can accept. While cultural elements do indeed influence individual attitudes and thought, cultures develop and can go on developing. Culture is not set in its way but is a perpetual onward movement. The overemphasis on relativism which might result from recognition of the diversity of cultures could lead to a denial of the universal basis provided by human rights as a whole. We cannot therefore adduce cultural differences as a pretext for not respecting human rights." (UNESCO 1998: 28)

Auch diese Kritik geht noch von einem Verständnis von Kulturen als zwar wandelbaren, aber in sich widerspruchsfreien Gebilden aus, die unabhängig von gesellschaftlichen Auseinandersetzungen und Konflikten existieren. Dagegen ist es u. E. geboten, menschenrechtspädagogisch auf die Konflikte um die Geltung der Menschenrechte hinzuweisen, die historisch in unterschiedlichen kulturellen Kontexten und Gesellschaften zu beobachten sind. Denn ersichtlich ist etwa die Anerkennung von Frauen als gleichberechtigte Träger von Rechten kein naturwüchsiges Erbe der westlichen Tradition, das „die westliche Kultur" von „der arabischen Kultur" oder „dem Islam" unterscheidet.

Andernorts wird in Kritik des Kulturrelativismus argumentiert, dass die Menschenrechte kein ausschließliches Produkt der europäischen Tradition sind, sondern dass auch außereuropäische Traditionen und Religionen menschenrechtliche Elemente enthalten (s. auch Suntinger/Weber 2000: 7 f.).

„Although human rights were principally defined and codified in the twentieth century, human rights values are rooted in the wisdom literature, traditional values, and religious teachings of almost every culture. For example the Hindu Vedas, the Babylonian Code of Hammurabi, the Bible, the Quran (Koran), and the Analects of Confucius all address questions of peoples' duties, rights, and responsibilities. Native American sources include the Inca and Aztec codes of conduct and justice and the Iroquois Constitution." (Human Rights Resource Center, University of Minnesota 2000, Teil I A:1)
„In dealing with issues of cultural relativism, facilitators should keep these points in mind:
1. Neither culture nor human rights law is absolute. As human constructs, both culture and law are continuously evolving.
2. Human rights law sets standards but generally does not prescribe how they are to be met, thus allowing for wide cultural differences in implementation.
3. Human rights issues are complex and multidimensional and need to be seen from more that one perspective. For example, rather than casting an issue like female genital mutilation as simply a dilemma between women's human rights and cultural or religious practices, it can also be examined from the perspective of economic rights, development, or poverty. What are the economic reasons behind a family's efforts to preserve their daugther's marriageability?" (ebd. , Teil III D:2)

Die Betonung, dass menschenrechtliche Prinzipien nicht ausschließlich als Ergebnis der christlich-europäischen Tradition verstanden werden können, ist in der Einwanderungsgesellschaft Bundesrepublik unverzichtbar, da nur so eine massive Abwertung anderer Religionen und Traditionen, die für einen Teil der MigrantInnen bedeutsam sind, also die menschenrechtliche Kultivierung eines europäischen Überlegenheitsbewusstseins vermieden werden kann. Darüber hinaus wird in der Argumentation des oben zitierten Handbooks darauf hingewiesen, dass Menschenrechtsverletzungen, die mit dem Verweis auf kulturelle Traditionen legitimiert werden, keineswegs ausschließlich kulturell motiviert sind, sondern ökonomische und politische Ursachen haben können. Diese müssen analysiert werden, um begreifen zu können, was kulturelle Legitimationsversuche von Menschenrechtsverletzungen veranlassen kann. Dieser Gesichtspunkt ist wesentlich, um auch im Kontext der Menschenrechtspädagogik einen naiven Kulturalismus zu vermeiden.

Wie oben gezeigt ist in Einwanderungsgesellschaften das Spannungsverhältnis von Menschenrechten und Staatsbürgerrechten von erheblicher Bedeutung. Aktuell wird dieses Spannungsverhältnis pointiert darin deutlich, dass die kürzlich verabschiedete „Konvention zum Schutz der Rechte aller Wanderarbeitnehmer und ihrer Familienangehörigen“, die auch Menschenrechte für MigrantInnen ohne legalen Aufenthaltsstatus einfordert, bislang von nur 20 Staaten unterzeichnet wurde.[192] Dieses Spannungsverhältnis wird in den vorliegenden Materialien nicht angemessen analysiert. In einigen Konzepten wird das Potential betont, das darin liegt, dass die Gültigkeit der Idee der Menschenrechte nicht von ihrer faktischen Gewährleistung durch Regierungen und staatliche Institutionen abhängig ist. Damit einher geht teilweise eine Perspektive auf die Menschenrechte, die diese als ein Ideal und einen kritischen Maßstab gegenüber nationalstaatlicher Politik und als Empowermentstrategie in Bezug auf das Einklagen und Einfordern von Rechten zu beanspruchen versucht.

„Because human rights are not granted by any human authority such as a monarch, government, or secular or religious authority, they are not the same as civil rights, such as those in the US Constitution and Bill of Rights. Constitutional rights are granted to individuals by virtue of their citizen ship or residence in a particular country whereas human rights are inherent and held as attributes of the human personality. Human rights are both abstract and practical. They hold up the inspiring vision of a free, just, and peaceful world and set minimum standards for how both individuals and institutions should treat people. They also empower people to take action to demand and defend their rights and the rights of others.” (Human Rights Resource Center, University of Minnesota 2000, Teil I C: 1)

„Human rights are not related to citizenship in a particular country. Human rights also include how individuals relate to each other, not just how people and governments relate. Every human being has the right to know about and enjoy

---

192 S. dazu das Information Kit vom 01.07.2003 zur United Nations Convention on Migrants' Rights (www.unesco.org/most/migration/convention).

these rights." (Human Rights Educators' Network, Amnesty International USA 1998: Teil II: 1)

„In education everything that promotes the citizen's demand for democracy is bound up with respect for human rights and learning how to achieve it. A critical attitude should therefore be developed in children and young people towards the institutions that govern a State or regulate life in a given society."
(UNESCO 1998: 18)

Diese Perspektive mündet aber dann in ein naives und illusionäres Menschenrechtsverständnis, wenn übersehen wird, dass es de facto keine supranationale Instanz gibt, die in der Lage und legitimiert ist, die individuelle Einklagbarkeit der Menschenrechte tatsächlich umfassend zu gewährleisten.[193]

4.2. *Didaktische Grundsätze*

Als weitgehend konsensuell kann die übergeordnete Zielsetzung gelten, dass Menschenrechtspädagogik zur Entwicklung einer Menschenrechtskultur, in der die Menschenrechte verstanden, verteidigt und respektiert werden, beitragen soll (s. etwa Council of Europe 2002: 17). Angenommen wird, dass hierzu nicht nur der Erwerb von *Wissen* über die Menschenrechte notwendig ist, sondern auch die Entwicklung von spezifischen *Fähigkeiten* und *Haltungen*. In Bezug auf diese drei Dimensionen unterscheidet ein Teil der vorliegenden Materialien zwischen einem Lernen *über*, einem Lernen *für* und einem Lernen *durch* Menschenrechte:

---

193 Bislang gibt es lediglich erste Schritte, die in diese Richtung weisen, insbesondere die Aufgabenerweiterung des Europäischen Gerichtshof für Menschenrechte. Dort werden Beschwerden jedoch nur dann zugelassen, wenn der innerstaatliche Rechtsweg – in Deutschland bis hin zur Anrufung des Bundesverfassungsgerichts – bereits erfolglos ausgeschöpft wurde. Individualbeschwerden in Bezug auf rassistische Diskriminierungen konnten in der bisherigen Rechtssprechungspraxis des Europäischen Gerichtshofes faktisch kaum geltend gemacht werden. Der Artikel 14 der Europäischen Menschenrechtskonvention, der die Gewährleistung der in der Konvention kodifizierten Rechte garantiert, wurde bislang nicht als ausreichend für Klagen gegen Formen von Diskriminierung erachtet, die über explizit in der Konvention selbst definierte Rechte hinausreichen. Ein von 27 Mitgliedsstaaten verabschiedetes Zusatzprotokoll sieht nunmehr eine solche Erweiterung des Diskriminierungsschutzes vor, der sich allgemein auf die rechtlichen Garantien, die Individuen unter nationalstaatlichem Recht haben, bezieht. Deutschland hat das Protokoll bereits Ende 2000 unterzeichnet, bislang aber genauso wenig ratifiziert wie die meisten anderen Staaten (s. Addy 2003: 31). Eine zusätzliche Möglichkeit der Individualbeschwerde besteht mit der Berufung auf Artikel 14 des Übereinkommens zur Beseitigung jeder Form von Rassendiskriminierung der Vereinten Nationen, dem sich die Bundesrepublik aber erst seit dem 30.08.2001 unterworfen hat (s. Deutsches Institut für Menschenrechte 2003: 22 ff.).

- Lernen *über* Menschenrechte meint den Erwerb von Wissen über die Geschichte und die Prinzipien der Menschenrechte in Form der eher kognitiven Beschäftigung mit den Menschenrechten als Lerngegenstand.
- Lernen *für* Menschenrechte zielt demgegenüber auf die Entwicklung von Kommunikations-, Kooperations- und Konfliktfähigkeit sowie die Entwicklung eines kritischen Denkens und von Handlungsdispositionen, die dazu befähigen, sich aktiv für die Realisierung von Menschenrechten einzusetzen.
- Lernen *durch* Menschenrechte schließt darüber hinausgehend das Ziel ein zur Ausprägung von Werthaltungen, von Empathiefähigkeit beizutragen sowie eine solche Persönlichkeitsbildung zu fördern, die zu Respekt gegenüber Diversität und zur Entwicklung von Solidaritäts- und Gerechtigkeitsvorstellungen befähigt.[194]

Diese drei Aspekte werden als gleichberechtigte Ebenen einer umfassenden Menschenrechtsbildung verstanden.

Lernen über Menschenrechte – Dimension des Wissens und Verstehens

• Key concepts such as: freedom, justice, equality, human dignity, non-discrimination, democracy, universality, rights, responsibilities, interdependence and solidarity;
• The idea that human rights provide a framework for negotiating and agreeing standards of behaviour in the family, in school, in the community and in the wider world;
• The role of human rights and their past and future dimension in one's own life, in the life of communities, and in the lives of other people around the world;
• The distinction between civil/political and social/economic rights;
• Different ways of viewing and experiencing human rights in different societies, different groups within the same society, and the various sources of legitimacy – including religious, moral and legal sources;
• Main social changes, historical events and reasons leading to the recognition of human rights;
• Major international instruments that exist to implement the protection of human rights (…);
• Local, national, international bodies, non-governmental organisation, individuals working to support and protect human rights.

---

194 Einige Konzeptionen unterscheiden nur zwischen den beiden Dimensionen Lernen *über* und *für* Menschenrechte. Aspekte der dritten Unterscheidungsebene eines Lernens *durch* Menschenrechte werden dabei weitgehend unter dem Aspekt des Lernens *für* subsumiert.

Lernen *für* Menschenrechte – Dimension der Entwicklung von Fähigkeiten
• Active listening and communication: being able to listen to different points of view, to advocate one's own rights and those of other people
• Critical thinking: finding relevant information, appraising evidence critically, being aware of preconceptions and biases, recognising forms of manipulation, and making decisions on the basis of reasoned judgement;
• The ability to work co-operatively and to address conflict positively;
• The ability to participate in and organise social groups;
• Acting to promote and safeguard human rights both locally and globally.

Lernen *durch* Menschenrechte – Dimension der Entwicklung von Haltungen
• A sense of responsibility for one's own actions, a commitment to personal development and social change;
• Curiosity, an open mind and an appreciation of diversity;
• Empathy and solidarity with others and a commitment to support those whose human rights are under threat;
• A sense of human dignity, of self-worth and of others' worth, irrespective of social, cultural, linguistic or religious differences;
• A sense of justice, the desire to work towards the ideals of freedom, equality and respect for diversity.(S. Council of Europe 2002: 19 f.)

4.2.1. 'Today we are going to talk about freedom of expression – shut up in the back row!'

Eine Menschenrechtspädagogik, die Widersprüche zwischen dem Inhalt der Menschenrechte und der Form ihrer Vermittlung vermeiden will, ist nicht auf die Auseinandersetzung mit der Geschichte und den Prinzipien der Menschenrechte reduzierbar. Sie muss vielmehr SchülerInnen als mit Rechten und Würde ausgestattete Subjekte anerkennen, also in eine pädagogische Kultur der Anerkennung eingebettet sein (s. dazu Hafeneger/Henkenborg/Scherr 2002). Damit liegt es nahe, kooperative, partizipative und subjektorientierte Lehr- und Lernformen im Rahmen der Menschenrechtspädagogik zu verwenden.

Einige Konzeptionen unterscheiden zwischen der *Inhaltsebene* (Entwicklung von Wissen, Fähigkeiten, Werten und Haltungen in Form der sachbezogenen Auseinandersetzung mit den Menschenrechten als curricularem Lerngegenstand) einerseits und der *Prozessebene* andererseits. Letztere schließt die Frage nach den Lernformen und den pädagogischen Mitteln ebenso ein wie die nach der Entwicklung des Ethos der Organisation Schule. Inhalts- und Prozessebene sollten demnach nach gemeinsamen Prinzipien gestaltet sein: „A human rights curriculum requires an environment based on human rights principles." (Tarrow 1992: 24)

Daher erfordern die Menschenrechte als Lerngegenstand idealerweise eine entgegenkommende Schulkultur, einen interdisziplinären Zugang und sind nicht auf ein separates Curriculum eingrenzbar. Dementsprechend wird davon ausgegangen, dass die Realisierung eines menschenrechtsorientierten Lernens, das Alltagserfahrungen systematisch mit einbezieht, nur durch eine langfristig angelegte, fächerübergreifende, dialogisch und subjektorientierte Menschenrechtsbildung realisiert werden kann. Diese soll darauf ausgerichtet sein, zu verdeutlichen, dass die Menschenrechte eine Relevanz für die eigenen Erfahrungen und Lebenszusammenhänge haben sowie mit einer demokratischen, der Idee der Würde korrespondierenden Organisationsentwicklung von Schule, einhergehen. Zentral für eine mit den Inhalten der Menschenrechtserklärungen konsistente Praxisgestaltung ist also auch eine solche Demokratisierung von Schulen, die diese nicht als einen vordergründigen Prozess inszeniert, der durch die alltäglichen Erfahrungen der SchülerInnen konterkariert wird. Vielmehr geht es um einen umfassenden Einbezug der SchülerInnen und des Schulumfelds in Bezug auf relevante Entscheidungsprozesse.

„This means avoiding any hypocrisy. At its simplest, hypocrisy refers to situations where *what* a teacher is teaching is clearly at odds with *how* he or she is teaching it. For example: 'Today we are going to talk about freedom of expression – shut up in the back row!' Students will learn mostly about power this way, and considerably less about human rights. As students spend a good deal of time studying teachers, and can develop a good understand of teachers' beliefs, that behaviour could make it difficult for a teacher to have any real positive effect. Because of a desire to please, for example, they may try to mirror a teacher's personal views, without thinking for themselves. This may be a reason, at the beginning at least, for not expressing their own ideas. At its most complex, hypocrisy raises profound questions about how to protect and promote the human dignity of both teachers and students in a class-room, in a school, within process of deciding what to do, how to do it, an why, not only students, school administrators, education authorities, and parents, but, if appropriate, eventually also members of the community in which they live and work." (UNHCR 1998: 7; s. auch Council of Europe 2002: 17; UNESCO 1998: 46)

Mit dem Fokus auf eine subjektorientierte und lernerzentrierte Thematisierung der Menschenrechte wird darüber hinausgehend akzentuiert, dass diese sich nicht allein auf Formen der kognitiven Auseinandersetzung beschränken kann, sondern die Relevanz der Menschenrechte für die SchülerInnen auch affektiv erfahrbar gemacht werden muss.[195]

„A history of human rights legislation (including information on complaints procedures), taught with the greatest skill and care, can be very difficult to bring alive in the class-room. The same applies to teaching human rights as preferred standards *per se*, working through the Universal Declaration for example, while pointing out the rationale for each article (With illustrative examples from the real world perhaps). 'Facts' and 'fundamentals' are not enough, even the best-selected ones. Students will want a feel for these principles for the conceptual language involved an the real-life questions they raise, if they are to have more than intellectual significance. Hence the importance of having them exercise their own sense of justice, freedom and equity." (UNHCR 1998: 8)

Einige Materialien geben unabhängig von den konkreten Unterrichtsvorschlägen und -aktivitäten eine allgemeine Einführung in Methoden und Techniken, die für ein solches partizipatives Lernen geeignet sind. Die dabei in den Vordergrund gestellten Modelle des erfahrungs- und handlungsbezogenen Lernens werden durch die Darstellung kooperativer Lernmethoden wie Gruppen- und Paardiskussionen, Rollenspiele, Verfahren des Brainstorming und das Arbeiten in Projekten konkretisiert (s. u. a. Human Rights Education Team, Amnesty International London 1996, Teil II:12 ff.).

Solche Lernmodelle entsprechen allerdings nicht den pädagogischen Settings, die in Schulen bislang üblich sind. Da davon ausgegangen werden kann, dass die meisten LehrerInnen eher von einer Unterrichtssituation ausgehen, in der ein Experte unwissenden SchülerInnen Wissen vermittelt, bedarf es auch einer Selbstaufklärung und eines Lernprozesses auf Seiten der Lehrkräfte. In Abgrenzung zu dem vorherrschenden Modell des Lehrers als Vermittler von Wissen wird dabei in einigen Materialien ein Verständnis des Lehrers als Moderator und Organisator (*Facilitator*) von Lernprozessen zugrunde gelegt. Dessen Aufgabe wird zentral darin gesehen, zur Selbstbildung aller am Lernprozess Beteiligten beizutragen, d. h. die SchülerInnen darin zu unterstützen, bereits vorhandenes Wissen zu entdecken und weiterzuentwickeln, sich aber auch selbst der Herausforderung der kritischen Auseinandersetzung mit eigenen Vorurteilsstrukturen und politischen oder ideologischen Überzeugungen zu stellen.

---

195 Dies stimmt mit der oben referierten Idee Richard Rortys überein, das Menschenrechtspädagogik mit einer Kultivierung der Gefühle einhergehen sollte.

Vor diesem Hintergrund wird weiter die Problematik angesprochen, dass Menschenrechte komplexe moralische Fragen aufwerfen, die sich einfachen Antworten entziehen. Dies erfordert ein Selbstverständnis der Lehrkräfte als am Lernprozess selbst Beteiligte[196] und eine entsprechende Kompetenz des Umgangs mit offenen Methoden, die es ermöglichen, solche Fragen mit den SchülerInnen zu erörtern und zu diskutieren, d. h. die eher auf eine Kultur des kritischen Debattierens und des Aufzeigens unterschiedlicher Perspektiven abzielen, als darauf, allgemeingültige und unterkomplexe Antworten zu geben.

„In this manual we use the word 'facilitators' for the people who prepare, present and coordinate activities. A facilitator is someone who helps people discover how much knowledge they already have, who encourages them to learn more and helps them explore their own potential. Facilitation means creating an environment in which people learn, experiment, explore and grow. It is a process of sharing, of giving and taking. It is not a question of one person, who is 'an expert', giving knowledge and skills to others." (Council of Europe 2002: 41)

„Everyone carries some discriminatory thoughts, feelings, and attitudes, whether based on race, class, gender, ability, sexual orientation, or some other distinction such a political or ideological convictions. A human rights educator accepts the responsibility of honest, critical self-examination, not denying that she or he holds prejudices, but striving to recognize them and thus to change them. Otherwise a genuine learning community where participants are engaged in dialogue between equals is impossible." (Human Rights Resource Center, University of Minnesota 2000, Teil II A: 1)

„When teaching human rights, answers are rarely simple. Complex moral questions cannot be answered with yes or no. Raising the questions is more important than finding one 'correct' answer. By introducing these complex issues to children and allowing them to think about them, we can equip them to deal with them later in life." (Human Rights Education Team, Amnesty International London 1996, Teil I: 8)

„Instead of 'having all the answers', the human rights educator has the skill to shape the learning environment so that people can articulate their own questions, critique their own experience, search for their own answers, an learn from each other. A human rights educator who isn't learning isn't educating." (Human Rights Resource Center, University of Minnesota 2000, Teil II A: 1)

---

196 Eine solche Umorientierung hat grundlegend bereits Paolo Freire (1977) eingefordert.

5. Praktische Ansatzpunkte einer Menschenrechtsbildung in der Einwanderungsgesellschaft

Wie im Vorstehenden gezeigt wurde, finden sich in den vorliegenden Materialien eine ganze Reihe von Übereinstimmungen mit den Überlegungen, die wir in Auseinandersetzung mit den Grundlagen einer Menschenrechtspädagogik formuliert haben. Deutlich wurde aber auch, dass in der Fachdiskussion kein konsensuelles und konsistentes Verständnis der Menschenrechte sowie der Grundsätze einer angemessenen Menschenrechtspädagogik vorzufinden ist. Im Folgenden soll es nun nicht darum gehen, die praktischen Implikationen und die konkreten Vorgehensweisen aller vorliegenden Materialien zu skizzieren. Wir konzentrieren uns darauf, solche Konzepte und Tools vorzustellen, die eine erkennbare Affinität zu den spezifischen Aspekten aufweisen, die u. E. für eine Menschenrechtspädagogik im Kontext einer Bildung für die Einwanderungsgesellschaft relevant sind. Methodisch geht es im Folgenden also um den Versuch, Elemente einer solchen Praxis aufzuzeigen, die sich an den von uns explizierten Kriterien erkennen lassen. Dies geschieht im Hinblick auf folgende thematische Fokusse:

- Wie kann ein Grundverständnis der Idee der Menschenwürde als Grundlage des menschenrechtlichen Diskurses entwickelt werden?
- Wie können SchülerInnen zu einer kritischen Auseinandersetzung mit den kodifizierten Menschenrechten als gesellschaftsgeschichtlich situierten und umstrittenen Fassungen der Menschenrechtsidee befähigt werden?
- Welche Konzepte und Materialien sind dazu geeignet, eine Auseinandersetzung mit den für die Einwanderungsgesellschaft zentralen menschenrechtlichen Problematiken (Verhältnis Menschenrechte, Nationalstaat und Staatsbürgerrechte, Diskriminierungsverbote, Asylrecht, Menschenrechte von MigrantInnen ohne legalen Aufenthaltsstatus) anzuregen?

5.1. Entwicklung eines Grundverständnisses der Idee der Menschenwürde

Menschenrechtspädagogik kann nicht voraussetzen, dass der Begriff der Würde und die Idee der universellen Menschenrechte für ihre jeweiligen AdressatInnen verständlich und bedeutungsvoll sind. Auch kann nicht unterstellt werden, dass

LehrerInnen diesbezüglich über ein fundiertes Wissen verfügen.[197]

Eine Verankerung der Menschenrechte in den Kerncurricula der Lehrerbildung ist deshalb u. E. unverzichtbar, wenn Schule als eine Bildungsinstitution verstanden wird, die den Auftrag ernst nimmt, nicht nur ein spezialisiertes Fachwissen zu vermitteln, sondern auch zur Auseinandersetzung mit grundlegenden gesellschaftspolitischen Fragestellungen und moralischen Orientierungen zu befähigen. Zudem ist eine interdisziplinär angelegte Menschenrechtspädagogik auf PädagogInnen angewiesen, für die Gehalt, Geschichte und Problematik der Menschenrechte zu demjenigen Grundlagenwissen gehört, auf das als gemeinsamer Bezugspunkt referiert werden kann. Es konterkariert jedenfalls offenkundig die Idee einer gesellschaftlichen Verpflichtung auf die Gewährleistung der Menschenrechte, wenn keine systematischen Anstrengungen unternommen werden, LehrerInnen zur Aneignung und Vermittlung der Menschenrechte zu befähigen.

Für menschenrechtspädagogische Projekte und Programme ist es in einem ersten Schritt sinnvoll, zunächst den Bedeutungsgehalt des Begriffs der Würde zu erschließen. Eine erste Möglichkeit hierzu zeigt die Handreichung von Amnesty International London (1996) auf:

Der Unterrichtsvorschlag „Das imaginäre Land" bietet eine situationsbezogene Einführung der Menschenrechtsidee an, die an den Erfahrungen der Lernenden sowie an ihrer Situation in der Schule ansetzt und insofern mit den hier zugrunde liegenden didaktischen Prinzipien kompatibel ist.

Unterrichtsbeispiel: „The Imaginary Country"

In 5-er oder 6-er Gruppen beschäftigen sich die SchülerInnen zunächst mit folgendem Szenario:
Sie sollen sich vorstellen, dass sie ein unbewohntes Land entdecken, wo keinerlei Regeln und Gesetze für das menschliche Zusammenleben existieren und sie sich dort als Gruppe niederlassen wollen. Dabei ist offen, wie ihre jeweilige soziale Situation aussehen wird.
Die SchülerInnen werden aufgefordert, jeweils drei Rechte aufzuschreiben, von denen sie denken, dass diese für jeden Einzelnen in diesem Land garantiert werden sollten. Anschließend sollen sie diese formulierten Rechte innerhalb der Gruppe diskutieren und sich auf maximal zehn Rechte einigen, von denen sie

[197] Hierzu liegen unserer Kenntnis nach keine Erhebungen vor. Eigene Recherchen im Kontext der Aus- und Fortbildung zeigen jedoch, dass selbst die Inhalte der Allgemeinen Erklärung der Menschenrechte auch in Kreisen von PädagogInnen und WissenschaftlerInnen nur bruchstückhaft bekannt sind.

glauben, dass diese wichtig sind. Die SchülerInnen werden gebeten, dem imaginären Land, in dem diese Rechte gelten sollen, einen Namen zu geben und den für dieses Land erstellten Rechtskanon der Klasse zu präsentieren. Aus allen präsentierten Listen wird eine „Master-Liste“ erstellt, wobei die Mehrfachnennung von Rechten – entsprechend der Anzahl – registriert wird.
In einem nächsten Schritt wird eine Klassendiskussion darüber geführt, welche Rechte sich überschneiden oder einander widersprechen und ob die Liste rationalisiert werden kann sowie ob einander ähnelnde Rechte in Gruppen zusammengefasst werden können. Wenn die „Master-Liste“ fertig gestellt ist, wird sie mit einer vereinfachten Version der Allgemeinen Menschenrechtserklärung im Hinblick auf Differenzen und Ähnlichkeiten verglichen.
Für die weiterführende Diskussion in der Klasse werden folgende Fragen vorgeschlagen:

- Haben sich eure/Ihre Vorstellungen darüber, welche Rechte die wichtigsten sind, verändert?
- Wie würde das Leben aussehen, wenn einige von diesen Rechten nicht garantiert werden würden?
- Gibt es Rechte, die ihr/Sie zu der endgültigen Liste hinzufügen wollt(en)?
- Hat jemand ein Recht aufgeschrieben, das nicht in der Liste auftaucht?
- Wofür ist es nützlich, eine solche Liste zu erstellen?

Ein weiterer Vorschlag betrifft die Thematisierung des Kontextbezugs der Menschenrechte: Mit dem Hinweis, dass diese Unterrichtsaktivität in verschiedenen Ländern durchgeführt wurde und dass in Ländern, wo Krieg herrscht, dem Recht auf Leben, in Ländern mit großer Armut, dem Recht auf Arbeit höchste Priorität eingeräumt wurde, werden die SchülerInnen dazu angeregt, darüber nachzudenken, ob und wie die spezifische Situation in ihrem Land einen Einfluss darauf hat, welche Rechte sie ausgesucht haben.
Als weiterführendes Projekt wird vorgeschlagen, in einem ähnlichen Prozess eine Rechteliste zu erstellen, die im Klassenraum gelten und daraufhin erprobt werden soll, inwiefern die darin getroffenen Festlegungen tragen und somit diese Liste nicht als feststehendes, sondern „lebendiges“ und prinzipiell erweiterbares Dokument dienen kann. Auf dieser Grundlage können die SchülerInnen darüber diskutieren, was passieren soll, wenn jemand die darin formulierten Rechte verletzt. (S. Human Rights Education Team, Amnesty International London 1996, Teil IV: 3 f.)

Grundlegend für die zuletzt beschriebene Vorgehensweise ist die Zielsetzung, dass die SchülerInnen eine Einsicht in die situationsbezogene Bedingtheit der subjektiven Wertschätzung, die einzelnen Menschenrechten zugeschrieben wird, erlangen sollen. Zugleich wird die Dimension der Kontextualität und werden mögliche Konflikte zwischen einzelnen Menschenrechten explizit gemacht.[198] Insofern wird hier eine Möglichkeit aufgezeigt, wie ein solches Grundverständnis der Idee der Menschenwürde praktisch entwickelt werden kann, das diese als eine in den jeweiligen rechtlichen Kodifizierungen nicht aufgehende Dimension verständlich macht.

Eine weitere – anders angelegte – Möglichkeit findet sich in einer Handreichung des Europarats (s. Council of Europe 2002). Der Unterrichtsvorschlag „Act it out" wirft die Frage auf, wie eine den Menschenrechten gemeinsame Kernidee entwickelt werden kann, die prinzipiell allen Individuen unabhängig von kulturellen Differenzen und sprachlichen Voraussetzungen verfügbar und vermittelbar ist.

Unterrichtsbeispiel: „Act it out"

Die Aufgabenstellung besteht darin, die Kernideen, die für die Menschenrechte tragend sind, pantomimisch darzustellen.

Als erstes Element ist eine Gruppendiskussion (4-6 SchülerInnen) vorgesehen, in der die SchülerInnen sich darüber verständigen sollen, welche Schlüsselkonzepte oder -prinzipien für die Menschenrechte tragend sind. In einem nächsten Schritt sind die SchülerInnen aufgefordert, eine alle GruppenteilnehmerInnen einbeziehende pantomimische Darstellung vorzubereiten, die dazu geeignet ist, diese Kernideen dem Rest der Klasse zugänglich zu machen.

Anschließend stellt jede Gruppe ihre „Theateraufführung" vor, die übrigen SchülerInnen werden dazu aufgefordert, eine Interpretation des Gesehenen zu geben und die dargestellten Kernideen zu identifizieren und zu beschreiben. Dann erhält die Gruppe selbst die Möglichkeit, ihre Überlegungen zu erklären und auf Punkte hinzuweisen, die während des Feedbacks nicht aufgetaucht sind. Für die sich anschließende Diskussion werden folgende Fragen vorgeschlagen:

- Wie habt Ihr euch bei dieser Aktivität gefühlt? War die Darstellung schwerer oder leichter als zunächst erwartet? Welche Aspekte und Dinge waren am schwersten darstellbar?
- Habt Ihr etwas Neues über Menschenrechte gelernt?
- Bei welchen Aspekten gab es Übereinstimmungen oder Differenzen innerhalb der Gruppen? Gab es irgendwelche fundamentalen Divergenzen darüber, was für die Idee der Menschenrechte grundlegend ist? Warum? (s. Council of Europe 2002: 86 ff.)

---

198 Dies wird allerdings durch die Beanspruchung der problematischen Prämisse, dass die Menschenrechtsdokumente auf allen Menschen gemeinsamen Bedürfnissen basieren und dass jedes Recht für jeden Menschen Wichtigkeit hat, wieder relativiert.

Diese Vorgehensweise ist nicht gänzlich voraussetzungslos, denn sie unterstellt, dass die SchülerInnen bereits über ein Grundverständnis der Menschenrechte verfügen. Deshalb ist sie für einen ersten Einstieg nicht geeignet, sondern eher für eine Weiterführung und Vertiefung, die an einen Einstieg wie in „Imaginary Country" anschließt.

Im Unterschied zu dem zuvor beschriebenen Unterrichtsbeispiel ist hier die Fragestellung tragend, ob die Idee der Menschenrechte auf als zentral erachtete Grunddimensionen zurückgeführt werden kann sowie ob darüber ein Konsens innerhalb der jeweiligen Gruppe zu erzielen ist. Der Lernprozess wird dabei weitgehend offengehalten: Die beschriebene Vorgehensweise ermöglicht es, Fragen aufzuwerfen und eine Debatte über die Kerndimensionen der Menschenrechte anzuregen, die auf Vorabfestlegungen verzichtet.

Die Menschenrechte werden hier nicht als unstrittiger Gegenstand vorausgesetzt, vielmehr wird angeregt, divergente Auffassungen innerhalb der Klasse zur Sprache zu bringen. Darüber hinausgehend werden die SchülerInnen zu einer Auseinandersetzung mit der Frage veranlasst, ob und bzw. wie die Idee der Menschenrechte unter erschwerten Bedingungen (Verzicht auf sprachliche Explikation) vermittelt und anderen zugänglich gemacht werden kann. Aufgegriffen wird damit eine in der interkulturellen Pädagogik verbreitete Methode, die darauf zielt, Schwierigkeiten der interkulturellen Verständigung situativ erfahrbar zu machen. Ersichtlich werden so aber nicht an politische und religiöse Überzeugungen, Werte, Normen, Traditionen gebundene Verständigungsprobleme zum Thema, sondern „nur" solche Probleme, die dann entstehen, wenn keine gemeinsame Erstsprache verfügbar ist.[199]

Eine weitere, u. E. gut geeignete Annäherung an die Idee der Menschenwürde und ihrem Verhältnis zu den kodifizierten Menschenrechten findet sich in dem Unterrichtsbeispiel „Human Beings/Human Rights" in den Materialien von Amnesty International USA (1998). Angesichts der weitreichenden Dimensionen, die dort angesprochen werden, erscheint es jedoch nicht sinnvoll, diese Unterrichtsaktivität – wie angegeben – auf die Dauer von einer Stunde anzulegen. Zudem ist der Unterrichtsvorschlag methodisch und didaktisch nicht umfassend ausgearbeitet. Insbesondere wird hier aber angesichts der komplexen Problemdimensionen, die im Rahmen diese Unterrichtsvorschlags auftauchen, erneut die Wichtigkeit einer entsprechenden Qualifizierung der LehrerInnen, die diese zu einem sachlich adäquaten und situationsbezogenen Umgang befähigt, deutlich. Denn auch im Rahmen von Menschenrechtpädagogik kann eine methodische

199 Hierfür sind methodisch auch solche Vorgehensweisen geeignet, die Kommunikation in einer Zweitsprache oder mit ÜbersetzerInnen arrangieren.

und didaktische Ausarbeitung von Unterrichtsmodulen die Notwendigkeit einer auf Selbstaufklärung aller Lehrkräfte zielenden Ausbildung nicht ersetzen.

Der Unterrichtsvorschlag eignet sich u. E. aber als ausbaufähige Grundlage für eine Unterrichtssequenz, die unter Einbezug der Erfahrungen der AdressatInnen eine Einführung in die moralische und juridische Dimension der Menschenrechte leisten kann.

Unterrichtsbeispiel: „Human Beings/Human Rights"

Als Einstieg werden die Begriffe „Mensch/menschlich" („Human") und „Rechte" an eine Tafel geschrieben. Um den Begriff „Mensch" wird ein Kreis gezogen.

Die SchülerInnen werden zu einem Brainstorming zu den Wesensmerkmalen aufgefordert, die Menschen als menschliche Wesen ausmachen wie z. B. Intelligenz, Mitgefühl. Diese werden in den Kreis hineingeschrieben.

Anschließend werden die SchülerInnen danach gefragt, was ihres Erachtens erforderlich ist, um diese Eigenschaften zu schützen und zu entwickeln wie z. B. Erziehung, Freundschaft, eine liebevolle Familie. Die genannten Begriffe werden außerhalb des Kreises angeordnet.

Für eine daran anknüpfende Diskussion werden folgende Fragen vorgeschlagen:

- Was bedeutet es, als Mensch zu leben? Wie unterscheidet sich dies von „lebendig sein" oder „überleben"?
- Was benötigen Menschen, ausgehend von der zuvor erstellten Liste, um ein Leben in Würde zu führen?
- Was passiert, wenn Du eine von diesen Notwendigkeiten aufgeben musst?
- Sind alle Menschen im Wesentlichen gleich? Welche Bedeutung haben Unterschiede unter Menschen?
- Können uns irgendwelche dieser grundlegenden Wesensmerkmale genommen werden? Z. B. können nur menschliche Wesen in einer komplexen Sprache kommunizieren; ist jemand deswegen kein Mensch mehr, weil er die Fähigkeit zu Sprechen verloren hat?

In einem nächsten Schritt wird das Tafelbild in der Weise erklärt, dass alle Begriffe innerhalb des Kreises in einem Verhältnis zum Prinzip der Menschenwürde stehen. Alle Begriffe, die außerhalb des Kreises stehen, repräsentieren hingegen die Voraussetzungen, die notwendig sind, um ein solches Leben in Würde zu gewährleisten.

Daran anschließend werden diejenigen Kernformulierungen der Allgemeinen Menschenrechtserklärung, die einen Nexus zwischen der Menschenwürde und den Menschenrechten herstellen, vorgestellt. (1. Abs. der Präambel und Art. 1)

In einem zweiten Teil ist ein Brainstorming zum Begriff „Recht" und seinen unterschiedlichen Bedeutungen vorgesehen.

Anschließend wird in Kleingruppen oder im Rahmen der ganzen Klasse ein Brainstorming für eine Definition der Menschenrechte vorgeschlagen und versucht, eine konsensuelle Definition herauszuarbeiten.
Dieser wird die Definition der Menschenrechte, wie sie sich in Art. 2 der Allgemeinen Erklärung der Menschenrechte findet, gegenübergestellt. Darüber hinausgehend werden die Menschenrechte als universell, unveräußerlich, unteilbar und wechselseitig voneinander abhängig gekennzeichnet.
In der sich daran anschließenden Diskussion wird eine Klärung insbesondere dieser letzten Begriffe angestrebt.
In einem nächsten Schritt werden die Begriffe „Überleben/Existenzminimum“, „menschliche Würde“ und „Annehmlichkeit/Luxus“ an die Tafel geschrieben. Die zuvor gesammelten Begriffe, die als notwendig erachtet wurden, um menschliche Fähigkeiten voll entfalten zu können, werden den Überschriften zugeordnet. Darauf bezogen können Fragen wie die folgende erörtert werden: Ist Bildung notwendig zum Überleben oder unverzichtbar für ein Leben in Würde oder aber ein Luxusgut?
Für die sich anschließende Diskussion werden folgende Fragen vorgeschlagen:
• Sollten die Menschenrechte nur das umfassen, was ein menschliches Wesen zum Überleben braucht? Warum oder warum nicht?
• Sollten die Menschenrechte auch solche Bereiche gewährleisten, die als Luxus klassifiziert wurden?
• Einige Menschen in der Welt haben nur das Nötigste zum Überleben, während andere luxuriös leben. Ist diese Situation gerecht? Handelt es sich dabei um Menschenrechtsverletzungen?
• Kann etwas getan werden um einen gleichberechtigten Zugang zu einem Leben in Würde zu gewährleisten? Sollte etwas getan werden? Wenn ja, wie und durch wen?
In einem dritten Teil wird die Frage der Universalität auf der Grundlage des nachfolgenden Zitats von Eleanor Roosevelt, der Präsidentin der UN-Kommission, die den Entwurf für die Allgemeine Erklärung der Menschenrechte verfasst hat, erörtert.
„Where, after all, do universal rights begin? In small places, close to home so close and so small that they cannot be seen on any maps of the world. Yet they are the world of the individual person, the neighbourhood where he lives; in the school or college he attends; the factory, farm or office where he works. Such are the places where every man, woman and child seeks equal justice, equal opportunity, equal dignity without discrimination. Unless these rights have meaning there, they have little meaning anywhere. Without concerned citizen action to uphold them close to home, we shall look in vain for progress in the larger world.” (Eleanor Roosevelt, The Great Question, 1958)
Für die an das Zitat anknüpfende Diskussion werden folgende Fragen vorgeschlagen:

• Was meint Eleanor Roosevelt mit der Formulierung der „universellen Rechte“?
• Manche Menschen meinen, dass es unmöglich ist, universelle Werte oder Verhaltensstandards zu formulieren. Was meint Ihr?
• Warum hat die UN das Wort universell/allgemein anstelle des Wortes international verwendet, als sie der Allgemeinen Menschenrechtserklärung ihren Namen gegeben hat?
• Formuliert den letzten Satz des Zitats mit euren eigenen Worten. Was sagt dieser aus über die individuelle Verantwortlichkeit gegenüber den Menschenrechten?
Als weiterführender Schritt ist die Lektüre der Allgemeinen Menschenrechtserklärung vorgesehen. Diese wird als Dokument vorgestellt, das in der Absicht geschrieben wurde, allen Menschen in allen Situationen gleiche Chancen, Gerechtigkeit und Würde zu gewährleisten.
Für eine kurze Übersicht zur Geschichte der Menschenrechte können die Hintergrundinformationen der Handreichung ebenso genutzt werden wie für die sich anschließende Erklärung der Unterschiede zwischen moralischen, legalen und natürlichen Rechten.
Anschließend wird eine Diskussion über die Frage „Was bedeutet es, lebendig zu sein“ vorgeschlagen:
• Wann beginnt menschliches Leben? Wann endet es?
• Sollte der Staat jemals das Recht haben, das Recht auf Leben zu nehmen?
• Ist das Recht auf Leben ein Menschenrecht?
• Wo beginnen und wo enden Menschenrechte?
In einer Abschlussdiskussion geht es um das Verhältnis zwischen menschlicher Würde, Menschenrechten und dem Konzept von „menschenwürdiger Behandlung“. (S. Human Rights Educators' Network, Amnesty International USA 1998: Teil III: 1 ff.)

Der vorliegende Unterrichtsentwurf enthält zusätzlich noch einen Adaptionsvorschlag für jüngere SchülerInnen. Ein Bestandteil dieses Vorschlags ist es, eine Diskussion über Situationen zu führen, in welchen sich die SchülerInnen jeweils persönlich verletzt gefühlt haben, sowie die Auseinandersetzung mit der Frage, ob sie es als eine Verletzung ihrer Würde wahrnehmen, wenn andere sie nicht respektieren. Diese Vorgehensweise wird in dem vorliegenden Unterrichtsvorschlag offensichtlich eher als Hilfsmittel in Anspruch genommen, um auch jüngeren SchülerInnen, bei denen ein entsprechendes Vorwissen nicht vorausgesetzt werden kann, eine Annäherung an die Thematik zu ermöglichen. U. E. kann diese Vorgehensweise aber auch in abgewandelter Form für ältere SchülerInnen zum Tragen kommen und einen solchen grundlegenden Zugang zur Idee der Menschenrechte eröffnen, der über kontextgebundene Erfahrungen und Artikulationen von Missachtung und Demütigung erfolgt, ohne ein expliziertes Verständnis der Idee der Würde als allgemeingültige Grundlage vorauszusetzen. Dies entspricht unseren oben angestellten Überlegungen zur Thematisierung der Idee der Würde ex negativo.

Eine andere Vorgehensweise, die nicht von der subjektiven Artikulation von Verletzung und Diskriminierung ausgeht, sondern umgekehrt von den positiven Erfahrungen der Einzelnen, sich selbst gegenüber respektvoll verhalten und sich für ihre Rechte eingesetzt zu haben, findet sich in dem Unterrichtsvorschlag „Telling our stories" im „Human Rights Education Handbook" des Human Rights Resource Centers der Universität Minnesota (2000).

Unterrichtsbeispiel: „Telling our stories"

Die TeilnehmerInnen erzählen sich in Kleingruppen jeweils eine Geschichte über eine Situation, in der sie sich für sich und die Wahrung ihre Würde bzw. ihres Selbstachtung eingesetzt haben. Wenn jeder seine Geschichte erzählt hat, überlegt die Gruppe, welche Unterstützung oder welche Individuen in der jeweiligen Situation der Person geholfen haben, eine entsprechende Haltung oder Handlung zu realisieren. In einem nächsten Schritt wird jede Gruppe gebeten, eine Geschichte auszusuchen und diese den anderen zu erzählen oder darzustellen.

Die berichteten Aktivitäten/Handlungen werden in ein aufgezeichnetes „Rad" auf die „Speichen" eingetragen. Das was als Formen der Unterstützung und Solidarität benannt wird, wird zwischen den „Speichen" notiert.

Nachdem alle Geschichten vorgetragen wurden, wird für jede aufgeschriebene Handlung gefragt, welche Menschenrechte in dieser Geschichte zum Tragen gekommen sind. Diese werden auf dem Rand des Rades eingetragen.

Schließlich wird die Allgemeine Menschenrechtserklärung hinzugezogen und versucht, jedes eingetragene Recht einem Recht in der Menschenrechtserklärung zuzuordnen. (S. Human Rights Resource Center, University of Minnesota 2000, Activity 19)

Der Unterrichtsvorschlag bietet einen solchen ersten Zugang zur Beschäftigung mit der Allgemeinen Menschenrechtserklärung, der darauf zielt, deren Bedeutung für die Bewertung je eigener Erfahrungen der Teilnehmenden zu verdeutlichen. An eine solche erfahrungsbezogene Konkretisierung der Menschenrechte lässt sich in einem weiteren Schritt eine Beschäftigung mit den kodifizierten Menschenrechten als historisch-politisch spezifischen und kontextbezogenen Konkretisierungen der Idee der universellen Menschenrechte anschließen, die den eigenen subjektiven Erfahrungshorizont überschreitet.

5.2. *Kritische Auseinandersetzung mit den kodifizierten Menschenrechten als gesellschaftsgeschichtlich situierten Fassungen der Menschenrechtsidee*

Die Allgemeine Menschenrechtserklärung von 1948 ist ein Ausdruck bestimmter historischer Erfahrungen (Nationalsozialismus, Weltwirtschaftskrise, Scheitern des Völkerbunds) und einer bestimmten gesellschaftspolitischen Situation (Ost-West-Konflikt). Sie ist in ihrer konkreten Ausgestaltung deshalb auch nur vor diesem Hintergrund verständlich.

Folglich ist es nahe liegend, ein Verständnis der Allgemeinen Menschenrechtserklärung darüber zu ermöglichen, dass zunächst über solche Kontextbedingungen informiert wird. Dazu liegen einschlägige Modelle einer historisch orientierten Pädagogik der menschenrechtlichen Sensibilisierung vor, (s. Facing History and Ourselves/Konfrontationen), auf die an dieser Stelle nicht einzugehen ist (s. u.).

In den vorliegenden Handreichungen gibt es zu einer solchen kontextualisierten Einführung der Menschenrechtserklärung und anderer Deklarationen jedoch nur wenig systematisch aufbereitete didaktische Materialien, sondern nur einzelne Bausteine.[200]

Eine empfehlenswerte Informationsquelle stellt der internationale UNESCO Bildungsserver „Dadalos" dar (http://www.dadalos-d.org/deutsch/Menschenrechte/start_mr.htm). Dort finden sich sowohl die wichtigsten internationalen Dokumente in mehreren Sprachen als auch Hintergrundinformationen und Materialien, die sowohl für Unterrichtsprojekte verwendet werden können als auch für Lehrerausbildung und Unterrichtsvorbereitungen geeignet sind.

Dass die je spezifischen Kodifizierungen der Menschenrechte Ausdruck gesellschaftspolitischer Aushandlungsprozesse und Gegenstand von Kontroversen sind, lässt sich u. E. sehr gut am Beispiel des aktuellen Konflikts um die Weiterentwicklung der Menschenrechte in Richtung auf einklagbare Rechte von Wanderarbeitern aufzeigen. Am 01.07.2003 ist die Wanderarbeiterkonvention der UN (United Nations Convention on Migrants' Rights) in Kraft getreten (s. http://www.december18.net/g-conventie.pdf). Diese konkretisiert die Menschenrechte, wie sie in den Erklärungen der UN kodifiziert sind, im Hinblick

---

200 Allerdings enthalten einige der Handreichungen mehr oder weniger detailreiche Hintergrundinformationen zur Geschichte der Menschenrechte ebenso wie vereinfachte Versionen der Allgemeinen Menschenrechtserklärung, die für eine solche Thematisierung im Unterricht genutzt werden können.

auf die spezifische Situation von ArbeitsmigrantInnen ohne verfestigten Aufenthaltsstatus bzw. ohne legalen Aufenthaltsstatus. In der Konvention wird explizit der Problematik Rechnung getragen, dass die Menschenrechte weitgehend nur als Staatsbürgerrechte einklagbar sind und dass sich diese Situation im Fall von MigrantInnen ohne Aufenthaltsstatus dahingehend zuspitzt, dass grundlegende Rechtsansprüche – etwa auf das Einklagen von Arbeitslohn – faktisch verwehrt bleiben.

Die Forderung, die Menschenrechte allen MigrantInnen – mit oder ohne legalen Aufenthaltsstatus – zuzuerkennen, stößt jedoch in den Einwanderungsländern bislang auf keine Resonanz bzw. ruft dort Konflikte auf.[201] Aktuell ist die Konvention nur von 20 Staaten unterzeichnet worden, vor allem von solchen, aus denen seit Jahren viele Menschen emigrieren, bislang aber von keiner einzigen Industrienation. Insofern lässt sich an dieser Thematik nicht nur die Problematik des Spannungsverhältnisses von Staatsbürgerrechten und Menschenrechten sowie der menschenrechtlichen Situation von MigrantInnen ohne Aufenthaltsstatus im Hinblick auf ihren Ausschluss von Bildung, medizinischer Versorgung und von arbeitsrechtlichen Regulierungen thematisieren. Bearbeitet werden kann hierauf bezogen auch die Problematik der globalen Verteilungs(un)gerechtigkeit und der Interessenskonflikte, auf die Migrationsprozesse im Rahmen einer nationalstaatlich organisierten Weltgesellschaft unweigerlich stoßen. Dies lässt sich konkret an den Konfliktlinien, die sich in der bundesdeutschen Diskussion um die Wanderarbeiterkonvention abzeichnen, nachvollziehen. So weigert sich die Bundesregierung bislang, die Konvention zu ratifizieren, der Deutsche Gewerkschaftsbund unterstützt diese hingegen. Auf der Grundlage einer Recherche und Analyse von Zeitungsartikeln und Texten sowie von den SchülerInnen geführter Interviews mit VertreterInnen unterschiedlicher gesellschaftlichen Gruppen (Kirchen, Gewerkschaften, Menschenrechtsinitiativen, Arbeitgeberorganisationen usw.), ließe sich ein Verständnis der Interessen, die hinter jeweiligen Positionierungen zu den Menschenrechten von WanderarbeiterInnen liegen, entwickeln.

201 S. auch den Artikel von Albrecht Kieser in der Frankfurter Rundschau vom 03.07.2003: „Menschenrechte gelten auch für Migranten".

5.3. Auseinandersetzung mit den für die Einwanderungsgesellschaft zentralen menschenrechtlichen Problematiken

Für eine Pädagogik der Menschenrechte ist es unverzichtbar, die Frage nach der Gewährleistung grundlegender Rechte von Flüchtlingen sowie von ArbeitsmigrantInnen mit oder ohne legalen Aufenthaltsstatus in der Aufnahmegesellschaft zu stellen - und dies insbesondere mit dem Blick auf die Situation an den Staatsgrenzen bzw. der EU-Außengrenze, in Erstaufnahmeeinrichtungen, im Asylverfahren sowie in Abschiebeverfahren. Darüber hinaus sind u. E. das im Artikel 14 der Allgemeinen Erklärung kodifizierte Asylrecht als Menschenrecht und die Diskriminierungsverbote der Menschenrechte als Bezugspunkte für die Frage nach den Erfordernissen einer menschenrechtlichen Gestaltung der Einwanderungsgesellschaft unhintergehbar.

5.3.1. Asylrecht als Menschenrecht

Die Asylthematik stellt zweifellos einen wichtigen Referenzpunkt für Konflikte und politische Auseinandersetzungen in der Einwanderungsgesellschaft dar, und sie war bekanntlich ein auch für die Formierung des Rechtsextremismus in der Bundesrepublik in der ersten Hälfte der 1990er Jahre zentral bedeutsames Thema (s. Koopmans 1996; Lynen von Berg 2000: 185 ff.). Die auf Abwehr von Einwanderung ausgerichteten rechtsextremen, rassistischen und fremdenfeindlichen Diskurse und Gewalttaten wurden nicht zuletzt durch die Behauptung eines Missbrauchs des Asylrechts gerechtfertigt. Vor diesem Hintergrund ist es gerade auch für eine Auseinandersetzung mit rechtsextremen, rassistischen und fremdenfeindlichen Orientierung unverzichtbar, das Asylrecht als Menschenrecht verständlich zu machen und zu diskutieren.

Für die menschenrechtspädagogische Beschäftigung mit der Asylrechtsthematik ist darüber hinaus auch die Auseinandersetzung mit den in den 1990er Jahren in Deutschland erfolgten Einschränkungen des Asylrechts[202] sowie den Begründungen und Rechtfertigungen der hier getroffenen Entscheidungen ebenso bedeutsam wie mit dem anhaltenden Konflikt zwischen der Bundesregierung und dem UNHCR um die vorbehaltlose Ratifizierung der UN-Kinderrechts-

---

[202] Die in Deutschland übliche Handhabung des Asylrechts setzt zudem mittels der so genannten Residenzpflicht für Asylsuchende das im Art. 13 der Allgemeinen Erklärung der Menschenrechte kodifizierte Recht, „sich innerhalb eines Staates frei zu bewegen und seinen Wohnsitz frei zu wählen", außer Kraft.

konvention.[203] Denn hier wird erneut deutlich, dass Geltung und Durchsetzung der Menschenrechte an politische Festlegungen gebunden sind.

Einen ersten Anknüpfungspunkt für eine menschenrechtliche Auseinandersetzung mit der Asylthematik bietet das Unterrichtsbeispiel „Packing your suitcase“ im Handbook des Human Rights Resource Centers der Universität Minnesota (2000). Dort geht es um die nicht unmittelbar vorauszusehenden, aber weitreichenden Konsequenzen von Entscheidungen, die Menschen unter Bedingungen von Bedrohung und Flucht treffen müssen.

Unterrichtsbeispiel „Packing your suitcase“

Ausgangspunkt ist das folgende Szenario:
„Du bist ein Lehrer in einem Land x. Ein Kollege von dir ist verschwunden und wurde später ermordet aufgefunden. In einem Zeitungsartikel taucht dein Name in einer Liste von Regimekritikern auf. Später erhältst du einen Brief mit einer Morddrohung wegen deiner vermeintlichen politischen Aktivitäten. Du entscheidest dich zu fliehen. Pack' deine Tasche: Du kannst nur fünf Kategorien von Sachen mitnehmen und nur solche, die du tragen kannst. Liste auf, was du mitnehmen möchtest.“
Nach einigen Minuten werden die Teilnehmenden gebeten, ihre Listen vorzulesen. Nach dem Vorlesen jeder Liste, die den Zeitungsartikel nicht enthält, sagt der Lehrer/die Lehrerin „Asyl verweigert“.
In Auseinandersetzung mit der Rechtsdefinition des „Flüchtlings“ wird die Frage gestellt, wie die Anwendung dieser Definition praktisch aussieht und dass vielen Flüchtlingen Asyl verwehrt wird, weil sie nicht beweisen können, dass sie einer politischen Verfolgung ausgesetzt sind.
Abschließend wird darüber diskutiert, was es bedeutet, Entscheidungen unter Druck zu treffen, was Gründe für die individuelle Wahl sind und über die Emotionen, die durch den Entscheidungsprozess hervorgerufen werden. (S. Human Rights Resource Center, University of Minnesota 2000, Aktivität 16)

Dieser Vorschlag kann mit dem Aufzeigen der Schwierigkeit, politisches Asyl überhaupt geltend machen zu können, einen sinnvollen ersten Einstieg in die Asylrechtsthematik bieten. Über die vorgeschlagenen Diskussionspunkte hinausgehend kann dies als ein Ausgangspunkt dienen, um sich mit gesellschaftlich weit verbreiteten und einflussreichen Debatten um „Asylmissbrauch“ und „Wirtschaftsflüchtlinge“ kritisch auseinander zu setzen.

---

203 Bislang hat die Bundesrepublik Deutschland die UN-Kinderrechtskonvention nur unter Vorbehalt ratifiziert, da keine Bereitschaft besteht, minderjährigen Asylsuchenden die Rechte einzuräumen, die dort vorgesehen sind; s. dazu die Kinderrechtskampagne von Pro Asyl (http://www.proasyl.de).

In „First Steps“ von Amnesty International London (1996) findet sich ein auf einem Rollenspiel basierender Unterrichtsvorschlag „Refugee roleplay“ zum Thema Flucht und zu den Schwierigkeiten, denen Flüchtlinge ausgesetzt sind, wenn sie in einem Land Asyl beantragen wollen. Grundlegend ist die Zielsetzung, die SchülerInnen darüber aufzuklären, dass Flüchtlinge Rechte haben, dass sie sich aber durch ihren Status in einer sehr prekären Situation befinden und somit Schwierigkeiten haben können, diese Rechte auch tatsächlich zugestanden zu bekommen.

Unterrichtsbeispiel „Refugee roleplay“

Der thematische Einstieg erfolgt über ein Brainstorming zum Begriff des „Flüchtlings“. Daran anschließend wird das Thema seitens des/der LehrerIn mit grundlegenden Informationen über das Phänomen weltweiter Flucht und deren Ursachen eingeführt. Erwähnung finden hier die supranationalen rechtlichen Rahmenbedingungen (Genfer Konvention) ebenso wie die Auseinandersetzungen und Interessenskonflikte um die jeweilige nationalstaatliche Regelung des Asylrechts.

Ausgangspunkt für das sich anschließende Rollenspiel ist das folgende Szenario:

„An der Grenze zwischen x und y – es ist eine dunkle, kalte und feuchte Nacht. Eine Gruppe von Flüchtlingen, die dem Krieg in X entflohen sind, kommt an die Grenze. Sie sind hungrig, müde und frieren. Sie haben kein Geld und keine Dokumente, außer ihren Pässen. Die Bundesgrenzschutzbeamten („immigration officers“) des Landes y haben unterschiedliche Meinungen dazu, ob sie die Flüchtlinge die Grenze passieren lassen wollen – einige wollen, andere nicht. Die Flüchtlinge sind verzweifelt und versuchen die Bundesgrenzschutzbeamten zu überzeugen, sie ins Land zu lassen.“

Ein Drittel der Klasse wird gebeten, sich vorzustellen, dass sie die Grenzschutzbeamten des Landes y sind. Sie bekommen ein Papier mit möglichen Argumenten und Optionen, die für die Beamten relevant sein könnten, diese können sie nutzen, können aber auch andere Argumentationsstränge verfolgen.

Für ein weiteres Drittel der Klasse ist die Rolle der Flüchtlinge vorgesehen, diese werden entsprechend auch mit möglichen Argumenten ausgestattet. Das letzte Drittel übernimmt die Rolle der ZuschauerInnen.

Beide spielende Gruppen bekommen einige Minuten Zeit, um sich eine Strategie zu überlegen. Die Teilnehmenden werden aufgefordert, im Rahmen des Rollenspiels innerhalb von 10 Minuten eine Art „Lösung“ für die Situation zu finden.

Für die sich anschließende Diskussion werden folgende Fragen vorgeschlagen:

- Wie hat sich die Situation entwickelt, was ist passiert?

• Wie hat sich die Rolle als Flüchtling angefühlt, wie die als Bundesgrenzschutzbeamter?
• Flüchtlinge haben auf der Grundlage der Genfer Konvention ein Recht auf die Gewährung von Schutz: wurde den Flüchtlingen im Rollenspiel dieses Recht gewährt, warum/warum nicht?
• Denkt ihr, dass ein Land das Recht hat, Flüchtlinge abzuweisen?
• Was würdest du tun? Was wäre, wenn du weißt, dass den Flüchtlingen der Tod in ihrem eigenen Land droht?
Ein weiterführender Vorschlag bezieht die Perspektive von die Interessen von Flüchtlingen vertretenden Menschenrechtsorganisationen ein: Die Klasse wird gebeten sich vorzustellen, dass sie als Vertreter des UNHCR verantwortlich dafür sind, die Rechte von Flüchtlingen zu schützen. In Gruppenarbeit sollen sie davon ausgehen, dass sie als ein offizielles UNHCR-Team geschickt wurden, um den Flüchtlingen aus dem Land y zu helfen und einen offiziellen Bericht schreiben, der folgende Fragen berücksichtigt:
• Welche Argumente kann man nutzen, um die Bundesgrenzschutzbeamten zu überzeugen, die Flüchtlinge ins Land zu lassen?
• Haben die Bundesgrenzschutzbeamten etwas Rechtswidriges gemacht?
• Sind zur Entscheidung dieser Frage, irgendwelche Artikel in den Menschenrechtsdokumenten relevant?
• Was kann mit dem Bericht getan werden, damit das Land y die Rechte der Flüchtlinge schützt?
Als weiterführendes Projekt wird vorgeschlagen, direkten Kontakt mit Flüchtlingen aufzunehmen und beispielsweise Interviews zu führen, um so mehr über die konkreten Lebensbedingungen und die Schwierigkeiten, Rechte gewährleistet zu bekommen, zu erfahren. (S. Human Rights Education Team, Amnesty International London 1996, Teil IV: 42 ff.)

In den Argumentationslisten, die den SchülerInnen für das Rollenspiel zur Verfügung gestellt werden, tauchen sehr viele Dimensionen und Kontroversen auf, die sich in vergleichbarer Weise auch in dem auf die Frage des Asyls bezogenen bundesrepublikanischen Diskurs finden lassen. Insofern ermöglicht der Ansatz eine Auseinandersetzung mit gesellschaftlich kontroversen Positionen um die nationalstaatliche Regelung des Asylrechts und damit verknüpften moralischen Fragen sowie mit der Problematik des Nachweises von politischer Verfolgung.

Allerdings stellt sich die Frage, ob dies durch das beschriebene Szenario sinnvoll geleistet werden kann: Denn eine solche Konstellation, in der eine Gruppe von Flüchtlingen mit „immigration officers" an der Grenze darüber verhandelt, ob sie ins Land gelassen werden oder nicht, ist für die meisten denkbaren Situationen unrealistisch. Eine Übertragung in den bundesdeutschen Kontext ist insbesondere deswegen problematisch, weil es seit der „Drittstaatenregelung" in einem Fall, in dem Bundesgrenzschutzbeamte Flüchtlinge bei einem Grenzübertritt aufgreifen, nur um die Frage der Zurückweisung in ein „sicheres Drittland" gehen kann.[204]

5.3.2. Diskriminierungsverbote der Menschenrechtserklärung

Die in der Menschenrechtserklärung formulierten Diskriminierungsverbote bieten eine Grundlage sowohl für die Auseinandersetzung mit dem Themenkomplex 'kulturelle und religiöse Differenzen' als auch für die Beschäftigung mit rassistischen Deutungs- und Handlungsmustern. *Vor dem Hintergrund einer Antidiskriminierungsperspektive kann eine solche Auseinandersetzung sich weder auf die Zielsetzung der Anerkennung kultureller Differenzen beschränken, wie dies in Varianten einer interkulturellen Pädagogik immer wieder praktiziert wird, noch darauf, lediglich individuelle Vorurteilsstrukturen und Stereotypisierungen zu thematisieren. Vielmehr kann ein zentrales Desiderat einer Menschenrechtsbildung in der Einwanderungsgesellschaft darin gesehen werden, den Zusammenhang zwischen individuellen Vorurteilsstrukturen, kulturalisierenden Zuschreibungen und Formen struktureller und sozialer Benachteiligung zu thematisieren und aufzuzeigen.* Für eine solche auf die Allgemeine Menschenrechtserklärung bezogene Auseinandersetzung mit gesellschaftlichen Diskriminierungsmechanismen und -praktiken bedarf es aber zunächst einer grundlegenden Klärung, was begrifflich und konzeptionell unter Diskriminierung zu verstehen ist, da dies nicht als selbstverständliches Wissen vorausgesetzt werden kann.

In der Handreichung „Educating for Human Dignity" von Betty Reardon (1995: 103 ff.) findet sich eine Einheit zur Thematik von Flucht, Rassismus und Diskriminierung. Diese ist Teil eines thematisch umfassenden und für verschiedene Altersstufen ausgearbeiteten Curriculums. Ausgehend von den in der Menschenrechtserklärung formulierten Diskriminierungsverboten steht zunächst die ausführliche Auseinandersetzung mit der Frage im Vordergrund, was Diskriminierung bedeutet und welche weitreichenden – sowohl individuellen als auch gesellschaftlichen – Konsequenzen diskriminierende Praktiken haben. Dies ge-

---

204 Diese Problematik des Nachweises des Fluchtweges als zentrale Vorabbedingung dafür, politische Verfolgung überhaupt asylrelevant geltend machen zu können, müsste gerade auch Bestandteil einer Auseinandersetzung mit der bundesdeutschen Asylrechtsregelung sein. Mögliche Szenarien hierfür wären auf der einen Seite das Flughafenverfahren, auf der anderen Seite der illegale Grenzübertritt.

schieht in Form der expliziten Auseinandersetzung mit Begriffen und Kategorien, verlangt SchülerInnen also die Fähigkeit und Bereitschaft ab, sich auf relativ abstrakte begriffliche Klärungen einzulassen. Die Problematik von Rassismus wird dezidiert nicht auf die Ebene individueller Vorurteile beschränkt. Vielmehr wird die Frage nach dem Zusammenhang zwischen individuellen Vorurteilsstrukturen und Formen institutioneller Diskriminierung in den Vordergrund gestellt. Zentral hierfür ist das Modell eines Kreislaufs der Diskriminierung. Dieses geht davon aus, dass soziale Ungleichheiten zu Situationen führen, die Vorurteile veranlassen, und dass solche Vorurteile Praktiken der Benachteiligung zur Folge haben, die wiederum Ungleichheiten verfestigen oder verstärken:

Soziale Ungleichheiten → Vorurteile → Praktiken der Benachteiligung → soziale Ungleichheiten ...

Ein weiterer Kreislaufprozess verknüpft Praktiken der Diskriminierung, Unterdrückung, Gewalt und Vorurteile: Vorurteile, Diskriminierung und Unterdrückung können beispielsweise gewaltförmige Reaktionsweisen hervorbringen, die ihrerseits Vorurteile verstärken. Als Lernziele für diese Einheit werden formuliert, dass die SchülerInnen in die Lage versetzt werden sollen,

- die grundlegenden Strukturen und Charakteristika von Diskriminierungsprozessen zu begreifen,
- ein Verständnis von den emotionalen und sozialen Konsequenzen von Rassismus zu entwickeln,
- sich mit Handlungsmöglichkeiten im Hinblick auf den Abbau von Vorurteilen und der Überwindung von Rassismus auseinander zusetzen sowie
- die internationalen Standards zur Bekämpfung von Rassismus[205] zu analysieren.

Themeneinheit „Refugees and Racism – The Problem of Discrimination"
In einem ersten Schritt geht es darum, dass sich die SchülerInnen ein Verständnis davon erarbeiten, welche Konzepte und Phänomene Rassismen und Diskriminierungen zugrunde liegen. Praktiken der negativen Diskriminierung werden dabei als gesellschaftsstrukturell weit verankerte und nicht als Ausnahmephänomen vorgestellt. Mit dem Motiv des (Teufels-)kreises („Cycle of Discrimina-

---

205 Gemeint sind die UNESCO Deklaration zu Rassismus, die Konvention zur Eliminierung aller Formen von Rassendiskriminierung und die Konvention zum Schutz von Flüchtlingen.

tion") wird die Dimension einer gegenseitigen Bedingtheit von Ungleichheit, Diskriminierung, Vorurteilen, Unterdrückung und Gewalt veranschaulicht.
In einem weiteren Schritt wird auf der Grundlage der Art. 1 und 2 der Allgemeinen Menschenrechtserklärung eine Annäherung an den Begriff der Diskriminierung versucht. Diskriminierung wird dabei als eine Praxis der Verwendung von Unterscheidungen verstanden, die ein Potential der (negativen oder positiven) Bewertung in sich tragen. Diskriminierung kann unterschiedliche Formen annehmen, die vom individuellen Vorurteil bis zu einer systematischen politischen Unterdrückung reichen. Dadurch kann eine soziale Struktur etabliert werden, in der bestimmten Gruppen ihr Anspruch auf gleiche Rechte verwehrt wird, während andere mit Privilegien ausgestattet werden.
Von diesem Einstieg ausgehend, werden Kerndimensionen der Diskriminierungsproblematik erschlossen. Diese sind u. a.: Vorurteil, strukturelle Gewalt, Genozid, Antisemitismus, Ethnozentrismus, Sexismus, Rassismus, Kolonialismus, Ausschluss, Ausbeutung, Unterdrückung, Stereotypisierungen. Diese Kerndimensionen werden anhand relativ abstrakter Lehrtexte eingeführt.
Daran anschließend werden die SchülerInnen aufgefordert, Beispiele für die damit beschriebenen Problematiken zu finden. Der Lehrer/die Lehrerin soll in Bezug auf historische Ereignisse (rassische Segregation in den USA oder der Apartheid in Süd-Afrika) die Zirkularität von Diskriminierungsprozessen aufzeigen und erläutern, wie die betrachteten Aspekte miteinander zusammenhängen.
In einer sich anschließenden Themeneinheit geht es um die Bedingungen von Flucht und die Umstände, denen Flüchtlinge in den Zielländern ausgesetzt sein können.
Anhand der Auseinandersetzung mit biografischen Beispielen steht die Erfahrung von Rassismus, die Flüchtlinge in der Aufnahmegesellschaft machen sowie Formen des möglichen Umgangs damit im Vordergrund. Diese Beispiele dienen als Grundlage für die Auseinandersetzung mit der Frage, was die SchülerInnen denken, wenn sie diese „Geschichten" hören und ob sie ähnliche Erfahrungen gemacht haben. Darüber hinaus soll die Frage bearbeitet werden, wie die Opfer von Rassismus und Vorurteilen in diesen Geschichten handeln und darauf reagieren.
„Wir kamen in Regina, Saskatchewan am 26. September 1979 an [...] Sobald wir in Kanada angekommen waren, musste ich sofort in die Schule gehen. Ehrlich gesagt, ich war zu Tode erschrocken. Ich musste mich mit einer ganzen Gruppe unbekannter Menschen treffen, die eine ganz andere Sprache sprechen. Ich wusste nichts. Alle konnten miteinander reden und lachen, aber ich konnte mich mit niemandem verständigen. Es war als ob ich in einer eigenen Welt lebte, von allen anderen entfernt. Da stand ich wie eine verfaulte Kartoffel. Niemand kümmerte sich um mich oder verstand mich [...] Ich war gerade mal fünf Jahre alt und schon Außenseiter." (Reardon 1995: 113)

Für den Fall, dass es Flüchtlinge in der Klasse gibt, wird vorgeschlagen, mit diesen individuell zu klären, ob sie ihre „Geschichte" in der Klasse erzählen wollen. Außerdem wird darauf hingewiesen, dass es für diese Unterrichtseinheit eines sensiblen Umgangs bedarf, da die Flüchtlingskinder durch diese Thematik in besonderer Weise berührt werden können und die Unterrichtseinheit auch Auswirkungen auf ihre Beziehungen zu den MitschülerInnen haben kann.
In der abschließenden Themeneinheit geht es um Rassismus in der Schule. In Gruppen von –vier bis sechs SchülerInnen werden ein längeres Statement, ein Slogan und ein Rap gegen Rassismus von SchülerInnen, die an einer Anti-Rassismus-Kampagne in Kanada teilgenommen haben, diskutiert. Die SchülerInnen werden aufgefordert, ihrerseits einen Slogan und einen Rap zu schreiben. Als weiterführende Möglichkeit wird eine selbstständige Recherche zu der U-NESCO Deklaration zu Rassismus, der UN-Konvention zur Eliminierung aller Formen von Rassendiskriminierung und der UN-Konvention zum Schutz von Flüchtlingen vorgeschlagen, die die SchülerInnen dann in der Klasse vorstellen können. (s. Reardon 1995: 103-115)

Mit diesem Unterrichtsvorschlag werden unterschiedliche Dimensionen angesprochen, die in Bezug auf die Diskriminierungsproblematik relevant sind. Der Einbezug sowohl historischer Bezüge und biografischer Berichte als auch der Erfahrungen der SchülerInnen zielt auf eine kontextbezogene Auseinandersetzung mit Diskriminierungserfahrungen sowie auf die Erschließung gesellschaftsstruktureller Zusammenhänge. Dabei werden die in den Beispielen vorkommenden Opfer von Diskriminierung nicht auf ihren Opferstatus reduziert, sondern treten als handelnde Subjekte auf, die sich wehren bzw. versuchen, einen Umgang mit den Diskriminierungen und Rassismen, denen sie ausgesetzt sind, zu finden.

Die begriffliche Annäherung an die Kerndimensionen von Diskriminierung wie sie in einem ersten Schritt vorgeschlagen wird, ist jedoch recht voraussetzungsvoll, sowohl was die Kompetenzen des/der LehrerIn betrifft als auch für die konkrete Umsetzung im Unterricht, zumal dieser Einstieg nicht umfassend didaktisch und methodisch ausgearbeitet ist. Die Vorgehensweise ist aber hinsichtlich der inhaltlichen Schwerpunktsetzung und Ausrichtung überzeugend und könnte daher eine Grundlage für eine Ausarbeitung zu einer umfassenderen thematischen Einheit sein.

Eine weitere sinnvolle Annäherung an den Themenkomplex Rassismus und Diskriminierung bietet das Unterrichtsbeispiel „Responding to racism" in der Handreichung des Europarats (Council of Europe 2002: 201). Die Rassismusproblematik wird hier nicht als abstraktes Thema eingeführt, sondern setzt an den Erfahrungen der Teilnehmenden sowie der Frage nach den konkreten Handlungsmöglichkeiten im Schulalltag an.

Unterrichtsbeispiel: „Responding to racism"

Die Unterrichtsaktivität besteht aus zwei Teilen: 1. einer Klärung der Frage, was unter Rassismus überhaupt zu verstehen ist und 2. der Entwicklung eines Vorschlags zum Umgang mit rassistischen Vorfällen in der Schule.

1. Einstieg ist ein Brainstorming über den Begriff Rassismus. Daran anschließend werden die SchülerInnen aufgefordert, von Vorfällen und konkretem Verhalten im alltäglichen Leben zu erzählen, die bzw. das sie als rassistisch qualifizieren würden.

Das folgende Szenario bietet eine Grundlage für ein Rollenspiel, das die Thematik rassistischer Vorfälle in der Schule aufgreift. An die einzelnen Szenen schließen sich Fragen des Lehrers an. Die Zuschauenden sollen jeweils kurze Antworten auf diese Fragen notieren.

Erste Szene: Zwei Lehrer plaudern im Lehrerzimmer

Während der letzten Monate gab es einige Fälle von Taschendiebstahl in der Schule. Der Rektor ist verpflichtet, der Sache auf den Grund zu gehen und bittet die beiden Lehrer um Mithilfe. Abdallah, ein Schüler, dessen Familie ursprünglich aus Nordafrika kam, wird für den Diebstahl – zumindest den letzten - verantwortlich gemacht.

Frage des Lehrers: Wenn du der Rektor wärest, was würdest du tun?

Zweite Szene: Eine Unterhaltung zwischen dem Rektor und Abdallahs Vater.

Der Rektor lädt Abdallahs Vater zu einem Gespräch ein. Als Ergebnis ersetzt Abdallahs Vater die gestohlene Summe.

Frage des Lehrers: Denkst du, die Angelegenheit ist zur Zufriedenheit gelöst worden?

Dritte Szene: Die beiden Lehrer plaudern wiederum im Lehrerzimmer.

Die Tatsache, dass Abdallahs Vater die Summe bezahlt hat, werten sie als Eingeständnis für Abdallahs Schuld. Später allerdings stellt sich heraus, dass Abdallah nichts mit dem Diebstahl zu tun hatte.

Frage des Lehrers: Was denkst du nun?

Auf der Grundlage der Notizen der einzelnen SchülerInnen wird die Situation, wie sie sich nach den jeweiligen Szenen darstellt, diskutiert.

2. Gegenstand des zweiten Teils der Unterrichtseinheit ist die Entwicklung einer antirassistischen Schulpolitik.

In einem ersten Schritt wird ein Brainstorming vorgeschlagen, mit dem die verschiedenen zu adressierenden Akteure – vom Direktor bis zum Schulbusfahrer – benannt werden.
In einem zweiten Schritt sollen die SchülerInnen in 4-er oder 5-er Gruppen die Pflichten und Verantwortlichkeiten der unterschiedlichen Mitglieder der Schule und des Schulumfelds im Hinblick auf den Umgang mit rassistischen Vorfällen herausarbeiten. Nach 30 Minuten Diskussion stellen die Gruppen ihre Erkenntnisse dem Rest der Klasse vor. Der Lehrer/die Lehrerin sollte eine Zusammenfassung der angesprochenen Aspekte erstellen und die SchülerInnen dazu auffordern, diese mit bereits bestehenden Schul-Regeln zu vergleichen.
Anschließend wird jede Gruppe aufgefordert, sich einen Aspekt oder Schritt einer möglichen Intervention herauszugreifen und diesen detaillierter zu entwickeln. Dies kann z. B. das Schreiben eines Entwurfs für eine Grundsatzerklärung der Schule über Rassismus und Diskriminierung sein.
Anschließend werden die Gruppen gebeten, ihre Ergebnisse im Plenum vorzutragen und darüber zu diskutieren, wie sie ihre Ideen umsetzen wollen.

In der Abschlussdiskussion wird rückblickend über die Erkenntnisse, die in der Beschäftigung mit Rassismus im Rahmen der Unterrichtseinheit gewonnen wurden sowie über die Fragen „Wie stark ist Rassismus in der Schule und in der Gesellschaft verbreitet?, „Was kann dagegen getan werden?“ diskutiert. (S. Council of Europe 2002: 201 ff.)

In den Erläuterungen für LehrerInnen wird darauf hingewiesen, dass dieser Unterrichtsvorschlag auf die Zusammensetzung der Gruppe abgestimmt werden muss und die Beschäftigung mit Vorfällen, die real in der Gruppe aufgetaucht sind, im Vordergrund stehen sollte. Hierfür wird die Notwendigkeit eines sensiblen Umgangs, insbesondere im Hinblick auf jene SchülerInnen, die sich selbst Diskriminierung und Rassismen in der Schule ausgesetzt fühlen, betont. Dabei kann es hilfreich sein, sich nicht nur auf einen Vorfall zu konzentrieren, sondern in der Beschäftigung mit unterschiedlichen „Fällen“ verschiedene Perspektiven aufzuzeigen. Damit wird eine solche Konstellation vermieden, in der einzelne SchülerInnen in den Mittelpunkt der Auseinandersetzungen rücken und so die aufgeworfene Problematik personalisiert wird.

6. Folgerungen

Im Kontext der Programmatik einer Bildung für die Einwanderungsgesellschaft sind die Menschenrechte zunächst deshalb bedeutsam, weil sie einen normativen Horizont aufspannen, der die hier zentrale Antidiskriminierungsperspektive einschließt. Darüber hinaus sind mit den menschenrechtlichen Grundprinzipien der allen Individuen zukommenden Würde, der Freiheit und Gleichheit sowie mit den kodifizierenden Menschenrechten Maßstäbe formuliert, die für eine kritische Auseinandersetzung mit der Situation von MigrantInnen in der Einwanderungsgesellschaft relevant sind. Folglich ist Menschenrechtsbildung ein bedeutsamer Bestandteil einer Bildung für die Einwanderungsgesellschaft.

Eine pädagogische Praxis, die darauf zielt, die Kernideen der Menschenrechte und die Kerngehalte der Menschenrechtserklärungen verständlich und aneigenbar zu machen, kann sich nicht auf die curriculare Ebene beschränken. Denn die Forderung nach einer Bildung, die „auf die volle Entfaltung der menschlichen Persönlichkeit und auf die Stärkung der Achtung vor den Menschenrechten und Grundfreiheiten gerichtet" ist (Allgemeine Erklärung der Menschenrechte, Art. 26, 2), ist darauf verwiesen, Schule als Lern- und Erfahrungszusammenhang umfassend in den Blick zu nehmen. Erforderlich ist die Entwicklung einer Schulkultur, die die Idee der individuellen Würde nicht - etwa durch SchülerInnen institutionell zugemutete Demütigungen - konterkariert. Hierauf war in diesem Kapitel nicht umfassend einzugehen, weil diesbezügliche Erfordernisse mit den Folgerungen konvergieren, die wir bereits in unserer Diskussion der internationalen Recherche dargestellt haben und die im Weiteren noch zu vertiefen sein werden.

Aus den vorstehenden Überlegungen folgt weiter, dass es eine zentrale, keineswegs auf einzelne Unterrichtseinheiten eingrenzbare Aufgabe von Schulen als allgemeinbildenden Institutionen ist, SchülerInnen ein Wissen über die Menschenrechte zu vermitteln und sie zu einer Auseinandersetzung mit den Menschenrechten zu befähigen.

Wie gezeigt, liegen inzwischen theoretische Reflexionen sowie eine Fülle von Materialien vor, die unterschiedliche pädagogisch-praktische Zugänge zur Auseinandersetzung mit den Menschenrechten eröffnen. Diese sind jedoch nicht nur methodisch, sondern auch hinsichtlich ihrer konzeptionellen Grundannahmen uneinheitlich. Trotz der aufgezeigten Übereinstimmungen kann daher nicht von einer in sich konsistenten Menschenrechtspädagogik gesprochen werden. Die Referenz auf „die Menschenrechte" suggeriert zwar das Vorhandensein eines geteilten normativen Konsenses. Ein solcher liegt jedoch nur insoweit vor, wie die Allgemeine Erklärung der Menschenrechte in allen Materialien als prinzipiell unstrittige Grundlage vorausgesetzt wird. Da diese Erklärung aber selbst ein komplexes und in sich konflikthaftes Normengefüge darstellt, eröffnet sie die Möglichkeit recht unterschiedlicher (politischer und pädagogischer) Inanspruchnahmen: Den einzelnen Menschenrechten wird ein unterschiedliches Gewicht zugewiesen, sie werden in Bezug auf konkrete Problem- und Konfliktlagen unterschiedlich interpretiert. Eine grundlegende Differenz ergibt sich im Umgang mit der Frage, ob die geltenden Menschenrechtskonventionen als gültige Kodifizierungen vermittelt und angeeignet werden können bzw. sollen, oder aber ob davon auszugehen ist, dass die Idee der Menschenrechte in politische Kontroversen hineinführt und die Menschenrechtserklärungen als Ausdruck und Gegenstand eines offenen und unabschließbaren Diskurses zu betrachten sind. Geht man von der zuletzt genannten, u. E. zwingenden Position aus, dann folgt daraus, dass gesellschaftliche Kontroversen und Konflikte um die Geltung und Bedeutung der Menschenrechte im pädagogischen Kontext nicht ignoriert werden können, sondern dargestellt und bearbeitet werden müssen. Die Menschenrechte eignen sich also nicht als ein zivilreligiöser Ersatz für verloren gegangene religiöse Gewissheiten.

Wie wir oben in Auseinandersetzung mit der sozialphilosophischen und sozialwissenschaftlichen Diskussion aufgezeigt haben, ist – vor dem Hintergrund der Ideen- und Sozialgeschichte der Menschenrechtserklärungen und im Hinblick auf die weitreichenden Wandlungsprozesse der Gegenwartsgesellschaft – ein solches Verständnis der Menschenrechte angemessen, das davon ausgeht, dass die Ideen der Freiheit, Gleichheit und Menschenwürde immer wieder neu interpretiert und konkretisiert werden müssen. Denn aus diesen grundlegenden Ideen kann nicht logisch und in Absehung von konkreten Lebensbedingungen sowie den Problemartikulationen der Betroffenen abgeleitet werden, welche Rechte wie kodifiziert und garantiert werden müssen. Sie stellen insofern einen kritischen mit den verfassten Menschenrechten nicht identischen Maßstab dar, der sich dazu eignet, in Auseinandersetzung mit konkreten Erfahrungen der Demütigung, Missachtung und Entrechtung jeweils zu klären, wie menschenrechtliche Ansprüche zu fassen sind. Aus dem Dargelegten lassen sich folgende weitere Konsequenzen für die pädagogische Praxis ziehen:

In den Ausbildungsgängen für pädagogische Berufe ist es erforderlich, dass künftige LehrerInnen, SozialpädagogInnen und SozialarbeiterInnen zu einer fundierten Auseinandersetzung mit den sozialgeschichtlichen und sozialphilosophischen Grundlagen der Menschenrechte sowie der Problematik der Menschenrechte befähigt werden. Dies ist eine grundlegende Voraussetzung für eine sinnvolle Implementierung von Menschenrechtsbildung an Schulen und in der außerschulischen Bildung.

Eine menschenrechtspädagogische Qualifizierung muss den Erwerb solcher Lehr-Lern-Methoden umfassen, die dialogisch und erfahrungsorientiert angelegt sind. Denn nur mit Hilfe solcher Methoden können SchülerInnen befähigt werden, die Menschenrechte als einen relevanten Bezugspunkt für die Auseinandersetzung mit eigenen Erfahrungen und Lebenssituationen zu begreifen sowie sich selbst als AkteurInnen zu verstehen, denen potentiell eine aktive Rolle bei der Durchsetzung der und in Auseinandersetzungen um die Menschenrechte zukommt.

Schließlich kann eine menschenrechtspädagogische Qualifizierung nicht sinnvoll als eine bloße Ergänzung einzelner Fachcurricula in der LehrerInnenausbildung bzw. in Schulen angelegt werden. Nimmt man den Anspruch ernst, dass die Aneignung der Menschenrechte ein „oberstes Bildungsziel" darstellt, wie es in den KMK-Erklärungen von 1980 und 2000 formuliert ist, dann folgt daraus zwingend, dass eine Pädagogik der Menschenrechte fächerübergreifend anzulegen ist und eine solche Verankerung der Menschenrechtspädagogik politisch durchzusetzen ist, die über unverbindliche und weitgehend folgenlose Absichtserklärungen hinausreicht.

Ausgearbeitete Curricula und Lehr-Lern-Materialien, die den im vorstehenden entwickelten Anforderungen an eine Menschenrechtspädagogik umfassend gerecht werden und die sich zugleich zentral mit den Problemen und Konflikten in der Einwanderungsgesellschaft auseinander setzen, liegen weder für die Lehrerbildung noch für die schulische Pädagogik vor. Wie wir gezeigt haben, können den vorliegenden Materialien zwar durchaus eine Reihe nutzbarer Bausteine entnommen werden. Das Fehlen wirklich gebrauchsfertiger, spezifisch auf die Auseinandersetzung mit den durch Migration veranlassten gesellschaftspolitischen Veränderungsdynamiken bezogene Lehr-Lern-Materialien stellt jedoch ein erhebliches Hindernis für die Implementierung einer Pädagogik der Menschenrechte im Kontext einer Bildung für die Einwanderungsgesellschaft dar. Die Entwicklung geeigneter Materialien würde die praktische Realisierung einer fundierten menschenrechtlichen Pädagogik erheblich erleichtern.

Im Hinblick auf Schulen und Hochschulen liegt es zudem nahe, auch im Kontext einer Pädagogik der Menschenrechte eine Öffnung im Sinne des Einbezugs zivilgesellschaftlicher menschenrechtlicher Organisationen anzustreben. Um eine Externalisierung der Menschenrechtsproblematik sowie einen paternalistischen Gestus zu vermeiden, ist u. E. insbesondere der Einbezug solcher Initiativen anzustreben, die sich aktiv mit menschenrechtlichen Problemen und Interessen von ArbeitsmigrantInnen, Minderheiten, Flüchtlingen und MigrantInnen ohne legalen Aufenthaltsstatus auseinander setzen.

V. Vielfalt, Normalität und Diskriminierung – Ansätze der Diversity-Pädagogik

Pädagogische Strategien gegen Fremdenfeindlichkeit, Rassismus und Rechtsextremismus sind, wie in den bisherigen Ausführungen immer wieder deutlich wurde, in einem Spannungsfeld situiert: Sie oszillieren zwischen universalistischen, die gleiche Würde aller Individuen betonenden sowie ihre politische und rechtliche Gleichbehandlung reklamierenden Orientierungen einerseits, der Forderung nach Anerkennung kultureller Differenzen sowie der realen Vielfalt individueller Lebensentwürfe und Praktiken andererseits. Differenz ist für menschenrechtspädagogische Ansätze primär unter dem Gesichtspunkt relevant, dass tatsächliche oder zugeschriebene Unterschiede zwischen Individuen und sozialen Gruppen keine Ungleichbehandlung begründen und rechtfertigen sollen. Sie sind darauf ausgerichtet, der Forderung nach Achtung der gleichen Würde und Gewährleistung der gleichen Rechte für alle Individuen universelle Geltung zu verschaffen und können, wie gezeigt, konsistent mit einer Programmatik der Anti-Diskriminierung verbunden werden. Eine Perspektive, die die Überwindung rechtlicher, politischer, ökonomischer und kulturbezogener Diskriminierungen ins Zentrum stellt, ist u. E. auch für eine reflektierte interkulturelle Pädagogik zentral (s. o.) und befähigt dazu, Diversity-Konzepte für pädagogische Strategien gegen Rechtsextremismus, Rassismus und Fremdenfeindlichkeit nutzbar zu machen:

Wenn Unterschiede primär als mögliche Ursache zu überwindender Diskriminierungen – und nicht als trennscharfe, feststehende und unüberwindbare Abgrenzungen von Geschlechtern, Nationen, Ethnien, Religionen usw. – thematisiert werden, dann ist damit eine Perspektive etabliert, die sich am Ziel der Ermöglichung von Gleichheit und Gerechtigkeit orientiert, sich also nicht auf die Einübung von gewaltfreien Konfliktlösungen, Toleranz oder Respekt zwischen Menschengruppen reduziert, denen Individuen zugerechnet werden. Die zu bearbeitende Frage lautet dann, wie Individuen im Interesse der Gewährleistung von Gleichberechtigung und Selbstbestimmungsfähigkeit in die Lage versetzt werden können, mit den Differenzen bzw. Problemen umzugehen, die aus sozialen vorgegebenen Unterschieden resultieren, und nicht, wie unterschiedliche Gruppen lernen können, sich gegenseitig zu tolerieren.

Nancy Fraser (2003: 27 ff.) weist darauf hin, dass es analytisch sinnvoll ist, zwei Dimensionen von Diskriminierung zu unterscheiden: Formen der sozioökonomischen Benachteiligung einerseits, ungleiche Chancen der sozialen Wertschätzung andererseits. Daran anschließend ist es u. E. hilfreich, zwischen (a) politisch-rechtlicher Ungleichbehandlung sowie (b) der Produktion und Reproduktion sozio-ökonomischer Ungleichheiten und (c) solchen gruppenbezogenen Diskriminierungen zu unterscheiden, in deren Folge in bestimmter Weise klassifizierte Individuen als andersartig und minderwertig betrachtet werden. Diese Unterscheidung erlaubt es, unterschiedliche Strukturen und Praktiken der Diskriminierung – entlang der Kategorisierung nach Klasse, Geschlecht, Ethnizität, „Rasse“, Religion, Staatsangehörigkeit usw. – dahingehend zu analysieren, welcher der genannten Aspekte jeweils relevant ist und wie sie gegebenenfalls ineinander verschränkt sind.

Auf der Grundlage einer menschenrechtlich fundierten Antidiskriminierungsperspektive werden im Folgenden Programmatiken und Konzepte der Diversity-Pädagogik vorgestellt. Diese zielen auf eine konsequente, nicht auf ethnisierende, nationalisierende oder religiöse Unterscheidungen beschränkte Thematisierung der Unterschiede, die für das Zusammenleben in modernen Gesellschaften relevant sind.

1. Grundlagen der Diversity-Perspektive

Diversity-Konzepte (s. dazu etwa Cushner/McClelland/Safford 1996; Lynch/Modgil/Modgil 1992; Wlodkowski/Ginsberg 1995) sind im vorliegenden Zusammenhang deshalb von Interesse, weil sie die Möglichkeit einer solchen Weiterentwicklung interkultureller Pädagogik eröffnen, die von einer Position kritischer Distanz gegenüber ethnisierenden bzw. kulturalisierenden Festschreibungen und statischen Kulturkonzepten ausgeht.[206] Hierfür sind folgende Aspekte bedeutsam:

- Diversity-Ansätze legen erstens ein komplexes und differenziertes Verständnis sozial bedeutsamer Unterschiede zwischen Individuen und sozialen Gruppen zu Grunde. Gesellschaftlich und individuell relevante Differenzen werden nicht nur als Ausdruck bzw. Folge von ethnischen, religiösen und nationalen Kulturen verstanden. Vielmehr wird akzentuiert (s. Cushner/McClelland/Safford 1996: 75), dass soziale Klasse und sozialer Status, sex/gender, sexuelle Orientierung, Ethnizität/Nationalität, „Rasse", Alter, Sprache, Religion, psychische und physische Gesundheit, Behinderung und Regionalität bedeutsame Bezugspunkte für individuelle und soziale Identitätskonstruktionen und Lebensstile sowie möglicher Anlass für Konflikte und Diskriminierungen sind.
- Zweitens wird berücksichtigt, dass individuelle und soziale Identitäten nicht eindeutig bestimmbar, sondern durch vielfältige und komplexe Referenzen charakterisiert sind, deren Relevanz zudem situativ variiert. Individuen sind in bestimmten Kontexten und Situationen aufgefordert, ihre nationale oder ethnische Zuordnung zu akzentuieren, in anderen sich als Mann oder Frau zu präsentieren usw. Jeweilige Relevanzen hängen von situativen Erwartungsstrukturen ab.
- Zudem ist es in Anschluss an die neuere Diskussion des Subjektbegriffs drittens plausibel davon auszugehen, dass Individuen nicht mit sich selbst identische Subjekte sind, sondern vor dem Hintergrund komplexer sozialer und kultureller Referenzen von Spannungen, Widersprüchen und Konflikten auszugehen ist, die für Bemühungen der Identitätsbestimmungen und die Formulierung von Lebensentwürfen bedeutsam sind (s. dazu Fuchs 1999: 150 ff.).

---

206 Der Terminus Diversity wird faktisch recht unterschiedlich verwendet. Manche Varianten der Diversity-Pädagogik sind von tradierten Konzepten interkultureller Pädagogik nicht zu unterscheiden. Im Folgenden beziehen wir uns zentral auf solche Diversity-Konzepte, die systematisch über die Thematisierung ethnischer, kultureller und religiöser Differenz hinausgehen.

Eine so akzentuierte Diversity-Programmatik kann mit Konzepten verbunden werden, die Identität nicht als eine selbstverständlich gegebene Eigenschaft von Individuen postulieren, sondern als Herstellungsleistung in den Blick nehmen, für die der Bezug auf kulturelle Symbolisierungen, politische Repräsentationen und soziale Praktiken bedeutsam ist (s. dazu insbesondere Butler 1991; Hall 1994; Bhabha 1997).

In der sozialpsychologischen Identitätsforschung wird die Aufrechterhaltung eines individuellen Kohärenzgefühls und die soziale Darstellung eigener Identität als ein Ergebnis von „Identitätsarbeit" (Cohen/Taylor 1977) in den Blick genommen und davon ausgegangen, dass solche Identitätsarbeit nicht durch die Aneignung verbindlich vorgegebener Lebensentwürfe und Identitätskonzepte (s. Keupp 2002: 76) beschrieben werden kann.

Vor diesem Hintergrund wird in den genannten Theorien in unterschiedlicher Weise die Notwendigkeit akzentuiert, Brüche, Widersprüche und Dynamiken in individuellen sowie kollektiven Identitätsentwürfen zu berücksichtigen und hybride, d. h. heterogene Momente aufgreifende Identitätskonzepte einzubeziehen.[207] Individuelle und soziale Identitäten können folglich als Ergebnis eines komplexen und mehrdimensionalen Aneignungsprozesses verstanden werden. Für den Prozess der Vermittlung und Aneignung identitätsrelevanter Konzepte werden in der Diversity-Pädagogik Familie, Schule, Kirche, Nachbarschaft, Gleichaltrigengruppe, Communities, berufliche Arbeitszusammenhänge, Massenmedien, Sport und Kunst als potentiell bedeutsame Instanzen betrachtet (s. Cushner/McClelland/Safford 1996: 75).

„Nach dem Diversity-Approach bezieht sich die *situative* Attribution der kulturellen Vielfalt und Fremdheit nicht nur auf ethnische oder nationale Diversität, sondern lässt sich prinzipiell auch auf andere Zuschreibungsformen sozialer Diversität wie Religion, Geschlecht, sexuelle Orientierung oder Altersgruppen beziehen. Die unterschiedlichen kulturellen Bezugsgruppen, die als Grundlage der individuellen und kollektiven kulturellen Identitätsbildung fungieren, stehen dabei nicht nur nebeneinander, sondern überschneiden sich und sind daher hinsichtlich ihrer jeweiligen Relevanz für ein *bestimmtes* soziales Handeln nur schwer voneinander abzugrenzen. Vielmehr ist davon auszugehen, das in einer jeweiligen Handlungssituation durchaus unterschiedliche Identitätsebenen aktiviert und aktualisiert werden können. Der Anspruch auf kulturelle Eindeutigkeit

---

207 In den vorliegenden pädagogischen Materialien geschieht dies aber nur in Ansätzen (s. u.).

wird in diesem Konzept zugunsten einer Achtung der *Prozesshaftigkeit subjektiver Identität* aufgegeben."[208]

Angezeigt ist damit, dass sozioökonomische Unterschiede ebenso zu berücksichtigen sind wie Spezifika der Lebenslage von Altersgruppen und Minderheiten oder etwa auch gegen- und subkulturelle Orientierungen. In einigen Varianten der Diversity-Pädagogik wird außerdem darauf verwiesen, dass auch politische Orientierungen von zentraler Bedeutung für soziale Verortungen und Abgrenzungen sein können.[209]

Die in Konzepten interkultureller Pädagogik immer wieder aufscheinende Tendenz, einen verstehenden Blick auf „die andere Kultur" zu etablieren, ohne die Selbstverständlichkeiten und die Situiertheit der eigenen Perspektive zu hinterfragen, wird zudem systematisch aufgebrochen, wenn mit der Diversity-Perspektive geltend gemacht wird, dass Unterschiede der Geschlechter, der sexuellen Orientierung, der politischen Überzeugungen usw. solche Gemeinsamkeiten und Differenzen begründen, die die Annahme konsensueller Standards der „eigenen" wie „der fremden Kultur" in Frage stellen. *Damit fordert der Diversity-Zugang auch einen selbstreflexiven Umgang mit eigenen Identitätskonstruktionen, sozialen und kulturellen Einbettungen sowie deren Verschränkung mit Dominanz- und Unterordnungsstrukturen heraus.*

In Konzepten der Diversity-Pädagogik deutet sich damit eine Perspektive an, die die Komplexität der für individuelle und kollektive Identitätsbildungen sowie für Zuordnungen zu sozialen Gruppen bedeutsamen Bezüge und Verortungen in Rechnung stellt, davon ausgeht, dass Identität keine feststehende Eigenschaft von Individuen ist, sondern prozessual und situationsabhängig verstanden werden muss und die sich zudem von Modellen einer sozialisatorischen Prägung abgrenzt[210]. Damit sind Grundelemente einer Programmatik beschrieben, die u. E. dazu geeignet ist, ein unterkomplexes Verständnis des Verhältnisses von Gesellschaft, Kultur, sozialen Gruppen und Individualität zu überwin-

---

208 Diese Charakterisierung ist dem Dissertationsentwurf von Matthias Otten, Universität Karlsruhe, Institut für Soziologie, entnommen.

209 S. hierzu etwa Center for Teaching and Learning der University of North Carolina (Ed.) (1998): „Diversity in the College Classroom".

210 Cushner u. a. gehen davon aus, dass Identitäten nicht als Resultat einer sozialisatorischen Prägung von Individuen verstanden werden können: „Socialization is limited in its power because human beings are not simply passive recipients of socialization but always act on that socialization in some way. Individuals resist or reject accepted norms, they reinterpret accepted norms, and they create new kinds of normative behavior. Thus, socialization can be seen not as an all-powerful force that totally molds the human creature, but rather as a transactional process through which individuals are shaped but not totally determined." (Cushner/McClelland/Safford 1996: 73).

den, das in manchen Varianten interkultureller Pädagogik immer noch einflussreich ist (s. o.).

Die Diversity-Programmatik kann insofern als konsequente Fortführung einer reflektierten interkulturellen Pädagogik (s. o.) verstanden werden, die sowohl Identifikationen als auch Distanzierungen im Verhältnis zu unterschiedlichen kulturellen und sozialen Kontexten berücksichtigt. Auf Chancengleichheit und die Überwindung von Diskriminierung ausgerichtete bildungspolitische und pädagogische Strategien sind vor diesem Hintergrund darauf verwiesen, vielfältige und sich potentiell wechselseitig verstärkende Zuschreibungsprozesse sowie damit verbundene Diskriminierungspraktiken und -strukturen in den Blick zu nehmen.

2. Diversity und Modernisierung

Die unter dem Stichwort Diversity im anglo-amerikanischen Raum schon seit geraumer Zeit – nicht nur in pädagogischen Kontexten, sondern vor allem auch im Bereich des Personalmanagements – geführte Debatte[211] hat eine erkennbare Affinität zu den unter Begriffen wie Individualisierung, kulturelle Pluralisierung, Risikogesellschaft, Multioptionsgesellschaft und Postmoderne vorgetragenen sozialwissenschaftlichen Gegenwartsdiagnosen (s. dazu etwa Beck/Giddens/Lash 1996; Beck 2001; Bauman 1995). In diesen Diagnosen wird eine bestimmte Interpretation des gesellschaftlichen Modernisierungsprozesses entfaltet, die in ihren Grundzügen bereits bei soziologischen Klassikern wie Emile Durkheim, Georg Simmel und Norbert Elias formuliert ist (s. dazu Kron 2000): Moderne Gesellschaften sind demnach dadurch gekennzeichnet, dass sie auf die

---

211 Es handelt sich somit also um keine genuin pädagogische Programmatik. Auch auf europäischer Ebene ist „Managing Diversity" Thema: Von der Expertengruppe des europäischen Rates wird die Notwendigkeit formuliert, Gender Mainstreaming in eine „non-hierarchical diversity" – Strategie einzubinden und damit vielfältigen potentiellen Diskriminierungsstrukturen Rechnung zu tragen (s. Council of Europe 1998). Diese Anti-Diskriminierungs-Perspektive kommt jedoch im Rahmen der Konjunktur on Diversity-Konzepten im Unternehmensmanagement, wie sie in jüngster Zeit auch in der Bundesrepublik zu beobachten ist, nicht hinreichend zum Tragen. Diese sind im Wesentlichen an Effizienzkalkülen orientiert und darauf ausgerichtet, die Unterschiedlichkeit der einzelnen MitarbeiterInnen für den Unternehmenserfolg zu nutzen. Betont wird dabei die Kontraproduktivität von Diskriminierungen, Einschränkungen und dem Eingriff in die Lebensführung Einzelner. Auf deren zum Teil problematische Grundannahmen und Engführungen von Diversity im Sinne eines effizienten Zugriffs auf verfügbare „Humanressourcen" kann im Folgenden nicht eingegangen werden.

umfassende und dichte kulturelle Regulierung der Lebensführung von Individuen weitgehend verzichten können. Ihr Zusammenhalt wird durch relativ abstrakte ökonomische Funktionsprinzipien, rechtliche Regulierungen und politische Strukturen gewährleistet – und gerade dies ermöglicht ein Zusammenleben von „Fremden“, die sich wechselseitig als Individuen weder kennen noch verstehen müssen, sondern nur darauf angewiesen sind, geltende Regeln der Kooperation und Kommunikation zu beachten. Die mit dem Diversity-Ansatz entwickelte Perspektive der Sensibilisierung für unterschiedliche Erfahrungen, Sichtweisen, Wertorientierungen und Lebensstile in Verbindung mit der Forderung, diese in pädagogischen Programmen, aber auch in Managementkonzepten unter der Maßgabe der konstruktiven Konfliktlösung und Überwindung von Diskriminierungen zu berücksichtigen, wendet die Beobachtung der weitgehenden Freisetzung der individuellen Lebensführung aus verbindlichen Vorgaben normativ und programmatisch: Vielfalt wird nicht nur als empirische Tatsache und Effekt des gesellschaftlichen Modernisierungsprozesses reklamiert, sondern als ein wünschenswerter und herzustellender Zustand gefasst.

Damit wendet sich der programmatische Anspruch von Diversity-Konzepten zumindest implizit[212] gegen gesellschaftspolitische Ordnungskonzepte, die auf die Durchsetzung oder Privilegierung bestimmter Formen der individuell-privaten Lebensführung ausgerichtet sind sowie gegen Vorurteile und Diskriminierungen im Verhältnis zu benachteiligten Gruppen, Minderheiten und Subkulturen. Plädiert wird für eine konsequente Anerkennung des Rechts auf eine selbstbestimmte individuelle Lebensführung.

Die so zunächst knapp skizzierte Programmatik steht jedoch ersichtlich, wie im Weiteren noch deutlich werden wird, in der Gefahr einer Trivialisierung: Ein sozialwissenschaftlich unterkomplexes Plädoyer für Vielfalt übersieht, dass eine Reihe von Unterschieden in keinem Bezug zu Strukturen sozialer Ungleichheit und Praktiken der Diskriminierung steht, während andere Unterschiede gerade deshalb gesellschaftlich bedeutsam sind, weil sie als Ursache oder Legitimation von sozio-ökonomischen Ungleichheiten sowie politischen, rechtlichen und kulturbezogenen Diskriminierungen wirksam werden.

Folglich sind Lernprozesse, die dafür sensibilisieren sollen, dass es unterschiedliche Ernährungsgewohnheiten, musikalische Vorlieben oder Lieblingsgeschichten gibt, und keinen vernünftigen Grund, solche Präferenzen zu hierarchisieren, auf einer systematisch anderen Ebene angesiedelt, als etwa die Ausei-

212 In den vorliegenden pädagogischen Konzepten wird auf eine angemessene Auseinandersetzung mit den gesellschaftsstrukturellen und politischen Zusammenhängen, in denen die Diversity-Perspektive situiert ist, weitgehend verzichtet.

nandersetzung mit unterschiedlichen Hautfarben und darauf bezogenen rassistischen Stereotypisierungen. Wenn dies verwischt wird, resultiert daraus ein naives Verständnis gesellschaftlicher Vielfalt.

Um eine in sozialwissenschaftlicher Hinsicht angemessene Perspektive auf die soziale Realität moderner (Einwanderungs-)Gesellschaften zu entwickeln, sind die beiden folgenden Aspekte systematisch zu unterscheiden: Auf der einen Seite die Pluralisierung von Lebensentwürfen in der strukturell individualisierten Gesellschaft, auf der anderen Seite die Relevanz sozialer Zuordnungs- und Zuschreibungsprozesse im Kontext gesellschaftlicher Macht- und Ungleichheitsverhältnisse. Beide Aspekte können nicht unabhängig voneinander betrachtet werden. Zwar werden individuelle Prozesse der Distanzierung und Emanzipation, z. B. im Verhältnis zu tradierten Geschlechterstereotypen, durch Individualisierungs- und Pluralisierungstendenzen erleichtert. Dies bedeutet aber nicht, dass damit bereits geschlechtsbezogene, kulturelle, rechtlich und organisatorisch verankerte Erwartungsstrukturen irrelevant geworden sind. Dies betrifft auch die Frage nach der Verknüpfung sozio-ökonomischer Ungleichheiten mit ethnischen Zuordnungen bzw. Identifikationen (s. Hormel/Scherr 2003). Waters (1994: 215) weist darauf hin, dass Angehörige benachteiligter Gruppen spezifische Schwierigkeiten haben, sich von ethnischen Zuordnungen zu distanzieren:

> „Die symbolische Ethnizität (weißer Mittelschichtsangehöriger, U.H./A.S.) lässt sich nur bedingt mit der Realität der rassischen und ethnischen Identitäten der amerikanischen Minderheiten vergleichen. Denn während ethnische Zugehörigkeit für die weißen Amerikaner aus der Mittelschicht etwas Flexibles und Symbolisches und Freiwilliges ist, ist sie das für die nicht-weißen Amerikaner und die Hispano-Amerikaner mitnichten.“

3. Verschiedenheit und Ungleichheit

Zahlreiche Analysen aus den Kontexten der sozialen Ungleichheitsforschung, der Genderforschung und der Rassismusforschung weisen auf die Bedeutsamkeit solcher Zuordnungen und Identifikationen hin, die sich mit Annahmen über die Minderwertigkeit derjenigen verbinden, die benachteiligten Gruppen angehören. Angehörige unterprivilegierter Gruppen sind also nicht nur ökonomisch, rechtlich oder politisch benachteiligt, sie erleben vielfach auch einen „Mangel an Respekt, der darin besteht, nicht wahrgenommen und nicht als vollwertige Menschen angesehen zu werden" (Sennett 2002: 26). Solche Missachtung beeinträchtigt das Selbstwertgefühl und die Selbstachtung (s. dazu Honneth 1992 und Sennett/Cobb 1972). Zuschreibungen von Minderwertigkeit werden als naturalistische Legitimationen sozialer Ungleichheit wirksam, indem sie sozial hergestellte Unterschiede als logische Folge unterschiedlicher Fähigkeiten und Begabungen darstellen. Hingewiesen ist damit darauf, dass kulturell verankerte Klassifikationen sozialer Gruppen eng mit der Reproduktion sozialer Ungleichheit und sozialer Hierarchien verschränkt sind. Die Unterscheidung von Männern und Frauen, Heterosexuellen und Homosexuellen, Einheimischen und Fremden, Gebildeten und Ungebildeten, Arbeitswilligen und Arbeitsunwilligen, Angepassten und Außenseitern, Rechtskonformen und Kriminellen usw. sind asymmetrisch konstruiert, d. h. sie etablieren eine Hierarchie zwischen den beiden Seiten der getroffenen Unterscheidung und legen damit Hierarchien als Form der sozialen Ordnungsbildung nahe (s. dazu Luhmann 1996: 107 ff.). Asymmetrisch konstruierte Unterscheidungen sind historisch und aktuell sowohl für Strukturen und Prozesse der ökonomischen, politischen und rechtlichen Diskriminierung als auch für ungleiche Chancen sozialer Wertschätzung relevant.

Die je unterschiedliche symbolische, politische, rechtliche und ökonomische Relevanz von Differenzen verweist auf die Verschränkung von Prozessen der Reproduktion sozialer Ungleichheiten und Hierarchien[213] mit kulturell verankerten binären und asymmetrischen Klassifikationen sozialer Klassen bzw. Gruppen[214]. Für eine Auseinandersetzung mit solchen, konstitutiv mit der Zuweisung eines ungleichen sozialen Status sowie ungleichen Chancen der Wertschätzung verschränkten Klassifikationen, ist die pädagogische Programmatik der Nicht-Hierarchisierung und der Anerkennung von Differenzen erkennbar paradox. Nancy Fraser (2003: 29) verdeutlicht dies am exemplarischen Fall des Industrieproletariats in der Frühphase der Industrialisierung, indem sie wie folgt argumentiert: „Das letzte, was es braucht, wäre die Anerkennung seiner Andersartigkeit. Im Gegenteil, der einzige Weg, der Ungerechtigkeit zu begegnen, ist es, das Proletariat als eigenständige Gruppe verschwinden zu lassen." Hingewiesen ist damit auch auf die Notwendigkeit gesellschaftspolitischer Strategien, die auf die Veränderung solcher Strukturen zielen, deren Effekt ungleiche

---

213 Die „Gleichursprünglichkeit von Differenz und Hierarchie" kann jedoch nicht als logischer und ableitbarer Zusammenhang gesehen werden, wie dies in den Debatten und Analysen der sozialen Konstruktion des Geschlechterverhältnisses unterstellt wurde (so z. B. in dem Konzept des ‚doing gender' von West/Zimmermann 1991).

214 Krüger-Potratz und Lutz (2002: 88 f.) listen fünfzehn bipolare hierarchische Differenzlinien auf, die für die Bildungspraxis relevant sind.

Chancen der Bildung und Persönlichkeitsentwicklung sind, die in der Folge die Zuschreibung vermeintlich gruppentypischer Eigenschaften veranlassen.

Bei mit Strukturen sozialer Ungleichheit verwobenen Unterscheidungen, stellt gerade nicht die Anerkennung von sozial hergestellten Differenzen und durch diese veranlasste Zuschreibungen die zentrale Herausforderung dar. Vielmehr kommt es also darauf an,

- die Strukturen und Prozesse durchschaubar zu machen, durch die Unterschiede von Fähigkeiten und Fertigkeiten, der Lebensführung, der Identitätskonstruktion zwischen sozial ungleichen Gruppen hervorgebracht werden;
- zur Kritik unzulässiger Generalisierungen, von Stereotypen und Vorurteilen zu befähigen sowie dafür zu sensibilisieren, dass jedes Individuum ein besonderer Einzelner ist;
- begreifbar zu machen, dass Gruppenzuordnungen keine klaren und eindeutigen Grenzen zwischen unterschiedlichen Menschentypen etablieren, sondern durch übergreifende Gemeinsamkeiten und quer zu den Gruppenunterscheidungen liegende Differenzen überlagert und relativiert werden;
- Kommunikations- und Kooperationszusammenhänge zu ermöglichen, in denen die Irrelevanz etablierter Gruppenunterscheidungen erfahren werden kann.

Diversity-Ansätze sollten daher idealiter auf die umfassende Auseinandersetzung mit solchen Klassifikationen zielen, die Mitteilungen von Minderwertigkeit enthalten und für die Begründung von Benachteiligung herangezogen werden.[215]

[215] Nancy Fraser spricht in diesem Zusammenhang von „institutionalisierten kulturellen Bewertungsschemata“ bzw. „Wertmustern“ (Fraser 2003: 45). Formen struktureller Benachteiligung und mangelnde Anerkennung entstehen Fraser zufolge dann, wenn „Institutionen die soziale Interaktion nach Maßgabe kultureller Normen strukturieren, die partizipatorische Parität verhindern“ (ebd.). Solche Formen der Benachteiligung können sowohl dann entstehen, wenn im Hinblick auf jeweils situativ und organisationsspezifisch relevante Kriterien Gleiche ungleich behandelt werden, wenn also etwa Migrantenkinder bei gleichem Leistungsvermögen auf andere Schullaufbahnen verwiesen werden als Kinder deutscher Eltern, als auch dann, wenn Ungleiche gleich behandelt werden, wenn etwa Unterschiede der Sprachkompetenz nicht angemessenen berücksichtigt oder Erfordernisse von Behinderten ignoriert werden.

4. Diversity als Kritik rechtsextremer Ordnungsmodelle

Im vorliegenden Kontext ist die Diversity-Perspektive deshalb von spezifischer Relevanz, weil für den historischen Nationalsozialismus, aber auch für den aktuellen rechtspopulistischen und rechtsextremen Diskurs Entwürfe einer dichten und homogenen gesellschaftlichen Ordnung von grundlegender Bedeutung sind, die soziale und kulturelle Differenzen und Ambivalenzen als zu bekämpfende Bedrohung darstellen (s. Priester 2003: 221 ff. und 247 ff.). Wie Zygmunt Bauman (1992) gezeigt hat, ist für die Ideologie des Nationalsozialismus die Idee einer homogenen Ordnung der staatlich kontrollierten „Volksgemeinschaft" in Verbindung mit einer radikalen Unduldsamkeit gegenüber allen von Bedeutung, die sich in diese Ordnung nicht einfügen können oder wollen. Das Modell einer nationalsozialistischen Neuordnung der Gesellschaft impliziert deshalb das über die Vernichtung der europäischen Juden hinausgehende Programm einer „Aussonderung aus der Norm herausfallender Elemente, von aufsässigen Jugendlichen, von Arbeitsbummlern, von Asozialen, von Prostituierten, von Homosexuellen, von beruflich Erfolglosen und Leistungsuntüchtigen, von Behinderten" (Peukert, zit. nach Bauman 1992: 46).

Auch der aktuelle Rechtsextremismus kann als ein Versuch der Abwehr des Prozesses der Ausdifferenzierung und Pluralisierung von Lebensstilen, wie er sich im Zuge gesellschaftlicher Liberalisierungstendenzen insbesondere nach „1968" vollzieht, gesehen werden. Dies betrifft das Brüchigwerden einer traditionellen Geschlechterordnung, insbesondere die Entwertung traditioneller Männlichkeitskonzepte, ebenso wie allgemein den weitgehenden Verzicht auf die umfassende Regulierung der individuellen Lebensführung in modernen Gesellschaften. Rechtsextreme und rechtspopulistische Ideologien und die darin mitgeführten Feindbilder rekurrieren auf einen Ordnungsdiskurs, der keine Vielfalt von Lebensstilen und -entwürfen zulässt und die Abweichung von den darin zugrunde gelegten Normalitätskonstruktionen als potentiell bedrohlich darstellt (Bauman 1992; Scherr 2001).

Entsprechend wird in einem aktuellen Massenflugblatt der NPD in symptomatischer Weise formuliert:

> Die „Spitzenpolitiker schunkeln zwar stets auf den Prunkwagen der Schwulen- und Transvestitenparaden mit, sind aber nicht in der Lage, die Probleme unseres Landes

zu lösen. [...] Sie sorgen sich um das Wohl von Ausländern und Randgruppen dieser Gesellschaft, nicht aber um unser eigenes Volk."[216]

Die Forderung nach einer rigiden und autoritären Ordnung sowie nach einer starren Reglementierung der Lebensführung, die für rechtsextremistische und rechtspopulistische Diskurse kennzeichnend ist, impliziert das Postulat der notwendigen Homogenität der Gesellschaftsmitglieder als ordnungsstiftendes ideologisches Muster, das im aktuellen rechtsextremen Diskurs zwar zentral – aber nicht ausschließlich – auf der Achse der Konstruktion von Ethnizität bzw. unüberbrückbarer kultureller Differenzen entwickelt wird (s. dazu etwa Funke/Rensmann 2003; Priester 2003: 247 ff.).

Damit korrespondiert eine Gemeinschaftsideologie, in der die vorrangige Stellung der Gemeinschaft gegenüber dem Individuum betont (s. Kohlstruck 2002b: 20 ff.) und die Unterordnung des Einzelnen unter die Gemeinschaft mit der Forderung nach einem starken Staat verknüpft wird, dem die Aufgabe zugedacht ist, diese homogenisierenden Ordnungskonzepte durchzusetzen. Aus der Verschränkung eines völkischen Nationalismus mit autoritären Ordnungskonzepten ergibt sich die Idee einer „angeblich der natürlichen Ordnung entsprechenden *Volksgemeinschaft*", die Hajo Funke und Lars Rensmann (2003: 219) zufolge als das zentrale „gesellschaftliche Leitbild" des aktuellen Rechtsextremismus charakterisiert werden kann.

Das in rechtspopulistischen und rechtsextremen Diskursen implizit oder explizit beanspruchte Konzept einer durch gemeinsame Abstammung und Kultur völkisch integrierten Gemeinschaft steht ersichtlich in einem diametralen Gegensatz zu Gesellschaftsentwürfen, die auf eine solche Gestaltung des gesellschaftlichen Modernisierungsprozesses ausgerichtet sind, durch die ein demokratisch reguliertes Zusammenleben von Menschen unterschiedlicher Herkunft, religiöser und politischer Überzeugungen ermöglicht werden soll.

Vor diesem Hintergrund bietet die Diversity-Perspektive nicht nur ein Potential zur Überwindung kulturalistischer Engführungen in der Thematisierung von Differenz, sondern auch einen Ansatzpunkt zur kritischen Auseinandersetzung mit normativ aufgeladenen Gemeinschaftskonzepten und den damit verbundenen Homogenitätserwartungen. Solche Homogenitätserwartungen sind nicht nur als Elemente des rechtsextremen Diskurses von Bedeutung, sondern auch für einen einflussreichen kriminal- und sozialpolitischen Ord-

---

216 Wer wir sind – was wir wollen. Antwort auf ihre Fragen. NPD. Die Nationalen (November 2003).

nungsdiskurs kennzeichnend, der Diagnosen einer vermeintlich kontinuierlichen Zunahme von Gewalt und Kriminalität, insbesondere von „Ausländerkriminalität", mit der Infragestellung eines liberalen Umgangs mit Obdachlosen, Drogenkonsumenten und Subkulturen verbindet (s. dazu Scherr 1997c und 1998).

Ein Desiderat angemessener pädagogischer Strategien im Umgang mit dem aktuellen Rechtsextremismus kann daher darin gesehen werden zu verdeutlichen, dass jeder Versuch, moderne (Einwanderungs-)gesellschaften als homogene Gemeinschaften zu gestalten, mit einer massiven Einschränkung von Freiheitsrechten sowie Strategien der Ausgrenzung von Migranten, Randgruppen und Minderheiten einhergehen muss. Darüber hinaus ist es erforderlich, die in rechtspopulistische und rechtsextreme Ordnungskonzepte eingelassenen Prozesse der Konstruktion von gesellschaftlicher Normalität transparent zu machen sowie zur kritischen Auseinandersetzung mit völkisch-nationalistischen Gemeinschaftsideologien zu befähigen.

Im vorliegenden Kontext kann also eine Vorgehensweise, die Diversity als zentralen Bezugspunkt beansprucht, sich nicht auf eine Beschäftigung mit quasi beliebigen Ausprägungen von individueller und sozialer Vielfalt beschränken. Die Thematisierung von Differenz muss vielmehr rückgebunden werden an die Auseinandersetzung mit solchen Konstruktionen von Differenzen und Fremdheit, die sozialstrukturell relevant sind und/oder auf rechtspopulistische und rechtsextreme politische Ordnungsmuster sowie Ideologien rückverweisen.

5. Toleranzförderung als Programm?

Eine weitere Problematik von Diversity-Konzepten ergibt sich daraus, dass die Absicht der Sensibilisierung für reale oder zugeschriebene Differenzen in der Gefahr steht, zu einer Einübung in wechselseitige Stereotypisierungen entlang der Kategorien Geschlecht, Ethnizität, Religion usw. zu führen – dass also nicht die Wahrnehmung der Komplexität individueller Lebenskonstruktionen, sondern die routinierte Verwendung sozialer Klassifikationen gelernt wird[217]. Dies kann nur dann vermieden werden, wenn die Forderung nach Beachtung und Anerkennung von Differenzen und ein Plädoyer für Vielfalt nicht abgelöst wird

217 Diese Problematik wird auch im Kontext der Debatten über Gender-Mainstreaming intensiv diskutiert (s. dazu Meyer/von Ginsheim 2002).

von der Auseinandersetzung damit, wie sozial bedeutsame Differenzen hergestellt und wie Differenzmarkierungen als Mittel sozialer Typisierungen und Ausgrenzungen sowie als Diskriminierungsressource verwendet werden. Denn ebenso wie die Vorstellung von klar voneinander unterscheidbaren, in sich geschlossenen Kulturen, sind auch andere essentialistische Vorstellungen daraufhin zu befragen, welche Identitätsfixierungen sie Individuen zumuten und in welchem Zusammenhang sie mit Macht- und Ungleichheitsverhältnissen stehen.

Deshalb ist es erforderlich, über ein Plädoyer für Vielfalt, das soziale Kategorisierungen und Klassifikationsprozesse nur ausdifferenziert und erweitert, hinaus zu gehen. Für eine angemessene Auseinandersetzung mit Strukturen, Praktiken und Ideologien der Diskriminierung ist es notwendig, zur Einsicht in Prozesse der Konstruktion des „Anderen"[218] zu befähigen. Dabei kann eine Chance der Diversity-Perspektive gerade darin gesehen werden, Normalitätskonstruktionen zu verabschieden, die die Erwartung etablieren, dass Individuen und soziale Gruppen eindeutig mit gängigen Kategorien (Männer und Frauen, Ausländer und Deutsche, Schwarze und Weiße etc.) unterschieden werden können und so für Grenzüberschreitungen und in sich heterogene Identitäten und Praktiken zu sensibilisieren, die etablierte Unterscheidungen unterlaufen (s. dazu Mecheril 2003).

Die auch in Diversity-Konzepten in Hinblick auf solche Unterscheidungen oftmals programmatisch beanspruchte Zielsetzung der Förderung von Toleranz (s. dazu etwa Eine Welt der Vielfalt 2001: 7) greift darauf bezogen allerdings in mehrfacher Hinsicht zu kurz:

- Für Toleranz wird gewöhnlich dann plädiert, wenn es darum gehen soll, einen liberalen Umgang mit Abweichungen von der Norm oder im Verhältnis von Mehrheiten und Minderheiten einzufordern. Dann aber werden die Dominanzansprüche der jeweiligen Mehrheit bzw. die Geltungsansprüche der jeweiligen Normalität vorausgesetzt und nicht selbst kritisch hinterfragt: „Toleranz bezeichnet generell und überall Spielraum und Garantie für das Anderssein, für das Andersdenken, wo das (oder der) Andere einem schon

[218] Denn asymmetrische Klassifikationen sind nicht einfach nur dualistisch gefasste Gegenüberstellungen, sondern mit einem Prozess der Konstruktion von „Andersheit" verbunden. Prengel benennt in diesem Zusammenhang relevante differenztheoretische Ansätze, die aus unterschiedlicher Perspektive nach der „Konstitution des Verhältnisses von Normalität und Marginalität und der Bedeutung des ‚Anderen', sei es als Weiblichkeit (Irigaray 1980), als Wahnsinn (Foucault 1971), als Behinderung (Moser 1995), als Kindheit (Aries 1978), als Minderheiten (Lyotard 1977) oder als ‚Fremdheit' (Leiris 1985), konstruiert, fragen"(Prengel 2001: 100).

erhobenen Anspruch oder einer gesellschaftlich etablierten Norm widerspricht." (Wollgast 2002: 7)

- Eine Haltung der Toleranz ist zwischen Gleichberechtigen zwar prinzipiell unproblematisch. Im Kontext von Beziehungen zwischen sozial ungleichen Gruppen, zwischen Reichen und Armen, Etablierten und Außenseitern, Mächtigen und Machtunterworfenen steht die Forderung nach Toleranz jedoch in der Gefahr, einen widerrufbaren paternalistischen Gestus der Duldung aufzurufen.
- Toleranz ist keine verallgemeinerbare Lösung im Umgang mit sozialen Differenzen. Denn in der Auseinandersetzung mit antiemanzipatorischen Tendenzen und repressiven Praktiken stellt sich die Frage nach den menschenrechtlichen Grenzen der Toleranz. Zudem steht die Forderung, „andere Kulturen" anzuerkennen bzw. zu tolerieren, in dem Maß in einem Spannungsverhältnis zu einer Orientierung an der Ermöglichung individueller Selbstbestimmung, wie MigrantInnen als Angehörige einer Kultur wahrgenommen sowie Einschränkungen der lebenspraktischen Autonomie und Eigenverantwortlichkeit durch kulturalistische Deutungen, Traditionen und Normen begründet werden.
- Eine Pädagogik für die Einwanderungsgesellschaft sollte deshalb im Unterschied zu einer generellen und dekontextualisierten Forderung nach Anerkennung kultureller Vielfalt darauf ausgerichtet sein, nationale, religiöse und ethnische Selbst- und Fremdzuordnungen nicht als selbstverständlich gegebene Sachverhalte voraussetzen und die Selbstbestimmungsfähigkeit des Einzelnen auch im Verhältnis zu kulturell abgestützten Normierungen zu fördern.
- Toleranz ist ein weniger anspruchs- und voraussetzungsvolles Konzept als Anerkennung und darin begründeten Forderungen nach Respekt gegenüber Anderen. Hierin ist einerseits durchaus eine Stärke einer Orientierung an Toleranz zu sehen – Toleranz erfordert keine gründliche Auseinandersetzung mit Religionen, Kulturen, sexuellen Orientierungen usw., sondern „nur" die Entwicklung einer liberalen und gelassenen Grundhaltung. Solchen Forderungen von Minderheiten, die auf die Anerkennung ihrer Besonderheit zielen, wird jedoch nicht angemessen Rechnung getragen, wenn allein für Toleranz plädiert wird.

6. Lernherausforderungen der Diversity-Perspektive

Die spezifischen Lernherausforderungen, auf die mit dem Diversity-Ansatz im vorliegenden Kontext reagiert werden kann, lassen sich zusammenfassend wie folgt charakterisieren:

- Kritik rechtsextremer Ordnungsmodelle und Verdeutlichung des Zugewinns an Möglichkeiten einer selbstbestimmten Lebensgestaltung durch Prozesse gesellschaftlicher Differenzierung und Liberalisierung;
- Bewusstmachung der realen Verschränkungen (Genese, Begründung, Legitimierung) von bestimmten, nicht-beliebigen Differenzkonstruktionen mit Strukturen der Diskriminierung sowie mit Macht- und Herrschaftsverhältnissen;
- Befähigung zu einem selbstreflexiven Umgang mit eigenen Identitätskonstruktionen und deren Verschränkung mit Dominanz- und Unterordnungsstrukturen;
- Auseinandersetzung mit der Problematik gesellschaftlicher Normalitätsannahmen und Homogenitätserwartungen, etwa durch die Beschäftigung mit Lebensentwürfen, Identitätskonstruktionen und Praktiken, die etablierte Grenzziehungen und rigide Ordnungsvorstellungen unterlaufen.

Vor diesem Hintergrund ist in der Auseinandersetzung mit praxisorientierten Konzepten der Diversity-Pädagogik der Frage nachzugehen, inwiefern diese einen Zugang zu Grunde legen, der zur Auseinandersetzung mit denjenigen Differenzen befähigt, die im rechtspopulistischen und rechtsextremistischen Diskurs zum Problem erklärt werden. Zweitens ist zu prüfen, wie diese gesellschaftliche Heterogenität darstellen und deren Verschränkung mit sozialen Ungleichheiten, Macht- und Herrschaftsverhältnissen verdeutlichen. Drittens gilt es zu klären, ob und wie dem Problem Rechnung getragen wird, dass die Betonung der Relevanz von Unterschieden immer auch in der Gefahr steht, wechselseitige Differenzwahrnehmungen zu verstärken und zu Stereotypisierungen beizutragen.

Um das komplexe Lernpotential der Diversity-Programmatik zu realisieren, sind vier Ebenen pädagogischer Praxis in den Blick zu nehmen:

- Schulen als Organisationen im Hinblick auf die Frage, ob und wie die Zusammensetzung ihrer Schülerschaft und ihres pädagogischen Personals Erfahrungen des Umgangs mit Diversität ermöglicht oder einschränkt;

- Interaktions- und Kooperationsprozesse in Schulklassen im Hinblick auf die Frage, wer mit wem in Interaktion tritt bzw. welche Abgrenzungen vollzogen werden;
- die curriculare Thematisierung von Diversität hinsichtlich ihrer inhaltlichen und methodischen Aspekte;
- das Selbstverständnis, die Einstellungen und Überzeugungen des pädagogischen Personals und die Erfordernisse ihrer Befähigung zu einem reflektierten und nicht diskriminierenden Umgang mit Vielfalt.

7. Die Erfahrung von Vielfalt organisieren

Gerade für die Diversity-Perspektive ist die organisatorische Ebene von fundamentaler Bedeutung: Eine pädagogische Programmatik, die auf die Nicht-Hierarchisierung und Anerkennung von Differenzen sowie auf die Auseinandersetzung mit der Problematik gesellschaftlicher Normalitäts- und Homogenitätsvorstellungen zielt, gerät dann in eine ersichtlich paradoxe Situation, wenn Vielfalt und Heterogenität auf der Ebene der Zusammensetzung der Schüler- und Lehrerschaft keine Entsprechung hat. Vor diesem Hintergrund ist die Selektivität des drei- bzw. viergliedrigen Schulsystems nicht nur im Hinblick auf die Benachteiligung von SchülerInnen aus so genannten bildungsfernen Schichten und/oder mit Migrationshintergrund relevant, sondern auch auf Grund ihres Grundprinzips der alters- und leistungsbezogenen Homogenisierung von Lerngruppen (s. dazu Luhmann 1990). Die Vorstellung eines gleichberechtigten Zusammenlebens von Individuen mit unterschiedlichen Fähigkeiten, Lebensentwürfen, sozialen und kulturellen Identifikationen wird durch die asymmetrische Verteilung von Schülerpopulationen auf unterschiedliche Schultypen und ihre Einteilung in möglichst homogene Klassen bzw. Kurse konterkariert.[219] Dies bedeutet ersichtlich auch eine strukturelle Einschränkung der Möglichkeiten von Diversitätserfahrungen. Die Lernherausforderung, die sich mit dem Diversity-Ansatz stellt, erfordert daher eine solche Organisationsentwicklung von Schule, die nicht nur die Zusammensetzung der Schülerschaft als Gestaltungsebene be-

---

219 Bekanntlich wird in Schulen inzwischen auf geschlechtsbezogene und religionsbezogene Homogenisierung verzichtet. Es ist jedoch hilfreich, sich daran zu erinnern, dass es eines langwierigen Lernprozesses bedurfte, um das Prinzip der Koedukation durchzusetzen. Dies ist ein Hinweis darauf, welche gesellschaftliche Lernherausforderung Diversity impliziert.

trachtet, sondern auch auf die ungleiche Repräsentanz von Mehrheits- und Minderheitenangehörigen, Männern und Frauen, Behinderten und Nicht-Behinderten etc. auf der Ebene der Lehrerschaft und der Schulverwaltungen reagiert. Anzustreben ist die Entwicklung eines inklusiven und integrativen Schulsystems, das soziale Ungleichheitsverhältnisse, ungleiche Chancen sozialer Wertschätzung und Formen von Diskriminierung auf Seiten der SchülerInnen nicht reproduziert oder verstärkt, sondern versucht, diesen entgegenzuwirken.

Eine darauf ausgerichtete Organisationsentwicklung von Schulen stellt eine strukturelle Voraussetzung für die Etablierung einer solchen Schulkultur dar, die die Erfahrung von gesellschaftlicher Heterogenität in schulbezogenen Kontexten ermöglicht.

Die Gestaltung organisatorischer Rahmenbedingungen allein ist jedoch nicht hinreichend. Erforderlich sind auch Konzepte, die dazu beitragen, dass tatsächlich auch Interaktionen zwischen Verschiedenen, etwa innerhalb einer Schülergruppe, zustande kommen. Es genügt ersichtlich nicht, dass Mädchen und Jungen, Nicht-Behinderte und Behinderte, Einheimische und Migranten der gleichen Klasse angehören, sie müssen auch angeregt werden, in einer Weise zu kooperieren, durch die Abgrenzungen aufgebrochen werden.

Für die Prozesssteuerung von Schulklassenkommunikation und für die Gruppenkooperation sind Konzepte der *Cooperative learning groups* (s. dazu grundlegend Stephan 1999; Slavin 1995, Schofield 1995) und des *Classroom Managements* (s. u.) relevant, die über die Generierung von Kooperations- und Interaktionserfahrungen versuchen, die Bedeutung etablierter Grenzziehungen außer Kraft zu setzen bzw. zu relativieren.

7.1. Cooperative learning groups

Im Unterschied zu solchen Ansätzen, die die bewusste Auseinandersetzung mit sozial bedeutsamen Unterschieden, Vorurteilen und Formen der Diskriminierung in den Vordergrund stellen, geht es bei den kooperativen Lerngruppen um eine *systematische Dethematisierung von Differenz*. Ausgangspunkt ist die Frage, unter welchen Bedingungen Intergruppenbeziehungen verbessert werden können und die Kooperation zwischen Mehrheiten und Minderheiten vorurteilsreduzierende Wirkungen entfalten kann. Dabei wird ein Ansatz zu Grunde gelegt, der nicht vom einzelnen Individuum als Träger von Vorurteilen oder charakterlichen Dispositionen ausgeht. Vielmehr rückt die Frage ins Zentrum, durch welche spezifischen Konstellationen und Dynamiken sozialer Gruppenbeziehungen sich Vorurteile entwickeln oder abbauen.[220]

Anknüpfend an die klassische „Kontakthypothese" in der Vorurteilsforschung (s. dazu Allport 1971) und an die klassischen sozialpsychologischen Untersuchungen zu Gruppenbildungen- und Konflikten (s. Sherif 1967; Tajfel 1982) wird davon ausgegangen, dass Kontakte und Begegnungen zwischen Mehrheiten und Minderheiten nicht selbstverständlich dazu führen, dass Vorurteilsstrukturen reduziert werden, sondern dass diese unter bestimmten Umständen auch kontraproduktiv sind und vorurteilsverstärkende Effekte aufweisen können. Als notwendige Rahmenbedingungen für den Abbau von Vorurteilen in Intergruppenbeziehungen werden die Statusgleichheit zwischen den Angehörigen von Minderheit und Mehrheit sowie die Verfolgung einer gemeinsamen Zielsetzung genannt (s. Allport 1971: 285):

Feindseligkeiten und Vorurteile zwischen Gruppen verringern sich, wie eine Reihe einschlägiger Studien gezeigt hat (s. dazu zusammenfassend Güttler 1996: 98 ff.), der Möglichkeit nach dann, wenn

- Intergruppenkontakte durch „ein allgemeines soziales Klima ... etwa die jeweilige Kommune, soziale Institutionen, ‚Autoritäten'" (ebd.: 109) befürwortet und gestützt werden;
- in der Kontaktsituation Statusgleichheit zwischen den Gruppenangehörigen besteht;
- der Kontakt auf eine gemeinsame Zielsetzung hin fokussiert ist;
- die Kontaktsituation als angenehm erlebt wird und
- die Kontakte persönliche Begegnungen ermöglichen, also über bloß funktionale Kooperationen und rollenförmige Interaktionen hinausgehen.

Diese Einsichten setzen Konzepte des kooperativen Lernens dahingehend um, dass Arrangements herbeigeführt werden, in denen die SchülerInnen in kleinen Gruppen (4-6) als Statusgleiche an einem gemeinsamen Projekt arbeiten, dessen Gelingen von der kooperativen Zusammenarbeit untereinander und der individuellen Verantwortung, die die Einzelnen darin übernehmen, abhängt. Grundlegend für die Vorgehensweisen zur Verbesserung von Intergruppenbeziehungen ist also eine nicht kompetitive Arbeitsteilung innerhalb der Gruppe, so dass nur durch die Zusammenfügung der unterschiedlichen Arbeitsaufgaben und durch

220 Ein informativer Überblick zur einschlägigen sozialpsychologischen Forschung findet sich bei Güttler 1996: 67 ff.

die Kooperation der SchülerInnen untereinander ein gemeinsames Resultat erzielt werden kann.
Walter Stephan (1999: 42 f.) unterscheidet in Bezug auf den Faktor der Statusgleichheit zwei Ebenen:

- erstens solche externen Statusunterschiede, denen Positionen im gesellschaftlichen Ungleichheitsgefüge zu Grunde liegen, also etwa Einkommensunterschiede, Unterschiede des formalen Bildungsniveaus der Eltern und Ungleichheiten zwischen Staatsangehörigen und Nicht-Staatsangehörigen usw.;
- zweitens interne Statusunterschiede innerhalb der Projektgruppen.

Stephan weist darauf hin (ebd.: 43), dass externe Statusunterschiede auch durch interne Statusgleichheit nicht bedeutungslos werden:

> „Due to the differences in socioeconomic status between African-Americans and Whites, the majority of contacts White students have African-Americans are likely to be with lower-status African-Americans, and this may account for the fact that even positive contacts between African-Americans and Whites often do not change Whites' attitudes."

Als Idealsituation für Intergruppenbeziehungen wird damit ein Setting angestrebt, in dem sowohl externe als auch interne Statusgleichheit gegeben ist. Dies ist in Gesellschaften mit verfestigten Ungleichheitsstrukturen aber nur für bestimmte Teilgruppen möglich. Daraus resultieren erhebliche strukturelle Begrenzungen der Möglichkeit, den Erfordernissen einer idealen Intergruppenbegegnung realiter Rechnung zu tragen.

Mit der Zielsetzung, Kooperationserfahrungen zu ermöglichen, die Zuordnungen entlang ethnisierender, rassialisierender, nationaler und geschlechtsbezogener Kategorisierungen weitgehend irrelevant werden lassen, rücken Individuen als besondere Einzelne – und nicht als Gruppenangehörige – in den Blick. Dies ist auch insofern relevant, als in Gruppenkonstellationen die Tendenz vorliegt, die Angehörigen der nationalen, ethnischen usw. Eigengruppe als je unterschiedliche besondere Einzelne, die Angehörigen von konstruierten Fremdgruppen als untereinander ähnlich und homogen wahrzunehmen.[221] Dieses Problem wird selbst noch in Materialien reproduziert, die darauf ausgerichtet sind, Muster eines klischeehaften kategorialen Denkens aufzubrechen.

---

221 Zum Phänomen der „Outgroup Homogenität" s. die Studie von Park/Rothbart 1982.

Für die Realisierung von Intergruppenprojekten werden u. a. folgende Vorgehensweisen empfohlen[222]:

Jigsaw-Classroom

Bei dem kooperativen Konzept des Gruppenpuzzles (Jigsaw) (s. dazu Aronson/Thibodeau 1992; Stephan 1999) handelt es sich um eine Lehr-Lern-Aktivität, bei der die SchülerInnen in kleinen, nach Gender, „Race" etc. heterogen zusammengesetzten Gruppen an einem übergeordneten Thema arbeiten. Jeder Schüler bearbeitet einen spezifischen Unteraspekt des Themas und bildet mit SchülerInnen anderer Teams, die sich mit dem gleichen thematischen Teilaspekt beschäftigen, „Expertengruppen", in denen sich diese gegenseitig über das Thema informieren und diskutieren. Daran anschließend kehren die SchülerInnen als „Experten" in ihre Gruppen zurück und informieren die Anderen über die Erkenntnisse, die sie in Auseinandersetzung mit dem Thema gewonnen haben. Im Gruppenprozess werden dann die einzelnen „Puzzleteile" zusammengeführt. Die Gruppe hat nur über die jeweiligen „Experten" Zugang zu den relevanten Informationen, die sie zur Bearbeitung des übergeordneten Themas benötigt. Sie ist folglich darauf verwiesen, diesen zuzuhören und von diesen zu lernen. Durch den Wissensvorsprung, den jeder Schüler im Hinblick auf einen spezifischen thematischen Aspekt gegenüber den anderen Gruppenmitgliedern hat, übernimmt jeder Einzelne eine wichtige Funktion innerhalb des Gruppenprozesses, in dessen Verlauf das jeweils erworbene Wissen miteinander vernetzt wird.

Program for Complex Instruction

Das Program for Complex Instruction (s. Cohen 1994; Stephan 1999) berücksichtigt, dass die SchülerInnen einer Klasse sehr unterschiedliche Fähigkeiten und Fertigkeiten haben, die teilweise im traditionellen Unterricht unsichtbar bleiben oder nicht ausreichend gewürdigt werden. Dieser Problematik wird begegnet, indem die SchülerInnen in kleinen gemischten Gruppen unterschiedliche Arbeitsaufträge übernehmen, für die jeweils spezifische Fähigkeiten und Fertigkeiten (künstlerische, musische, kognitive, körperliche etc.) erforderlich sind. Den SchülerInnen wird eine Rolle zugewiesen, bei der eine spezielle, z. B. sprachliche Fähigkeit im Vordergrund steht. Anschließend übernehmen sie in einem Rotationsverfahren eine andere Rolle, die andere, etwa mathematische Fertigkeiten erfordert. So können im Gruppenprozess unterschiedliche Fähigkei-

---

222 Die zahlreich vorliegenden unterschiedlichen Konzepte überschneiden sich in ihren Grundannahmen und Prinzipien erheblich. Daher werden hier nur beispielhaft ausgewählte Ansätze beschrieben.

ten zum Tragen kommen, und gleichzeitig kann die Gefahr vermieden werden, dass SchülerInnen auf bestimmte, ihnen durch LehrerInnen und MitschülerInnen zugeschriebene Fähigkeiten und Begabungen festgelegt werden.

Diese Vorgehensweise wird auch als eine Möglichkeit angesehen, auf die Problematik von externen Statusunterschieden in Lerngruppen zu reagieren. Denn die Zielsetzung der Herstellung von interner Statusgleichheit, die, wie erwähnt, dem Abbau von Vorurteilen förderlich ist, scheitert, wenn im Lernprozess nur solche Fähigkeiten relevant werden, die zwischen Einheimischen und Migranten, Mehrheiten und Minderheiten, Jungen und Mädchen, Nicht-Behinderten und Behinderten typischerweise ungleich verteilt sind.

Inzwischen liegen zahlreiche Studien und Untersuchungen vor, die Konzepte des kooperativen Lernens als sinnvolle Vorgehensweise im Hinblick auf die Verbesserung von Intergruppenbeziehungen zwischen Mehr- und Minderheiten, den Abbau von Vorurteilen und der Zunahme ‚inter-ethnischer' Freundschaften werten (s. dazu die zusammenfassenden Darstellungen bei Slavin 1995; Stephan 1999). Das kooperative Lernen wird darüber hinausgehend als ein möglicher Ansatz zur Überwindung der Bildungsbenachteiligung von Migranten und Minderheiten relevant, da sich für diese Lernerfolgssteigerungen in solchen Lerngruppen aufzeigen lassen (s. dazu Stephan/Stephan 2001).

Betont wird in den einschlägigen Studien jedoch, dass hierfür neben den oben genannten Rahmenbedingungen (Statusgleichheit, gemeinsame Zielsetzungen usw.), die Art und Weise der Strukturierung von Kooperations- und Kommunikationsprozessen von zentraler Bedeutung ist. So weist Schofield (1995: 270) darauf hin, dass Kommunikationsprozesse in heterogenen Gruppen immer in der Gefahr stehen, hierarchisierte Interaktionsformen zwischen Mehrheiten und Minderheiten zu reproduzieren oder sogar zu verstärken:

> „Hence educators must constantly be aware of the need to find ways of ensuring that all children contribute to the group's final product, rather than assuming that the existence of a cooperative group in and of itself will motivate all children to contribute and to allow others to contribute to the group's work."

Für die Frage, wie sich solche kooperativen Lerngruppen nicht nur im Kontext spezifischer Projekte, sondern auch auf der Ebene des gewöhnlichen Unterrichts realisieren lassen, sind Konzepte der Prozesssteuerung von Schulklassenkommunikation (Classroom Management) relevant.

7.2. Classroom Management

Das Intergroup Relations Center der Arizona State University[223] formuliert einige für die Steuerung von Kommunikations- und Kooperationsprozessen in heterogenen Schulklassen bedeutsame Aspekte, die insbesondere für die Auseinandersetzung mit komplexen und gesellschaftlich kontroversen Themen relevant sind. Als zentrale Voraussetzung wird eine Verständigung über solche Grundregeln des Gruppen- und Schulklassendialoges angesehen, die sicherstellen, dass unterschiedliche Perspektiven und Meinungen im Rahmen eines konstruktiven Dialogs geäußert werden können und dass die Atmosphäre in der Klasse von einer Kultur der gegenseitigen Achtung und des Respekts getragen wird. Um dies zu erreichen, sollen Beleidigungen, sarkastische Bemerkungen und verbale Angriffe vermieden werden. Die LehrerInnen werden aufgefordert, SchülerInnen nicht in eine defensive Position zu drängen. Konstruktive Dialoge sollen nicht darauf ausgerichtet sein, einen Konsens in der Klasse zu erzielen und andere von der eigenen Meinung zu überzeugen, sondern die Artikulation unterschiedlicher Sichtweisen zu ermöglichen.

Den LehrerInnen wird dabei die Aufgabe zugewiesen, dafür zu sorgen, dass alle SchülerInnen die Möglichkeit haben, ihre subjektive Sichtweise und Kritik an den Positionen, die durch andere formuliert werden, zu äußern sowie die Interaktion zwischen allen SchülerInnen untereinander zu fördern. Dabei ist darauf zu achten, dass die Auseinandersetzungen nicht personalisiert werden, sondern die Inhalte – und nicht die Personen – Gegenstand der Diskussion bleiben. Für den Fall, dass die Grundregeln des konstruktiven Dialogs und der kooperativen Zusammenarbeit in der Klassenkommunikation außer Kraft gesetzt werden und es zu manifesten Konflikten und Eskalationen kommt, sollten die LehrerInnen über Kenntnisse in Konfliktlösungsstrategien verfügen. Hingewiesen wird zudem darauf, dass die unterschiedlichen biografischen Erfahrungen und sozialen Hintergründe der SchülerInnen berücksichtigt werden müssen. Dabei ist darauf zu achten, dass individuelle Erfahrungen und Identitätskonzepte zwar nicht unabhängig von sozialen Gruppenzugehörigkeiten und Zuschreibungen gesehen werden können, aber vermieden werden muss, dass Individuen als Repräsentanten von sozialen Gruppen, als Angehörige einer Kultur etc. typisiert und adressiert werden. Dies wird insbesondere dann relevant, wenn es um solche für Fragen der sozialen Identität bedeutsamen Aspekte geht, die potentiell unsichtbar bleiben können, wie etwa Religion, sexuelle Orientierung, sozialer

---

223 S. Arizona State University (Intergroup Relations Center) (2003): Classroom Management Tools (http://www.asu.edu/provost/intergroup/resources/factools.html).

Status etc., und bei denen es den Einzelnen überlassen bleiben soll, ob sie diese artikulieren und sichtbar machen wollen oder nicht.

Die mit den Konzepten des kooperativen Lernens und des strategischen Classroom Management verfolgte Zielsetzung der Steuerung von Interaktions- und Kooperationsprozessen in Schulklassen ist im vorliegenden Kontext insbesondere für die Ermöglichung gleichberechtigter Interaktion zwischen Mehrheiten und Minderheiten relevant. Es handelt sich jedoch um direkt auf der Ebene von face-to-face Interaktion und sozialen Gruppen ansetzende Konzepte, die personen- und situationsgebunden sind. Übertragungen solcher Lernprozesse auf politische Einstellungen und Orientierungen können damit zwar angeregt, aber nicht zwingend herbeigeführt werden.

Deshalb kann auf eine ergänzende gezielte Thematisierung der gesellschaftlichen Ungleichheiten zwischen Einheimischen und Migranten, Mehrheiten und Minderheiten, Privilegierten und Benachteiligten auch dann nicht darauf verzichtet werden, wenn es gelingt, diese im pädagogischen Prozess selbst bedeutungslos werden zu lassen. Konzepte des kooperativen Lernens und des strategischen Classroom Managements können folglich die curriculare Thematisierung von Heterogenität und Ungleichheit nicht ersetzen.

8. Konzepte und Materialien der Diversity-Pädagogik

Wie gezeigt, impliziert die Diversity-Perspektive weitreichende Lernherausforderungen. Es handelt sich um eine anspruchs- und voraussetzungsvolle Programmatik, deren Komplexität auf der Ebene einzelner Unterrichtssequenzen nicht eingeholt werden kann. Die Diversity-Programmatik kann daher auf der curricularen Ebene zum einen als Reflexions- und Gestaltungsperspektive beansprucht werden, die dazu auffordert, vorhandene Materialien auf identitätsbezogene Zuschreibungen und Stereotypisierungen hin zu überprüfen. Zum anderen legen einschlägige Konzepte der Diversity-Pädagogik nahe, vorhandene Materialien aus der interkulturellen und antirassistischen Pädagogik sowie der Geschlechterpädagogik aufzugreifen und thematisch zu verknüpfen. Darüber hinaus liegen Konzepte und Materialien vor, die sich explizit an der Diversity-Perspektive orientieren und hierfür geeignete Lehr-Lern-Anregungen zusammenstellen.

Ein deutschsprachiges Diversity-Programm stellt das von der Bertelsmann-Stiftung und der Bertelsmann Forschungsgruppe Politik entwickelte „Eine Welt der Vielfalt" (2001), eine Adaption des US-amerikanischen Programms „A world of difference" der Anti-Defamation-League dar.
Die Handreichung „Teaching about Culture, Ethnicity and Diversity" (Singelis 1998) beinhaltet sowohl theoretische Analysen als auch eine Reihe von Unterrichtsvorschlägen.
Auch das Programm „Hands Across the Campus" des American Jewish Committee enthält für die Diversity-Perspektive relevante Anregungen.
Vorschläge zur Berücksichtigung der Diversity-Perspektive im Rahmen der Organisationsentwicklung an Universitäten finden sich auf folgenden Internetseiten: http://ctl.unc.edu/tfitoc.html; http://www.diversityweb.org; http://www2.warwick.ac.uk/services/equalops/policies/

Bei den uns vorliegenden Unterrichtsmaterialien, die die Diversity-Programmatik als eigenständige Orientierung beanspruchen, liegt die Tendenz vor, die Beschäftigung mit quasi beliebigen Ausprägungen von individueller und sozialer Vielfalt als Ausgangspunkt zu nehmen, ohne dass die spezifische Lernherausforderung, die darin gesehen wird, expliziert wird. D. h. es wird nicht geklärt, warum vielfältige individuelle Vorlieben und Abneigungen thematisiert werden und warum dies für die Befähigung zu einem angemessenen Umgang mit gesellschaftlichen Konflikten relevant ist.

Materialien, die spezifisch solche Differenzkonstruktionen ins Zentrum rücken, die für rechtspopulistische und rechtsextreme politische Ordnungsmuster von Bedeutung sind, liegen bislang nicht vor.

Daher kann es im Folgenden nur darum gehen, beispielhaft ausgewählte Vorgehensweisen zu beschreiben, die einzelne Aspekte der Diversity-Thematik aufgreifen.

8.1. Unterrichtsvorschläge

Im Programm „Hands across the campus" findet sich eine als Einstieg geeignete Unterrichtsaktivität, die zur Auseinandersetzung mit den Hintergründen der eigenen Identitätskonstruktionen anregt.

Unterrichtsvorschlag „Ethnic Sharing"

Die Lehr-/Lernaktivität „Ethnic Sharing" zielt darauf, SchülerInnen zur Auseinandersetzung damit zu befähigen, in welcher Weise ihr eigenes Selbstverständnis, ihre Haltungen, Auffassungen und Verhaltensweisen mit Fragen ihrer individuellen und sozialen Identität zusammenhängen. Die Unterrichtsaktivität zielt darauf, die SchülerInnen dazu zu befähigen, über ihre Erfahrungen zu reden und darüber nachzudenken, wie ihr Identitätskonzept, ihre soziale Positionierung und ihr Selbstverständnis die je individuellen Lebenserfahrungen und -wahrnehmungen beeinflusst.

Dazu werden eine Reihe von Fragen vorgeschlagen, aus denen LehrerInnen für jeweilige Lerngruppen und -situationen eine geeignete Auswahl treffen sollen:

1. Wie würdest du dich selbst beschreiben, was meint Identität für dich? Mit welcher Selbstbeschreibung fühlst du dich wohl?
2. Wie würdest du deinen Platz in der Familie beschreiben (ältestes, mittleres, jüngstes Kind) und was wird von dir auf Grund dieser Position erwartet?
3. Worin bestehen die Erwartungen deiner Familie in Bezug auf Schule und schulischen Erfolg? Werden solche Erwartungen und deine Identität durch deine Erfahrungen in der Community und in der Schule gestärkt oder stehen sie diesen entgegen?
4. Erzähle uns etwas über deinen Namen. Was bedeutet er für dich? Magst du ihn? Wo kommt er her?
5. Wie beeinflusst deine Identität deine Berufswahl oder dein Engagement in der Gemeinde? Beabsichtigst du die gleiche Laufbahn wie deine Eltern einzuschlagen? Warum oder warum nicht?
6. Beschreibe eine Situation/Phase, in der du dir gewünscht hast, einer anderen Gruppe zuzugehören bzw. dir gewünscht hast, nicht mit deiner eigenen Gruppe identifiziert zu werden? Was ist in dieser Situation geschehen und wie bist du mit den entstandenen Gefühlen umgegangen?
7. Beschreibe eine Situation, in der ein Elternteil, ein Verwandter oder ein Freund etwas über eine andere Gruppe gesagt hat, und diese Äußerung dich in der Anwesenheit einer anderen Person in Verlegenheit gebracht hat. Wie hast du reagiert?
8. Was sind wichtige Werte, die du von deiner Familie vermittelt bekommen hast? Was sind Werte für die Gruppe, mit der du dich am meisten identifizierst?

Die Beantwortung der Fragen soll freiwillig erfolgen und ein Klassenklima geschaffen werden, in dem persönliche Empfindungen und biografische Erfahrungen relativ angstfrei geäußert werden können. Falls ein solches Klassenklima nicht vorausgesetzt werden kann, soll eine explizite Diskussion über die Wichtigkeit gegenseitigen Vertrauens und über die Notwendigkeit, dass das, was im Klassenzimmer geäußert wird, nicht außerhalb des Klassenzimmers getragen werden soll, angeregt werden.

Dadurch, dass biografische Erfahrungen, Wahrnehmungen und das Erzählen persönlicher Geschichten im Vordergrund stehen, sollen die Einzelnen als je besondere Einzelne und eigenständige Individuen in Erscheinung treten und wahrgenommen werden. (S. Hands across the Campus: Teil 2 „Introductory Values")

Angeregt wird hier nicht die Auseinandersetzung mit dem „Fremden", der „anderen Kultur" etc., sondern das kritische Hinterfragen der Selbstverständlichkeiten und der Situiertheit der eigenen Perspektive. Allerdings liegt auch hier die Tendenz vor, Identität als zwar sozial situierte, aber fixierte Eigenschaft von Individuen zu verstehen und der Prozessualität und Situationsabhängigkeit von Identitätskonstruktionen nicht hinreichend Rechnung zu tragen. Zudem stellt sich die Frage, ob eine offene und von gegenseitigem Vertrauen getragene Situation, wie sie hier vorausgesetzt wird, unter realen schulischen Bedingungen tatsächlich hergestellt werden kann.

Während bei der vorstehenden Unterrichtsaktivität die soziale Situiertheit von Erfahrungen und Wahrnehmungen im Vordergrund steht, geht es im folgenden Beispiel, das dem Programm „Eine Welt der Vielfalt" (2001) entnommen ist, darum, wie soziale Klassifikationen mit Klischeebildungen verknüpft werden.[224]

Unterrichtsvorschlag „Keiner gewinnt!"

„Keiner gewinnt" zielt auf die Auseinandersetzung mit Klischees. Es soll verdeutlicht werden, welche Konsequenzen das Handeln auf der Grundlage von Klischees sowohl für diejenigen hat, die mit den darin transportierten Zuschreibungen konfrontiert sind als auch für diejenigen, die sich der Klischees bedienen.

Nach einer kurzen Charakterisierung von Klischees und der Nennung von einigen Beispielen, werden die SchülerInnen aufgefordert, ihnen bekannte Klischees zu nennen und dann darüber zu diskutieren, ob Klischees Schaden anrichten können. Daran anschließend werden die SchülerInnen gebeten, Klischees, die sie aus dem Fernsehen kennen, auf jeweils eine Karte zu schreiben. Diese werden anschließend gemeinsam nach den betroffenen Personengruppen (z. B. Geschlecht, Alter ...) geordnet und miteinander verglichen. Abschließend werden mit dem Arbeitsblatt „Kein Gewinner" u. a. die folgenden Szenarien entlang der Fragen „Versucht, das Klischee zu benennen!", „Versucht herauszufinden, um welche Sorte Klischee es sich handelt!", „Versucht herauszufinden, ob die Klischees irgend jemandem schaden!" bearbeitet:

• Du willst dein Fahrrad reparieren, und Kerstin könnte dir helfen. Du sagst: „Mädchen sind technisch nicht begabt." Du bekommst keine Hilfe, kannst dein Fahrrad nicht reparieren und kommst zu spät zu einem Fest.

• Einige Mitschüler aus Polen fragen dich, ob du mit ihnen zusammen für den Kunstunterricht eine Fotoserie erstellen willst. Du denkst, dass sie so etwas

[224] Wir verwenden diese Auszüge aus dem Beispiel, um zu verdeutlichen, dass eine theoretische Qualifikation, wie sie im Programm „Eine Welt der Vielfalt" auch vorgesehen ist, unverzichtbar ist.

nicht gut genug können und gehst zu einer anderen Gruppe. Die Gruppe mit den polnischen Mitschülern schneidet gut ab, deine nicht.
• Benjamin muss dringend zu Hause anrufen, hat aber kein Kleingeld. Neben ihm steht ein Türke, aber er will ihn nicht bitten, ihm Geld zu wechseln. Als Benjamin nach Hause kommt, sind seine Eltern böse und schimpfen mit ihm.
• Bettinas beste Freundin wechselt an eine andere Schule. Bettina will nicht mit, weil dort in der Klasse auch behinderte Kinder unterrichtet werden.
• Tanjas jüngerer Bruder will ihr helfen, ihre Hausaufgaben in Deutsch fertig zu stellen. Tanja will das aber nicht, weil sie findet, dass ihr Bruder zu jung ist.
• Ihr habt einen neuen Mitschüler, und du findest ihn ganz nett. Er kommt aus Korea. Er lädt dich zu sich nach Hause zum Essen ein. Du lehnst das ab, weil du gehört hast, dass man in Asien merkwürdige Dinge isst. (S. Eine Welt der Vielfalt 2001: 145-148)

Obwohl in den Erläuterungen zum Unterrichtsbeispiel darauf hingewiesen wird, dass die Auseinandersetzung mit Klischees immer in der Gefahr steht, Verallgemeinerungen einzuführen, die den SchülerInnen zuvor nicht bekannt waren, wird die grundlegende Problematik, wie mit diesen umzugehen ist, nachdem diese zuvor erlernt wurden, nicht aufgelöst. Klischeebildungen und Mechanismen sozialer Klassifikation geraten zudem nicht in erster Linie im Hinblick auf ihre Verschränkungen mit Diskriminierungsstrukturen in den Blick, vielmehr wird unterstellt, dass klischeegesteuertes Verhalten demjenigen schadet, der es praktiziert. Damit wird die Frage vermieden, ob und wie jeweilige Klischees unter moralischen Gesichtspunkten abzulehnen sind und auch ausgeblendet, dass Klischees durchaus auch ein Element der Aufrechterhaltung eigener Privilegien sein können. Zudem werden hier Muster eines kategorialen Denkens reproduziert, mit dem die Angehörigen konstruierter Fremdgruppen („ein Türke", „Mitschüler aus Polen") nicht als unterschiedliche besondere Einzelne, sondern als typisierte Fremde in den Blick genommen werden, während die deutschen MitschülerInnen mit Eigennamen benannt werden.

Unterrichtsvorschlag „Beyond Political Correctness"

Ausgangspunkt des US-amerikanischen Unterrichtsvorschlags ist die gesellschaftspolitische Beanspruchung von Diversity als Orientierung in einer sich als „politisch korrekt" verstehenden Gesellschaft. Dies wird dahingehend problematisiert, dass die Thematisierung von Diversity vielfach oberflächlich bleibt und an nicht intendierte, subtile Vorurteilsbildungen und Stereotypisierungen, die gesellschaftlich wirksam werden, nicht heranreicht. Ausgehend davon, dass das eigene Selbstverständnis als offener, toleranter und vorurteilsfreier Mensch durchaus in einem Widerspruch zu eigenen uneingestandenen und tiefliegenden

Vorurteilen stehen kann, steht die Frage im Vordergrund, wie dieser Widerspruch bewusst gemacht werden kann.
Daher zielt der Unterrichtsvorschlag darauf, die AdressatInnen zu ermuntern, sich mit internalisierten, relativ automatisch abrufbaren aber weitgehend unbewussten Voreingenommenheiten (biases) auseinander zu setzen. Dazu werden die Einzelnen aufgefordert, sich in Situationen hineinzuversetzen, in denen sie persönlichen Kontakt mit Personen haben, die vielfältige Charakteristika entlang der Dimensionen von Ethnizität, sexueller Orientierung und Behinderung aufweisen. [225]
Den AdressatInnen wird zunächst der theoretische Ansatz, dass Vorurteilsbildungen und -strukturen oftmals unbewusst sein können, vorgestellt. Sie werden darauf hingewiesen, dass die Übung als ein Hilfsmittel verstanden werden kann, um sich solche Voreingenommenheiten zu verdeutlichen. Die AdressatInnen werden dann gebeten, auf die Fragen eines Arbeitsblattes (s. u.) möglichst ehrlich und spontan zu reagieren, und sie werden darüber informiert, dass sie anschließend ihre Antworten nicht offen legen müssen, wenn sie dies nicht möchten.
Im Anschluss an die Beantwortung der Fragen wird eine Diskussion in Kleingruppen vorgeschlagen. Die ausgefüllten Arbeitsblätter werden dazu eingesammelt und dann wieder ausgeteilt, so dass die AdressatInnen nicht ihre eigenen Arbeitsblätter in der Hand halten und das Zusammentragen der Ergebnisse anonym erfolgen kann.
Fragen des Arbeitsblattes:

Szenario 1:
a) Ihre 19-jährige Tochter ruft Sie an und teilt Ihnen mit, dass sie in eine Wohngemeinschaft ziehen möchte. Welche der folgenden Personen wäre für Sie als Zimmergenossin für ihre Tochter akzeptabel? Stellen Sie eine Rangfolge her, in der die Ihnen angenehmste potentielle Mitbewohnerin die Zahl 1 zugeordnet bekommt. Markieren sie ein X bei jeder Person, die sie nicht akzeptabel finden.

- eine Frau, die der weißen Mehrheit angehört
- eine querschnittsgelähmte Frau
- eine Asiatin
- eine homosexuelle Frau

b) Inwiefern sähen die Antworten anders aus, wenn es um die potentielle Mitbewohnerin der Tochter Ihres Arbeitskollegen ginge?

---

225 In der vorliegenden Form ist dieser Unterrichtsvorschlag für Hochschulen, etwa Seminare der Lehrerbildung, geeignet. Für die Arbeit mit SchülerInnen wäre es erforderlich, andere, altersangemessene Situationen zu konstruieren.

Szenario 2:
Sie und Ihr Ehemann/-frau sind zu einem Abendessen bei Ihrem Chef eingeladen. Sie können niemand aus dem Verwandten- oder Bekanntenkreis finden, der Zeit hat, Ihr fünf Jahre altes Kind zu beaufsichtigen. Sie rufen bei einer renommierten Babysitteragentur an und fragen nach einer staatlich anerkannten Erzieherin.
Ihnen werden verschiedene Personen angeboten:

- eine Amerikanerin spanischer Herkunft
- eine Frau, die der weißen Mehrheit angehört
- eine homosexuelle Frau
- eine körperlich behinderte Frau mit einem amputierten Arm

Szenario 3:
a) Ein Appartement in einem Haus in ihrer Umgebung soll vermietet werden. Welche der folgenden Personen sind für Sie als Nachbarn akzeptabel?

- ein unverheiratetes Paar spanischer Herkunft
- ein homosexuelles Paar
- ein Paar, das der Mehrheitsbevölkerung angehört
- ein afro-amerikanisches Paar

b) Wie sähen Ihre Antworten aus, wenn es sich um Personen handelt, die in die unmittelbare Nachbarwohnung Ihrer Wohnung, in der Sie vorhaben auf längere Zeit zu wohnen, ziehen wollen?
(S. Singelis 1998: Teaching About Culture, Ethnicity & Diversity: 191-196)

9. Folgerungen

Wie in den obigen Ausführungen deutlich wurde, bietet die Diversity-Perspektive zwar durchaus Anregungen für die Entwicklung eigenständiger Unterrichtseinheiten. Es ist u. E. jedoch nicht sinnvoll, sie als Grundlage eines weiteren Spezialcurriculums zu begreifen, sondern als eine Querschnittsperspektive für unterschiedliche Themen und Fächer. Bei der Auseinandersetzung mit jeweiligen Themen des Geschichts-, Deutsch-, Sozialkundeunterrichts usw. ist demnach immer auch zu beachten, wie soziale Unterschiede thematisiert oder dethematisiert, mit Zuschreibungen vermeintlich gruppentypischer Eigenschaften verbunden werden und wie sich Differenzkonstruktionen mit Prozessen der Herstellung und Aufrechterhaltung von Hierarchien sowie der Reproduktion sozialer Ungleichheiten verbinden. Darüber hinaus erweist sich die Diversity-

Perspektive, wie gezeigt, als relevant für die Organisationsentwicklung von Schulen und Hochschulen. Sie ist aber insbesondere auch für die Aus-, Fort- und Weiterbildung von PädagogInnen grundlegend. Denn die Herausforderung eines angemessenen Umgangs mit Differenz stellt sich nicht nur in geplanten Situationen, in denen diese Thematik explizit im Zentrum steht, sondern ist ein durchgängiges Element des pädagogischen Alltags. Daher müssen alle PädagogInnen im Rahmen der Aus-, Fort- und Weiterbildung zu einer bewussten und selbstreflexiven Auseinandersetzung mit den genannten Fragestellungen und Problemen, also zur Entwicklung eines pädagogischen Selbstverständnisses befähigt werden, das eine Haltung des Respekts im Verhältnis zu allen SchülerInnen – unabhängig von ihrer sozialen oder kulturellen Zuordnung – beinhaltet. Die Entwicklung einer solchen Haltung kann nicht unabhängig gedacht werden von der kritischen Auseinandersetzung mit historisch und aktuell bedeutsamen Stereotypen, Vorurteilen und Formen von Diskriminierung.

VI. Historisch-politisches Lernen – die Auseinandersetzung mit Nationalsozialismus und Holocaust[226]

Die Auseinandersetzung mit dem historischen Nationalsozialismus und dem Holocaust ist ein etablierter Bestandteil der schulischen und außerschulischen Bildung in der Bundesrepublik und auch ein Element internationaler Programme der Menschenrechtspädagogik (s. u.). Schon deshalb ist eine Klärung der Frage, welche Lernmöglichkeiten eine darauf gerichtete historisch-politische Bildungsarbeit eröffnet, im vorliegenden Zusammenhang nicht verzichtbar – obwohl zweifellos einzuräumen ist, dass der Erwerb elementarer Prinzipien eines von wechselseitigem Respekt getragenen Zusammenlebens auf ein einschlägiges historisches Wissen nicht angewiesen ist.[227]

Aktuelle Formen von Fremdenfeindlichkeit, Rassismus und Rechtsextremismus sind zweifellos auch nicht als Varianten einer „Wiederkehr des Immergleichen" verständlich. Folglich stehen politische und pädagogische Strategien vor der Anforderung, primär darauf zu reagieren, dass es sich auch dann um Formen der Auseinandersetzung gegenwärtiger Jugendlicher und Erwachsener mit ihren aktuellen Lebensbedingungen handelt, wenn – etwa in der Symbolik und Sprache von Jugendszenen – auf das Repertoire des Nationalsozialismus zurückgegriffen wird. Sozialwissenschaftliche Studien und pädagogische Kon-

---

[226] Für eine Reihe hilfreicher Anmerkungen zu diesem Kapitel danken wir Barbara Schäuble.

[227] In einem Kommentar zur ersten Fassung dieses Kapitels hat Michael Kohlstruck (2004) argumentiert, dass es problematisch ist, die historische Bildungsarbeit unter die Prämisse zu stellen, dass daraus bestimmte politische oder moralische Lehren folgen sollen. Demgegenüber hat er vorgeschlagen, historisches Lernen zentral an einer wissenschaftlich-rekonstruktiven Orientierung auszurichten sowie ein „Lernen *über* die Geschichte", durch das Unterschiede zwischen gesellschaftsgeschichtlichen Epochen deutlich werden, von einem „Lernen *aus* der Geschichte" zu unterscheiden. Damit ist zweifellos zutreffend akzentuiert, dass auch gute Absichten keine unterkomplexe und vereinseitigende Geschichtsbetrachtung rechtfertigen. Zumindest in pädagogischen Kontexten ist es jedoch nicht zu vermeiden, dass historisches Lernen mit Lernzielen verknüpft wird bzw. Lernprozesse veranlasst, die über die bloß angemessene Analyse der historischen Konstellationen und Ereignisse hinausreichen. Unseres Erachtens ist es schon deshalb erforderlich, zu explizieren und zu begründen, was und wie „aus der Geschichte gelernt" werden soll.

zepte sind also darauf verwiesen zu analysieren, was solche Rückgriffe aktuell veranlasst und worin ihre Bedeutung im jeweiligen Kontext liegt.

Auf Grund der nicht nur symbolischen oder provokativen Beanspruchung von Umdeutungen und Relativierungen der Geschichte sowie dem Anknüpfen an Elemente der NS-Ideologie im aktuellen rechtsextremen und rechtspopulistischen Diskurs (s. u.), kommt der Auseinandersetzung mit dem Nationalsozialismus und dem Holocaust jedoch auch ein eigenständiger Stellenwert im Kontext einer Bildung für die Einwanderungsgesellschaft zu. D. h.: Es stellt sich nicht nur die Frage, ob und in welchem Sinne die diesbezügliche historische Betrachtung unter didaktischen und methodischen Gesichtspunkten im Sinn eines politisch-moralischen „Lernens aus der Geschichte" möglich ist (s. u.). Die Auseinandersetzung mit aktuellen Ausprägungen des Rechtspopulismus und Rechtsextremismus ist vielmehr darauf verwiesen, sich kritisch auf die geschichtsbezogenen Begründungen und Legitimationen zu beziehen, die dort beansprucht werden.

Im vorliegenden Kontext, in dem die Menschenrechte als normative Referenz einer Bildung für die Einwanderungsgesellschaft beansprucht werden (s. o.), ist zudem darauf einzugehen, dass die Allgemeine Menschenrechtserklärung in Auseinandersetzung mit den Erfahrungen des historischen Nationalsozialismus formuliert wurde. Eine Pädagogik der Menschenrechte muss also diesen Zusammenhang sowie die entsprechenden historischen Bezugnahmen in der aktuellen Menschenrechtspolitik thematisieren.

Wie wir im Folgenden zeigen werden, ist die im politischen Diskurs einflussreiche Beanspruchung des historischen Nationalsozialismus als exemplarischer Fall der Außerkraftsetzung von Menschenrechten aktuell zudem verschränkt mit Bemühungen einer Neubestimmung nationaler Identität. Pädagogische Programme sind nicht unabhängig von diesem Prozess zu sehen und folglich auch daraufhin zu analysieren, ob und wie sie ihren Bezug zu den einschlägigen politischen Diskursen reflektieren.

1. Holocaust und Nationalsozialismus als exemplarische Lernfelder?

Für den aktuellen Rechtsextremismus sind – jenseits der provokativen Verwendung historischer Bezüge – Bemühungen konstitutiv, die nationale Geschichte in einer Weise zu „bereinigen", die eine ungebrochene Identifikation mit der Nation sowie mit als Vorbildern beanspruchten Repräsentanten des Nationalsozialismus ermöglicht (s. dazu etwa Kohlstruck 2003). Hierfür ist es erforderlich, den Holocaust und die nationalsozialistischen Verbrechen entweder zu verharmlosen bzw. gänzlich zu bestreiten, oder aber nachträgliche Rechtfertigung zu propagieren. Weiterhin ist – auch wenn bezüglich der ideologischen Ausprägungen und Konturierungen des aktuellen Rechtsextremismus zweifellos nicht von einer ungebrochenen Wiederauflage nationalsozialistischer oder faschistischer Ideologien gesprochen werden kann – die Verwendung von Symbolen, Deutungsmustern und Ideologemen nicht zu übersehen, die entweder in eindeutiger historischer Referenz oder aber im impliziten Rückgriff auf tradierte Ideologien erfolgt (s. dazu etwa Chatwin 2002; Gessenharter 2002; Korgel/Borstel 2002).[228] Deutlich wird dies nicht zuletzt in der Kontinuität zwischen aktuellen Feindbildern zu ihren historischen Vorbildern (Juden, Kommunisten bzw. „Linke", „Asoziale", „Arbeitsscheue", Obdachlose und „Zigeuner"). Dies gilt nicht nur für neonazistische Organisationen, sondern ist insgesamt für rechtsextremistische und rechtspopulistische Tendenzen relevant.

Insofern besteht eine Aufgabe historisch ausgerichteter Bildungsarbeit darin, zu einer Auseinandersetzung mit der nationalsozialistischen Ideologie und Politik als einem nicht ignorierbaren Horizont des aktuellen Rechtsextremismus zu befähigen. Diese Absicht muss nicht nur in Rechnung stellen, dass, wie von Experten auf Grund einschlägiger Erfahrungen betont wird, „Jugendliche mit weitgehend aufklärungsresistenten Vorurteilsstrukturen ... sich auch durch Gedenkstätten" und andere Formen historischer Wissensvermittlung „nicht beirren lassen" (Reif-Spirek 2003b: 24). Sie ist darüber hinaus mit grundlegenden didaktischen sowie methodischen Problemen konfrontiert.

So liegt es zwar nahe, den Holocaust als dasjenige Phänomen zu beanspruchen, an dem verdeutlicht werden kann, was in radikaler Zuspitzung möglich ist, wenn menschenrechtliche Grundsätze außer Kraft gesetzt werden. Entspre-

---

228 Darauf, dass solche Referenzen auch eine enorme provokative Kraft haben und deshalb für Konfliktaustragungen und Abgrenzungen gerade auch in pädagogischen Kontexten, im Schüler-Lehrer-Verhältnis genutzt werden können, hat zuerst Bodo Morshäuser (1992) hingewiesen.

chend wird eine Aufgabe von Gedenkstätten darin gesehen, nicht nur Orte der historischen Dokumentation zu sein, sondern auch zu einer Auseinandersetzung mit „heutigen Menschenrechtsverletzungen“ und mit aktuellen „Ideologien der Ungleichheit, des Sozialdarwinismus und des Rassismus“ (Reif-Spirek 2003b: 25) beizutragen. Es ist jedoch keineswegs unproblematisch, den Nationalsozialismus und den Holocaust als exemplarische Lernfelder für eine Pädagogik der Menschenrechte zu beanspruchen. Denn eine Pädagogik, die auf menschenrechtliche Sensibilisierung ausgerichtet ist, wird selbstwidersprüchlich, wenn sie das konkrete Leiden der konkreten Opfer als bloßes exemplarisches Anschauungsmaterial oder didaktisches Hilfsmittel verwendet.

Aus diesem und weiteren Aspekten der Problematik (s. u.) kann jedoch auch nicht die Konsequenz gezogen werden, die Geschichte des Nationalsozialismus im Kontext einer Bildung für die Einwanderungsgesellschaft schlicht zu ignorieren. Denn über die Dimension der historischen Bezüge des aktuellen Rechtsextremismus, der Menschenrechtserklärungen und -diskurse hinaus ist festzustellen, dass aktuelle Kontroversen, die die Frage nach dem nationalen Selbstverständnis der Bundesrepublik berühren, sich immer wieder auch mit Auseinandersetzungen über den angemessenen Umgang mit der nationalsozialistischen Vergangenheit verbinden. Im sog. Historikerstreit, in der Walser-Bubis-Debatte, in den Auseinandersetzungen über die Wehrmachtsausstellung, in der Beanspruchung der Lehren aus Auschwitz zur Begründung der deutschen Beteiligung am Kosovo-Krieg, in den Konflikten um die Forderung nach einer Gedenkstätte für die deutschen Vertriebenen sowie zuletzt in der Kontroverse um die antisemitischen Äußerungen eines CDU-Abgeordneten („Juden als Tätervolk“) wurde deutlich, dass Versuche der Bestimmung nationaler Identität in Deutschland wiederkehrend rückgebunden sind an konfligierende Interpretationen des Nationalsozialismus. Diese sind hier nicht nur deshalb relevant, weil der rechtsextreme und rechtspopulistische Diskurs versucht, an in den erwähnten Debatten formulierte Positionen zur Begründung und Legitimation eigener Ideologeme anzuknüpfen. Vielmehr sind Tendenzen zu einer Verharmlosung und Relativierung des Nationalsozialismus und des Holocaust für eine Bildung in der Einwanderungsgesellschaft auch unabhängig davon bedeutsam, ob und wie sie im rechtsextremen Diskurs aufgegriffen werden.

Im Weiteren stellen wir in Auseinandersetzung mit der einschlägigen Fachdiskussion, die insbesondere innerhalb der Geschichtsdidaktik und der Gedenkstättenpädagogik geführt wird (s. dazu Alavi 1998; von Borries 1999; Brumlik 2000; Knigge 1988; Messerschmidt 2003; Pandel 1999; Reif-Spirek 2003), zentrale Schwierigkeiten und Lernpotentiale einer pädagogischen Auseinandersetzung mit dem Holocaust dar. Dies geschieht im Interesse, Kriterien zu entwickeln, die eine Einschätzung vorliegender Programme und Materialien ermöglicht, insbesondere des Programms *Facing History and Ourselves*, der Materialien der Anne-Frank-Stiftung sowie *Konfrontationen* des Fritz-Bauer-Instituts.

Dabei kann es hier nicht um eine grundsätzliche Diskussion der allgemeinen Problemen historischen Lernens und eine Generaldebatte über die angemessene Auseinandersetzung mit der nationalsozialistischen Geschichte gehen, sondern „nur" darum, zu klären, wie eine solche historisch orientierte Bildungspraxis, die den Nationalsozialismus und Holocaust thematisiert, zur Entwicklung von Distanz und Kritikfähigkeit gegenüber fremdenfeindlichen, rechtsextremen und rassistischen Überzeugungen sowie zur Aneignung menschenrechtlicher Prinzipien beitragen kann.

2. Probleme und Dilemmata eines Lernens aus der Geschichte

Projekte einer historisch ausgerichteten Pädagogik waren und sind wiederkehrend mit der Erwartung konfrontiert, dass die Auseinandersetzung mit dem Nationalsozialismus und dem Holocaust zu Einsichten führt, die eine Ablehnung rechtsextremer, fremdenfeindlicher, rassistischer und antisemitischer Haltungen und Einstellungen veranlassen. So formulierte zuletzt etwa die Bundesjugendministerin anlässlich der Eröffnung einer interaktiven Anne-Frank-Ausstellung im September 2003:

> „Die geschichtliche Lehre aus den Erfahrungen des Dritten Reichs, aus den Erfahrungen des Holocaust hat ein Volk offensichtlich nicht ein für alle Mal gezogen und gelernt; diese Einsicht muss immer wieder neu, Generation für Generation, vermittelt und gelernt werden. Deshalb ist mir diese Ausstellung so wichtig. Erinnerungsarbeit gegen das Vergessen oder Verdrängen der unmenschlichen Verbrechen der Nationalsozialisten ist heute wichtiger denn je." (Pressemitteilung des BMFSFJ)

Begründet sind solche Erwartungen in der Annahme, dass die Auseinandersetzung mit der Realität des Nationalsozialismus quasi zwangsläufig zu Einsichten in die menschenverachtenden Konsequenzen der nationalsozialistischen Ideologie und Politik, zu moralischer Sensibilisierung sowie zur Entstehung von Empathie mit den Opfern führt und dass daraus eine prinzipielle Ablehnung rechtsextremer Orientierungen resultiert. Die in den 60er Jahren diesbezüglich zunächst formulierte Hoffnung, dass historischer Aufklärung eine „Immunisierungsfunktion" gegenüber rechtsextremen Tendenzen zukommen könne, ist jedoch offenkundig gescheitert (s. Hafeneger 1990: 201 ff.). Dies hat zu einer grundlegenden und in der ersten Hälfte der 1990er Jahre einflussreichen Infragestellung der Idee einer historischen Aufklärungspädagogik geführt.

So wendete etwa Wilhelm Heitmeyer (1989: 201) gegen eine „unspezifische antifaschistische Arbeit" ein, dass „Aufklärung über (lebensweltlich ferne) aktuelle faschistische Systeme" an die Ursachen der Attraktivität rechtsextremer Orientierungen ebenso wenig heranreiche, wie „die oft noch gepflegte ‚Schocker-Pädagogik'" zum historischen Nationalsozialismus. Diese, in der Fachdiskussion einflussreiche Überlegung war ein zentraler Impuls für die Entwicklung sozialpädagogischer Konzepte der Arbeit mit rechten bzw. rechtsextremen Jugendlichen, die darauf zielten, auf soziale und sozialpsychologische Ursachen rechtsextremer Orientierungen einzuwirken.

Nicht zuletzt in Reaktion auf die erheblichen Probleme von sozialpädagogischen Konzepten aufsuchender bzw. akzeptierender sozialpädagogischer Arbeit mit rechten Jugendcliquen (s. dazu Scherr 2000) ist seit einigen Jahren jedoch eine erneute Rückbesinnung auf die Erfordernisse politischer Bildung – und in diesem Kontext auch eine Wiederaufnahme und Intensivierung der Diskussion über die Notwendigkeit und die Möglichkeiten historisch ausgerichteter Bildungsarbeit – zu beobachten. Diese Diskussion bezieht sich nicht nur auf den schulischen Geschichtsunterricht. Darüber hinaus sind auch die Entwicklung neuer Konzepte und Methoden der Gedenkstättenpädagogik und der sog. Holocaust-Education, von auf die Auseinandersetzung mit der lokalen Geschichte im Rahmen von Geschichtswerkstätten und Spurensucheprojekten gerichtete Bemühungen sowie eine Konjunktur biografisch orientierten Lernens und des Einbezugs von Zeitzeugen festzustellen. In der einschlägigen Diskussion wird jedoch die Vorstellung eines direkten Nexus („Immunisierung") zwischen historischem Lernen bzw. Wissen und aktuellen politischen Orientierungen keineswegs mehr als unstrittige Grundlage beansprucht. Dies ist zum einen eine Folge der oben erwähnten Kritik älterer Konzepte sowie der Erfahrung, dass die Verankerung der Thematik im Geschichtsunterricht der alten Bundesrepublik sowie die staatliche Programmatik einer „antifaschistischen Erziehung" in der ehemaligen DDR die Entstehung des neuen Rechtsextremismus ersichtlich nicht verhindert hat. Zweitens wurde im Rahmen der neueren Gedenkstättenpädagogik deutlich, dass Jugendliche mit verfestigten rechtsextremen, fremdenfeindlichen und rassistischen Orientierungen im Rahmen entsprechender Projekte keineswegs regelmäßig zur Veränderung ihrer Einstellungen und Überzeugungen veranlasst werden können, sondern dass sie auf solche Veränderungserwartungen in der Regel mit Abwehr und Ablehnung reagieren – bis hin zu einem demonstrativen und konfrontativen Vorzeigen der eigenen Nicht-Irritierbarkeit (s. Nickolai/Lehmann 2002). Solche Abwehr kann drittens als eine Reaktion auf die strukturelle Problematik einer Holocaust-Education bzw. Gedenkstättenpädagogik verstanden werden (s. Reif-Spirek 2003b: 22): Moralisches und politisches Lernen, das demokratische und menschenrechtliche Orientierungen fördert, soll durch die Konfrontation mit seinem radikalen Gegenteil angeregt werden. Aus einem Lernen darüber, dass die Außerkraftsetzung demokratischer und menschenrechtlicher Prinzipien stattgefunden und wohin dies geführt hat, folgt aber ebenso wenig notwendig und direkt die Entwicklung demokratischer und menschenrechtlicher Überzeugungen, wie etwa aus dem Betrachten von medialen Gewaltdarstellungen die Ablehnung von Gewalt. Tendenzen zur positiven Identifikation mit den Tätern können ebenso aufgerufen werden wie Versuche, den Opfern Schuld zuzuweisen.

Micha Brumlik zieht aus der Auseinandersetzung mit vorliegenden Analysen und Erfahrungsberichten die verallgemeinernde Konsequenz, dass Gedenkstättenarbeit „mit rechten Jugendlichen sozialpädagogisch überflüssig und bildungstheoretisch sinnlos“ (Brumlik 2002: 100) ist. Es sei nicht einsichtig, „warum Lernprozesse in Gedenkstätten, die schon bei sehr viel weniger belasteten, bildungswilligen Jugendlichen nur unter unwahrscheinlich guten Vorbereitungen mäßigen Erfolg zeigen“ (ebd.: 106), bei rechtsextremen Jugendlichen gelingen sollten.

Auch wenn diese Einschätzung keineswegs zwingend ist[229], so ist damit gleichwohl die Problematik angesprochen, dass jede Auseinandersetzung mit Geschichte immer auf der Grundlage eigener politischer und moralischer Orientierungen bzw. Überzeugungen erfolgt, die durch historische Wissensvermittlung ebenso wenig direkt beeinflusst werden können wie durch gegenwartsbezogene Informationen und Argumente.[230]

---

229 Sie ist also übergeneralisierend formuliert. Erforderlich wäre eine differenzierte Auseinandersetzung mit pädagogischen Settings und Rahmenbedingungen (s. dazu Nickolai 2002).

230 Bildungstheoretisch ist zudem die folgende Überlegung plausibel: „Aus der Geschichte lernen kann m. E. nur ein Subjekt, das im Verlauf seiner Lebenszeit im Stande ist, Erfahrungen zu machen, d. h. das frühere Handlungen und Begebenheiten zum Gegenstand einer kritischen Selbstreflexion macht und sein künftiges Denken und Handeln als Folge dieses Lernprozesses bewusst neu definiert. Am naheliegendsten ist die Annahme, dass Träger solcher Prozesse natürliche Personen sind. Das heißt aber bildungstheoretisch, dass man sich primär mit deren eigener Geschichte beschäftigt und erst se-

Die grundsätzliche Kritik der Annahme, Vorurteile, Feindbilder und Ideologien, die durch Fakten und Argumente widerlegt werden können, würden deshalb auch subjektiv aufgegeben, betrifft auch die historisch gerichtete Pädagogik. Insofern gibt es keinen guten Grund anzunehmen, dass die pädagogisch zugemutete Auseinandersetzung mit historischen Ereignissen und Tatsachen in besonderer Weise dazu geeignet ist, Veränderungsprozesse eigener Überzeugungen anzuregen.

2.1. „Auschwitz" als Lernchance?

Auf den ersten Blick liegt die Stärke historisch gerichteter Pädagogik zwar in ihrem offenkundigen und nicht zu bestreitenden Potential, Fakten präsentieren zu können und emotionale Betroffenheit zu erzeugen, indem SchülerInnen mit solchen Ereignissen konfrontiert werden, für die unterstellt werden kann, dass sie Reaktionen der Abscheu und moralischen Verurteilung hervorrufen. Selbst wenn man zunächst von den Verdrängungs- und Abwehrmechanismen absieht, die es ermöglichen, sich der impliziten Betroffenheitszumutung zu entziehen, ist es jedoch keineswegs klar, wie solche Betroffenheit in angestrebte politische und moralische Lernprozesse übersetzt werden kann. Die Initiierung solcher Lernprozesse ist vielmehr deshalb gerade in besonderer Weise schwierig, weil die Auseinandersetzung mit dem Holocaust kein offenes, politischen und moralischen Bildungsprozessen förderliches Lernfeld etabliert: Denn der Holocaust ist kein Lerngegenstand, der es zulässt, dass kontroverse Argumente und unterschiedliche Sichtweisen in dialogisch angelegten Situationen als zunächst gleichberechtigte formuliert und zur Diskussion gestellt werden, was gewöhnlich als Bedingung eines Lernens gilt, das der Entwicklung einer postkonventionellen Moral und demokratischer Orientierungen förderlich ist (s. dazu Henkenborg 1996; Sliwka 2001).

Auch ist es hier schwierig, es in der für dialogische Bildungsprozesse charakteristischen Weise den Einzelnen zu überlassen, welche persönlichen Folgerungen und Konsequenzen sie aus Argumentationen, Beobachtungen, Erzählungen und Informationen ziehen. Denn in der Befassung mit dem Holocaust ist immer auch die Erwartung impliziert, dass jeder Einzelne im Ergebnis eine klare und eindeutige Position der moralischen Verurteilung bezieht. Damit rücken

kundär mit der Geschichte ihrer Herkunftskollektive." (Kohlstruck 2004: 3). Allerdings ist die Unterscheidung von Individualbiografie und Gesellschaftsgeschichte ihrerseits problematisch, denn die eigene Geschichte ist immer gesellschaftsgeschichtlich situiert.

persönliche Überzeugungen ins Zentrum des Lernprozesses und dies ruft der Möglichkeit nach die Abwehr der Zumutung auf, die eigene Person als Gegenstand von Bewertungen und Beurteilungen anzubieten (s. dazu Holzkamp 1993). Damit stellt sich die Frage nach solchen didaktischen Arrangements, die in der Lage sind, mit dieser spezifischen Problematik angemessen umzugehen, die also den Holocaust weder auf einen beliebigen Lerngegenstand reduzieren noch eine Situation etablieren, in der SchülerInnen Bekenntniszumutungen abverlangt sind.

Aufgeworfen ist damit auch die über methodische Aspekte hinausreichende didaktische Kernfrage, wie Nationalsozialismus und Holocaust überhaupt angemessen als Lerngegenstand bestimmt werden können. Denn zweifellos gibt es keinen unmittelbaren und eindeutigen, theoretisch voraussetzungslosen Zugang zur Geschichte[231] und auch keine zweifelsfreie und unstrittige Antwort auf die Frage, was daraus – jenseits eines Erschreckens über die Ereignisse – aus der Geschichte des Nationalsozialismus zu lernen ist:

- Bekanntlich findet eine anhaltende Auseinandersetzung darüber statt, ob der Holocaust als Zivilisationsbruch und „Rückfall in die Barbarei" oder aber als eine Entfaltung des latenten Potentials der Moderne zu betrachten ist;
  - ob der Nationalsozialismus einen dem Stalinismus vergleichbaren Fall totalitärer Herrschaft oder aber eine spezifische, singuläre Konstellation darstellt;
  - kontrovers ist weiter, ob der Holocaust als Ausdruck einer ökonomischen und bürokratischen Rationalität oder aber als Folge einer ideologisierten Massenbewegung verstanden werden kann (s. dazu insbesondere Bauman 1992).
- Zweitens wird argumentiert, dass der Holocaust nicht einfach durch gängige sozialwissenschaftliche Theoreme erklärt und auch nicht sinnverstehend nachvollzogen werden kann, sondern Grenzen wissenschaftlicher Erklärun-

---

231 Michael Kohlstruck hat in dem bereits erwähnten Kommentar zu diesem Kapitel darauf verwiesen, dass typologisch zu unterscheidende Thematisierungen und Behandlungsweisen des NS nicht „bloße methodisch-didaktische Optionen, sondern häufig Ausdruck einer Zugehörigkeit zu bestimmten Interpretationsmilieus" darstellen, für die nicht primär wissenschaftliche Differenzen, sondern jeweilige politische und moralische Positionen grundlegend sind. Unseres Erachtens ist es jedoch nicht möglich, demgegenüber eine quasi neutrale wissenschaftliche Position zu beziehen, die eine wertfrei-rekonstruktive Betrachtung der Geschichte ermöglicht. Bedenkenswert ist zudem die von Johann Baptist Metz formulierte Forderung an die Geschichtswissenschaften „wissenschaftstheoretisch ein Bewusstsein davon [zu bewahren], dass im analysierenden und vergleichenden, allemal vergegenständlichenden Umgang mit der Geschichte immer auch etwas vergessen bleibt, weil jede Objektivierung eben auch eine Form des Vergessens ist" (Metz 1992: 37).

gen und Deutungen markiert. Folglich ist der Anspruch, „Auschwitz" als ein historisches Ereignis erklären, verstehen und verständlich machen zu können, problematisch (s. dazu Loewy 1992). Dem korrespondiert die pädagogisch zu stellende Frage, ob und wie SchülerInnen in der Lage sind, die Konfrontation mit Darstellungen der historischen Ereignisse psychisch zu verarbeiten.

- Drittens wirft die Beanspruchung als ein exemplarischer Fall im Kontext von Menschenrechts-, Moral- und Werteerziehung die Frage auf, ob und inwiefern es moralisch legitim ist, „Auschwitz" als Lernchance zu nutzen und damit dem Holocaust quasi ex post noch eine positive Seite abzugewinnen (s. Wittmeier 1997: 131). Demgegenüber wird auf die Verpflichtung auf ein zweckfreies Gedenken an die Opfer verwiesen (s. Brumlik 2000: 48), das als Grundlage einer „Pädagogik des Gedenkens" kategorial von einer Pädagogik, die auf die Verhinderung einer Wiederholung von Auschwitz zielt, zu unterscheiden sei.
- Weiter ruft ein solches Lernen aus der Geschichte die Gefahr auf, dass der Holocaust als ein zugespitzter Fall in einem Kontinuum von Menschenrechtsverletzungen angesiedelt und der Bruch zwischen graduellen Menschenrechtsverletzungen und dem radikalen Entzug des Subjektstatus sowie die Spezifik der organisierten Massenvernichtung übersehen bzw. nivelliert wird. Da direkte Parallelen zu gegenwärtigen Formen von Diskriminierungen nicht zu ziehen sind, ist mit der Frage, ob sich die Auseinandersetzung mit dem Holocaust als Ausgangspunkt einer Pädagogik eignet, die diese mit dem Lernziel der Entwicklung einer menschenrechtlichen Sensibilität auch auf gegenwartsbezogene Fragestellungen anwendet bzw. mit diesen verknüpft, höchst sensibel umzugehen. Dabei ist zu berücksichtigen, dass eine Fixierung auf den Maßstab, dass die Wiederkehr des Holocaust zu verhindern ist, „noch allzu vielen anderen Greueln Raum lässt" (Brumlik 2000: 48).

Angezeigt ist damit, dass eine auf die Auseinandersetzung mit dem Nationalsozialismus und Holocaust gerichtete politische Bildung nicht von einem quasi neutralen Ort aus geführt werden kann. Auch die Beanspruchung der Menschenrechte als Referenz historisch gerichteter Aufklärung etabliert keine neutrale und unproblematische Perspektive. Denn es ist durchaus fraglich, ob die organisierte Vernichtung überhaupt angemessen als Menschenrechtsverletzung, d. h. als Entrechtung von Individuen beschrieben werden kann.

2.2. *Historisches Lernen im Kontext nationaler Erinnerungskultur*

Die Frage nach den Lehren aus der Geschichte führt darüber hinausgehend, wie einleitend erwähnt, in aktuelle gesellschaftspolitische Konflikte und Kontroversen hinein, in denen Antworten auf die Frage, was aus der nationalsozialistischen Vergangenheit gelernt werden sollte, zur Begründung aktueller politischer Positionen herangezogen werden. Von zentraler Bedeutung ist diesbezüglich, dass in gegenwärtigen Bezugnahmen auf Auschwitz als Negativ-Referenzpunkt die Frage nach der politischen Selbstdefinition der Bundesrepublik und einem Verständnis von nationaler Identität verhandelt wird: Der immer wieder beanspruchte Konsens, dass die Verhinderung einer Wiederkehr von Auschwitz die ultima ratio politischer und pädagogischer Praxis ist, ist ein Element von konkurrierenden Versuchen der Neubestimmung nationaler Identität in der Bundesrepublik (s. dazu Bergem 2003).

Darauf ist hier nicht ausführlich einzugehen. In unserem Zusammenhang relevant ist jedoch, dass inzwischen eine Verschiebung im öffentlichen Diskurs gegenüber den ersten vier Jahrzehnten der Bundesrepublik zu beobachten ist. Im Umgang mit der nationalsozialistischen Vergangenheit waren seit den 60er Jahren zunächst vor allem Fragen von Schuld, Abwehr und Verdrängung im öffentlichen Diskurs zentral. Die Forderung nach einer offensiven Auseinandersetzung mit der nationalsozialistischen Vergangenheit war bekanntlich ein zentraler Bestandteil der generationellen und politischen Konflikte der späten 60er und frühen 70er Jahre. Als geteilte Grundannahme der unterschiedlichen Positionierungen in Bezug auf den Umgang mit der Vergangenheit konnte dabei gelten, dass die nationale Identität der alten Bundesrepublik nur in negativer Abgrenzung zum Nationalsozialismus bestimmt werden kann – dies entweder im Sinne der Konsequenz, diese Hypothek nun endgültig abzulegen, oder aber im Sinne einer bewussten und selbstkritischen Aufarbeitung nationalsozialistischer Vergangenheit (s. dazu etwa Jeismann 2001). Seit Beginn der 1990er Jahre zeichnet sich demgegenüber eine veränderte Rahmung der politischen Auseinandersetzungen ab: Die Generation der Politiker und Pädagogen, die einen direkten persönlichen Bezug zum historischen Nationalsozialismus aufwies, wird zunehmend abgelöst durch eine Generation, die sich dadurch definiert, dass sie keine eigene Schuld an den historischen Verbrechen trägt und die einen bewussten Umgang mit der Geschichte für sich beansprucht.[232] Die dadurch im öffent-

---

232 Dies begründet der Möglichkeit nach auch Kommunikationsschwierigkeiten zwischen LehrerInnen, für die die Auseinandersetzung mit den Tabuisierungen und Verstrickungen ihrer Lehrer- und Elterngeneration ein konstitutives Element des eigenen politischen und moralischen Selbstverständnis-

lichen Diskurs vollzogene Abkehr von der Verdrängung und Abwehr der nationalsozialistischen Verbrechen hin zu einer „Kultur des Schuldeingeständnisses" (s. dazu Jeismann 2001) ist einbezogen in Versuche, nach der deutsch-deutschen Vereinigung eine die gemeinsame Geschichte beider deutscher Staaten integrierende nationale Identität zu konstruieren, für die die Zuordnung zur sog. westlichen Wertegemeinschaft und der Anspruch, die Lehren aus der Geschichte gezogen zu haben, grundlegend ist (s. Meseth 2002; Messerschmidt 2002; Bergem 2003). Die Förderung und Beanspruchung einer „Erinnerungskultur" wird dabei, wie etwa in der Errichtung des Holocaust-Mahnmals in Berlin deutlich wird, zu einem positiven Bezugspunkt des nationalen Selbstverständnisses erklärt. D. h.: Deutsche Identität wird inzwischen auch als Identität einer solchen Nation konstruiert, die für sich beanspruchen kann, sich den Herausforderungen ihrer Geschichte gestellt zu haben und damit positiv bestimmt.

Historisches Lernen ist folglich in einer spezifischen Weise situiert: Es ist in einen Diskurs verwoben, der auch auf die Klärung nationaler Identität ausgerichtet ist. Historisches Lernen steht damit in einem Bezug zur Entwicklung einer neuen nationalen Erinnerungskultur und ist daraufhin zu befragen, welche Positionen implizit oder explizit zur Idee einer gemeinsamen nationalen Geschichte und Identität eingenommen werden. Die aktuellen Inanspruchnahmen und Thematisierungsweisen sind vor diesem Hintergrund ein möglicher eigenständiger Lerngegenstand, der für die Auseinandersetzung mit Rechtspopulismus und Rechtsextremismus bedeutsam ist.

Jede Bezugnahme auf die Geschichte des Nationalsozialismus und den Holocaust, die nicht mit einer prinzipiellen Skepsis gegenüber nationalen Identitätskonstruktionen und Identifikationen einhergeht, ist u. E. jedoch hoch problematisch. Denn es ist unübersehbar, dass der Nationalsozialismus – darin anderen Genoziden des 20. Jahrhunderts vergleichbar – auch Ausdruck eines „angriffslustigen Nationalismus" (Adorno 1966: 72) war. Hinzuweisen ist zudem darauf, dass selbst die Programmatik einer solchen nationalstaatlichen politischen Bildung, die ein Verständnis der Nation als einer „freiwillig zusammengeschlossenen, unbedingt demokratischen, auf Zukunft ausgerichteten Gemeinschaft" (Brumlik 2000: 50) beansprucht, also darauf ausgerichtet ist, sich in Distanz zu einem ethnisierenden Konzept der Nation als Abstammungsgemeinschaft zu setzen, zumindest drei Probleme aufruft:

---

ses ist und SchülerInnen, für die sich der Nationalsozialismus als ein weit zurückliegendes historisches Ereignis darstellt (s. dazu Krause-Vilmar 1997: 82f).

- Zum einen sind Nationalstaaten de facto keine freiwilligen Zusammenschlüsse von Individuen, sondern konflikthafte Vergesellschaftungsformen. Sie können deshalb keine selbstverständliche Identifikation derjenigen erwarten, die Staatsbürger bzw. Inländer ohne Staatsbürgerstatus sind.
- Zweitens ist die Idee einer nationalen „Gemeinschaft" auch dann unter Aspekten der Ausschließung und der Assimilationszumutungen nicht neutral, wenn sie demokratisch und zukunftsorientiert gefasst wird. Denn jede Idee von Gemeinschaft ist konstitutiv darauf angewiesen, sich gegen diejenigen abzugrenzen, die sich zu den gemeinschaftsstiftenden Normen, Werten, Symbolen, Ritualen usw. nicht bekennen.[233] Deshalb ist es u. E. für eine Pädagogik der Einwanderungsgesellschaft unverzichtbar, zwischen Nationalstaatlichkeit und Staatsbürgerschaft einerseits und der hoch problematischen Beanspruchung der Idee der Nation als Gemeinschaft andererseits zu unterscheiden. Diese Unterscheidung ist für Konzepte politischer Bildung von erheblicher Bedeutung. Denn sie ermöglicht es, die Vermittlung demokratischer Grundorientierungen abzugrenzen gegen tradierte Konzepte einer solchen staatsbürgerlichen Erziehung, die auf Herstellung der Identifikation mit der nationalen Gemeinschaft zielt.[234]
- Insofern ist es drittens problematisch, die Zugehörigkeit zu einem demokratisch verfassten Nationalstaat in der politischen Bildung vorbehaltlos als ein positives Identifikationsangebot zu beanspruchen. Denn es ist unseres Erachtens auch unverzichtbar zu thematisieren, dass der Zugang zu sozioökonomischen Lebensbedingungen und die individuelle Möglichkeit, Menschenrechte zu beanspruchen, wesentlich von der Staatsbürgerschaft abhängig sind. Deshalb sind Regulierungen des Zugangs zur Staatsbürgerschaft unter menschenrechtlichen Gesichtspunkten durchaus problematisch.

Die oben skizzierte Verschiebung wirft unter den Bedingungen der Einwanderungsgesellschaft eine weitere pädagogisch nicht ignorierbare Problemdimension auf: Die Beanspruchung der nationalsozialistischen Geschichte als Bezugspunkt nationaler Identität weist auch dann, wenn dies in der Absicht einer kritischen Verantwortungsübernahme geschieht, denjenigen SchülerInnen, die nicht über die deutsche Staatsangehörigkeit verfügen bzw. einen Migrationshintergrund haben, in darauf gerichteten Lernprozessen eine Sonderstellung zu. Denn sie sind eben nicht als Mitglieder einer „durch Abstammung begründe-

233 Deutlich wird diese Problematik in den anhaltenden Konflikten um das Recht von Lehrerinnen als RepräsentantInnen des staatlichen Erziehungsauftrags ein Kopftuch tragen zu dürfen.

234 Genau diese Unterscheidung wird unterlaufen, wenn nationale Identifikation als Erfolgsindikator und „zentrales Lernziel" politischer Bildung wie in der 2. Internationalen Civic Education Study verstanden wird (s. dazu Oesterreich 2002: 139 ff.).

te[n] deutsche[n] Schicksals, Verantwortungs- oder Haftungsgemeinschaft" (Georgi 2000: 142) adressierbar, die zur Auseinandersetzung mit „ihrer" Geschichte verpflichtet ist.[235]

Eine Konstellation, die die Beschäftigung mit dem Holocaust und dem Nationalsozialismus darauf einengt, Auseinandersetzung mit der nationalen Geschichte zu sein, bietet zudem prinzipiell für MigrantInnen die Möglichkeit des Selbstausschlusses aus der Verpflichtung an, sich mit der Geschichte des Nationalsozialismus und des Holocausts auseinander zu setzen (s. Hollstein u. a. 2002: 12 f.). In pädagogischen Kontexten ist aber die gesellschaftliche Erwartungshaltung, sich mit dem Nationalsozialismus und Holocaust zu befassen, gleichermaßen an alle SchülerInnen gerichtet. Dies legt eine widerspruchsvolle Konstellation nahe, in der der Möglichkeit nach die Beschäftigung mit der nationalsozialistischen Geschichte zum Prüfstein der Zugehörigkeit von MigrantInnen zur deutschen Gesellschaft wird und dies für die Selbstwahrnehmung und -verortung von MigrantInnen in ihren Bemühungen um Anerkennung in der Einwanderungsgesellschaft zentrale Bedeutung annehmen kann (s. dazu Georgi 2000 und 2003). Vorliegende Studien zeigen, dass je spezifische, aus der eigenen Situation heraus veranlasste Interpretationen und Positionierungen gegenüber der Vergangenheit in der Bildungsarbeit mit Jugendlichen relevant sind, was z. B. darin sichtbar wird, dass Konflikte zwischen Jugendlichen auf der Basis historisierender Zuschreibungen gedeutet und ausgetragen werden (s. Fechler 2000). Dies kann aber auch jenseits der expliziten Beschäftigung mit dem Nationalsozialismus in Bildungskontexten bedeutsam werden, wenn diese als Hintergrundfolie dienen, auf deren Grundlage insbesondere auch MigrantInnen ihre aktuelle Situation und Konflikte sowie Erfahrungen von Diskriminierungen interpretieren.

Einschlägige Untersuchungen weisen darauf hin, dass SchülerInnen in der Beschäftigung mit Geschichte ohnehin zu unmittelbaren problematischen Übertragungen auf die Gegenwart neigen, auch dann, wenn die Frage des Gegenwartsbezugs gar kein Gegenstand des Unterrichts ist (s. Zwölfer 2003: 9 f.). Befördert wird dies durch solche, aktuell zunehmend einflussreiche Vorgehensweisen, die die Frage nach der generellen ethisch-moralischen Bedeutung historischer Ereignisse in den Vordergrund stellen. Dies ist zumindest dann der Fall, wenn solche Konzepte an die Stelle einer Auseinandersetzung mit Geschichte treten, die auf eine Erschließung der je historischen Spezifik und Kontextualität

---

235 Viola Georgi (2003) hat inzwischen eine ausführliche Studie zur Auseinandersetzung von Jugendlichen mit Migrationshintergrund mit der nationalsozialistischen Geschichte vorgelegt.

von Ereignissen und damit auf die Entwicklung eines historischen Bewusstseins zielen (s. dazu Pandel 1999: 286).

Die Verkopplung von Auseinandersetzungen mit nationalsozialistischer Geschichte und Fragen der nationalen Identität führt folglich zu nationalisierenden bzw. ethnisierenden Zuordnungen und Abgrenzungsprozessen im pädagogischen Kontext. Dies aber widerspricht der Zielsetzung, gerade die identifikatorische Bedeutung solcher Zuordnungen und Abgrenzungen im Sinne einer Bildung zu überwinden, die SchülerInnen als Subjekte einer demokratischen Einwanderungsgesellschaft einbezieht. Vermieden werden kann dies nur dann, wenn Nationalsozialismus und Holocaust sowie die darauf bezogenen Auseinandersetzungen nicht primär in der Perspektive einer nationalen Geschichtsschreibung verhandelt, sondern antirassistische, menschenrechtliche und demokratische Prinzipien als grundlegende Bezugspunkte beansprucht werden. Die damit angesprochene doppelte Referenz ist gleichwohl nicht auflösbar. Denn es kann auch nicht davon abgesehen werden, dass historisch-politisches Lernen in einem bestimmten gesellschaftsgeschichtlichen Kontext erfolgt: Für die Auseinandersetzung mit dem Holocaust bedeutet es einen offenkundigen Unterschied, ob dieses in Deutschland, in den USA oder etwa in den Niederlanden erfolgt. Folglich wird im Weiteren zu analysieren sein, wie vorliegende pädagogische Programme und Konzepte mit ihrer nationalen Situierung umgehen.

2.3. Didaktische und methodische Aspekte

Der dargestellten Problematik ist nicht ausschließlich mit der Wahl eines geeigneten Methodenrepertoires zu begegnen. Die Diskussion entsprechender Programme und Konzepte muss vielmehr von der didaktischen Grundfrage ausgehen, was in Auseinandersetzung mit dem Nationalsozialismus und dem Holocaust gelernt werden kann und soll. Methodische Entscheidungen können sinnvoll erst auf dieser Grundlage getroffen werden (s. Zwölfer 2003: 8 ff.).

Innerhalb der geschichtsdidaktischen Fachdiskussion um methodische Fragen werden gute Argumente für ein vielfältiges Methodenrepertoire, unterschiedliche Zugänge und Perspektiven in der Auseinandersetzung mit dem Nationalsozialismus angeführt. Dies trägt zum einen dem Sachverhalt Rechnung, dass es keinen unmittelbaren Zugriff auf historische Fakten, Wahrheiten und Ereignisse gibt, sondern dass die Aneignung von Geschichte notwendig immer perspektivisch und selektiv erfolgt. D. h.: Die Beschäftigung mit dem Nationalsozialismus und dem Holocaust kann diese nicht als abschließend historisierbaren und objektivierbaren Lerngegenstand zugrunde legen, sondern muss von unterschiedlichen und konkurrierenden Formen der Perspektivierung ausgehen.[236]

Im vorliegenden Zusammenhang ist diesbezüglich vor allem folgender Aspekt bedeutsam: Wie bereits erwähnt, wird die auf die Befähigung zur Einsicht in Ursachen und Prozesse historischer Entwicklungen zielende Vermittlung von Fakten und Wissen zunehmend um solche pädagogischen Vorgehensweisen ergänzt, die auch affektive, handlungs- und erfahrungsorientierte Zugänge erschließen. Gedenkstättenfahrten, der Auseinandersetzung mit ZeitzeugInnen oder der Erkundung von Biografien und des Alltagslebens, die das Leben und Leiden der Opfer und das Verhalten von Tätern und Mitläufern nicht in der Abstraktion belassen, kommt dabei eine besondere Bedeutung zu. Mit guten Gründen werden diese Vorgehensweisen als Zugangsmöglichkeiten beansprucht, die individuelle Schicksale und Handlungen nachvollziehbar machen sollen. Denn sie können einen Beitrag dazu leisten, dass SchülerInnen angesichts der Dimensionen der nationalsozialistischen Verbrechen nicht in einer Haltung der Unbegreifbarkeit und ggf. der negativen Faszination verharren. Die Frage nach dem Sinn solcher Vorgehensweisen kann jedoch nicht zureichend beantwortet werden, indem geltend gemacht wird, dass diese SchülerInnen einen besseren Zugang zum Thema bieten. Denn die spezifischen Perspektiven, die dadurch erschlossen werden können, führen der Möglichkeit nach zu einer solchen naiven Haltung, die mit der Suggestion einher geht, „Auschwitz“ sei erfahrbar. Folglich sind solche Vorgehensweisen in ihrer didaktischen und methodischen Gestaltung immer auch danach zu beurteilen, ob dabei mit reflektiert wird, dass es sich bei dem jeweiligen Zugang um einen partikularen und voraussetzungsvollen handelt. Die Auseinandersetzung mit individuellen Biografien, Erzählungen und Erfahrungen kann nicht davon abstrahieren, dass auch diese keinen direkten, quasi interpretationsfreien, Zugang zur Geschichte bieten. Zudem können solche Zugänge den Aspekt der Realabstraktion von jeder individuellen Subjektivität, die eine zentrale Dimension des Holocaust darstellt, nicht einholen. Denn die organisierte Massenvernichtung ist gerade nicht als eine Summe von Einzelereignissen und Individualschicksalen begreifbar, sondern muss auch als ein Prozess dargestellt werden, in dem die Einzelnen tatsächlich nur noch als bloßes Exemplar galten.[237]

---

[236] Dies bedeutet nicht, dass jede Sichtweise der Geschichte gleichermaßen gut begründet und moralisch legitim ist sowie, dass der Rückzug auf eine subjektive Perspektive von moralischer Verantwortlichkeit dispensiert (s. dazu von Borries 1999: 273).

[237] Rüsen weist in diesem Zusammenhang darauf hin, dass ein multiperspektivischer Zugang sich nicht auf eine ohnehin schon unterkomplexe Unterscheidung in Opfer- und Täterperspektive reduzie-

Im Kontext der Gedenkstättenpädagogik wird die Problematik eines solchen Lernens, das auch einen affektiven Zugang ermöglichen soll, in besonderer Weise deutlich: Gerade bei Gedenkstättenbesuchen zeigt sich, dass diese immer wieder von PädagogInnen mit der Zielsetzung der Erzeugung von Betroffenheit, der Suggestion der Erfahrbarkeit sowie mit Moralisierungszumutungen verbunden werden (s. dazu Heyl 1999). So wird – im Gegensatz zur neueren Fach-Diskussion der Gedenkstättenpädagogik – die Notwendigkeit des Besuchs von Gedenkstätten häufig damit begründet, dass diese in besonderer Weise eine Begegnung mit den „authentischen Orten" des Holocausts ermöglichen. Dass eine Gedenkstätte nicht mit dem damaligen Ort des Leidens der Häftlinge zu verwechseln ist, der von den BesucherInnen in seiner historischen Realität nachempfunden und authentisch erinnert werden könnte, sondern dass es sich dabei um „historisch vielfach überformte Gelände, die der unaufdringlichen Erläuterungen der unterschiedlichen Geschichtsspuren bedürfen" (Reif-Spirek 2003a), handelt, muss zentraler Reflexionshintergrund solcher Formen historisch-politischer Bildung sein.

2.4. Folgerungen

Im Vorstehenden war zu verdeutlichen, dass naive Erwartungen an ein Lernen aus der Geschichte, das gegen fremdenfeindliche, rassistische und rechtsextreme Orientierungen „immunisiert", nicht eingelöst werden können. Vielmehr wurde dargelegt, dass pädagogische Konzepte, die Nationalsozialismus und Holocaust als Lerngegenstand einer Bildung für die Einwanderungsgesellschaft beanspruchen, darauf verwiesen sind, sowohl didaktisch als auch methodisch zu klären, was der Möglichkeit nach im Rahmen jeweiliger Zugänge gelernt werden kann, welche Methoden dazu geeignet sind und wie sie mit den spezifischen Schwierigkeiten und Dilemmata umgehen, auf die sie verwiesen sind. Deutlich wurde dabei insbesondere die Situierung solcher Konzepte im Spannungsverhältnis nationaler Geschichtsschreibung und nationaler Identitätskonstruktionen einerseits, der Beanspruchung menschenrechtlicher Orientierungen sowie eines Verständnisses der Einwanderungsgesellschaft, das auf die ausgrenzende Idee einer „nationalen Gemeinschaft" verzichtet, andererseits.

Darüber hinaus haben wir betont, dass eine Pädagogik der Menschenrechte zwar auf die Thematisierung von Nationalsozialismus und Holocaust nicht ver-

ren kann, sondern auch die Dimension der „kalten" Systemperspektive, ohne die der Holocaust nicht erklärt werden kann, berücksichtigen muss (s. Rüsen 1996: 71).

zichten kann, dabei aber in Rechnung stellen muss, dass die organisierte Massenvernichtung nicht angemessen als zugespitzter Fall eines Kontinuums von graduellen Menschenrechtsverletzungen begriffen werden kann.

Es ist zu beobachten, dass Konzepte der Holocaust-Education zunehmend eingebettet werden in Konzepte allgemeiner Menschenrechts-, Moral- und Werteerziehung. Wie wir gezeigt haben, entsteht damit die Gefahr, dass das spezifische des historischen Nationalsozialismus und des Holocausts nivelliert wird, indem die Perspektive eingenommen wird, dass es sich um eine exemplarische Ausprägung der Genozide des 20. Jahrhunderts. handelt. Dies ist im vorliegenden Kontext auch deshalb problematisch, weil damit die für den aktuellen Rechtsextremismus kennzeichnende Rückbindung an spezifische Ideologeme des historischen Nationalsozialismus potentiell aus dem Blick gerückt wird.

Im Weiteren werden wir analysieren, wie einflussreiche Konzepte der Erinnerungspädagogik bzw. Holocaust-Education mit den skizzierten Dilemmata und Problematiken umgehen und was ihre Lösungen charakterisiert.

3. Programme historisch gerichteter Aufklärung

Die im Folgenden darzustellenden pädagogischen Programme nehmen eine Perspektive ein, der ein in der Vorurteils- und Rassismusforschung sowie in der Forschung über moralische Entwicklung breit geteilter Konsens zugrunde liegt (s. etwa Terkessidis 1998; Edelstein u. a. 1999). Die Stärkung politischer und moralischer Urteilsfähigkeit gilt dort als ein zentraler Ansatzpunkt einer Erziehung und Bildung, die gegen die Macht von Vorurteilen, Feindbildern und Ideologien wirksam werden soll. Individuen sollen zu kritischer Reflexion und zu Distanz gegenüber den Denkgewohnheiten des common sense, Identifikationszwängen mit Kollektiven sowie gegenüber kategorisierenden Denkmodellen befähigt werden, für die die Vorstellung der Überlegenheit der Eigengruppe gegenüber anderen Gruppen konstitutiv ist. Klassisch formuliert ist die Zielsetzung einer solchen Pädagogik bei Theodor W. Adorno (1966: 90):

> „Die Wurzeln sind in den Verfolgern zu suchen, nicht in den Opfern, die man unter den armseligsten Vorwänden hat ermorden lassen. [...] Schuldig sind allein die, welche besinnungslos ihren Hass und ihre Angriffswut an ihnen ausgelassen haben. Solcher Besinnungslosigkeit ist entgegenzuarbeiten, die Menschen sind davon abzubringen, ohne Reflexion auf sich selbst nach außen zu schlagen. Erziehung wäre sinnvoll überhaupt nur als eine zu kritischer Selbstreflexion."

In Übereinstimmung mit Konzepten der Vorurteilsforschung, die auf die soziale Verankerung von Vorurteilen in Gruppenprozessen und Intergruppenkonflikten verweisen, wird davon ausgegangen, dass Vorurteile, Feindbilder usw. ihre Ursache nicht in zugeschriebenen oder tatsächlichen Eigenschaften derjenigen haben, auf die sie sich richten, sondern auf die soziale und psychische Situation derjenigen verweisen, die sie propagieren. Vor diesem Hintergrund wird insbesondere die Identifikation mit Gruppen und Gemeinschaften prinzipiell dahingehend problematisiert, dass sie zur Außerkraftsetzung individueller Verantwortlichkeit und Urteilsfähigkeit führen kann. Demgegenüber wird die Stärkung individueller Autonomie zur pädagogischen Aufgabe erklärt.

Facing History and Ourselves und *Konfrontationen* können im Kern als Programme einer solchen historisch gerichteten Aufklärung verstanden werden, die beabsichtigen, in der Auseinandersetzung mit historischen Prozessen und Ereignissen zu verdeutlichen, unter welchen Bedingungen individuelle Autonomie außer Kraft gesetzt wird. Ins Zentrum gestellt wird insbesondere die Frage nach der Bedeutung individueller moralischer Verantwortlichkeit und damit verbunden nach den Schwierigkeiten, den Anspruch der verantwortbaren individuellen Entscheidungen tatsächlich einzulösen. Dadurch sollen die AdressatInnen einer solchen Pädagogik befähigt werden, Distanz gegenüber Gruppen- und Vergemeinschaftungszwängen einzunehmen und Kritikfähigkeit gegenüber Vorurteilsbildungen sowie aktuellen Formen von Rassismus und Antisemitismus auszubilden.

Eine solche Programmatik kann gleichwohl nicht davon absehen, dass die Idee des von sozialen Bindungen an Gruppen unabhängigen und dadurch in seiner Urteilsbildung autonomen Individuums problematisch ist. Individuierung und Vergesellschaftung sind kein Gegensatz, sondern Momente eines Prozesses (s. dazu grundlegend Habermas 1988). D. h. individuelle Autonomie und soziale Zugehörigkeiten bzw. Identifikationen schließen sich nicht aus, sondern stehen in einem komplexen Verhältnis zueinander. Es wird im Folgenden deshalb zu analysieren sein, wie das Verhältnis von Autonomie und sozialer Zugehörigkeit in historischer und gegenwartsbezogener Perspektive bestimmt wird und welche Folgerungen daraus gezogen werden.

3.1. Facing History and Ourselves

Die US-amerikanische Organisation *Facing History and Ourselves* ist mit ihrem gleichnamigen Programm seit Anfang der 70er Jahre in der Lehrerweiterbildung tätig und entwickelt fortlaufend Handreichungen für den Unterricht. Der berufsbegleitenden Qualifizierung und Beratung von LehrerInnen kommt dabei ein zentraler Stellenwert zu: In der Regel nehmen die LehrerInnen, bevor sie mit dem Programm in Schulen arbeiten, selbst an Workshops teil, in denen sie sich nicht nur mit den Kernideen und der Vorgehensweise des Programms vertraut machen, sondern sich auch mit ihren eigenen Haltungen und Einstellungen auseinander setzen (s. Johnson 1995; Kößler 2000).

In einer die unterschiedlichen Themenschwerpunkte übergreifenden Perspektive geht es zentral um die Frage, was die Beschäftigung mit der Vergangenheit für die Gegenwart bieten kann und wie aktuelles Denken, Fühlen und Handeln durch historische Erfahrungen und deren Tradierungen beeinflusst ist. Das Programm zielt somit auf die Klärung der Konsequenzen eines historisch-politischen Lernens für das Verständnis gegenwärtiger Problemlagen. *In der expliziten Verknüpfung von historischem und moralischem Lernen ist die Auseinandersetzung mit dem Nationalsozialismus und Holocaust programmatisch auf die Entwicklung moralischer und politischer Urteilsfähigkeit – und damit impli-*

zit auch auf Konzepte einer allgemeinen Menschenrechts-, Moral- und Demokratieerziehung bezogen. Ausdrücklich wird die Relevanz des Programms für die Kritik aktueller Ausprägungen von Rassismus und Antisemitismus betont.

Inzwischen liegt eine sehr umfangreiche Reihe curricularer Materialien vor, die zum großen Teil auch im Internet verfügbar sind. Bei der Neuentwicklung von Materialien werden aktuelle Themen wie z. B. die Auseinandersetzung mit den Ursachen sowie den Reaktionen auf den „11. September", berücksichtigt. Die Handreichungen enthalten kein abgeschlossenes Curriculum im Sinne umfassend ausgearbeiteter Unterrichtsstunden oder -einheiten, sondern geben Hinweise und Anregungen, wie einzelne Elemente und Thematiken in unterschiedliche Fächer einbezogen und bearbeitet werden können. Dies ist Ausdruck der Überzeugung, dass die LehrerInnen einen selbstständigen und individuellen Zugang durch die Erprobung von Methoden, aber auch im Rahmen ihrer eigenen, auf Selbstaufklärung zielenden Lernprozesse, finden müssen.

Im Weiteren soll anhand der Handreichung *Holocaust and Human Behavior*[238] die Programmatik und die Vorgehensweise von *Facing History and Ourselves* exemplarisch verdeutlicht und diskutiert werden.[239]

3.1.1. Programmatik und Begründung der Lernthematik

Die Auseinandersetzung mit der Geschichte wird als besonders geeignet angesehen, um zu verdeutlichen, dass Demokratie als Regierungs- und Lebensform keine Selbstverständlichkeit darstellt, dass also Demokratie einzig durch die aktive Partizipation bewusster und verantwortlicher StaatsbürgerInnen eine stabile Grundlage bekommen kann:

> „When successful, students learn through Facing History that a democracy is a fragile enterprise that can only live through the active, thoughtful and responsible participation of its citizens. These are only abstractions, how ever, that have little meaning without content, context and the opportunity to engage with this issues in a personal way. This is what Facing History is about." (Barr 2003)

---

238 *Holocaust and Human Behavior* ist eine der ersten, inzwischen mehrfach überarbeiten und aktualisierten, Handreichungen des Programms und stellt eine Art grundlegende Einführung dar, auf die andere Kurse und Handreichungen aufbauen können.

239 Wir beziehen uns im Weiteren auch auf eine ausführliche schriftliche Stellungnahme von Dennis Barr, die uns im Rahmen der Expertenbefragung zur Verfügung gestellt wurde.

In Übereinstimmung mit Ansätzen einer allgemeinen Menschenrechtspädagogik[240] wird dabei die Notwendigkeit eines Lernprozesses betont, der SchülerInnen zu einer kritisch-reflektierten Haltung gegenüber politischen Entscheidungsprozessen und so zur Entwicklung eines allgemeinen politisch-moralischen Urteilsvermögen befähigt. Anders als in gängigen menschenrechtspädagogischen Konzepten (s. o.) werden dabei jedoch nicht die Menschenrechte als normativer Bezugspunkt vorausgesetzt. Vielmehr wird in der Beschäftigung mit historischen Entwicklungen und Ereignissen der moralische/ethische Aspekt von Entscheidungen und Handlungen sowie die Relevanz menschenrechtlicher Prinzipien für die Auseinandersetzung und den Umgang mit gesellschaftspolitischen Konflikten und solchen des alltäglichen Zusammenlebens verdeutlicht.

Der Holocaust wird als exemplarischer und zugespitzter Fall einer gesellschaftlichen Entwicklung thematisiert, in der demokratische und menschenrechtliche Grundsätze außer Kraft gesetzt werden.[241] Dabei stehen nicht gesellschaftsstrukturelle Aspekte oder das Regierungshandeln im Vordergrund, sondern das einzelne Individuum als an der Entwicklung der Geschichte aktiv beteiligtes und handelndes Subjekt. Die Auseinandersetzung mit individuellen Entscheidungsprozessen, also etwa mit der Frage, was Einzelne dazu veranlasst hat, das Nazi-Regime zu unterstützen oder ihm Widerstand zu leisten, soll SchülerInnen und LehrerInnen dazu anregen, über ihr eigenes Verhalten in schwierigen Situationen und über die moralische Dimension von Entscheidungen, die sie in ihrem Leben getroffen haben, nachzudenken. Dabei wird die Frage erörtert, wo die Grenzen staatlicher Autorität liegen und welche Problematik ein verbreiteter Entlastungsdiskurs gegenüber den Nazi-Tätern und den „Mitläufern" beinhaltet, der mit dem Hinweis darauf, dass diese nur staatlichen Zwängen gefolgt sind, individuelle Verantwortlichkeit bestreitet.

> „The study of this history helps students realize how hatred, indifference, denial, and opportunism, little by little shaped this period in history and how these same human dynamics can shape any period. They consider what can be learned about democracy from the violent of a failed democracy; about tolerance from neighbour turning against neighbour, about moral courage from a society that enforced blind obedience." (Barr 2003)[242]

---

240 Eine explizite Auseinandersetzung mit Theorien und Konzepten der Menschenrechtspädagogik erfolgt jedoch nicht.

241 Dabei wird aber auf die Problematik einer naiven unmittelbaren Übertragung hingewiesen und betont, dass dies schon auf Grund des singulären Status des Holocaust nicht möglich sei. Dennoch sei es notwendig, nach den Verbindungen zwischen den Ereignissen und Phänomenen, die den Holocaust ermöglicht haben und gegenwärtigen Problematiken zu fragen.

242 Diese Formulierung ist der oben erwähnten Expertenbefragung entnommen.

Dem dabei zugrunde gelegten Geschichtsverständnis, das Geschichte wesentlich als Ergebnis menschlicher Entscheidungen und Handlungen versteht, korrespondiert ein Subjektbegriff, der von dem Postulat des entscheidungs- und handlungsmächtigen Individuums ausgeht. Übersetzt wird dieses in eine programmatische Orientierung, die den Lernprozess wesentlich am Leitbild des kritischen Staatsbürgers als Träger von Demokratisierungsprozessen orientiert. Aktive Staatsbürgerschaft und die Ausbildung einer stabilen Zivilgesellschaft werden gleichzeitig als die entscheidende Voraussetzung für eine Strategie der Überwindung von Vorurteilsbildungen, Formen von Rassismus und des Antisemitismus begriffen. Darüber hinausgehend hat aber auch die explizite Beschäftigung mit Konzepten und Konstruktionen von „race", mit der Geschichte des Kolonialismus und der Sklaverei sowie mit aktuellen Formen von Rassismus in den USA einen zentralen Stellenwert innerhalb des Programms.

3.1.2. Vorgehensweise

Wie die meisten Materialien bzw. Kurse von *Facing History and Ourselves* beginnt auch *Holocaust and Human Behavior* mit einer Phase der Reflexion, in der es um Fragen von Identität und Gruppenzugehörigkeit geht. Diese Reflexion führt hin zum zentralen Ausgangspunkt des Programms, der Betonung der Relevanz individueller Entscheidungen und Handlungen in historischen Prozessen.

Bearbeitet werden die folgenden Fragen:
How is our identity formed? To what extent are we defined by our talents, tastes, and interests? By our membership in a particular ethnic group? Our religion? By the nation in which we live? Are we limited by the groups to which we belong or can we expand our horizons? What opportunities do individuals have in our society to expand their horizons? How does one make the most of those opportunities? How do our attitudes and beliefs influence our thinking? How does our thinking affect our actions? How can we keep our individuality and still be a part of a group? How does our tendency to see *us* as unique but *them* as members of groups affect our behaviour as well as our attitudes? Do we welcome or fear *them?* When does fear turn to hate? (s. Holocaust and Human Behavior: 2)

Ein solcher selbstreflexiver Zugang, wie er auch in unterschiedlichen Antirassismus-Trainings und Diversity-Konzepten gängig ist, ist u. E. insoweit sinnvoll, wie er dazu beiträgt, eine Auseinandersetzung mit den sozialen und biografischen Bedingungen des eigenen Selbst- und Weltverständnisses anzuregen. Er wird dann jedoch hoch problematisch, wenn er sich mit Offenbarungszwängen und der Erwartung einer öffentlichen Selbstdarstellung verbindet, in der persönliche Erfahrungen kommuniziert werden sollen. Eine solche Psychologisierung wird in dem Kurs zunächst dadurch vermieden, dass biografische und fiktionale Erzählungen sowie Filme als Materialien verwendet werden, anhand derer diese Fragen bearbeitet werden können. Erstellt werden zunächst so genannte „identity charts“[243], d.h. Bilder, auf denen jeder Teilnehmer die für ihn bedeutsamen Dimensionen seiner „Identität“ benennt (z.B.: X ist Student, männlich, katholisch, hat einen Teilzeitjob, groß, Mitglied eines Computerclubs, usw.).

Daran anschließend werden auch die eigene Person, die eigenen Haltungen und Vorstellungen, eigene Identifikationen sowie identitätsbezogene Zuschreibungen thematisiert. Ins Zentrum gerückt werden hierbei Aspekte der sozialen Identität, nicht individuell besondere Erfahrungen. Einige der in diesem Zusammenhang aufgeworfenen Fragen, wie „What labels would others attach to you? Do they see you as a leader or a follower? A conformist or a rebel? Are you a peacemaker, a bully, or a bystander?” (s. Holocaust and Human Behavior: 8), legen allerdings problematische Kategorisierungen und vereindeutigende Zuordnungen nahe.

Mit der Zielsetzung der Sensibilisierung gegenüber der Kontextabhängigkeit und Situationsbezogenheit der Herausbildung von Identitäten werden zahlreiche Faktoren und Dimensionen aufgezeigt, die in Identitätskonstruktionen eingehen können. Durch die Thematisierung von Zuordnungen und des Verhältnisses von „Wir“- und „Sie“-Gruppen wird auch die Problematik von Identitätszwängen, etwa der Festlegung von „Ethnizität“ aufgeworfen, und die Frage gestellt, wie solche Zwänge, z. B. auch durch Peer-groups, verstärkt werden können.[244] Mit der Problemmarkierung, dass Angehörige der Eigengruppe in der Tendenz als je einzigartige Individuen, die „Anderen“ primär als Angehörige von Gruppen wahrgenommen werden, wird ein aus der sozialpsychologischen Forschung bekanntes Phänomen benannt (s. Güttler 1996: 67 ff.). Dieses ist auch im Kontext einer Pädagogik für die Einwanderungsgesellschaft relevant, denn es ist strukturanalog zu einer solchen stereotypisierenden Wahrnehmung von MigrantInnen, die diese als wesentlich durch „ihre“ Kultur und Herkunft geprägte Gruppenangehörige konstruiert. In zahlreichen Unterrichtsbeispielen wird die Problematisierung von Gruppenzuordnungen mit der Thematisierung

243 S. dazu *Holocaust and Human Behavior*: 8.

244 Auch diesbezüglich sind Übereinstimmungen mit Diversity-Konzepten offenkundig.

von Diskriminierungserfahrungen, insbesondere im Kontext von Rassismus und Antisemitismus, verknüpft. Analysiert werden die Erfahrungen und Bewältigungsstrategien von Opfern, aber auch Lernprozesse, die zur Überwindung rassistischer Haltungen geführt haben.

In einem nächsten Schritt geht es um die Thematisierung von nationaler Zugehörigkeit und Identität. Dabei wird eine hoch problematische Analogie[245] von individueller und nationaler Identität postuliert: „Nations, like individuals, have identity. Make an identity chart for the United States." (Holocaust and Human Behavior: 75) Dies geht einher mit einer prinzipiell positiven Bewertung von Patriotismus und Nationalismus als Ideen, die Menschen verbinden, aber gleichwohl missbraucht werden können (s. Holocaust and Human Behavior: 80). In der Auseinandersetzung mit dem Prozess der Entstehung des amerikanischen Nationalstaates, mit der Geschichte der Kolonialisierung und Sklaverei sowie den Entwicklungen, die zur Begründung und Ausformulierung der Unabhängigkeitserklärung geführt haben, wird die Frage bearbeitet, wie das Konstrukt einer amerikanischen nationalen Identität jeweils begründet wurde und wie sich dies im Lauf der Zeit verändert hat. Dies geschieht unter Verzicht auf eine kritische Auseinandersetzung mit dem Konstruktcharakter nationaler Identitäten und die darin eingelassenen Homogenitätszumutungen (s. dazu Hobsbawm 1991). Die Betrachtung der amerikanischen Geschichte, die das demokratische Selbstverständnis einer liberalen Einwanderungsgesellschaft akzentuiert, wird ins Verhältnis gesetzt zu den historischen Entwicklungen in Frankreich und Deutschland und zu den Ereignissen, die schließlich zum Ersten Weltkrieg geführt haben. In der Auseinandersetzung damit, wie in den jeweiligen Ländern im Verlauf des 19. Jahrhunderts über nationale Zugehörigkeit entschieden wurde, werden die Ausschließungsmechanismen, die mit Konzepten von nationaler Identität verbunden sind, herausgearbeitet. Dies wird mit der Frage verknüpft, wie diejenigen in den jeweiligen historischen Situationen betrachtet und behandelt wurden, die nicht als Angehörige der Nation gesehen wurden (Unter welchen Bedingungen konnten diese Staatsangehörige werden? Unter welchen Bedingungen wurden sie zu Außenseitern? Unter welchen Bedingungen wurden sie zu einer Gruppe, die von der allgemeinen Verpflichtung zur Solidarität und Unterstützung ausgeschlossen wurde?).

245 Es kann zwar unterstellt werden, dass Individuen darauf verwiesen sind, widersprüchliche Erfahrungen, Empfindungen, Motive usw. zusammenzuhalten, um sich selbst als handlungs- und entscheidungsfähiges Subjekt entwerfen zu können. Nationale Identität ist dagegen ein politisches Programm, das nicht reklamieren kann, dass Staaten in vergleichbare Weise auf Identitätsarbeit angewiesen sind wie Individuen.

Ins Zentrum gerückt werden die historischen Entwicklungen, die zum Nationalsozialismus und Holocaust geführt haben. Denn es wird davon ausgegangen, dass vor allem die historischen Entwicklungen, die den Nationalsozialismus und Holocaust ermöglicht haben, einen sinnvollen Anknüpfungspunkt bieten für eine Übertragung auf gegenwartsbezogene Fragestellungen und Problematiken. Denn hier können reale und weitreichende Entscheidungsmöglichkeiten verdeutlicht werden, die unter den Bedingungen des etablierten Nationalsozialismus erheblich schwerer aufzuzeigen sind. So wird etwa argumentiert, dass der ausbleibende Widerstand der Bildungseliten gegen das NS-Regime einen relevanten Fall darstellt, der ein „Lernen aus der Geschichte" erlaubt und durch den kenntlich wird, was den Nationalsozialismus ermöglicht hat. Die dabei leitende Fragestellung „Wie hätte ich mich verhalten?", die zur Auseinandersetzung mit eigenem Handeln und zur Entwicklung von moralischer Urteilsfähigkeit beitragen soll, legt eine Perspektive nahe, in der historischem Lernen in erster Linie der Status einer „moralischen Lektion" zugewiesen wird (s. dazu Bialystok 1995) – also postuliert, dass moralische Lehren aus der Geschichte gezogen werden können. Gleichwohl wird innerhalb des Programms nicht von der unmittelbaren Übertragbarkeit historischer Ereignisse auf gegenwartsbezogene Fragestellungen ausgegangen und – wie erwähnt – insbesondere geltend gemacht, dass sich dies auf Grund des singulären Status des Holocaust verbiete.

Facing History and Ourselves beansprucht aber, dass aus der Auseinandersetzung mit der Vorgeschichte des Nationalsozialismus verallgemeinerbare und übertragbare Einsichten bezüglich der Bedeutung und der Bedingungen moralisch verantworteten Handelns abgeleitet werden können. Der Holocaust wird vor diesem Hintergrund als zugespitzter Fall eines Prozesses dargestellt, in denen den Einzelnen keine individuelle Entscheidungsmöglichkeit und -fähigkeit mehr zukam und an dem aufgezeigt werden kann, wohin es in der Konsequenz führen kann, wenn aktuellen Formen von Rassismus und Antisemitismus nicht rechtzeitig und offensiv begegnet wird.[246] Ersichtlich liegt die Problematik dieser Perspektive darin, dass vorschnelle historische Analogien nahe gelegt werden. Die Beanspruchung des Nationalsozialismus und des Holocaust im Rahmen von *Facing History* als Negativfolie geschieht zudem vor dem Hintergrund eines spezifisch US-amerikanischen Verständnisses von nationaler Identität: Na-

246 Etabliert ist damit eine Sichtweise, die Bialystok (ebd.: 284) zufolge für unterschiedliche Ansätze der Holocaust-Education in den USA kennzeichnend ist und die den „Holocaust als das Ende eines Kontinuum [darstellt], in dem der staatlich geförderte Rassismus die Wahlmöglichkeit der künftigen Opfer und Täter gleichermaßen reduzierte. Die ausdrückliche Botschaft an die amerikanischen Schüler ist, dass, wenn der Rassismus nicht im Keim erstickt wird, er schließlich dazu führen könne, dass der „andere" getötet oder in der Gaskammer ermordet wird".

tionale Identität amerikanischer Prägung wird mit einer Traditionslinie und einem Demokratieverständnis identifiziert, das in einem diametralen Gegensatz zu den Prinzipien steht, die den Nationalsozialismus und Holocaust ermöglicht haben. Die Plausibilität dieser Annahme ist hier nicht zu diskutieren. Eine direkte Übertragung dieses Programms auf die deutsche Situation kann jedoch ersichtlich nicht auf eine vergleichbare politische Tradition verweisen.

Unter anderem auf Grund dieser Überlegungen ist die zunächst als Adaption von *Facing History and Ourselves* geplante Entwicklung des Programms *Konfrontationen* einen eigenständigen Weg gegangen, womit der Situiertheit historischen Lernens und der Spezifik der Bezugnahme auf den Nationalsozialismus und den Holocaust in der Bundesrepublik Rechnung getragen werden soll.

3.2. Konfrontationen

Das Konzept *Konfrontationen* wurde von der Pädagogischen Abteilung des Fritz Bauer Instituts entwickelt und umfasst neben den Materialien „Bausteine für die pädagogische Annäherung an Geschichte und Wirkung des Holocaust“[247] ein Fortbildungs- und Beratungsangebot für Schulen und außerschulische Bildungsträger.[248] Obwohl *Konfrontationen* aus oben angesprochenen Gründen keine umfassende Adaption von *Facing History* vorgenommen hat, wurden zahlreiche konzeptionelle und methodische Elemente als Anregungspotential aufgegriffen und in eine die gesellschaftspolitischen und soziohistorischen Rahmenbedingungen berücksichtigende und daher konzeptionell vom amerikanischen Programm zu unterscheidende Fassung integriert. *Konfrontationen* legt dabei ein programmatisches Selbstverständnis zu Grunde, das die Auseinandersetzung mit dem Nationalsozialismus und dem Holocaust in eine allgemeine Menschenrechtserziehung einzubetten intendiert (s. dazu Deckert-Peaceman/Kößler 2002: 245).

Mit dem Fokus auf den „Einzelnen als Gestalter der Geschichte“ wird eine „didaktische Schwerpunktentscheidung“ (Kößler/Mumme 2000: 13) getroffen,

---

247 Seit der Herausgabe des ersten Bausteins „Identität“ im Jahr 2000, liegen inzwischen die Bausteine „Gruppe“, „Ausschluss“, „Ghetto“ und „Todesmärsche und Befreiung“ vor. Ein weiteres Heft „Deportationen“ ist in Vorbereitung.

248 Die Materialien weisen eine Fülle unterschiedlicher methodischer Zugänge aus (perspektivisches Schreiben, Rollenspiel, Textanalyse und Quellenkritik, Theater- und Dramapädagogik etc.). Diese können wir im Folgenden nicht im Detail darstellen (s. dazu Kößler/Mumme 2000: 7 ff.).

die – ähnlich wie bei *Facing History* – Fragen der individuellen Entscheidungsfähigkeit und Verantwortung in den Vordergrund der Auseinandersetzungen treten lässt.

Konfrontationen versteht sich explizit auch als Reaktion auf die besonderen Voraussetzungen und Rahmenbedingungen, die sich infolge des zeitlichen Abstands und des veränderten generationellen Bezugs auf den Nationalsozialismus sowie aus dem Faktum ergeben, dass die Bundesrepublik eine Einwanderungsgesellschaft geworden ist. Die oben bereits angesprochene Problematik der Beanspruchung des Nationalsozialismus als identitätsstiftender Bezugspunkt im Kontext nationaler Geschichtsschreibung und Sinnstiftung wird dabei vor allem vor dem Hintergrund dieser generationell und migrationsbedingten gesellschaftlichen Transformationen thematisiert (s. Kößler/Mumme 2000: 5). Die sich durch diese gesellschaftlichen Veränderungen ergebenden, sehr unterschiedlichen Perspektiven und Bezugnahmen auf Geschichte, versucht *Konfrontationen* in der pädagogischen Auseinandersetzung mit dem Nationalsozialismus explizit aufzunehmen und zu adressieren. Dies soll durch einen multiperspektivischen Zugang erreicht werden, der sowohl den divergenten Bezugnahmen auf Geschichte Rechnung trägt als auch an die möglichen geteilten Interessen anknüpft, die Jugendliche unabhängig von Herkunft und eigener Lebensgeschichte aus der Gegenwart heraus an der Auseinandersetzung mit dem Nationalsozialismus entwickeln können. In diesem Spannungsfeld wird auch das Lernpotential angesiedelt: Angestrebt wird vor allem eine Verknüpfung von historischem Lernen mit der Entwicklung von sozialer Handlungskompetenz und moralisch-politischer Urteilsfähigkeit.

Ausgangspunkt sind gegenwartsbezogene Fragestellungen und die eigene Lebenssituation. Diese werden in einer Perspektive thematisiert, die im Weiteren auch der Auseinandersetzung mit der Geschichte zugrunde gelegt wird. Der angestrebte Lernprozess wird als eine auf mehreren Ebenen angesiedelte „Arbeit am historischen Gedächtnis" (Kößler/Mumme 2000: 8) beschrieben, die von einer auf der eher kognitiven Ebene angesiedelten Vermittlung von Wissen über den Nationalsozialismus, insbesondere aus der Perspektive des Alltagslebens, bis hin zur Entwicklung allgemeiner Empathie- und Anerkennungsfähigkeit reicht. Dabei werden die Unterschiede und Vergleichbarkeiten zwischen gegenwartsbezogenen Formen von Diskriminierung und den Erfahrungen unterschiedlicher Gruppen im Nationalsozialismus thematisiert (s. ebd.: 6 f.). Der Holocaust wird hier als zugespitzter, aber, anders als in *Facing History*, ausdrücklich nicht als exemplarischer Fall der Außerkraftsetzung menschenrechtlicher und demokratischer Prinzipien beansprucht, dessen Verbindungen zu aktuellen Formen von Rassismus und Diskriminierung aufzuzeigen wären. Vielmehr wird auf die analytische Problematik einer entsprechenden Analogiebildung ebenso hingewiesen, wie auf die besondere nationale Situiertheit einer Bezugnahme auf den Nationalsozialismus und den Holocaust.

Vor diesem Hintergrund wird der eigenständige Stellenwert einer „Pädagogik des Gedenkens" im Rahmen des Programms sowie die Notwendigkeit betont, dass diese von der Programmatik eines „Lernens aus der Geschichte" zu unterscheiden ist (s. ebd.: 5).

3.2.1. Vorgehensweise

Im Weiteren soll die Vorgehensweise anhand der beiden ersten Hefte „Identität" und „Gruppe" der Konfrontationen-Reihe verdeutlicht werden. In diesen beiden Heften wird die Beschäftigung mit aktuellen Konflikten und Erfahrungen neben die Beschäftigung mit der Situation unterschiedlicher Personen in der Anfangszeit des Nationalsozialismus gestellt. Die vergleichende Thematisierung von Geschichte und Gegenwart erfolgt nicht, indem die unmittelbare Vergleichbarkeit der jeweiligen Situationen suggeriert wird, sondern dadurch, dass ein ähnlicher thematischer Fokus für die Auseinandersetzung mit der jeweiligen Situation zugrunde gelegt wird. Dabei wird zwar keine direkte Übertragbarkeit von Einsichten angenommen, aber für die Auseinandersetzung mit den Anfängen des Nationalsozialismus eine vergleichende Thematisierung als sinnvoll erachtet. In Übereinstimmung mit *Facing History* wird eine solche Perspektive für die Beschäftigung mit der Massenvernichtung abgelehnt. Daher wird der historische Bezug in den hier zu betrachtenden Heften ausschließlich auf die Zeit zwischen 1933 bis 1938 beschränkt.

Ähnlich wie bei *Facing History* erfolgt der Einstieg über die Fokussierung des Verhältnisses von Individuum und Gesellschaft. Im Rahmen einer theoretischen Einführung in sozialpsychologische und soziologische Konzeptionen von personaler, sozialer und historischer Identität steht die Beschäftigung mit der Frage im Vordergrund, wie Identitätsbildungen sich vollziehen und welchen gesellschaftsstrukturellen Einflüssen diese unterliegen. In einem nächsten Schritt wird eine Reflexionsphase vorgeschlagen, in der die Auseinandersetzung darüber angeregt wird, welche Bedeutung „Identitätsmerkmale" wie der Eigenname, die Straße, die Stadt und das Land, in dem man wohnt, für die Einzelnen subjektiv haben und durch welche biografischen Erfahrungen und Erlebnisse das eigene Selbstverständnis beeinflusst ist. Daran anschließend wird mit einer auch in der interkulturellen und Diversity-Pädagogik verbreiteten (s. o.) Herangehensweise verdeutlicht, dass Differenzen zwischen Einzelnen bedeutsamer sind als die zwischen Gruppen sowie dass die Vielfalt an individuellen Gemeinsamkeiten und Unterschieden quer liegt zu eindeutigen ethnischen, geschlechtsbezogenen etc. Kategorisierungen. Die TeilnehmerInnen werden aufgefordert sich jeweils nach Gewohnheiten, körperlichen Merkmalen, Kleidungsstilen etc. zu Gruppen zusammen zu finden. Durch den ständigen Wechsel der Gruppenzusammensetzungen soll sichtbar werden, dass individuelle Eigenarten und Präferenzen keineswegs an soziale Gruppenzuordnungen gebunden sind. Diese Vorgehensweise bietet einen Ansatzpunkt, um SchülerInnen zur Auseinandersetzung mit dem Konstruktcharakter sozialer Zuordnungen zu befähigen. Unseres Erachtens (s. o.) kann bei einem solchen Vorgehen nicht darauf verzichtet werden, danach zu fragen, wie gruppenbezogene Differenzen gesellschaftlich hergestellt und sichtbar werden. Es genügt nicht, allein auf die Vielfalt individueller Besonderheiten und zufälliger Gemeinsamkeiten hinzuweisen. Vielmehr ist es erforderlich, die gesellschaftsstrukturelle Verankerung und Bedeutung von geschlechts- und herkunftsbezogenen Klassifikationen aufzuzeigen und zu verdeutlichen, dass diese einen anderen Stellenwert haben als zufällige individuelle Unterschiede. Ein Aspekt dieser Thematik wird in *Konfrontationen* in der sich anschließenden Thematisierung des Unterschieds von Selbst- und Fremdwahrnehmungen sowie des Widerspruchs von sozialer Zuordnung und individuellem Zugehörigkeitsempfinden aufgegriffen.

Anhand historischer und gegenwartsbezogener biografischer sowie fiktionaler Erzählungen[249] wird die Komplexität und Vielschichtigkeit von Identitätskonstruktionen erarbeitet. Dabei geht es um die Problematik des Widerspruchs von Selbstwahrnehmungen und stereotypisierenden Fremdzuschreibungen, sowie darum, welchen Einfluss diese auf das eigene Selbstverständnis haben können bzw. mit welchen gesellschaftsstrukturellen Ausschlussprozessen Vorurteilsbildungen korrespondieren können. In den Blick gerückt wird auch die Bedeutung solcher Prozesse für die jeweilige Lebenssituation von Einzelnen. Daran anschließend folgt eine Phase der Selbstreflexion, in der es darum geht, die in der Auseinandersetzung mit den verschiedenen Erzählungen gewonnen Einsichten auf die eigene Person anzuwenden. Um zu klären, mit welcher Divergenz der Selbst- und Fremdwahrnehmung die Einzelnen konfrontiert sind und welche

---

[249] Die Bandbreite der biografischen Berichte reicht von den Erfahrungen von MigrantInnen türkischer Herkunft und deren Widersprüche zwischen kulturellen und nationalen Zugehörigkeiten und Zuschreibungen in der Bundesrepublik bis hin zu den Erfahrungen und Strategien eines Sinto, der in den 30er Jahren einer der erfolgreichsten Boxer in Deutschland war und dessen Karriere durch die Nazis beendet wurde.

Konsequenzen Zuschreibungen und etwaige Vorurteilsbildungen für das eigene Leben haben, werden die Teilnehmenden aufgefordert, grafisch darzustellen[250], wie sie sich selbst sehen und von welchen Prozessen der Zuschreibungen sie jeweils betroffen sind.

Im zweiten Teil des Heftes geht es um die Auseinandersetzung mit den Anfängen des Nationalsozialismus, insbesondere um die ausführliche Beschäftigung mit dem Boykott gegen die deutschen Juden im April 1933. Die Geschichte des Holocaust wird eingeführt als „extremstes Beispiel" dafür, „wie die Menschenrechte verraten werden können" (Kößler/Mumme 2000: 34). Auf die Problematik der hier mit der Idee des „Verrats" an den Menschenrechten etablierten Sichtweise, die die Massenvernichtung als zugespitzten Fall eines Kontinuums von Menschenrechtsverletzungen auffasst, haben wir bereits hingewiesen. Zudem werden die Menschenrechte hier als nicht weiter zu erläuternder, voraussetzbarer normativer Bezugspunkt eingeführt.[251] Der im Konzept formulierte Anspruch der Einbettung historischen Lernens in eine allgemeine Menschenrechtserziehung, die über eine implizite Bezugnahme auf die Menschenrechte als moralische Prinzipien hinausgeht, wird hier u. E. also nicht eingelöst. Denn eine solche Orientierung hätte zunächst zu klären, mit welchem Lerngegenstand sie es zu tun hat und wie die Auseinandersetzung mit dem Nationalsozialismus und dem Holocaust spezifisch darauf bezogen werden kann.

Zunächst erfolgt die Auseinandersetzung mit der Situation im April 1933 über den Versuch nachzuvollziehen, welche Bedingungen, Entscheidungsschwierigkeiten und Motive das Handeln einzelner Personen bestimmten. Auf der Grundlage vorgegebener kurzer fiktionaler Porträts[252] soll in Paar- oder Gruppenarbeit eine solche Perspektivübernahme erprobt werden, die versucht, das mögliche Verhalten und mögliche Reaktionen und Entscheidungsfindungen der jeweiligen Person zu beschreiben und dies zu begründen. Vorgeschlagen wird, dass diese fiktiven Personen und das Nachdenken über deren mögliches Verhalten in der Beschäftigung mit der weiteren historischen Entwicklung fort-

---

250 Dazu werden unterschiedliche Formen („Identitätsbild", „Maske", „Hand" und „Identitätsbox") vorgeschlagen.

251 Die Menschenrechte werden im Rahmen des gesamten Heftes nur noch mit dem Hinweis darauf, dass die Einführung des Wahlrechtes der Frauen ein zentraler Schritt hin zu Durchsetzung der Menschenrechte war (s. Kößler/Mumme 2000: 34), erwähnt.

252 Die vorgegebenen Kurzporträts von acht „durchschnittlichen Personen aus der Bevölkerung des Deutschen Reiches um 1933" sind „bewusst plakativ und zugleich voller Ansatzpunkte für Assoziationen aus dem Fundus historischer Kenntnisse über die Sozialgeschichte der Weimarer Republik gestaltet" (Kößler/Mumme 2000: 7).

geführt wird. Jeder Lernende soll sich für eine Person entscheiden und ein „Tagebuch" dieser Person erfinden:

> „Dieses Nachdenken über erfundene Personen, die langsam immer komplizierter werden, geschieht aus der Perspektive des Handelnden, der nicht weiß, was die Zukunft bringt. Es wird dadurch möglich, ein Verständnis für die Schwierigkeit zu entwickeln, sich in einer solchen Situation zu orientieren. Wenn wir im Unterschied dazu die Lebensberichte von Zeitzeugen hören oder lesen, sind ihre Entscheidungen in der Vergangenheit gefallen. Wir können zwar versuchen, ihre damaligen Überlegungen zu rekonstruieren. Aber wir wissen immer, was tatsächlich geschehen ist" (Kößler/Mumme 2000: 36).

In dieser Herangehensweise wird folglich eine spezifische Lernmöglichkeit gegenüber der Beschäftigung mit authentischen biografischen Berichten gesehen. Dabei wird betont, dass in der weiteren Auseinandersetzung bewusst bleiben soll, dass es sich um erfundene Personen handelt und dass es nicht darum geht, tatsächlich eine Rolle zu übernehmen und sich damit zu identifizieren, sondern quasi spielerisch eine Perspektive in einer bestimmten historischen Situation zu erproben und dadurch zu versuchen, einen Einblick in die Bedingungen und Schwierigkeiten von Entscheidungen und Handlungen zu bekommen.

In einem nächsten Schritt wird die Ebene der Fiktionalität überschritten: In der Auseinandersetzung mit unterschiedlichen historischen Quellen zu den Ereignissen im April 1933 – diese reichen von den Reaktionen der Presse und der Sichtweise der NSDAP, der Verwaltung und der Polizei bis hin zu zahlreichen biografischen Berichten deutscher Juden – sollen unterschiedliche Perspektiven erschlossen werden.

Das zweite Heft „Gruppe" baut auf dem ersten Heft auf und fokussiert in einem ersten Teil „Gemeinschaft und Ausschluss" die gegenwartsbezogene Relevanz und Probleme des ausgrenzenden Charakters von Gemeinschaftsbildungen. Analog zur Vorgehensweise im ersten Heft wird diese Thematik in einem zweiten Teil „Volksgemeinschaft und Verfolgung der Minderheiten" auch als Zugang für die Beschäftigung mit dem Nationalsozialismus gewählt. Als Einstieg wird die allgemeine Dynamik von Gruppenbildungen (Identifikationen, Abgrenzungen, Konflikteskalationen) in den Blick genommen und es werden Unterschiede herausgearbeitet, die darin begründet sind, dass Gruppenzugehörigkeiten entweder aus sozialen Festlegungen resultieren oder aber Ergebnis freiwilliger Entscheidungen sind. Aus der sozialpsychologischen Gruppenforschung abgeleitete Einsichten werden auf die Ebene nationaler „Gemeinschaftsbildung" übertragen.

Unter anderem geht es um die Auseinandersetzung mit den Erfahrungen eines türkischen Studenten, der in Deutschland geboren wurde und einer deutschen Schülerin, deren Mutter vor zwei Jahrzehnten aus der Türkei nach Deutschland gezogen ist. Obwohl sich beide nicht „fremd" in Deutschland fühlen – sie sind in Deutschland geboren und sprechen perfekt deutsch – werden sie dennoch von anderen als „fremd" wahrgenommen. Mit Hilfe von „Arbeitsdefinitionen"[253] des Begriffs „Fremdheit", die die SchülerInnen formulieren, wird eine begriffsorientierte Beschäftigung mit „Fremdheit" angeregt. Obwohl dies in den vorliegenden Materialien nicht explizit beansprucht wird, ist diese Vorgehensweise u. E. dazu geeignet, auch Einsichten in Prozesse der ethnisierenden Zuschreibung und den Konstruktcharakter von „nationalen Gemeinschaften" zu ermöglichen.

Unter der Themenstellung „Wir und die Anderen" werden weiter Vorurteilsbildungen, vor allem Formen des Antiziganismus, des Rassismus und des Antisemitismus in den Blick genommen. Im Anschluss an eine Annäherung an den Begriff Diskriminierung ist eine Auseinandersetzung mit Formen von rassistischen Alltagsdiskriminierungen vorgesehen. Dabei steht die Frage im Vordergrund, wie sich in den jeweiligen Beispielen Einzelne verhalten haben und welche anderen Handlungsmöglichkeiten es in der jeweiligen Situation gegeben hat.

Die Frage nach der Vergleichbarkeit von Formen von Diskriminierung in unterschiedlichen historischen und gesellschaftlichen Kontexten wird anhand des Unterschieds zwischen der US-amerikanischen Rassendiskriminierung in den 50er Jahren und heutigen Formen von Rassismus in den USA aufgeworfen. Daran anknüpfend wird vorgeschlagen, über Formen von Diskriminierung in Deutschland zu diskutieren und darüber, welche Gruppen davon in erster Linie betroffen sind, ob es eine länger zurückliegende Geschichte der Diskriminierung und Verfolgung von bestimmten Personengruppen sowie Gesetze gibt, die eine Diskriminierung von Personen und Gruppen untersagen oder fördern.

Die damit angeregte Auseinandersetzung mit der Problematik einer fehlenden Antidiskriminierungsgesetzgebung in der Bundesrepublik führt zu aktuell relevanten Kontroversen in Bezug auf die angemessenen rechtlichen Regulierungen im Kontext der Einwanderungsgesellschaft. Darüber hinausgehend bietet dies die in den Materialien nur angedeutete, aber nicht weiter ausformulierte

---

253 Der Erstellung von „Arbeitsdefinitionen" als explizite Arbeit an Begriffen kommt innerhalb des Methodenrepertoires ein zentraler Stellenwert zu. Die erstellten Arbeitsdefinitionen werden dann in der weiteren Arbeit mit dem Baustein wieder aufgegriffen und auf der Grundlage weiterführender Erkenntnisse verändert oder erweitert.

Möglichkeit, sich mit der Ungleichbehandlung von Deutschen und Inländern, die nicht die deutsche Staatsangehörigkeit besitzen oder aus dem EU-Ausland eingewandert sind, d. h. mit der gesetzlich festgeschriebenen Diskriminierung, wie sie u. a. im Arbeitsförderungsgesetz und im Bundessozialhilfegesetz zum Tragen kommt, zu befassen. Die Beschäftigung mit dem Staatsangehörigkeitsrecht und die Diskussion kontroverser Reaktionen auf die Änderung des Staatsbürgerschaftsrechts im Jahr 2000 sind im Rahmen des Programms vorgesehen.

Im Baustein „Volksgemeinschaft und Verfolgung der Minderheiten" wird die Thematik von Gruppenbildungen und Abgrenzungen gegenüber den „Anderen", die als nichtzugehörig definiert werden, der Auseinandersetzung mit den Anfängen des Nationalsozialismus zu Grunde gelegt. Zunächst geht es in der Beschäftigung mit biografischen Berichten um die unterschiedlichen Erfahrungen, Verhaltensweisen und Selbstverständnisse von Jugendlichen in Bezug auf die Identifikationsangebote bzw. -zumutungen und Ausschlusspraktiken entlang der ideologischen Konstruktion „Volksgemeinschaft". Das zuvor entwickelte thematische Motiv der Gruppenbildung wird auf die erste Phase des Nationalsozialismus angewandt: „Von 1933 bis Ende 1938 formte sich die deutsche Gesellschaft zu einer geschlossenen Gruppe, Minderheiten wurden mit den unterschiedlichsten Mitteln ausgeschlossen." (Giere/Kößler 2001: 32) Anschließend wird die Erarbeitung des Begriffs der „Volksgemeinschaft" vorgeschlagen, die als „Grundstimmung" beschrieben wird, „in der die Mehrheit der Deutschen dieser Zeit lebte" (ebd.: 33).[254]

In einem nächsten Schritt werden Schulen als soziale Orte in den Blick genommen, an denen die Folgen der Machtergreifung durch die Nazis im Alltag deutlich wurden. Akzentuiert werden die unterschiedlichen Erfahrungen jüdischer und nicht-jüdischer SchülerInnen. Dies geschieht mittels der Bearbeitung biografischer Erlebnisberichte. Auf deren Grundlage sollen – ähnlich wie in *Facing History* – „Identitätsbilder" für die einzelnen Personen erstellt werden. Auch für die Beschäftigung mit Widerstandsgruppen wie den „Edelweißpiraten" wird die Anfertigung eines solchen Identitätsbilds vorgeschlagen, das dann in einem nächsten Schritt einem Identitätsbild der Gruppe „BDM-Mädchen" gegenübergestellt werden soll. Diese Vorgehensweisen und für die Auseinandersetzung mit dieser Gegenüberstellung vorgeschlagenen Fragen „Was würde mir

---

254 Problematisch ist hier, dass ein Ebenenwechsel vollzogen wird, der die imaginäre „Volksgemeinschaft" mit Formierung der deutschen Gesellschaft als reale „Gruppe" kurzschließt. Diese Problematik spiegelt sich auch in Arbeitsaufträgen wie: „Könnt ihr euch vorstellen, dass es eine ähnliche Entwicklung in der Gegenwart geben könnte? Bildet Gruppen und haltet jeweils in Stichworten oder in einem Schaubild fest, was notwendig wäre, um heute Menschen in einer ähnlichen Gemeinschaft wie der ‚NS-Volksgemeinschaft' zusammenzubringen?" (Giere/Kößler 2001: 37).

an diesen Gruppen jeweils gefallen? Was würde mich abstoßen? Wovor hätte ich Angst?" (Giere/Kößler 2001: 41) zielen darauf, emotionale Wirkungen zu thematisieren. Dies ist zumindest insofern problematisch, wie dies bei den jeweiligen AdressatInnen die illusionäre Vorstellung aufrufen kann, ihre eigenen Gefühle seien die gleichen, wie die ehemaliger BDM-Mädchen. Zudem werden potentiell identifikatorische Effekte ausgelöst, für die unklar bleibt, wie sie bearbeitet werden sollen. Dies gilt ebenso für den Vorschlag, Szenen auf Fotografien der 30er Jahre – u. a. eine Gruppe von HJ-Jungen im Ferienlager sowie ein Bild, das eine Menge zeigt, die Hitler offensichtlich im Rahmen der Olympiade von 1936 zujubelt – als Standbild nachzustellen und darüber zu diskutieren, welche Erfahrungen dabei gemacht wurden. Zwar weisen die Materialien in ihren methodischen Vorschlägen zum Rollenspiel ausdrücklich darauf hin, das in das Rollenspiel immer auch eigene Gedanken und Emotionen eingehen, die von denen der Rollenvorbilder zu unterscheiden sind, sowie dass es erforderlich ist, diese Differenz zu reflektieren. Dies erfordert im Rahmen der oben angeführten Arrangements aber eine solche, recht voraussetzungsvolle Reflexion, die zu der Einsicht führt, dass es nicht um die Erfahrbarkeit einer Situation oder tatsächliche Identifikation mit der Rolle geht, sondern um eine aus der Gegenwart und der jeweiligen subjektiven Situation heraus veranlasste Perspektivübernahme.

Auf der Grundlage der Auseinandersetzung mit der Geschichte des Antisemitismus wird weiter die erneute Beschäftigung der SchülerInnen mit Formen des historischen Antisemitismus angeregt. Dabei sollen zuvor angefertigte „Arbeitsdefinitionen" zum Begriff Antisemitismus verwendet werden. Die Beschäftigung mit dem Prozess der zunehmenden Entrechtung und Verfolgung der Juden – von der Machtübernahme der Nationalsozialisten über die „Nürnberger Gesetze" bis hin zum Novemberpogrom – bildet den Abschluss des Hefts.

Exkurs: ‚Das sind wir' – Materialien der Anne-Frank-Stiftung

Wir gehen im Folgenden weniger aus systematischen Gründen auf das Programm ‚Das sind wir' der Anne-Frank-Stiftung ein, sondern auf Grund des Umstands, dass es sich dabei um ein aktuell weit verbreitetes und einflussreiches Projekt historischen Lernens handelt. Wir verzichten aber auf eine ausführliche Beschreibung des Programms, weil es, wie zu zeigen sein wird, erhebliche konzeptionelle Schwächen und Probleme aufweist.

In den Materialien der Anne-Frank-Stiftung[255] wird die Beschäftigung mit der Geschichte der Anne Frank als Ausgangspunkt für die Auseinandersetzung mit dem Nationalsozialismus gewählt. Wie in *Facing History and Ourselves* und *Konfrontationen* ist neben der Auseinandersetzung mit der Geschichte auch die Bearbeitung gegenwartsbezogener Fragestellungen sowie die explizite Verknüpfung mit Ansätzen interkulturellen Lernens vorgesehen. Die Verbindung von historischem und gegenwartsbezogenem Lernen geschieht jedoch in einer Weise, die sich von der der beiden anderen Programme unterscheidet. Denn die Materialien der Anne-Frank-Stiftung nehmen eine hoch problematische Analogisierung von Geschichte und Gegenwart vor. Zudem führt hier die programmatische Orientierung eines „Lernens aus der Geschichte" zu einem theoretisch nicht ausgewiesenen und zum Teil unterkomplexen Umgang mit historischen Ereignissen und Sachverhalten.[256]

„Das sind wir" wählt zwar eine auf den ersten Blick plausible Vorgehensweise, indem die Geschichte der Anne Frank und ihre aus persönlicher Sicht aufgezeichneten Erfahrungen als Ausgangspunkt genommen werden, der Kindern und Jugendlichen einen Zugang zur Auseinandersetzung mit dem Nationalsozialismus ermöglichen soll. Dabei wird – ähnlich wie in *Konfrontationen* – ein thematischer Fokus gewählt, der für die Bearbeitung der unterschiedlichen Themen als grundlegendes Motiv mitgeführt wird. Vorgeschlagen wird hierfür etwa das Thema „Freundschaft". Dieses wird als positive Leitorientierung beansprucht, die Menschen verbindet und das Gegenteil von Fremdenfeindlichkeit und Diskriminierung darstellt. Die Auseinandersetzung mit dem Nationalsozialismus und der Situation von Anne Frank erfolgt vor diesem Hintergrund ausgehend von der Frage nach den historisch-politischen Umständen, die Freundschaften in besonderem Maße auf die Probe stellen können. Anders als im Programm *Konfrontationen*, in dem es um eine Perspektive geht, die den Einzelnen als „Gestalter der Geschichte" in den Blick nimmt, taucht hier der Nationalsozi-

---

255 Das Projektpaket besteht aus mehreren Bausteinen: Es enthält ein Buch, in dem die Darstellung der individuellen Erfahrungen, wie sie Anne Frank in ihrem Tagebuch aufgezeichnet hat, von Informationen zu den allgemeinen historischen Entwicklungen begleitet werden. Für den unmittelbaren Einsatz im Unterricht ist die „Anne-Frank-Zeitung" vorgesehen, die im Klassensatz vorliegt und die ein Begleitheft beinhaltet, das auf das ebenfalls beiliegende Video „Ein Buch voller Träume" bezogen ist. Zusätzlich gibt es einen Leitfaden für LehrerInnen.

256 Als Beispiel sei hier eine Hintergrundinformation genannt, die unter der Überschrift „Einfach" die Mechanismen von Rassismus und Antisemitismus erläutern soll: „Für Hitler und die Nazis war es ganz einfach. Sie waren deutsch und germanisch und deshalb gut. Deutsche gehörten demzufolge zu der „arischen" Rasse. Andere Völker wurden in überlegene und minderwertige „Rassen" eingeteilt. Die Juden hielten sie für die geringwertigsten von allen und gaben ihnen die Schuld an allen Problemen [...]." (Anne-Frank-Zeitung 1984/1995: 7).

alismus als abstrakte historische Entwicklung und „schwierige Situation“ auf, mit der die Einzelnen konfrontiert sind und auf die sie reagieren müssen. So heißt es im Leitfaden für LehrerInnen: „Der Nationalsozialismus trieb einen Keil zwischen Menschen unterschiedlicher Herkunft. Wegen der antijüdischen Maßnahmen (beginnend mit den Nürnberger Gesetzen 1935) wurde es für Juden und Nichtjuden immer schwieriger und gefährlicher, miteinander in Kontakt zu bleiben. Manche Freundschaften hielten diesem Druck nicht stand, andere Freundschaften blieben trotz alledem bestehen.“ (Leitfaden für Lehrerinnen und Lehrer 1994: 7)

In den Beispielen werden problematische Analogien nahe gelegt: So werden die Ereignisse der Reichspogromnacht und das unterschiedliche Verhalten von Opfern, Tätern und Zuschauern mit einer Situation parallelisiert, in der zwei Jugendliche gegen den mit Tüten beladenen Kinderwagen einer obdachlosen Frau treten und dies von einem Jungen beobachtet wird, der sich nicht traut einzugreifen. Diesem Jungen werden folgende Gedanken unterlegt: „Oh ja, starke Typen. Greifen nur jemanden an, der schwächer ist [...]. So waren die Nazis früher wohl auch. Nie fair und nie allein.“ (Beilage zum Film: 10) Dabei wird die Frage aufgeworfen, was Einzelne veranlasst, anderen zu helfen oder nicht zu helfen. Hingewiesen wird darauf, dass es im Unterschied zum erwähnten Fall der obdachlosen Frau unter bestimmten Umständen erheblich schwerer ist, andere zu unterstützen, so etwa im Fall von Miep Gies, die die Familie Frank während des Nationalsozialismus in ihrer Wohnung versteckte. Anknüpfend an die Auseinandersetzung mit der Situation der Anne Frank werden u. a. folgende Fragen gestellt „Wann hattest Du mal Hilfe nötig? Wie hast du dich dabei gefühlt? Was geschah?“ sowie „Was wäre für dich das schwierigste, wenn du untertauchen müsstest? Was würdest Du unbedingt mitnehmen?“. Insgesamt wird ein Zugang gewählt, der relativ naiv unterstellt, damalige Entscheidungsprozesse und Gefühle von einzelnen Personen könnten problemlos nachvollzogen und mit eigenen Erfahrungen verglichen werden.

4. Folgerungen

Auf aktuelle Formen von Fremdenfeindlichkeit, Rassismus und Rechtsextremismus bezogene Konzepte historischen Lernens sind darauf verwiesen, ihre Lernproblematik und Lernpotentiale zu klären, was zu hochkomplexen didaktischen Analysen führt, da sich die Vorstellung, es könnten direkte und unmittelbar evidente Lehren aus der Geschichte gezogen werden, als nicht tragfähig erweist. Daraus resultiert der Versuch, Konzeptionen und Methoden zu entwickeln, die gewährleisten, dass den didaktischen Anforderungen im Vermittlungsprozess Rechnung getragen wird. Unklar bleibt dabei jedoch, ob und wie jeweilige AdressatInnen im Rahmen der konkreten pädagogischen Settings bzw. unter jeweiligen Lernbedingungen tatsächlich Lernprozesse vollziehen, für die gilt, dass ihre subjektive Aneignung des Lernmaterials das Reflexions- und Differenzierungsniveau der Programme mitvollzieht.

Facing History and Ourselves und *Konfrontationen* verknüpfen soziologische und sozialpsychologische Zugänge zu den Themen Gruppenbildung und Gruppenkonstruktion, Zugehörigkeit und Identität, Selbst- und Fremdwahrnehmung und daraus abgeleitete Methoden mit Konzepten des historischen Lernen. Zentral ist dabei die Absicht, zu einer kritischen Auseinandersetzung mit Identifikationen, Abgrenzungen, Vorurteilen und Feindbildern sowie zu bewussten, moralisch begründbaren Entscheidungen in Konfliktsituationen zu befähigen. *Konfrontationen* kann als eine theoretisch reflektierte Konzeption charakterisiert werden, die – in dezidierter Abgrenzung zu *Facing History* – auf eine naive Analogisierung von Geschichte und Gegenwart verzichtet und der die Einsicht zugrunde liegt, dass keine direkten Lehren aus der Geschichte gezogen werden können. Historische Ereignisse und Sachverhalte werden vielmehr in einer spezifischen, theoretisch ausgewiesenen Perspektive analysiert.

Auf den ersten Blick ist die Notwendigkeit keineswegs offenkundig, die oben erwähnten Problemstellungen (Gruppenbildung, Selbst- und Fremdwahrnehmung usw.) sowie die Thematik des aktuellen Rechtsextremismus in Auseinandersetzung mit der Geschichte im Allgemeinen und der Geschichte des Nationalsozialismus und des Holocaust im Besonderen zu bearbeiten. Gleichwohl ist die spezifische pädagogische Bedeutung des historischen Bezugs bestimmbar: Sie liegt darin, dass in der historischen Betrachtung deutlich wird, dass Identifikationen, Abgrenzungen, Vorurteile usw. realiter keine direkte Hervorbringung von Gruppendynamiken und Intergruppenkonflikten sind, sondern konstitutiv gebunden sind an spezifische gesellschaftsgeschichtliche Konstellationen, in diesen situierte Ideologien und Ideologeme sowie damit verknüpfte subjektiv-historische Identitätskonstruktionen. Die von *Konfrontationen* erstellten Materialien eignen sich insbesondere auch dazu, zu verdeutlichen, dass der aktuelle Rechtsextremismus auch durch Rückgriffe auf Ideologeme des historischen Nationalsozialismus gekennzeichnet ist.

Die Arbeit mit den von Konfrontationen erstellten Materialien ist sowohl auf Seite der PädagogInnen, als auch auf der Seite der AdressatInnen voraussetzungsvoll. Denn es handelt sich um einen interdisziplinären Ansatz, der kognitive Lernprozesse, Elemente der Selbstreflexion und auch emotionale Prozesse umfasst. In den Materialien wird entsprechend angemerkt, dass „eine solche Form der pädagogischen Arbeit nicht jedermanns Sache" ist und dass sie sich „auch nicht für jeden institutionellen Rahmen eignet" (Kößler/Mumme 2000: 14). Diese Überlegungen werden aber nicht weiter in Hinblick auf erforderliche professionelle Qualifizierungsprozesse sowie geeignete institutionelle Arrangements spezifiziert[257]. Hingewiesen wird jedoch darauf, dass die Teilnahme an denjenigen Elementen des Programms, die emotionale Auseinandersetzungen und selbstreflexive Prozesse anregen sollen, grundsätzlich freiwillig sein sollte sowie dass eine Bewertung und Benotung dabei erbrachter „Leistungen" nicht sinnvoll ist. Insofern eignet sich *Konfrontationen* weniger für den Einsatz innerhalb des regulären Unterrichts, sondern besser für außercurriculare Aktivitäten sowie den Einsatz im Kontext der außerschulischen Bildung.

257 Allerdings bietet das Fritz-Bauer-Institut diesbezüglich Beratungen für PädagogInnen, LehrerInnen und Schulen an.

VII. Ausgewählte Unterrichtsmaterialien und Seminarkonzepte zur argumentativen Auseinandersetzung mit Rassismus und Rechtsextremismus

Einwanderung wird von Repräsentanten rechtspopulistischer und rechtsextremer Positionen als zentrale Ursache vielfältiger gesellschaftlicher Problemlagen dargestellt (Arbeitslosigkeit, Überlastung der Sozialhaushalte, Kriminalität). Dabei werden fremdenfeindliche, rassistische und rechtsextreme Deutungsmuster und Ideologien von ihren Protagonisten als vermeintlich rationale Antworten inszeniert. Insofern ist der klassische Ansatz einer als Aufklärung konzipierten politischen Bildung – d.h. der Versuch, Vorurteilen, Feindbildern und Ideologien durch Informationen und Argumente ihre Begründungsbasis zu entziehen, also nachzuweisen, dass diese nicht rational rechtfertigbar sind, sondern auf unzutreffenden oder unvollständigen Informationen sowie inkonsistenten Argumentationen beruhen – auch gegenwärtig noch relevant.

Trotz aller gegenüber Aufklärungsstrategien in der Fachdiskussion formulierten Skepsis (s. u.), ist in den 1990er Jahren eine Fülle von didaktisch gestalteten Materialien entwickelt worden, die zur sachhaltigen Auseinandersetzung mit den Argumentationen und Ideologemen des Rechtsextremismus befähigen sollen. Im Folgenden dokumentieren wir eine Auswahl für die schulische und außerschulische Bildungsarbeit geeigneter Materialien, ohne diese im Einzelnen zu analysieren und zu bewerten.

1. Möglichkeiten und Probleme aufklärungsorientierter Bildungsarbeit

Eine aufklärungsorientierte politische Bildung ist unseres Erachtens zwar unverzichtbar, da davon auszugehen ist, dass „Jugendliche nicht nur ‚verirrte Opfer' sind, sondern politische Subjekte, die ernst genommen und zur Begründung ihrer Positionen und Meinungen aufgefordert werden müssen" (Reich 2001: 4). Es ist jedoch zum Einen plausibel davon auszugehen, dass durch „die Konfrontation mit anderen Positionen und durch Aufklärungsarbeit [...] vor allem diejenigen gestärkt werden, die in Schulen und Klassen versuchen, rechten Orientierungen entgegenzutreten, sei es unter den Lehrer/innen oder unter den Schüler/innen" (ebd.). Die Unterstützung von SchülerInnen und Jugendgruppen, die sich dezidiert gegen rechte Szenen wenden, ist zwar keineswegs ein irrelevantes Element von Strategien gegen Rechtsextremismus und im Kontext von Programmen zur Stärkung zivilgesellschaftlicher Strukturen auch für die außerschulische Jugend- und Sozialarbeit relevant (s. Möller 2003; Roth/Lynen von Berg/Benack 2003). Erreicht werden damit jedoch vor allem diejenigen, die bereits entsprechende Orientierungen ausgebildet haben.

Zum Anderen kann nicht davon ausgegangen werden, dass es sich bei rechtspopulistischen und rechtsextremen Positionen um Resultate bloßer Fehleinschätzungen bzw. um ein falsches Wissen von Individuen handelt, das argumentativ problemlos widerlegt werden könnte. Vielmehr gibt es gute Gründe anzunehmen, dass entsprechende Bemühungen mit Abwehrmechanismen und erheblichen Widerständen derjenigen rechnen müssen, die so aufgeklärt werden sollen. Zentrale Überlegungen der diesbezüglichen Fachdiskussion (s. dazu Heitmeyer 1995; Holzkamp 1994; Scherr 1995: 44ff.) können wie folgt zusammengefasst werden:

- Eine aufklärende Bildungsarbeit, die sich an Heranwachsende richtet, die noch nicht über verfestigte politische Überzeugungen verfügen, steht in der Gefahr, den AdressatInnen das Wissen und die Feindbilder erst bekannt zu machen, die dann als irrational und moralisch verwerflich „entlarvt" werden sollen, also gegen die eigene Absicht auch zur Übernahme rechtsextremer Positionen beizutragen.
- Heranwachsende entwickeln ihre Überzeugungen vor dem Hintergrund eigener alltagspraktischer Erfahrungen und der Deutungsangebote, die sie in den Massenmedien sowie in Familien und Gleichaltrigengruppen vorfinden. Pädagogisch verantwortete Lern- und Bildungsangebote treffen folglich auf

Individuen, die über ein mehr oder weniger verfestigtes Vorwissen verfügen. Was sich in der Perspektive von kritischen PädagogInnen als irrationales Vorurteil der jeweiligen AdressatInnen darstellt, kann für diese selbst eine subjektiv hoch plausible Einschätzung sein, die eine Interpretation der eigenen Alltagserfahrungen, die handlungspraktische Bewältigung von Situationen ermöglicht und Bestandteil der eigenen identitätsstiftenden Überzeugungen ist. Im Verhältnis zu eigenen Vorannahmen neue, andere und gegensätzliche Informationen und Deutungen fordern dazu auf, subjektiv bislang als plausibel betrachtetes Wissen aufzugeben und sich neue Sichtweisen zu eigen zu machen. Dies provoziert potentiell zunächst einen als subjektive Selbstbehauptung interpretierbaren Widerstand gegen die Zumutung, sich von Anderen darüber belehren zu lassen, was richtig und falsch sowie moralisch legitim ist, welche Informationen glaubwürdig und unglaubwürdig, welche Argumente tragfähig und welche hinfällig sind.

- Pädagogische Konzepte, die im Kern als Belehrung Unwissender bzw. als Überwindung falscher Einstellungen konzipiert sind, etablieren eine Konstellation, in der Jugendliche als Objekte pädagogischen Handelns angesprochen werden, was sie veranlassen kann, ihre Anerkennung als eigenständige Individuen gerade durch die Abwehr von Lernzumutungen einzuklagen. Sie reagieren dann darauf, dass ihnen keine Lernmöglichkeit angeboten wird, die sie selbst ergreifen, aber auch verweigern können, sondern dass sie selbst verändert werden sollen. Bemühungen die darauf gerichtet sind, den Widerstand gegen eine Infragestellung eigener Erfahrungen und Überzeugungen aufzubrechen, können folglich in eine *Konfrontationsfalle* geraten: Die AdressatInnen wehren dann Informationen und Argumente gerade deshalb ab, weil sie wahrnehmen, dass PädagogInnen versuchen, auf sie einzuwirken, und dies als einen illegitimen Versuch bewerten, sie zu beeinflussen oder gar zu manipulieren. Daraus kann sich eine Dynamik der sich aufschaukelnden Konfrontation entwickeln, in der jeder weitere Versuch zu argumentieren, als unzulässiger Übergriff auf die eigene Person zurückgewiesen wird.
- Fremdenfeindliche, rassistische und rechtsextreme Orientierungen sind nicht zureichend als individuelle Meinungen und Einstellungen fassbar, sondern rückgebunden an Kommunikationsprozesse in Gleichaltrigen- bzw. Bezugsgruppen, in denen versucht wird, sich über eine gemeinsame Interpretation von Erfahrungen und Ereignissen zu verständigen. Deshalb sind individuelle Meinungs- und Einstellungsänderungen sozial risikobehaftet – sie können zu Konflikten bis hin zu Infragestellungen von Gruppenzugehörigkeiten führen.
- Auch als rationale Aufklärung intendierte Bemühungen können von jeweiligen AdressatInnen als Versuch wahrgenommen werden, ihnen bestimmte

moralische Orientierungen oder politische Überzeugungen aufzuzwingen. PädagogInnen geraten dann in eine kommunikative *Moralisierungsfalle*: Die Abwehr artikuliert sich als eine Zurückweisung von Argumenten, die scheinbar irrational, aber als Abwehr von Versuchen, sich auf moralische Haltungen verpflichten zu lassen, durchaus verstehbar ist.

Damit ist nun keineswegs behauptet, dass argumentative und informierende Vorgehensweisen prinzipiell verzichtbar oder aussichtslos sind. Hinzuweisen war jedoch darauf, dass eine gezielte Gestaltung der Rahmenbedingungen und ein professionelles Verhalten in jeweiligen Kommunikationsprozessen erforderlich ist, wenn ineffektive Konfrontationen zwischen PädagogInnen und ihren AdressatInnen bzw. kontraproduktive Effekte von Aufklärungsbemühungen vermieden werden sollen.

2. Argumentationshilfen und Unterrichtsmodelle

Bedingung einer sinnvollen Verwendung der im Folgenden dokumentierten Auswahl an Materialien ist folglich eine methodisch-didaktische und sachhaltige Qualifizierung des pädagogischen Personals. Eine solche Qualifizierung sollte grundlegend auf die Befähigung zu dialogischer Kommunikation sowie auf die Aneignung des Wissens zielen, das erforderlich ist, um sachhaltig über Fragen der Einwanderungspolitik, Fluchtursachen, Asylpolitik, Ausländerrecht usw. informieren zu können und in entsprechenden Debatten argumentations- und dialogfähig zu sein.

Argumentationshilfen gegen rechtsextreme Behauptungen

Ahlheim, K./ Heger, B./ Kuchinke, T. (1993): Argumente gegen den Hass. Bonn/Wiesbaden

Ahlheim, K. / Heger, B. (1999): Vorurteile und Fremdenfeindlichkeit. Handreichungen zur politischen Bildung. Schwalbach/Taunus

Benz, W. (Hg.) (1994): Legenden, Lügen, Vorurteile. Ein Wörterbuch zur Zeitgeschichte. München

Benz, W.(2001): Argumente gegen rechtsextreme Vorurteile. Bonn. (Erschienen in der von der Bundeszentrale für politische Bildung herausgegebenen Reihe Informationen zur politischen Bildung aktuell)

Büttner, M. (Hg.) (1999): Braune Saat in jungen Köpfen. Grundwissen und Konzepte für Unterricht und Erziehung gegen Neonazismus und Rechtsgewalt, Band 1 und 2. Hohengehren

Bundeszentrale für politische Bildung/Deutsche Sportjugend (2002): Interaktiver Sprechbaukasten: "Betrifft Rechtsextreme: Dumme und radikale Sprüche". Bonn

Bundeszentrale für politische Bildung: Argumente gegen Rechtsextremismus (Folien) (http://www.bpb-aktiv.de/Argu.pdf)

Bundeszentrale für politische Bildung (Hg.) (2001): Informationen zur politischen Bildung (Heft 271): Vorurteile - Stereotype - Feindbilder. Bonn

Hufer, K.- P. (2001): Argumentationstraining gegen Stammtischparolen. Materialien und Anleitungen für Bildungsarbeit und Selbstlernen. Schwalbach/Taunus

Lanig, J./Schweizer, M./ Stascheit, W. (2003): "Ausländer nehmen uns die Arbeitsplätze weg". Rechtsradikale Propaganda und wie man sie widerlegt. Mülheim

Tiedemann, M. (1993): "In Auschwitz wurde niemand vergast." 60 rechtsradikale Lügen und wie man sie widerlegt. Mülheim

Hintergrundinformationen und Unterrichtsmaterialien zum Themenkomplex Migration und Asyl

Arbeitsgruppe SOS Rassismus (Hg.) (1999): Grenzüberschreitungen, Band I: Flucht und Asyl. Eine pädagogische Handreichung. Frankfurt

Arndt, H.-M./Edelhäuser, A./ Rappenglück, S. / Schürmeyer, M.(2002): Asylpolitik in einem zusammenwachsenden Europa. Planspiele und Materialien der Forschungsgruppe Jugend und Europa. Schwalbach/Taunus

Bade, K.-J. (2000): Migration und Integration in Deutschland seit dem Zweiten Weltkrieg. Hannover (http://www.nlpb.de/04-pub/04-pub-pdf/BadeText.pdf)

Bauer, J. (2001): Konfliktstoff Kopftuch. Eine thematische Einführung in den Islam. Ein Schülerarbeitsbuch für die Sekundarstufe zum Thema Islam. Mülheim an der Ruhr

Bundeszentrale für politische Bildung (Hg.) (1996): Menschen auf der Flucht. Reihe „Zeitlupe“. Bonn

Dreyer, M. (2002): Zuwanderung. Abschottung oder gesteuerte Migration? Materialienserie "Politik: betrifft uns", Heft 4/2002. Unterrichtsmaterialien für die Sek II. Aachen

Landeszentrale für politische Bildung Rheinland-Pfalz (Hg.) (1997): Migration. Geschichte(n), Formen Perspektiven. Ein Arbeits- und Lesebuch für Rheinland-Pfalz. Mainz

Informationen zur Situation von MigrantInnen in Deutschland sind in im Internet auf der Homepage der Integrationsbeauftragten der Bundesregierung (www.integrationsbeauftragte.de) zu finden.

Darüber hinaus liegen inzwischen folgende *Seminarmodelle* vor, die theoretisch fundiert und didaktisch ausgearbeitet sind:

Regionale Arbeitsstelle für Ausländerfragen, Jugendarbeit und Schule, Brandenburg e.V. (Hg.) (2000): Interkulturelle Beiträge 32 – Auseinandersetzung mit Rechtsextremismus im Unterricht. Berlin
Die von der Regionalen Arbeitsstelle für Ausländerfragen, Jugendarbeit und Schule (RAA) Brandenburg entwickelten Unterrichtsmaterialien zur „Auseinandersetzung mit Rechtsextremismus im Unterricht" umfassen 28 Bildungsbausteine, die unterschiedliche Themenbereiche ansprechen. Neben allgemeiner gefassten Themen wie Nationalismus und „nationaler Identität", Migration und Rassismus, Antisemitismus, Autoritarismus und Demokratiefeindlichkeit werden auch solche Diskurse kritisch analysiert, die Einwanderung explizit als zentrale Ursache unterschiedlicher gesellschaftlicher Problemlagen darstellen. In der übergeordneten Themeneinheit „Soziale und ökonomische Konflikte und ihre Ethnisierung" geht es um die sachhaltige Auseinandersetzung mit dem vermeintlich „rationalen Kern" des rechtsextremen und rechtspopulistischen Diskurses und die auch in der „demokratischen Mitte" einflussreiche Herstellung eines Nexus zwischen Überlastung der Sozialhaushalte, Arbeitsplatzkonkurrenz, Kriminalität und Einwanderung.

Die Materialien sind im Rahmen eines Projekts entwickelt worden, das sich insbesondere an die schulische Pädagogik richtet und Angebote der Lehrerfort- und weiterbildung, der Mitwirkung bei Eltern-Veranstaltungen sowie der Projektarbeit mit SchülerInnen seitens der RAA einschließt.

DGB-Bildungswerk Thüringen e.V. (Hg.) (2003): Baustein zur nicht-rassistischen Bildungsarbeit. Erfurt (www.dgb-bwt.de)
Der „Baustein zur nicht-rassistischen Bildungsarbeit" ist in erster Linie für die gewerkschaftliche Bildungsarbeit konzipiert und verknüpft antirassistische und interkulturelle Ansätze mit der antidiskriminierenden Perspektive einer „interkulturellen Gleichstellungspolitik". Das Konzept beruht auf einem breit gefassten Rassismusbegriff und zielt darauf, Rassismus nicht als ein isoliertes Thema in eigens dafür ausgerichteten Antirassismus-Seminaren zu behandeln, sondern Ansatzpunkte und Möglichkeiten aufzuzeigen, wie das Prinzip des „Nicht-Rassismus" sowie die vertiefende Auseinandersetzung mit den Themen Rassismus, Antisemitismus, Nationalismus, Diskriminierung, Migration etc. in allen Seminaren der gewerkschaftlichen Bildungsarbeit verankert werden kann. Es richtet sich somit vor allem an TeamerInnen in der gewerkschaftlichen Bil-

dungsarbeit. Durch die Verknüpfung von „antirassistischen Themen“ mit klassischen gewerkschaftlichen Themen wird ein Zugang gewählt, der an allgemeine gesellschaftspolitische Themen und an für die Lebenssituation der AdressatInnen relevante Fragestellungen anknüpfen kann.

Steil, A./Panke, M. (Hg.) (2001): Betriebsnahe Bildungsarbeit und moralisches Lernen. Angebote für Lehrende und Lernende in Berufsschulen und Betrieben. Berlin/Flecken Zechlin[258]
Bei dem „Projekt Heimat“, einem Kooperationsprojekt des Forum Arbeit e.V. und der DGB-Jugendbildungsstätte Flecken Zechlin in Brandenburg, handelt es sich um ein Konzept der betriebsbezogenen politischen Bildung. Dieses richtet sich insbesondere an Auszubildende und jüngere Facharbeiter und reagiert darauf, dass gerade jene Gruppen, die eine höhere Affinität zu rechtsextremen und fremdenfeindlichen Einstellungen aufweisen - also Jugendliche, die über untere und mittlere Bildungsabschlüsse verfügen sowie Arbeiter und untere Angestellte - durch die klassische außerschulische politische Bildung nicht erreicht werden. Davon ausgehend, dass die Entwicklung politischer Einstellungen und Haltungen eng mit der beruflichen Sozialisation und Erfahrungen in der Arbeitswelt verknüpft ist, richtet sich der Fokus auf die Berufsschule und den Betrieb als jene Institutionen, die die Lebenssituation jugendlicher Arbeiter und Angestellter zentral bestimmen.

Die Vorgehensweise besteht nicht in einer direkten Annäherung an den Themenkomplex Rechtsextremismus und Rassismus, sondern versucht, deutschen und ausländischen Auszubildenden die Möglichkeit zu einer gemeinsamen Auseinandersetzung mit ihren Erfahrungen, Problemlagen und Konflikten zu bieten. Im Rahmen eines ausbildungsbegleitenden Seminarprogramms zu den drei übergreifenden Themenbereichen „Arbeitserfahrung“, „politische Identität“ und „moralisches Lernen“ können Probleme im Arbeitsleben und Konflikte im Betrieb ebenso thematisiert werden, wie Erfahrungen von Diskriminierungen und Ablehnungen, Furcht vor sozialem Abstieg, „ethnische Konflikte“ bzw. Grenzziehungen zwischen Deutschen und MigrantInnen.

---

258 S. dazu auch Czock/Panke/Steil 1999 .

VIII. Ergebnisse und Folgerungen

Gesellschafts- und bildungspolitisch wird seit einiger Zeit immer wieder der Stellenwert von Bildung als ökonomisch relevante Ressource betont. Dies geht mit Forderungen nach einer solchen Bildungsreform einher, die darauf zielt, SchülerInnen effektiver und effizienter diejenigen Schlüsselqualifikationen und Kompetenzen zu vermitteln, von denen angenommen wird, dass sie auf den Arbeitsmärkten der sogenannten Wissens- und Informationsgesellschaft nachgefragt werden. Dagegen finden Positionen, die in den Traditionslinien des Neuhumanismus und der kritischen Erziehungswissenschaft verortet sind oder darauf hinweisen, dass sich schulische Allgemeinbildung zentral an der Idee einer demokratischen Gesellschaftsgestaltung orientieren sollte, im politischen Diskurs wenig Beachtung. Auch Bemühungen, den in den PISA-Studien dokumentierten Sachverhalt der Reproduktion sozialer Ungleichheit zu skandalisieren, haben kaum Wirkungen erzielt. Es wäre vor diesem Hintergrund also naiv, darauf zu setzen, dass ein erneuter Versuch, in Bezug auf die Herausforderungen der Einwanderungsgesellschaft weitreichenden Veränderungsbedarf und Veränderungsmöglichkeiten aufzuzeigen, auf umfassende politische Reaktionsbereitschaften stößt. Nicht nur ist die Strukturfrage des Bildungssystems im politischen Diskurs nach wie vor weitgehend, auch die Forderung, offensiv auf ein gleichberechtigtes Zusammenleben von Einheimischen und MigrantInnen, Mehrheiten und Minderheiten hinzuwirken, muss mit erheblichen, unterschiedlich motivierten Widerständen rechnen.

Zudem kann nicht davon ausgegangen werden, dass selbst eine Innovationsstrategie, die die im vorstehenden entwickelten Anregungen konsequent aufgreift, hinreichend ist, um den aufgezeigten tabuisiert Problemlagen und Herausforderungen gerecht zu werden. Denn die strukturelle Benachteiligung von MigrantInnen kann nicht allein durch auf Förderung von Chancengleichheit gerichtete Bildungsstrategien überwunden werden und dem Einfluss fremdenfeindlicher, rassistischer und rechtsextremer Deutungsmuster, Diskursen und Ideologien kann nicht allein durch schulische und außerschulische Bildungsangebote umfassend die Grundlage entzogen werden.

Solche Überlegungen, die auf die Grenzen der Wirkungsmöglichkeiten von Pädagogik hinweisen, rechtfertigen aber nicht den Verzicht auf den Versuch, auf den gesellschafts- und bildungspolitischen Diskurs einzuwirken sowie im Hinblick auf die Bildungspraxis Veränderungserfordernisse und -möglichkeiten aufzuzeigen. Deshalb haben wir im Vorstehenden das Anregungspotential zu verdeutlichen versucht, dass in unserer Auseinandersetzung mit bildungspolitischen und bildungspraktischen Ansätzen in Frankreich, Großbritannien, Kanada und den USA sichtbar wurde. Dieses resultiert nicht zuletzt daraus, dass Diskriminierung und Rassismen dort nicht als ein Ausnahmephänomen, sondern als nicht ignorierbare gesellschaftspolitische Probleme und als Herausforderungen für das Bildungssystem und die schulische Pädagogik betrachtet werden. Entsprechend liegen, wie gezeigt, in England z.B. ausgearbeitete Curricula für eine demokratische, menschenrechtliche und antirassistische politische Bildung vor, finden sich in Kanada Konzepte für die gezielte Beteiligung von Minderheitenangehörigen an der Schulentwicklung und in Frankreich Richtlinien, die Schulen zur Kooperation mit zivilgesellschaftlichen Organisationen und antirassistischen Initiativen auffordern.

Gleichwohl sind Versuche einer direkten Adaption von Programmen und Methoden problematisch, da diese rückgebunden sind an jeweils spezifische gesellschaftspolitische Kontexte, an konkurrierende Gesellschaftsentwürfe sowie an zugrunde liegende sozialphilosophische und sozialwissenschaftliche Theorien.

Die republikanisch-laizistische und die multikulturelle Programmatik weisen zudem auch immanente, für die Bildungspraxis folgenreiche Problematiken auf:

- Der republikanische Versuch, von sozialen, ethnischen, kulturellen und religiösen Unterschieden durch eine egalitär und universalistisch angelegte Bildungsprogrammatik zu abstrahieren und dadurch für eine „Gesellschaft freier und gleicher Bürger“ zu erziehen, kann seinen erklärten Anspruch nicht einlösen. Die Tatsache, dass MigrantInnen auch in Frankreich in besonderer Weise von sozialer Ausgrenzung und Benachteiligung sowie von sozialräumlicher Segregation betroffen sind, trägt zu Prozessen der Selbst- und Fremdethnisierung bei, die durch Schule nicht neutralisiert werden können. Repressive Vorgehensweisen (Kopftuchverbot für Schülerinnen) sind darauf bezogen weder gesellschaftspolitisch noch pädagogisch als angemessene Problemlösung zu betrachten.
- Eine multikulturell orientierte Bildungspraxis, die SchülerInnen primär als Angehörige ethnischer oder religiöser Gruppen in den Blick nimmt, trägt

> zur Verfestigung von Gruppenkonstruktionen und -identifikationen bei und damit der Möglichkeit nach auch zur Verstärkung von Kommunikationsbarrieren und sozialen Abgrenzungen zwischen Einheimischen und MigrantInnen bzw. Mehrheiten und Minderheiten. Zudem tendieren multikulturelle Orientierungen dazu, direkte und indirekte Folgen sozialer Ungleichheiten als Ausdruck kultureller Differenz misszuverstehen.

Deshalb haben wir eine eigenständige theoretisch-konzeptionelle Orientierung konturiert, für die die *Überwindung struktureller, institutioneller und interaktioneller Diskriminierungen* von MigrantInnen und Minderheiten bildungspolitisch und bildungspraktisch von zentraler Bedeutung ist. Wir haben zu zeigen versucht, dass diese Antidiskriminierungsperspektive die Dilemmata des Multikulturalismus und des republikanischen Universalismus zu vermeiden in der Lage ist und dazu befähigt, Menschenrechtspädagogik, antirassistische, interkulturelle und Diversity-Pädagogik sowie historisch-politische Bildung als systematisch aufeinander verwiesene und wechselseitig ergänzende Orientierungen zu begreifen.

Für die Realisierung einer auf die Überwindung von Formen struktureller, institutioneller und interaktioneller Diskriminierung ausgerichteten Bildungspraxis ist eine nachhaltig angelegte Strategie erforderlich, bei der folgende Gestaltungsebenen zu berücksichtigen sind: a) bildungspolitische Vorgaben und Rahmenbedingungen; b) Schulen als Organisationen und Institutionen; c) Personalentwicklung und Lehrerbildung; d) pädagogische Konzepte und Curricula.

- Erforderlich ist die *Entwicklung von Schulprogrammen*, die das Bildungsverständnis transparent machen und einer Organisations- und Schulkultur, die mit den pädagogischen Zielsetzungen einer Bildung für die Einwanderungsgesellschaft übereinstimmt. Eine entsprechende Organisationsentwicklung sollte die Etablierung einer schulöffentlichen Diskussionskultur und von Beschwerdemöglichkeiten gegenüber Diskriminierungen sowie die Demokratisierung schulischer Entscheidungsprozesse umfassen.
- Internationale Erfahrungen weisen darauf hin, dass die *Zusammensetzung der Schulleitungen und der Lehrerschaft* Vorgaben für die Lernprozesse von SchülerInnen etabliert. Für die Zielsetzung, SchülerInnen mit unterschiedlichen sozialen und biografischen Hintergründen die Idee eines gleichberechtigten Zusammenlebens zu vermitteln, ist eine adäquate Repräsentanz von MigrantInnen und Minderheiten unter den LehrerInnen und in den Schulleitungen von substantieller Bedeutung. Deshalb ist eine Erhöhung des Migranten- und Minderheitenanteils in den Lehrberufen anzustreben.

- Eine *Öffnung von Schule gegenüber dem Gemeinwesen*, die insbesondere zivilgesellschaftliche Organisationen und Migrantenselbstorganisationen einbezieht, kann einen wichtigen Beitrag zur Entwicklung und Realisierung von Antidiskriminierungskonzepten, aber auch für die Förderung der Bildungsaspirationen von SchülerInnen mit Migrationshintergrund leisten. Hinzukommen sollte eine verbesserte Zusammenarbeit mit den Eltern von MigrantInnen und Minderheitsangehörigen, die etwa auf deren Sprachkompetenzen Rücksicht nimmt, sowie eine solche Personalausstattung von Schulen, die eine differenzierte Förderung und Beratung durch dafür spezifisch qualifizierte PädagogInnen ermöglicht.
- Erforderlich ist die *Entwicklung von Curricula und Lehr-/Lernmaterialien*, die es ermöglichen, die oben benannten inhaltlichen Komponenten einer Bildung für die Einwanderungsgesellschaft als fächerübergreifende Querschnittsaufgabe etablieren. Zu verbinden sind entsprechende thematische Akzentsetzungen mit dem Einsatz pädagogischer Methoden, die dazu beitragen, gruppenbezogene Abgrenzungen innerhalb von Schulklassen aufzubrechen.
- In der lern- und bildungstheoretischen Fachdiskussion besteht Einigkeit darüber, dass Überzeugungen, Meinungen und Einstellungen nicht einfach durch Versuche der Informations- und Wertevermittlung beeinflusst werden können. Deshalb sind pädagogische Settings erforderlich, in denen normative und moralische Prinzipien nicht als unhinterfragbare Grundsätze vorausgesetzt, sondern themen- und problembezogen entwickelt und in ihrem Sinn verständlich werden. Erforderlich ist eine *pädagogische Professionalität*, die Dialogfähigkeit als eine Basiskompetenz einschließt.
- Voraussetzung einer erfolgversprechenden Realisierung der genannten Maßnahmen sind grundlegende *Veränderungen im Bereich der Lehrerbildung*. Pädagogische Programme und Konzepte, die Strukturen und Praktiken der Diskriminierung thematisieren, erfordern, ebenso wie Maßnahmen zur Überwindung schulinterner Formen der Diskriminierung, eine Ausbildung von LehrerInnen, die eine grundlegende Auseinandersetzung mit dem Themenkomplex ‚Migration – Diskriminierung – Rassismus – Vorurteile' umfasst.
- Da pädagogische Modelle und Konzepte nicht voraussetzungslos angewandt werden können, ist die *Befähigung des pädagogischen Personals* zu einem theoretisch fundierten und methodisch qualifizierten Umgang mit vorliegenden Materialien wichtig. Neben der Verankerung der Prinzipien menschenrechtlicher, interkultureller, antirassistischer und Diversity-Pädagogik in der Lehreraus- und Weiterbildung bedarf es der Auseinandersetzung der pädagogischen Fachkräfte mit eigenen Erfahrungen und Überzeugungen im Sinne der Selbstaufklärung.

In der Bundesrepublik sind – trotz vorliegender Absichtserklärungen der Kultusministerkonferenz zur interkulturellen Erziehung und zur Menschenrechtserziehung – nur ansatzweise Entwicklungen zu beobachten, die in die Richtung einer diesen Vorgaben entsprechenden Reform der Lehrerbildung, der Organisationsentwicklung von Schulen sowie der Erarbeitung und Verankerung fächerübergreifender und fachspezifischer Curricula zielen. Dies gilt – trotz der PISA-Studien – ersichtlich auch für die Struktur des soziale Benachteiligungen verfestigenden Schulsystems.

Bei den vorgelegten Analysen und den daraus abgeleiteten Empfehlungen und Forderungen handelt es sich um Reflexionsangebote und Anregungen, die in Prozesse der Bildungsplanung, der Schulentwicklung und die Lehrerbildung eingehen können. In diesen Prozessen sollten für jeweilige Schulbezirke und Schulen spezifische Programme entwickelt und erprobt werden, die ausgehend von einer Analyse der je konkreten Kontextbedingungen und Ressourcen operationale Vorgehensweisen ausweisen, durch die mit den verfügbaren Mitteln zu erreichende Ziele realisiert werden können.

Bei der Entwicklung praktisch relevanter Konzeptionen kann von Unterschieden – etwa hinsichtlich der regionalen politischen Kultur, der Zusammensetzung des Lehrerpersonals und der Schülerschaft (Migrantenanteil, Minderheiten), der Bedeutung rechtsextremer Szenen und Organisationen usw. – nicht abstrahiert werden. Die Transformationen von wissenschaftlichen Analysen und darin begründeten Handlungsempfehlungen in eine kontextangemessene konkrete Praxis ist deshalb eine durch Professionelle zu erbringende eigenständige Leistung, die durch wissenschaftliche Begleitung, Organisationsberatung und Supervisionsangebote unterstützt werden kann. Bildungspolitik ist unseres Erachtens aufzufordern, Ressourcen bereit zu stellen, die es Schulen ermöglichen, solche Unterstützungen in Anspruch zu nehmen, Kooperationen mit Migranteorganisationen, Menschenrechtsinitiativen, Trägern der außerschulischen Jugendbildung usw. zu realisieren und in die Fortbildung der Lehrkräfte zu investieren. Die pädagogische Praxis ist auf eine die Zielperspektive Bildung für die Einwanderungsgesellschaft unterstützende Bildungspolitik angewiesen.

Literatur

Adam, H. (1992): Ethnicity, Nationalism and the State. In: Moodley, K. A. (Ed.): Beyond Multicultural Education. Calgary

Adam, H. (2002): Wohlfahrtsstaat, Einwanderungspolitik und Minderheiten in Kanada: Modell für Deutschland und Europa? In: Treichler, A. (Hg.): Wohlfahrtsstaat, Einwanderung und ethnische Minderheiten. Marburg/Frankfurt a.M., S. 327-344

Addy, D. N. (2003): Diskriminierung und Rassismus. Internationale Verpflichtungen und nationale Herausforderungen für die Menschenrechtsarbeit in Deutschland, Deutsches Institut für Menschenrechte. Berlin

Adorno, T. W. (1951): Minima Moralia. Frankfurt a. M.

Adorno, T. W. (1966): Erziehung nach Auschwitz. In: Adorno, T. W.: Erziehung zur Mündigkeit. Frankfurt a. M., S. 88-104

Agamben, G. (2001): Mittel ohne Zweck. Noten zur Politik. Freiburg/Berlin

Alavi, B. (1998): Geschichtsunterricht in der multiethnischen Gesellschaft. Frankfurt a. M.

Allgemeine Erklärung der Menschenrechte vom 10. Dezember 1948. In: Bundeszentrale für politische Bildung (Hg.) (1996): Menschenrechte. Dokumente und Deklarationen. Bonn, S. 37-43

Allport, G.W. (1971): Die Natur des Vorurteils. Köln

American Jewish Committee: Hands across the Campus. o.O. o.J.

Amnesty International (1995-1998): Unterrichtspraxis Menschenrechte, Themenhefte Asyl, Religion, Diskriminierung, Toleranz. Solothurn

Anderson, B. (1996): Die Erfindung der Nation. Frankfurt a. M./New York

Andreopoulos, G. J./Claude, R. P. (Eds.) (1997): Human Rights Education for the Twenty-First Century. Pennsylvania

Angermeyer, M./Brähler, E. (2001) Rechtsextremistische Einstellungen in Deutschland. Leipzig

Anne-Frank-Stiftung (Hg.) (1993): Anne Frank. Hamburg

Arendt, H. (2000): Elemente und Ursprünge totaler Herrschaft. München/Zürich

Arizona State University (Intergroup Relations Center) (2003): Classroom Management Tools (http://www.asu.edu/provost/intergroup/resources/factools.html)

Aronson, E./Thibodeau, R. (1992): The jigsaw classroom: A cooperative strategie for reducing prejudice. In: Lynch, J./Modgil, C./Modgil, S. (Eds.): Cultural diversity in the schools. London, S. 231-256

Auernheimer, G. (1990): Einführung in die interkulturelle Erziehung. Darmstadt

Bader, V.-M. (1995): Rassismus – Ethnizität – Bürgerschaft. Münster

Balibar, E./Wallerstein, I. (1990): Rasse – Klasse – Nation. Hamburg

Balibar, E. (2003): Sind wir Bürger Europas? Politische Integration, soziale Ausgrenzung und die Zukunft des Nationalen. Hamburg

Ballion, R. (1999): Les conduites déviantes des lycéens et de l'éducation à la citoyenneté. In: Ville-École-Intégration, n° 188
Banks, J. (Ed.) (1995): Handbook of Multicultural Education. New York
Banks, J. u. a. (2001): Diversity within Unity. Essential Principles for Teaching and Learning in a Multicultural Society. College of Education, University of Washington. Seattle
Bauman, Z. (1992): Moderne und Ambivalenz. Hamburg
Bauman, Z. (1995): Ansichten der Postmoderne. Hamburg
Baumert, J./Schümer, G. (2002): Familiäre Lebensverhältnisse, Bildungsbeteiligung und Kompetenzerwerb im nationalen Vergleich. In: Deutsches Pisa-Konsortium (Hg.): PISA 2000. Opladen, S. 159-200
Beck, U./Giddens, A/Lash, S. (1996): Reflexive Modernisierung. Frankfurt a. M.
Beck, U./Bonß, W. (1996): Weder Sozialtechnologie noch Aufklärung? Frankfurt a. M.
Beck, U. (2001): Die Modernisierung der Moderne. Frankfurt a. M.
Benhabib, S. (2002): The Claims of Culture. Equality and Diversity in the Global Era. Princeton/New Jersey
Benz, W. (1980): Die Opfer und die Täter. Rechtsextremismus in der Bundesrepublik. In: Ders. (Hg.): Rechtsradikalismus: Randerscheinung oder Renaissance? Frankfurt a.M., S. 9-40
Bergem, W. (2003): Barbarei als Sinnstiftung? Das NS-Regime in Vergangenheitspolitik und Erinnerungskultur der Bundesrepublik. In: Bergem, W.: Die NS-Diktatur im deutschen Erinnerungsdiskurs. Opladen, S. 81-104
Bernstein, B. u.a. (1971): Lernen und soziale Struktur. Amsterdam
Bertelsmann Stiftung/Bertelsmann Forschungsgruppe Politik (Hg.) (2001): Eine Welt der Vielfalt. Gütersloh
Beywl, W./Schepp-Winter, E. (1998): Zielgeführte Evaluation von Programmen – ein Leitfaden. Bonn (BMFSFJ). Heft 29 der QS-Reihe
Bhabha, H. K. (1997): Verortungen der Kultur. In: Bronfen, E./Marius, B./Steffen, T. (Hg.): Hybride Kulturen. Beiträge zur anglo-amerikanischen Multikulturalismusdebatte. Tübingen, S. 123-148
Biache, R. (2000): Eduquer contre le racisme: Une bataille pour la dignité et la solidarité. In : Contre le racisme, un combat au quotidien. Actes du Colloque 6/7.Juli 2000. Hg.: Commission nationale consultative des droits de l'homme. La documentation française. Paris
Bialystok, F. (1995): Perspektiven auf die Amerikanisierung des Holocaust. In: Schreier, H./Heyl, M. (Hg.): „Daß Auschwitz nicht noch einmal sei ..." Zur Erziehung nach Auschwitz. Hamburg, S. 273-294
Bielefeldt, H. (1998): Philosophie der Menschenrechte. Darmstadt
Bitzan, R. (1997: Rechte Frauen. Berlin
Bizeul, Y. (1997): Vom Umgang mit dem Fremden. Weinheim
Blair, M. /Bourne, J. (1998): Making the difference: Teaching and learning strategies in successful multi-ethnic schools. DFEE. London
Bloch, E. (1980): Naturrecht und menschliche Würde. Frankfurt a. M.
Blommaert, J./Verschueren, J. (1998): Debating Diversity. Analysing the Discourse of Tolerance. London
Bobbio, N. (1998): Das Zeitalter der Menschenrechte. Ist Toleranz durchsetzbar? Berlin

Bommes, M./Scherr, A. (1991): Der Gebrauchswert von Selbst- und Fremdethnisierung in Strukturen sozialer Ungleichheit. In: Prokla 83/21, S. 291-316
Bommes, M./Guter, J./Wolff-Jontofsohn, U. (2002): Eine Evaluation des Programms Miteinander – Erfahrungen mit Betzavta. Freiburg
Borries, B. v./Pandel, H. J./Rüsen, J. (Hg.) (1991): Geschichtsbewusstsein empirisch. Pfaffenweiler
Borries, B. v. (1996): Imaginierte Geschichte. Die biografische Bedeutung historischer Fiktionen und Phantasien. Köln
Borries, B. v. (1999): Notwendige Bestandsaufnahme nach 30 Jahren? Ein Versuch über Post-'68 Geschichtsdidaktik und Post-'89 Problemfelder. In: Informationen für den Geschichts- und Gemeinschaftskundelehrer, S. 268-281
Bortz, J./Döring, N. (1995): Forschungsmethoden und Evaluation. Berlin
Boruch, R.F. (1997): Randomizing Experiments for Planning an Evolution. Thousand Oaks/California
Bourdieu, P./Passeron, C. (1973) : Grundlagen einer Theorie der symbolischen Gewalt. Frankfurt a. M.
Bourdieu, P. (1984): Die feinen Unterschiede. Frankfurt a. M.
Bourdieu, P. u. a. (1997): Das Elend der Welt. Konstanz
Bradford Education (2002): The Enhanced Citizenship Curriculum for secondary schools in the Bradford District. Bradford
Brähler, E./Sommer, G./Stellmacher, J. (2002): Menschenrechte: Wissen, Wichtigkeit und Einsatzbereitschaft. Ergebnisse einer repräsentativen Befragung in Deutschland. (http://www.dgvt.de/index.html?artikel.php?cID=151~Main)
Brieskorn, N. (1997): Menschenrechte. Eine philosophische Grundlegung. Stuttgart/Berlin/Köln
Bromba, M./Edelstein, W. (2001): Das anti-demokratische und rechtsextreme Potenzial unter Jugendlichen und jungen Erwachsenen in Deutschland – Expertise für das BMBF. Bonn Bronfen, E./Marius, B./Steffen, T. (Hg.) (1997): Hybride Kulturen. Beiträge zur anglo-amerikanischen Multikulturalismusdebatte. Tübingen
Brumlik, M. (2000): Erziehung nach „Auschwitz“ und Pädagogik der Menschenrechte. Eine Problemanzeige. In: Fechler, B./Kößler, G./Liebertz-Groß, T. (Hrsg.): Erziehung nach Auschwitz in der multikulturellen Gesellschaft. Weinheim und München, S. 47-58
Brumlik, M. (2002): Gedenkstättenarbeit mit rechten Jugendlichen: sozialpädagogisch überflüssig und bildungstheoretisch sinnlos. In: Nickolai, W./Lehmann, H. (Hg.): Grenzen der Gedenkstättenpädagogik mit rechten Jugendlichen. Freiburg, S. 100-106
Buderus, A. (1998): Fünf Jahre Glatzenpflege auf Staatskosten. Bonn
BMBF (Hg.) (2003): Vertiefender Vergleich der Schulsysteme ausgewählter PISA-Staaten. Bonn
Bundeszentrale für politische Bildung (Hg.) (2000): Menschenrechte. Bonn
Council of Europe (2002): A Manual on Human Rights Education with Young People. Strasbourg
Butler, J. (1991): Das Unbehagen der Geschlechter. Frankfurt a. M.
Butler, J. (2003): Kritik der ethischen Gewalt. Frankfurt a. M.

Canadian Council for Multicultural and Intercultural Education (1989): Multicultural and Intercultural Education. Building Canada. Calgary

Carrington, B./Bonnett, A./Demaine, J./Hall, I./Nayak, A./Short, G./Skelton, C./Smith, F./Tomlin, R. (2000): Ethnicity and the Professional Socialisation of Teachers. London

Center for Teaching and Learning University of North Carolina (Ed.) (1998): Teaching for Inclusion. Diversity in the College Classroom. North Carolina

Centre national de documentation pédagogique (CNDP) (1997): 50 titres. L'Éducation aux droits de l'Homme – lutte contre le racisme. Paris

Centre national de documentation pédagogique (CNDP) (2000a): Education Civique, Juridique et Sociale. Classe de Seconde. Document d'accompagnement. Paris (http://www.cndp.fr/textes_officiels/lycee/ ecjs/sec/ pdf/eseec001.pdf)

Centre national de documentation pédagogique (CNDP) (2000b): Education Civique, Juridique et Sociale. Classe de Première. Document d'accompagnement. Paris (http://www.cndp.fr/ textes_officiels/lycee/ecjs/pre/ pdf/EPREC001.pdf)

Chan, A. (1998) (unveröff. Manuskript): Impact of Race Relations Policy on Practice. Vancouver

Chatwin, M. (2002): Die Rolle des Antisemitismus im Rechtsextremismus. In: Grumke, T./Wagner, B. (Hg.): Handbuch Rechtsradikalismus. Opladen, S. 173-188

Cissé, M. (2002): Papiere für alle. Die Bewegung der Sans Papiers in Frankreich. Hamburg

Citizenship Foundation and me too (2002): Education for Citizenship, Diversity and Race Equality: a practical guide. London (http//www.citfou.org.uk/ our_work/ cit_div_race_eq_0902.pdf)

Citizenship Foundation (2003): Too early to criticize citizenship. Press release. London

Coelho, E. (1994): Learning Together in the Multicultural Classroom. Markham

Coelho, E. (1998): Teaching and Learning in Multicultural Schools. An Integrated Approach.

Cohen, E. G. (1992): Teaching in the Heterogeneous Classroom. In: Moodley, K. A. (Ed.): Beyond Multicultural Education. Calgary,

Cohen, E. G. (1994): Complex Instruction: Higher Order Thinking in Heterogeneous Classrooms. In: Sharan, S. (Ed.): Handbook of cooperative learning methods. Westport, S. 82-96

Cohen, P. (1991): Wir hassen Menschen oder: Antirassismus und Antihumanismus. In: Bielefeld, U. (Hg.): Das Eigene und das Fremde. Hamburg, S. 311-336

Cohen, S./Taylor, L. (1977): Ausbruchsversuche. Identität und Widerstand in der modernen Lebenswelt. Frankfurt a. M.

Commission for Black Staff in Further Education (2002): Challenging racism: further education leading the way. London (http://www.feonline.net/ feonline/file?id=11094)

Commission for Racial Equality (2000): Inspecting schools for racial equality. London (http://www.cre.gov.uk/gdpract/ed_ofsted.html)

Commission for Racial Equality (2002a): Annual Report 2002. London (http://www.cre.gov.uk/pdfs/ar02_main.pdf)

Commission for Racial Equality (2002b): Towards Racial Equality: An evaluation of the public duty to promote race equality and good race relations in England and Wales. London

Costa-Lascoux, J. (1999): La formation du futur citoyen au collège. In: Ville-École-Intégration, n° 188

Costa-Lascoux, J. (2001) : Deux modèles de citoyenneté ? In: Les idées en mouvement, Sondernummer Eduquer contre le racisme. Paris

Council of Europe (1998): Gender Mainstreaming. Conceptual Framework, Methodology and Presentation of Good Practices. Strasbourg

Cushner, K. /McClelland, A./Safford, P. (1996): Human Diversity in Education. New York

Czock, H./Panke, M./Steil, A. (1999): Arbeitswelt und Migrationskonflikte. Das „Projekt Heimat" – ein Konzept antirassistischer Pädagogik. In: Widmann, P. /Erb, R. /Benz, W. (Hg.): Gewalt ohne Ausweg? Strategien gegen Rechtsextremismus und Jugendgewalt in Berlin und Brandenburg. Berlin, S. 201-222

Dadzie, Stella (2000): Toolkit for tackling racism in schools. Oakhill

Deckert-Peaceman, H./George, U./Mumme, P. (2003): Konfrontationen. Bausteine für die pädagogische Annäherung an Geschichte und Wirkung des Holocaust. Heft 3: Ausschluss. Fritz Bauer Institut. Frankfurt a. M.

Deckert-Peaceman, H./Kößler, G. (2002): Konfrontationen. In: Lenz, C./Schmidt, J./von Wrochem, O. (Hg.): Erinnerungskulturen im Dialog. Europäische Perspektiven auf die NS-Vergangenheit. Hamburg/Münster, S. 243-248

Dei, G. J. S. (1996): Antiracism Education: Theory and Practice. Halifax

Dei, G. J. S. (2000): Removing the Margins: the Challenges and Possibilities of Inclusive Schooling. Toronto

Dei, G. J. S. (2002): Inclusive Schooling: a Teachers Campaign to Removing Margins. Toronto

Department of Education and Skills (DfES) (2002a): Removing the Boundaries. Raising Achievement Levels for Minority Ethnic Pupils. London (http://standards3-virtualhosts./dfesstandardssite.net/ema/ Removing_the_Barriers.PDF)

Department of Education and Skills (DfES) (2002b): Citizenship. The National Curriculum for England. London (http://www.dfes.gov.uk/citizenship)

Department of Education and Skills (DfES) (2003): Minority Ethnic Attainment and Participation in Education and Training: The Evidence. London (http://www.teachernet.gov.uk/_doc/4768/RTP01-03.pdf)

Deutsche Gesellschaft für Evaluation e. V. (DeGEval) (Hg.) (2002): Standards für Evaluation. Köln

Deutsches Institut für Menschenrechte (2003) (Hg.): Menschenrechtsschutz Vereinte Nationen. Individualbeschwerdeverfahren. Berlin

Deutsches Pisa-Konsortium (Hg.) (2002): PISA 2000. Die Länder der Bundesrepublik im Vergleich. Opladen

Dewe, B./Scherr, A. (1990): Gesellschafts- und kulturtheoretische Bezugspunkte einer Theorie sozialer Arbeit. In: Neue Praxis, Jg. 1990, H. 2, S. 124- 143

Dewey, J. (1964): Demokratie und Erziehung. Weinheim und Basel

DGB-Bildungswerk Thüringen e.V. (Hg.) (2003): Baustein zur nicht-rassistischen Bildungsarbeit. Erfurt (www.dgb-bwt.de)

Dimbath, O./Hayek, J./Hirseland,A./Schneider, W. (2003): Toleranz, Konflikte und Wirkungen. Zur multimethodischen Mehrebenen-Evaluation von Toleranzbildungsprogrammen am Beispiel von „Achtung (+) Toleranz“. In: Lynen von Berg, H./Roth, R.: Maßnahmen und Programme gegen Rechtsextremismus wissenschaftlich begleitet. Opladen, S. 193-227

Dörner, K. (1988): Über die Randständigkeit des Menschen. In König, T. (Hg.) Sartre. Ein Kongress. Hamburg, S. 451-468

Dubet, F./Lapeyronnie, D. (1994): Im Aus der Vorstädte. Stuttgart

Dubet, F./Duru-Bellat, M. (2000) : L'hypocrisie scolaire. Pour un collège enfin démocratique. Paris

Dubet, F. (2002): Le Déclin de l'institution. Paris

Ducomte, J. M. (2001): La laicité. Toulouse

Durham District School Board (1998): Anti-Racism and Ethnocultural Equity. Whitby (http://www.durham.edu.on.ca/Anti-Racism.htm)

Durham District School Board (2003): Anti-Racism Leadership Programs. A Galaxy of s.T.A.R. Programs. Whitby

Eckart, R. u.a. (1996): Erklärungsmuster fremdenfeindlicher Gewalt im empirischen Test. In: Falter, J.W./Jaschke, H.-G./Winker, J. (Hg.): Rechtsextremismus. Ergebnisse und Perspektiven der Forschung. Opladen, S. 152-167

ECRI (Europäische Kommission gegen Intoleranz und Rasismus) (2004): Dritter Bericht über Deutschland (http://www.coe.int/T/E/human_rights/Ecri/4-Publications/1-Ecri's_Publications)

Edelstein, W./Nunner-Winkler, G. (1986): Zur Bestimmung der Moral. Frankfurt a. M.

Edelstein, W./Nunner-Winkler, G. (Hg.) (1999): Moral und Person. Frankfurt a. M.

Edelstein, W./Fauser, P. (2001). Demokratie leben und lernen. Gutachten zum Programm. BLK, Materialien zur Bildungsplanung und zur Forschungsförderung. Heft 96. Bonn

Edelstein, W. (2002): Verantwortlich handeln lernen. In: Stiftung Brandenburger Tor (Hg.): Jugend übernimmt Verantwortung. Berlin, S. 8-17

Elias, N./Scotson, J.L. (1993): Etablierte und Außenseiter. Frankfurt a. M.

Essed, P./Mullard, C. (1991): Antirassistische Erziehung. Köln

EUMC (2001): Vielfalt und Gleichheit in Europa. Jahresbericht 2001. Wien

Falter, J.W./Jaschke, H.-G. (Hg.) (1996): Rechtsextremismus. Ergebnisse und Perspektiven der Forschung. Sonderheft der Politischen Vierteljahresschrift 27. Opladen

Feagin, J.R. (2003): Racial and ethnic relations. Prentice Hall

Fechler, B. (2000): Zwischen Tradierung und Konfliktvermittlung. Über den Umgang mit „problematischen“ Aneignungsformen der NS-Geschichte in multikulturellen Schulklassen. Ein Praxisbericht. In: Fechler, B./Kößer, T./Liebertz-Groß, T.: „Erziehung nach Auschwitz“ in der multikulturellen Gesellschaft. Weinheim und München, S. 207-227

Figueroa, P. (1998): Intercultural Education in Britain. In: Cushner, Kenneth (ed.): International perspectives on intercultural education. New Jersey, S. 122-144

Fraser, N./Honneth, A. (2003): Umverteilung oder Anerkennung? Eine politische Kontroverse. Frankfurt a. M.

Freire, P/Weffort, F. (1977): Erziehung als Praxis der Freiheit. Hamburg

Friedrichs, P.-M. (2002): Das Lehrerbuch. Menschenrechte im Unterricht. München

Frindte, W./Neumann, J. (2001): Rechtsextremismus, Fremdenfeindlichkeit und Antisemitismus deutscher Jugendlicher. In: Freudenberg Stiftung (Hrsg.): Demokratie lernen und leben. Bd. 1. Weinheim, S. 15-43

Fritzsche, K.-P. (2004): Menschenrechte. Eine Einführung mit Dokumenten. Stuttgart

Fuchs, M. (1999): Kampf um Differenz. Frankfurt a. M.

Funke, H./Rensmann, L. (2003): Rechtsextremismus neuen Typs – ein West-Ost-Produkt. In: Andresen, S./Bock, K./Brumlik, M./Otto, H.-U./Schmidt, M./Sturzbecher, D. (Hg.): Vereintes Deutschland – geteilte Jugend. Opladen, S. 213-229

Gaine, C. (2000): Erziehung und ‚race': zum gesellschaftlichen Klima 1950-2000. In: Quehl, T. (Hg.): Schule ist keine Insel. Britische Perspektiven antirassistischer Pädagogik. Münster, S. 14-48

Gaine, C./George, R. (1999): Gender, „race", and class in schooling: a new introduction. London

Galtung, J. (1994): Menschenrechte – anders gesehen. Frankfurt a. M.

Ganter, S./Esser, H. (1998): Ursachen und Formen der Fremdenfeindlichkeit in der Bundesrepublik. Bonn

Geiger, T. (1930/1977): Erziehung als Gegenstand der Soziologie. In: Götz, B./Kaltschmid, J. (Hg.): Erziehungswissenschaft und Soziologie. Darmstadt, S. 62-89

Geißler, R. (2003): Multikulturalismus in Kanada – Modell für Deutschland. In: Aus Politik und Zeitgeschichte. B 26, S. 19-25

Georgi, B. V. (2000): Wem gehört deutsche Geschichte? Bikulturelle Jugendliche und die Geschichte des Nationalsozialismus. In: Fechler, B./Kößer, T./Liebertz-Groß, T.: „Erziehung nach Auschwitz" in der multikulturellen Gesellschaft. Weinheim und München, S. 141-162

Georgi, B. V. (2003): Entliehene Erinnerung. Hamburg

Gerhard, U. (1993): Wenn Flüchtlinge und Einwanderer zu ‚Asylantenfluten' werden. In: Osnabrücker Beiträge zur Sprachtheorie (OBST), H. 46, S. 163-178

Gessenharter, W. (2002): Intellektuelle Strömungen und Vordenker in der deutschen neuen radikalen Rechten. In: T. Grumke/B. Wagner (Hg.): Handbuch Rechtsradikalismus. Opladen, S. 189-202

Giere, J./Kößler, G.: Konfrontationen. Bausteine für die pädagogische Annäherung an Geschichte und Wirkung des Holocaust. Heft 2: Gruppe. Fritz Bauer Institut. Frankfurt a. M.

Gill, D./Mayor, B./Blair, M. (1992): Racism and Education. Structures and Strategies. London

Gillborn, D. (1995): Racism and antiracism in real schools: theory, policy. Buckingham

Gillborn, D./Mirza, H.S. (2002): Educational inequality. Mapping race, class and gender; a synthesis of research evidence. Ofsted, London (http://www.cre.go.uk/media/nr_arch/nr001026-html)

Gomolla, M./Radtke, F.-O. (2002): Institutionelle Diskriminierung. Opladen

Gosepath, S. (1999): Zu Begründungen sozialer Menschenrechte. In: Lohmann, G./Gosepath, S.: Philosophie der Menschenrechte. Frankfurt a. M., S. 146-187

Grawe, K./Donati, R./Bernauer, F. (1994): Psychotherapie im Wandel. Von der Konfession zur Profession. Göttingen

Griese, H.(Hg.) (1984): Der gläserne Fremde. Bilanz und Kritik der Gastarbeiterforschung und der Ausländerpädagogik. Opladen

Grumke, T./Wagner, B. (2002): Handbuch Rechtsradikalismus. Opladen

Güttler, P.O. (1996): Sozialpsychologie. München/Wien/Oldenburg

Haag, F./Krüger, H./Schwärzel, W. (1986): Aktionsforschung. Forschungsstrategien, Forschungsfelder und Forschungspläne. Weinheim

Habermas, J. (1988): Individuierung durch Vergesellschaftung. Zu G. H. Meads Theorie der Subjektivität. In: Habermas, J.: Nachmetaphysisches Denken. Frankfurt a. M., S. 187-241

Habermas, J. (1992). Faktizität und Geltung. Frankfurt a. M.

Hafeneger, B. (1990): Pädagogik gegen rechts. Zur Geschichte der pädagogischen Reaktionsmuster. In. Paul, G. (Hg.): Hitlers Schatten verblasst. Bonn, S. 195-219

Hafeneger, B./Henkenborg, P./Scherr, A. (Hg.) (2002): Pädagogik der Anerkennung. Schwalbach/Ts.

Hafeneger, B. (2003): Konsequenzen für nachhaltige Jugendprogramme und Praxisansätze gegen Rechts. In: Lynen von Berg, H./Roth, R. (Hg.): Maßnahmen und Programme gegen Rechtsextremismus wissenschaftlich begleitet. Opladen, S. 241-248

Hall, S. (1994): Rassismus und kulturelle Identität. Hamburg

Hamburger, F. (1999): Zur Tragfähigkeit der Kategorien 'Ethnizität' und ‚Kultur' im erziehungswissenschaftlichen Diskurs. In: Zeitschrift für Erziehungswissenschaft, H. 2, S. 167-178

Haque, Z./Bell, J.F. (2001): Evaluating the Performance of Minority Ethnic Pupils in Secondary Schools. In: Oxford Review of Education, Vol. 27, no.3, S. 359-368

Haug, W. F. (1992): Zur Dialektik des Antirassismus. In: Das Argument. H. 191, S. 27-52

Hedibel, M. (2002): Les formations à l'interculturel en IUFM: sous les pavés, la plage... In: Ville – École – Intégration «Enjeux», N° 129, S. 207 – 218

Heiner, M. (1996): Evaluation zwischen Qualifizierung, Qualitätsentwicklung und Qualitätssicherung. In: Heiner, M. (Hg.): Qualitätsentwicklung durch Evaluation. Freiburg, S. 20-47

Heiner, M. (2001): Evaluation. In: Otto, H.-U./Thiersch, H. (Hg.): Handbuch der Sozialarbeit/Sozialpädagogik. Neuwied, S. 481-495

Heitmeyer, W. (1989): Rechtsextremistische Orientierungen bei Jugendlichen. Weinheim und München

Heitmeyer, W. (Hg.) (2002): Deutsche Zustände. Folge 1. Frankfurt a. M.

Heitmeyer, W. (2002a): Gruppenbezogene Menschenfeindlichkeit. Die theoretische Konzeption und erste empirische Ergebnisse. In: Ders. (Hg.): Deutsche Zustände. Folge 1. Frankfurt a. M., S. 15-36.

Heitmeyer, W. (Hg.) (2003): Deutsche Zustände. Folge 2. Frankfurt a. M.

Heitmeyer, W. (2003a): Gruppenbezogene Menschenfeindlichkeit. Die theoretische Konzeptionen und empirische Ergebnisse aus 2002 und 2003. In: Ders. (Hg.): Deutsche Zustände. Folge 2. Frankfurt a. M., S. 13-34

Held, J./Horn, H.-W./Leiprecht, R./Marvakis, A. (1991): '"Du mußt so handeln, daß Du Gewinn machst ...' Empirische Untersuchungen und theoretische Überlegungen zu politisch rechten Orientierungen jugendlicher Arbeitnehmer". Duisburg (Duisburger Institut für Sprach- und Sozialforschung: DISS 18)

Helsper, W./Lingkost, A. (2002): Schülerpartizipation in den Antinomien von Autonomie und Zwang sowie Organisation und Interaktion. In: Hafeneger, B./Henkenborg, P./Scherr, A. (Hrsg.): Pädagogik der Anerkennung. Schwalbach/Ts., S. 132-156

Henkenborg, P. (1996): Moralisches Lernen in der Grundschule. In: George, S./Prote, I. (Hg.): Sachunterricht in der Grundschule, Schwalbach/Ts, S. 51 – 76

Hermann, A. (1997): Menschenwürde, Menschenrechte, Lehrerheft der Bundeszentrale für politische Bildung. München (http://www.bpb.de/files/ OFJCVU.pdf)

Heyl, M. (1999): Holocaust Education. Internationale Tendenzen im pädagogischen Umgang mit dem Holocaust. In: Schriftenreihe Probleme des Friedens 1/1999. Zivilisationsbruch Auschwitz. Idstein

Hobsbawm, E. J. (1991): Nationen und Nationalismus. Mythos und Realität seit 1780. Frankfurt a. M.

Höffe, O. (1999): Transzendentaler Tausch. Eine Legitimationsfigur für Menschenrechte? In: Lohmann, G./Gosepath, S. (Hg.): Philosophie der Menschenrechte. Frankfurt a. M., S. 29-47

Höhne, T./Kunz, T./Radtke, O. (1999): Bilder von Fremden. Formen der Migrantendarstellung als der „anderen Kultur" in deutschen Schulbüchern von 1981-1997. Frankfurt a.M.

Hollstein, O./Meseth, W./Müller-Mahnkopp, C./Proske, M./Radtke, F.-O. (2002): Nationalsozialismus im Geschichtsunterricht. Beobachtungen unterrichtlicher Kommunikation. Frankfurt a. M.

Holthusen, B./Lüders, C. (2003): Evaluation von Kriminalitätsprävention – Eine thematische Einleitung. In: Deutsches Jugendinstitut (Hg.): Evaluierte Kriminalprävention in der Kinder- und Jugendhilfe. Erfahrungen und Ergebnisse aus fünf Modellprojekten. München, S. 9-30

Holzkamp, K. (1993): Lernen. Eine subjektwissenschaftliche Grundlegung. Frankfurt a. M./New York

Honneth, A. (1992): Kampf um Anerkennung: zur moralischen Grammatik sozialer Konflikte. Frankfurt a. M.

Hormel, U./Scherr, A. (2003): Was heißt „Ethnien" und „ethnische Konflikte" in der modernen Gesellschaft. In: Groenemeyer, A./Mansel, J. (Hg.): Die Ethnisierung von Alltagskonflikten. Opladen, S. 47-68

Hormel, U./Scherr, A. (2004): Interkulturelle Pädagogik. Standortbestimmung und Perspektiven. In: Kursiv. Zeitschrift für die politische Bildung, H. 2

Human Rights Educators' Network, Amnesty International USA (1998): Human Rights Here &Now. Minneapolis (http://www.hrusa.org/hrh-and-n/herenowtc.htm)

Human Rights Education Team, Amnesty International London (1996): First Steps: A Manual for Starting Human Rights Education. London (http://www.hrea.org/erc/Library/First_Steps/index_eng.html)

Human Rights Resource Center, University of Minnesota (Ed.) (2000): The Human Rights Education Handbook. Effective Practices for Learning, Action and Change. Minnesota

Huth-Hildebrandt, C. (2002): Das Bild von der Migrantin: auf den Spuren eines Konstrukts. Frankfurt a. M.

Ignatieff, M. (2002): Die Politik der Menschenrechte. Hamburg

Institut Louis Harris (2000): Xenophobie, Rassismus und Antirassismus in Frankreich: Haltungen und Wahrnehmungen. In: Rapport d'activité 2000 de la CNCDH, la lutte contre le racisme et la xénophobie

Internationales Abkommen zur Beseitigung jeder Form von Rassendiskriminierung vom 7. März 1966. In: Bundeszentrale für politische Bildung (Hg.) (1996): Menschenrechte. Dokumente und Deklarationen. Bonn, S. 92-106

Jaschke, H.G. (1994): Rechtsextremismus und Fremdenfeindlichkeit: Begriffe, Positionen, Praxisfelder. Opladen

Jeismann, M. (2001): Auf Wiedersehen Gestern. München

Johnson, M. (1995): Facing History als Konzept aktiven Erinnerns. In: Schreier, H./Heyl, M. (Hg.): „Daß Auschwitz nicht noch einmal sei..." Zur Erziehung nach Auschwitz. Hamburg, S. 249-272

Joint Committee on Standards for Educational Evaluation (2000): Handbuch der Evaluationsstandards. Die Standards des Joint Committee on Standards for Educational Evaluation. 2. Auflage. Opladen

Kalpaka, A./Räthzel, N. (1991): Die Schwierigkeit, nicht rassistisch zu sein. Leer

Kardoff, E. v. (2000): Qualitative Evaluationsforschung. In: Flick, U./von Kardoff, E./Steinke, I. (Hg.): Qualitative Forschung. Reinbek, S. 238-250

Kehoe, J. W./Hébert, Y. M. (1984): A Handbook for Enhancing the Multicultural Climate of the School. Vancouver

Kerr, D. (2003): Developing Effective Citizenship Education in England: Using the IEA Civic Education Study to Inform Policy, Practice and Research. Tagungsbeitrag zur AERA Conference, Chicago 21.-25 April, 2003 (http://www.nfer.ac.uk/research/conference_list.asp)

Kettner, M (1999): Menschenwürde und Interkulturalität. Ein Beitrag zur diskursiven Konzeption der Menschenrechte. In: Göller, T. (Hg.): Philosophie der Menschenrechte. Methodologie, Geschichte, kultureller Kontext. Göttingen, S. 52-87

Keupp, H. (Hg.) (2001): Identitätsarbeit heute: klassische und aktuelle Perspektiven der Identitätsforschung. Frankfurt a. M.

Keupp, H. (2002): Spielerisch sich selbst entwerfen. In: Bundesvereinigung kulturelle Jugendbildung (Hg.): Kultur leben lernen. Remscheid, S. 73-86

KGSt (Kommunale Gemeinschaftsstelle für Verwaltungsvereinfachung) (1994): Outputorientierte Steuerung der Jugendhilfe. Köln

Kieser, A. (2003): Menschenrechte gelten auch für Migranten. In: Frankfurter Rundschau vom 03.07.03

Klär, K.-H. (1989): Die Wähler der extremen Rechten. Bonn. (Hg. von der Friedrich-Ebert-Stiftung)

Kleinert, C. (2000): Einstellungen gegenüber Migranten. In: Gille, M./Krüger, W. (Hg.): Unzufriedene Demokraten. DJI Jugendsurvey 2. Opladen, S. 355-394

Kleinert, C. (2003): Gesellschaft und Rechtsextremismus. München (unveröffentlichtes Manuskript)

Kleinert, C. (2004): FremdenFeindlichkeit. Einstellungen junger Deutscher zu Migranten. Wiesbaden

Knigge, V. (1988): „Triviales" Geschichtsbewusstsein und verstehender Geschichtsunterricht. Pfaffenweiler

Kohlstruck, M. (2002a): Politische Bildung: Wie erreichen wir unsere Adressaten? Leipzig (http://www.entimon.de/entimon/doc/politische_bildung.pdf)
Kohlstruck, M. (2002b): Rechtsextreme Jugendkultur und Gewalt. Berlin
Kohlstruck, M. (2003): Gerettete Idole? Rudolf Heß, Gregor und Otto Straßer, Albert Speer. In: Benz, W. /Reif-Spirek, R. (Hg.): Geschichtsmythen: Legenden über den Nationalsozialismus. Berlin, S. 87-114
Kohlstruck, M. (2004): Historisches Lernen und Politische Bildung für eine Offene Gesellschaft. Starnberg (unveröffentlichtes Manuskript)
Kößler, G. (2000): Perspektivenwechsel. Vorschläge für die Unterrichtspraxis zur Geschichte und Wirkung des Holocaust. In: Fechler, B./Kößer, T./Liebertz-Groß, T.: „Erziehung nach Auschwitz" in der multikulturellen Gesellschaft. Weinheim und München, S. 193-205
Kößler, G./Mumme, P. (2000): Konfrontationen. Bausteine für die pädagogische Annäherung an Geschichte und Wirkung des Holocaust. Heft 1: Identität. Fritz Bauer Institut. Frankfurt a. M.
Koopmans, R. (1996): Asyl: Die Karriere eines politischen Konflikts. In: van den Daele, W./Neidhardt, G. (Hrsg.): Kommunikation und Entscheidung. Berlin (Wissenschaftszentrum Berlin), S. 167-192
Koopmans, Ruud (2000): Rechtsextremismus und Fremdenfeindlichkeit als einwanderungs- und ausländerpolitisches Problem. In: Evangelische Akademie Loccum (Hg.): Rechtsextremismus. Loccum, S. 9-27
Korgel, L./Borstel, D. (2002): Rechtsextreme Symbolik und Kleidung im öffentlichen Raum. In: Grumke, T./Wagner, B. (Hg.): Handbuch Rechtsradikalismus. Opladen, S. 213-228
Krafeld, F.-J. (2001): Für die Zivilgesellschaft begeistern statt nur den Rechtsextremismus bekämpfen. Berlin: Bundesarbeitsgemeinschaft Kinder- und Jugendschutz
Krause-Vilmar, D. (1997): Überlegungen zum Verständnis des Lehrens und Lernens in den Gedenkstätten für die Opfer des Nationalsozialismus. In: Kiesel, D./Kößler, G./Nickolai, W./Wittmeier, M. (Hg.): Pädagogik der Erinnerung. Didaktische Aspekte der Gedenkstättenarbeit. Frankfurt a. M., S. 79-87
Kron, T. (2000): Individualisierung und soziologische Theorie. Opladen
Krüger-Potratz, M./Lutz, H. (2002): Sitting at a crossroads – rekonstruktive und systematische Überlegungen zum wissenschaftlichen Umgang mit Differenz. In: Tertium Comparationis. Journal für International und Interkulturell Vergleichende Erziehungswissenschaft, Vol. 8/Nr. 2, S. 81-92
Kymlicka, W. (1999): Multikulturalismus und Demokratie. Über Minderheiten in Staaten und Nationen. Hamburg
Lee, E. (1985): Letters to Marcia. Toronto
Lee, E./Menkart, D./Okazawa-Rey, M. (Eds.) (1998): Beyond Heroes and Holidays. Washington DC
Leiprecht, R. (Hg.) (1992): Unter Anderen. Duisburg
Lenhart, V. (2003): Pädagogik der Menschenrechte. Opladen
Lenhart, V. (2004): Kommentar zu menschenrechtspädagogischen Konzeption. Starnberg (unveröffentlichtes Manuskript)
Lenz, C./Schmidt, J./v. Wrochem, O. (Hg.) (2002): Erinnerungskulturen im Dialog. Münster

Levi-Strauss, C. (1989): Rasse und Politik. In: Ders.: Das Nahe und das Ferne. Frankfurt a. M., S. 211-238
Liebel, M. (2001): Kindheit und Arbeit. Frankfurt a. M./London
Loewy, H. (Hg.) (1992): Holocaust – Die Grenzen des Verstehens. Reinbek
Lohmann, G. (1999): Menschenrechte zwischen Moral und Recht. In: Lohmann, G./Gosepath, S. (Hg.): Philosophie der Menschenrechte. Frankfurt a. M., S. 62-95
Lohrenscheit, C./Rosemann, N. (2003): Perspektiven entwickeln – Menschenrechtsbildung in Deutschland. Zusammenfassung der Ergebnisse zur Bestandsaufnahme und Positionsbestimmung des Deutschen Instituts für Menschenrechte. Berlin (http://www.institut-fuer-menschenrechte.de/material/studienilspdf.pdf)
Lohrenscheit, C. (2004): Das Recht auf Menschenrechtsbildung. Frankfurt/London
Lorcerie, F. (2000): La lutte contre les discriminations ou l'intégration requalifiée. in : Ville – École – Intégration «Enjeux», n° 121, S. 69 – 80
Lorcerie, F. (2002): Education interculturelle – Etat des lieux. In : Ville – École – Intégration «Enjeux», n° 129, S. 170 – 189
Luhmann, N. (1985): Zum Begriff der sozialen Klasse. In: Ders. (Hg.): Soziale Differenzierung. Geschichte einer Idee. Opladen, S. 119-162
Luhmann, N. (1990): Die Homogenisierung des Anfangs. In: Luhmann, N./Schorr, K. E. (Hrsg.): Zwischen Anfang und Ende. Fragen an die Pädagogik. Frankfurt a. M., S. 73-111
Luhmann, N. (1993): Das Recht der Gesellschaft. Frankfurt a. M.
Luhmann, N. (1995): Soziologische Aufklärung. Opladen
Luhmann, N. (1996): Frauen, Männer und George Spencer Brown. In: Ders.: Protest. Frankfurt a. M., S. 107-155
Luhmann, N. (2000): Die Politik der Gesellschaft Frankfurt a. M.
Lutz, H./Wenning, N. (Hg.) (2001): Unterschiedlich verschieden. Differenz in der Erziehungswissenschaft. Opladen
Lynch, J./Modgil, C./Modgil, S.(1992): Cultural Diversity and the Schools. Vol. 1: Education for Cultural Diversity: Convergence and Divergence. London/Washington D.C.
Lynen von Berg, H. (2000): Politische Mitte und Rechtsextremismus. Opladen
Lynen von Berg, H./Roth, R. (Hg.) (2003): Maßnahmen und Programme gegen Rechtsextremismus wissenschaftlich begleitet. Opladen
Lyotard, J.-F. (1989): Der Widerstreit. München
Lyotard, J.-F. (1993): Die Rechte des Anderen. In: Shute, S./Hurley, S.: Die Idee der Menschenrechte. Frankfurt, S. 171-182
Macpherson of Cluny, W. Sir (1999): The Stephen Lawrence Inquiry: Report of an inquiry. (http://www.homeoffice.gov.uk/slinq981.htm)
Margalit, A. (1997): Politik der Würde. Über Achtung und Verachtung. Berlin
Margalit, A. (2000): Die anständige Gesellschaft und ihre Feinde. Vortrag bei einer Veranstaltung des Kulturforums der Sozialdemokratie Berlin
Martin, C. J. (2003): The Teaching of Controversial Issues through Citizenship. Canterbury (http://www.ittcitized.info/students/Kate_Martin2.pdf)
Maunz, T./Düring, G. (1989): Grundgesetz Kommentar. München
McDonald, K. (1999): Struggles for Subjectivity. Cambridge

McLeod, K. A. (1992): Multiculturalism and multicultural Education in Canada: Human Rights and Human Rights Education. In: Moodley, K. A. (Ed.): Beyond Multicultural Education. Calgary, S. 215-242

Mecheril, P. (2003): Politik der Unreinheit. Über die Anerkennung von Hybridität. Wien

Meseth, W. (2002): „Auschwitz" als Bildungsinhalt in der deutschen Einwanderungsgesellschaft. In: Lenz, C./Schmidt, J./v. Wrochem, O. (Hg.): Erinnerungskulturen im Dialog. Münster, S. 125-133

Messerschmidt, A. (2002): Erinnerung jenseits nationaler Identitätsstiftung. In: Lenz, C./Schmidt, J./v. Wrochem, O. (Hg.): Erinnerungskulturen im Dialog. Münster, S. 103-114

Messerschmidt, A. (2003): Bildung als Kritik der Erinnerung. Frankfurt a. M.

Meueler, E. (1993): Die Türen des Käfigs. Wege zum Subjekt in der Erwachsenenbildung. Stuttgart

Meyer, D./von Ginsheim, G. (2002): Gender Mainstreaming. Zukunftswege der Jugendhilfe. Berlin

Miles, R. (2002): The concept of racism. In: Liebhart, K./Menasse, E./Steinert, H. (Hg.): Fremdbilder – Feinbilder – Zerrbilder. Klagenfurt, S. 79-94

Ministerium für Bildung, Wissenschaft und Weiterbildung (2001): Empfehlung der Kultusministerkonferenz zur Förderung der Menschenrechtserziehung in der Schule. Bekanntmachung vom 11. Januar 2001 (15411 A-51303/30) (http://leb.bildung-rp.de/info/literatur/uebergreifend/rundschreiben/bk_menschenrechte.htm)

Ministry of Education and Training Ontario (1993): Antiracism and Ethnocultural Equity in School Boards. Toronto (http://www.edu.gov.on.ca/eng/document/curricul/antiraci/antire.pdf)

Möller, K. (2002): Expertise. Pädagogische und sozialarbeiterische Ansätze zur Bearbeitung von Rechtsextremismus, Fremdenfeindlichkeit und Gewalt vor dem Hintergrund von Anerkennungszerfall und Desintegrationsprozessen. Esslingen/Bielefeld

Moodley, K. A. (1992): Beyond Multicultural Education. Calgary

Moodley, K.A. (1995): Multicultural Education in Canada: Historical Development and Current Status. In: Banks, J. A.: Handbook of Research on Multicultural Education. New York, S. 801-820

Moore, B. (1982): Ungerechtigkeit. Die sozialen Ursachen von Unterordnung und Widerstand. Frankfurt a. M.

Morshäuser, B. (1992): Hauptsache Deutsch. Frankfurt a. M.

Mouvement contre le racisme et pour l'amitié entre les peuples (MRAP) : http://www.mrap.asso.fr

Narr, W.-D. (1981): Für einen erweiterten Materialismus. In: Leviathan, H. 3-4, S. 486-498

Neckel, S. (1999): Waldleben. Eine ostdeutsche Stadt im Wandel seit 1989. Frankfurt a.M.

Nickolai, W./Lehmann, H. (2002): Auschwitz – Für die Zukunft lernen – Eine Projektdokumentation. In. Nickolai, W./Lehmann, H. (Hg.): Grenzen der Gedenkstättenpädagogik mit rechten Jugendlichen. Freiburg, S. 17-76

Noiriel, G. (2002): Petite histoire de l'intégration à la française. In : Le monde diplomatique, Januar 2002, S. 4-5

Nunner-Winkler, G. (1991): Zur Einführung: Die These von den zwei Moralen. In: Dies. (Hg.): Weibliche Moral. Frankfurt a. M./New York. S. 9-31

Nuscheler, F. (2003): Soziale Menschenrechte und Entwicklungspolitik. (www.fes.de/interntl/pub_UN95/nusch.html)

Oesterreich, D. (2002): Politische Bildung von 14-Jährigen in Deutschland. Studien aus dem Projekt Civic Education. Opladen

Office for Standards in Education (Ofsted) (1999): Raising the Achievement of Minority Ethnic Pupils: School and LEA Responses. London (http://www.ofsted.gov.uk/ publications/docs/771.pdf)

Office for Standards in Education (Ofsted) (2001): Managing Support for the Attainment of Pupils from Minority Ethnic Groups. London (http://www.ofsted.gov.uk/ publications/docs/1137.pdf)

Office for Standards in Education (Ofsted) (2002): Achievement of Black Caribbean Pupils: Good Practice in Secondary Schools. London (http://www.ofsted.gov.uk/publications/docs/63.pdf)

Office for Standards in Education (Ofsted) (2003): National Curriculum citizenship: planning and implementation 2002/03. London (http://www.ofsted.gov.uk/ publications/docs/3312.pdf)

Ohlemacher, Thomas (1993): Bevölkerungsmeinung und Gewalt gegen Ausländer im wiedervereinigten Deutschland. Berlin: Wissenschaftszentrum Berlin (Discussion Paper FS III, 93-104)

Ohlemacher, T. (1999): Medien, Bevölkerungsmeinung und fremdenfeindliche Straftaten 1991-1997. In: Dünkel, F./Geng, B. (Hg.): Rechtsextremismus und Fremdenfeindlichkeit. Bonn, S. 53-68

Ontario English Catholic Teachers Association (OECTA) (1997): Impact of Education Cuts. The Fewer School Board Act – an attack on democracy. (http://www. oecta.on.ca/pdfs/impactedcuts.pdf)

Ontario Human Rights Commission (Ed.) (2001): Teaching Human Rights in Ontario. Toronto (http://www.ohrc.on.ca/english/education/thrio-r2001.pdf)

Ontario Secondary School Teacher's Federation (OSSTF)/Educational Services Committee (Ed.) (1995). Antiracism education, getting started: A practical guide for educators. Toronto

Osler, A. /Morisson, M. (2000): Inspecting Schools for Race Equality: OFSTED's Strengths and Weaknesses. Trentham

Osler, A./Starkey, H. (2000): Citizenship, Human Rights and Cultural Diversity. In: Osler, A. (Ed.): Citizenship and Democracy in Schools – Diversity, Identity, Equality. Trentham, S. 13-18

Ottawa-Carleton District School Board (2000): Community Council for Ethnocultural Equity (http://www.ocdsb.edu.on.ca/general_info/fact_sheets/ ccee.htm)

Otten, M. (2004): Strukturelle Bedingungen des sozialen Handelns in interkulturellen Bildungskontexten. Dissertationsschrift (Universität Karlsruhe)

Pandel, H. J. (1999): Postmoderne Beliebigkeit. Über den sorglosen Umgang mit Inhalten und Methoden. In: Informationen für die Geschichts- und Gemeinschaftskundelehrer. Heft 5/6, S. 282-291

Park, B./Rothbart, M. (1982): Perception of outgroup homogeneity and levels of social categorization: Members of the subordinate attributes of ingroup and outgroup members. In: Journal of Personality and Social Psychology, 42, S. 1051-1068
Parsons, T. (1942/1968): Demokratie und Sozialstruktur in Deutschland vor der Zeit des Nationalsozialismus. In: Ders.: Beiträge zur soziologischen Theorie. Neuwied, S. 256-283
Patton, M.Q. (1997): Utilization-Focused Evaluation. Thousand Oaks
Paul, G. (1999): Zur Frage nach der Begründung der Menschenrechte. Eine methodologische Notiz. In: Göller, T. (Hg.): Philosophie der Menschenrechte. Methodologie, Geschichte, kultureller Kontext. Göttingen, S. 40-51
Peel District School Board (2003): Go beyond Words. Human Rights at the Peel District School Board. (http://www.gobeyondwords.org/main.html)
Pettigrew, T. F. (1958): Personality and sociocultural factors in intergroup attitudes: A cross-national comparison. Journal of Conflict Resolution, 2, 29-42
Pettigrew, T. F. (1959): Region differences in anti-Negro prejudice. Journal of Abnormal and Social Psychology, 59, 28-36
Pettigrew, T. F. (1961): Social psychology and desegregation research. American Psychologist, 16, 105-112
Pettigrew, T. F. (1971). Racially separate or together? New York
Plenarprotokoll des Deutschen Bundestages 14/222
Prengel, A. (1995): Pädagogik der Vielfalt. Opladen
Prengel, A. (2001): Egalitäre Differenz in der Bildung. In: Lutz, H./Wennig, N. (Hg.): Unterschiedlich verschieden. Differenz in der Erziehungswissenschaft. Opladen, S. 93-107
Priester, K. (2003): Rassismus. Eine Sozialgeschichte. Leipzig
Qualifications and Curriculum Authority (1998): Education for citizenship and the teaching of democracy in schools. London
Race Relations (Amendment) Act (2000): (http://www.homeoffice.gov.uk/raceact/overview.htm)
Radtke , F.-O. (1988): Institutionalisierte Diskriminierung – zur Verstaatlichung von Fremdenfeindlichkeit. In: Bauböck, R. u. a.: Und raus bist du. Ethnische Minderheiten und Politik. Wien, S. 109-128
Radtke, F.-O./Weiß, M. (2000): Schulautonomie, Wohlfahrtsstaat und Chancengleichheit. Opladen
Reardon, B. (1995): Educating for Human Dignity. Philadelphia, Pennsylvania
Reemtsma, J.-P. (1991): Die Falle des Antirassismus. In: Bielefeld, U. (Hg.): Das Eigene und das Fremde. Hamburg, S. 269-282
Reich, B. (2001): Rechtsextremismus und gewerkschaftliche Gegenstrategien. www.rosalux.de/ Einzel/antifa/Reich.pdf
Reich, H.H./Roth, H.-J. (2003): Spracherwerb zweisprachig aufwachsender Kinder und Jugendlicher. Hamburg
Reif-Spirek, P. (2003a): Rechtsextremismus, Geschichtsrevisionismus und Gedenkstättenpädagogik. In: Benz, W./Reif-Spirek, P. (Hg.): Geschichtsmythen: Legenden über den Nationalsozialismus. Berlin, S. 151-161
Reif-Spirek, P. (2003b): Gedenkstättenarbeit und politische Bildung. Einige Annäherungen. In: Kursiv, H. 3/2000, S. 22-25

Reuter, H.-R. (1999): Relativistische Kritik am Menschenrechtsuniversalismus? Eine Antikritik. In: Reuter, H.-R. (Hg.): Ethik der Menschenrechte. Tübingen, S. 75-103
Rommelspacher, B. (1995): Dominanzkultur. Berlin
Rorty, R. (1989): Kontingenz, Ironie und Solidarität. Frankfurt a. M.
Rorty, R. (1993): Menschenrechte, Rationalität und Gefühl. In: Shute, S./Hurley, S.: Die Idee der Menschenrechte. Frankfurt a. M., S. 144-170
Rorty, R. (2003): Wahrheit und Fortschritt. Frankfurt a. M.
Rosemann, N. (2003): Human rights education – towards the end of the un-decade. In Nordic Journal of Human Rights Issue, No. 4
Roth, H.-J. (1995): Multikulturalität und Citoyenneté. Gesellschaftspolitische Implikationen in pädagogischen Konzeptionen. In: Informationsdienst zur Ausländerarbeit 1995, Heft 2, S. 58-63.
Roth, G. (2002): Fühlen, Denken, Handeln, Frankfurt a. M.
Roth, R./Benack, A. (2003): Bürgernetzwerke gegen Rechts. Evaluierung von Aktionsprogrammen und Maßnahmen gegen Rechtsextremismus und Fremdenfeindlichkeit. Hg. von der Friedrich-Ebert-Stiftung
Roth, R./Lynen von Berg, H./Benack, A. (2003): Programme und Maßnahmen gegen Rechtsextremismus und Fremdenfeindlichkeit – Fragen und Anmerkungen zu ihrer wissenschaftlichen Begleitung. In: Roth, R./Lynen von Berg, H. (Hg.): Maßnahmen und Programme gegen Rechtsextremismus wissenschaftlich begleitet. Opladen, S. 9-24
Schäfer, B./Six, B. (1978): Sozialpsychologie des Vorurteils. Stuttgart
Scherr, A. (1993): Stabile Strukturen statt kurzfristiger Programme. Neun Thesen zur Jugendarbeit mit rechten Jugendlichen. In: Sozialmagazin, H. 5, 1993, S. 28-30
Scherr, A. (1994): Möglichkeiten und Grenzen der Jugendarbeit mit rechten Jugendlichen. In: Otto, H.-U./Merten, R. (Hg.): Rechtsradikale Gewalt im vereinten Deutschland. Opladen, S. 325-333
Scherr, A. (1995): Soziale Identitäten Jugendlicher. Opladen
Scherr, A./Träger, P. (1996) „Nazis raus, Ausländer raus – oder was sonst?" Eine Seminarkonzeption für die außerschulische Jugendbildungsarbeit. Landau/Mainz: Landeszentrale für politische Bildung
Scherr, A. (1997a): Konzeptionsentwicklung – eine unverzichtbare Grundlage professioneller Jugendarbeit. In: Deinet, U./Sturzenecker, B. (Hg.): Konzepte entwickeln. Weinheim und München 1997, S. 197-210
Scherr, A. (1997b): Subjektorientierte Jugendarbeit. Weinheim und München
Scherr, A. (1997c): Sicherheitsbedürfnisse, soziale Ausschließung und Kriminalisierung. In: Kriminologisches Journal, 29. Jg., H. 4/1997, S. 256-266
Scherr, A. (1998): Jugendkriminalität, Sicherheitspaniken und präventive Soziale Arbeit. Aspekte einer Analyse und Kritik der aktuellen Diskussion. In: Neue Praxis H. 6/1998, S. 577-590
Scherr, A. (1999): Befunde der Rechtsextremismusforschung. In: Dünkel, F./Geng, B. (Hg.): Rechtsextremismus und Fremdenfeindlichkeit. Bonn, S. 69-88
Scherr, A. (2000): Akzeptierende Jugendarbeit. Arbeitsprinzipien, Erfahrungen und Erfolgsbedingungen. In: Deutsches Jugendinstitut (Hg.): Rechtsextremismus und Fremdenfeindlichkeit – Aufgaben und Grenzen der Kinder- und Jugendhilfe. Leipzig: DJI, S. 9-20

Scherr, A. (2001): Bedingungen und Formen von Fremdenfeindlichkeit und Rechtsextremismus. In: Gegenwartskunde, H. 2/2001, S. 173-186

Scherr, A. (2002a): Interkulturelle Bildung als Befähigung zu einem reflexivem Umgang mit kulturellen Einbettungen. In: Neue Praxis. H. 4, S. 347-357

Scherr, A. (2002b): Abschied vom Paternalismus. Anforderungen an die Migrationssozialarbeit in der Einwanderungsgesellschaft. In: Treichler, A: (Hg.): Wohlfahrtsstaat, Einwanderung und ethnische Minderheiten. Opladen, S. 187-199

Scherr, A. (2002c): Mit Härte gegen Gewalt? Kritische Anmerkungen zum Anti-Aggressivitäts- und Coolness-Training. In: Kriminologisches Journal, H. 4/2002, S. 294-301

Scherr, A. (2003): Pädagogische Konzepte gegen Rechts – was hat sich bewährt, was ist umstritten, was sollte vermieden werden? In: Roth, R./Lynen von Berg, H. (Hg.): Maßnahmen und Programme gegen Rechtsextremismus wissenschaftlich begleitet. Opladen, S. 249-264

Schiffauer, W. (1997): Fremde in der Stadt. Frankfurt a. M.

Schiffauer, W./Baumann, G./Kastoryano, R./Vertovec, S. (Hg.) (2002): Staat, Schule, Ethnizität. Münster/New York/München/Berlin

Schmolke, S. (2002): Menschenrechtserziehung in Schule und Unterricht. In: Friedrichs, P.-M. (2002): Das Lehrerbuch. Menschenrechte im Unterricht. München, S. 11-25

Schofield, J. (1995): Promoting positive intergroup relations in school settings. In: Hawley, W. D./Jackson, A. W. (Eds.): Toward a Common Destiny: Improving Race Relations in America. San Francisco

Schreier, H. (1995): Anmerkungen über das Sammeln von Überlegungen zur Erziehung nach Auschwitz. In: Heyl, M./Schreier, H.: Daß Auschwitz nicht noch einmal sei... Zur Erziehung nach Auschwitz. Hamburg, S. 17-25

Schumann, K. F. (2001): Experimente mit der Kriminalprävention. In: Albrecht, G./Backes, O./Kühnel, W. (Hg.): Gewaltkriminalität zwischen Mythos und Realität. Frankfurt a. M., S. 435-457

Schwab-Trapp, M. (2003): Methodische Aspekte der Diskursanalyse. Probleme der Analyse diskursiver Auseinandersetzung am Beispiel der deutschen Diskussion über den Kosovokrieg. In: Keller, R. u.a. (Hg.): Handbuch sozialwissenschaftlicher Diskursanalyse. Opladen, S. 169-196

Senghaas, D. (1998): Zivilisierung wider Willen. Der Konflikt der Kulturen mit sich selbst. Frankfurt a. M.

Senghaas, D. (2003): Außerhalb Europas, aber nicht anders als einst in Europa. In: Frankfurter Rundschau, 26.7.2003

Sennett, R./Copp, J. (1972): The Hidden Injuries of Class. New York

Sennett, R. (2002): Respekt im Zeitalter der Ungleichheit. Berlin

Sherif, M (1967): Group Conflict and Cooperation. London

Shue, H. (1999): Menschenrechte und kulturelle Differenz. In: Lohmann, G./Gosepath, S.: Philosophie der Menschenrechte. Frankfurt a. M., S. 343-377

Silbermann, A./Hüsers, F. (1995): Der „normale“ Hass auf die Fremden. Eine sozialwissenschaftliche Studie zu Ausmaß und Hintergründen von Fremdenfeindlichkeit in Deutschland. München

Simon, P. (1998): La discrimination. Contexte institutionnel et perception par les immigrés. In: Hommes et Migrations, n° 1211, S. 46-67

Simon, P. (2002): Flexibilisierung gefordert. Frankreich verabschiedet sich von seiner Assimilationspolitik. In: die tageszeitung, 18.11.2002

Simon, T./Hanselmann, R. (2003): Spurensuche: Was von Projekten des AgAG-Programms ins Sachsen-Anhalt übrig geblieben ist. In: Roth, R./Lynen von Berg, H. (Hg.): Maßnahmen und Programme gegen Rechtsextremismus wissenschaftlich begleitet. Opladen, S. 229-248

Singelis, T. M. (Ed.) (1998): Teaching about Culture, Ethnicity & Diversity. Thousand Oaks

Sinus-Institut (1981): „5 Millionen Deutsche: Wir wollen wieder einen Führer haben!“ Reinbek

Slavin, R.E. (1995): Enhancing intergroup relations in schools: Cooperative learning and other strategies. In: Hawley, W. D./Jackson, A. W. (Eds.): Toward a Common Destiny: Improving Race Relations in America. San Francisco, S. 291-314

Sliwka, A. (2001): Demokratie lernen und leben. Band II. Das anglo-amerikanische Beispiel. Weinheim

Solomon, R. P./Rezai-Rashti, G. (2002): Teacher Candidates' Racial Identity Development and its Impact on Learning to Teach. Toronto (http://www.crr.ca/en/Publications/ResearchReports/doc/ ePub_Solomon_full.pdf)

Steil, A./Panke, M. (Hg.) (2001): Betriebsnahe Bildungsarbeit und moralisches Lernen. Angebote für Lehrende und Lernende in Berufsschulen und Betrieben. Berlin/Flecken Zechlin

Steiner-Khamsi, G. (1992): Multikulturelle Bildungspolitik in der Postmoderne. Opladen

Stender, W./Rhode, G./Weber, T. (Hg.) (2003): Interkulturelle und antirassistische Bildungsarbeit. Frankfurt a. M.

Stephan, W. (1999): Reducing Prejudice and Stereotyping in Schools. New York

Stephan, C./Stephan, W. (2001): Improving intergroup relations. Thousand Oaks

Stöss, R. (2000): Rechtsextremismus im vereinten Deutschland. Bonn. Hg. von der Friedrich Ebert Stiftung

Stöss, R. (2003): Möglichkeiten und Grenzen der Evaluierung von persuasiven Programmen. In: Lynen von Berg, H./Roth, R.: Maßnahmen und Programme gegen Rechtsextremismus wissenschaftlich begleitet. Opladen, S. 95-100

Stürmer, M. (1997): Völkerwanderung und politische Stabilität in Geschichte und Gegenwart. In: Angenendt, S. (Hg.): Migration und Flucht. Bonn

Suntinger, W./Weber, B. (2000): Alle Menschenrechte für alle. Ludwig Boltzmann Institut für Menschenrechte Wien

Swaan, A. de (2000): Zivilisierung, Massenvernichtung und der Staat. In: Leviathan H. 2, 28. Jg., S. 192-201

Taguieff, P.-A. (1987): La force du préjugé. Essai sur le racisme et ses doubles. Paris (dt. : Die Macht des Vorurteils. Der Rassismus und sein Double. Hamburg 2000)

Taguieff, P.-A. (1997): Universalisme et racisme évolutionniste: Le dilemme républicain hérité de la France coloniale (Interview). In: Hommes & Migrations n° 1207, S. 90 – 96

Tajfel, H. (1982): Gruppenkonflikt und Vorurteil. Entstehung und Funktion sozialer Stereotypen. Bern

Tarrow, N. (1992): Human Rights Education: Alternative Conceptions. In: Lynch, J./Modgil, C./Modgil, S. (Eds.): Cultural Diversity and the Schools, Volume 4:

Human Rights, Education and Global Responsibilities. London/Washington, D.C., S. 21-50
Tauvel, J.-P. (1997): L'antiracisme à l'école: sortir des incantations rituelles. In: Migrants Formation, n° 109
Teacher Training Agency (TTA) (2000): Raising the Attainment of Minority Ethnic Pupils: guidance and Resource Materials for Teacher Trainers. London (www.canteach.gov.uk/publications/community/itt/providers/minority.pdf)
Terkessidis, M (1998): Psychologie des Rassismus. Opladen
Terkessidis, M. (2000): Migranten. Hamburg
Thadden, R. v. (2000): Schwierige Balance. In: Zeitschrift für Kulturaustausch 4/2000, „Auswege aus der Routine – Der deutsch-französische Dialog", S. 33-34, Institut für Auslandsbeziehungen. Stuttgart
The Ontario Institute for Studies in Education at the University of Toronto (Ed.) (2000): Inclusive Curriculum 2000. Toronto (http://www.oise.utoronto.ca/~cwse/inclusive/)
Tibbits, F. (2002): Understanding what we do: Emerging Models for Human Rights Education. In: International Review of Education 48/2002, S. 159-171
Tikly, L./Osler,A./Hill, J./Vincent, K. (2002): Ethnic Minority Achievement Grant: Analysis of LEA Action Plans. Bristol/Leicester
Todd, E. (1994): Le destin des immigrés. Paris (dt.: Das Schicksal der Immigranten. Hildesheim 1998)
Tomlinson, S./Craft, M. (Eds.) (1995): Ethnic Relations and Schooling. Policy and Practice in the 1990s. London
Tomlinson, S. (2000): Wie wirken sich Bildungsmärkte auf ethnische Minderheiten aus? In: Radtke, O./Weiß, M. (Hg.): Schulautonomie, Wohlfahrtsstaat und Chancengleichheit. Opladen
Troyna, B. (1992): Can you see the join? An historical analysis of multicultural and antiracist education policies. In: Gill, D./Mayor, B./Blair, M. (Eds.): Racism and Education. Structures and Strategies. London
Tugendhat, E. (1999): Die Kontroverse um die Menschenrechte. In: Lohmann, G./Gosepath, S.: Philosophie der Menschenrechte. Frankfurt a. M., S. 48-61
Ulrich, S./Wenzel, F.M. (2003): Partizipative Evaluation. Ein Konzept für die politische Bildung. Gütersloh
UNESCO (1998): All Human Beings … Manual for Human Rights Education. Paris
United Nations- High Commissioner for Human Rights (1998): ABC, Teaching Human Rights. Practical Activities for Primary and Secondary Schools. Genf
United Nations Education, Scientific and Cultural Organization (2003): Information kit on the United Nations Convention on Migrants' Rights (www.unesco.org/most/migration/ convention)
UNO-Weltkonferenz gegen Rassismus, Rassendiskriminierung, Fremdenfeindlichkeit und damit zusammenhängende Intoleranz in Durban (2002): Abschlusserklärung. (http://www.auswaertiges-amt.de/www/de/aussenpolitik/menschenrechte/mr_inhalte_ziele/rassismus_html)
Van Dijk, L./Metselaar, M./Verhoeven, R. (Hg.) (1994): Anne-Frank-Zeitung. Amsterdam
Wacquant, L. (2001): Für eine Analytik rassistischer Herrschaft. In: Weiß, A. u. a. (Hg.): Klasse und Klassifikation. Wiesbaden, S. 61-78

Wagner, U./Zick, A. (1995): The Relation of Formal Education to Ethnic Prejudice: Its Reliability, Validity and Explanation. In: European Journal of Social Psychology, 25, S. 41–56
Wahl, K. (1999) (Hg.): Fremdenfeindlichkeit, Antisemitismus, Rechtsextremismus. Drei Studien zu Tatverdächtigen und Tätern. Berlin (BMI)
Wahl, K. (2001): (Hg.): Fremdenfeindlichkeit, Antisemitismus, Rechtsextremismus, Berlin
Waters, M. C. (1994): Ethnische Identität als Option. In: Honneth, A. (Hg.): Pathologien des Sozialen. Die Aufgaben der Sozialphilosophie. Frankfurt, S. 205-232
West, C. /Zimmermann, D. H. (1991): Doing Gender. In: Lorber, J./Farell, S. A. (Hg.): The Social Construction of Gender, Newbury Park/London/New Dehli, S. 13-37
Widmer, T. (1996): Meta-Evaluation. Kriterien zur Bewertung von Evaluationen. Bern
Widmer, T. (2000): „Qualität der Evaluation – Wenn Wissenschaft zur praktischen Kunst wird." In: Stockmann, R. (Hg.): Evaluationsforschung. Opladen, S. 77-102
Wieviorka, M. (Hg.) (1994): Racisme et xénophobie en Europe – une comparaison internationale. Paris
Wieviorka, M. (1998): Le racisme, une introduction. Paris
Wieviorka, M. (2003): Kulturelle Differenzen und kollektive Identitäten. Hamburg
Willems, H./Eckert, R./Würtz, S./Steinmetz, L. (1993): Fremdenfeindliche Gewalt: Eine Analyse von Täterstrukturen und Eskalationsprozessen. Bonn
Willis, P. (1977): Spaß am Widerstand. Gegenkultur in der Arbeiterschule. Frankfurt a. M.
Wittmeier, N. (1997): Internationale Jugendbegegnungsstätte Auschwitz. Frankfurt a. M.
Wlodkowski, R. J./Ginsberg, M. B. (1995): Diversity & motivation: Culturally responsive teaching. San Francisco
Wollgast, S. (2002): Zum Toleranzproblem in Vergangenheit und Gegenwart. Vortrag auf der Konferenz „Toleranz: Ihre historische Genese, ihre Chancen und Grenzen im 21. Jahrhundert" der Leibniz-Sozietät e.V. und des Mittelstandsverbands Oberhavel e.V. Oranienburg, 26.10.2002
Wolverhampton Race Equality Council Consortium (1999): Recruitment and Retention for Teachers from the Ethnic Minority Communities. Wolverhampton (http://www.wolverhamptonla21.org.uk/community_&_voluntary_groups/wolverhampton_race_equality_council.htm)
Wotherspoon, T. (1995): Multicultural education in a changing global economy. Münster
Young, J./MacKay, T. (1999): Multicultural, Intercultural and Anti-Racist In-Service Teacher Education. Winnipeg
zur Lippe, R. (1975): Das bürgerlich-autonome Subjekt in den geschichtsphilosophischen Schriften von Kant. In: Ders.: Bürgerliche Subjektivität. Frankfurt a. M., S. 70-104
Zwölfer, N. (2003): Über die Relevanz des Geschichtsunterrichts. In: Informationen für den Geschichts- und Gemeinschaftskundelehrer. H. 66/2003, S. 8-14

Anhang: Expertise zu den bildungspolitischen Reaktionen auf die Einwanderungsgesellschaft in den Bundesländern (Autorin: Gabi Elverich)

Die vorliegende Expertise versucht den aktuellen Entwicklungsstand der Bildungspolitik der Bundesländer im Umgang mit den Anforderungen der Einwanderungsgesellschaft zu erfassen und Entwicklungsdefizite zu benennen.

Grundlage der Bestandsaufnahme ist eine schriftliche Anfrage an die Kultusministerien der Bundesländer. Mit dieser Befragung wurde um aussagefähige Unterlagen (Richtlinien, Schulprogramme, Lehrpläne, Dokumentationen von Modellprojekten usw.) zu der Frage gebeten, welche Ansätze der Auseinandersetzung mit den Realitäten und Konflikten von Einwanderungsgesellschaften (Maßnahmen gegen Fremdenfeindlichkeit, Rechtsextremismus und Rassismus; Interkulturalität; ethnische Unterschichtung; Einwanderung und Arbeitsmarkt usw.) in den schulischen Curricula und den Curricula der Lehreraus- und -fortbildung verankert sind. Die eingegangenen Selbstauskünfte der zuständigen Stellen bilden die Grundlage einer vergleichenden Analyse von Integrationskonzepten, Schulgesetzen, Erlassen, Lehrplänen, Maßnahmen zur Sprachförderung, Schulprogrammen und -projekten, Konzepten für die Lehrerbildung, Fortbildungsangeboten und Handreichungen für LehrerInnen sowie Maßnahmen zur Erhöhung des Migrantenanteils im Lehramt.

In Reaktion auf die Anfrage wurde eine Fülle unterschiedlicher Materialien zugesandt, in denen eine Vielzahl spezifischer Regelungen in den einzelnen Bundesländern deutlich wird. Da die Materialien z. T. lückenhaft waren, wurde versucht, ergänzende Informationen durch eine Internetrecherche zu erhalten.[259]

1. Bildungspolitische Orientierungen

Zunächst ist festzuhalten, dass die Kultusministerien der Auseinandersetzung mit Fragen der Einwanderungsgesellschaft einen sehr unterschiedlichen Stellenwert beimessen. Dies spiegelt sich auch im jeweiligen Ausmaß der institutionellen Verankerung entsprechender Bildungskonzeptionen. Die Thematisierung von Migration und ihren Folgen in Schule und Lehrerbildung ist nur selten in

259 Dies gilt auch für die Bundesländer Mecklenburg-Vorpommern, Niedersachsen und Thüringen, aus denen zum Zeitpunkt der Bearbeitung keine Materialien vorlagen.

umfassendere Konzepte eingebettet. Ausnahmen bilden hier das „Konzept zur Integration von Migrantinnen und Migranten in Schleswig-Holstein“[260] und der „Niedersächsische Integrationsplan“.[261] Hier handelt es sich jeweils um landesweite Programme, die Integration als Querschnittspolitik verstehen und auf der Bündelung von Einzelmaßnahmen beruhen. Schule und Ausbildung werden in diesem Zusammenhang als zentrale Instanzen für Qualifizierungs- und Gleichstellungsprozesse von MigrantInnen angesehen. Im Unterschied hierzu beschränken sich die Konzepte anderer Bundesländer auf einzelne Bereiche der Einwanderungsgesellschaft und sind weniger weitreichend. Das Handlungskonzept „Tolerantes Brandenburg“[262] konzentriert sich auf die Bekämpfung von Rechtsextremismus und Gewalt und bezieht hierbei auch Schulen als wichtige gesellschaftliche Akteure ein. Diese inhaltliche Schwerpunktsetzung spiegelt sich jedoch nicht auf der curricularen Ebene wider. Das sächsische Integrationskonzept[263] hingegen ist auf schulische Integration durch Spracherwerbsförderung und Eingliederung in den Regelunterricht begrenzt. Die anderen Bundesländer greifen zwar verschiedene Aspekte der Einwanderungsgesellschaft in Rahmenplänen, Handreichungen, Schulprojekten sowie Angeboten der Lehreraus- und -fortbildung punktuell auf, die Bemühungen stehen jedoch weitgehend unkoordiniert und unverbunden nebeneinander.

Im Hinblick auf die inhaltliche Ausrichtung fällt auf, dass die ‚Tatsache Einwanderungsgesellschaft' in den programmatischen Ausführungen der Bundesländer selten explizit benannt wird. Thematisiert wird vielmehr vor allem die Veränderung der Wohnbevölkerung als Folge von Zuwanderung. Obwohl die Bundesländer Migrationsprozessen und dem damit einhergehenden gesellschaftlichen Wandel unterschiedliche Bedeutung zumessen, wird die bildungspolitische Relevanz von Einwanderung von keinem Bundesland in Frage gestellt. Ausgangspunkt der programmatischen Überlegungen ist beispielsweise der „Hintergrund verstärkter internationaler Mobilität“[264] oder das „Zusammenleben von Menschen unterschiedlicher Herkunft in der multikulturellen Gesell-

---

260 S. Innenministerium des Landes Schleswig-Holstein: Konzept zur Integration von Migrantinnen und Migranten in Schleswig-Holstein, Kiel 2002 [im Folgenden zitiert als: Konzept SH].

261 S. Niedersächsisches Ministerium für Frauen, Arbeit und Soziales: Niedersächsischer Integrationsplan, Hannover 2002 [im Folgenden zitiert als: Integrationsplan NI].

262 S. Landesregierung Brandenburg: Handlungskonzept „Für ein tolerantes Brandenburg – gegen Gewalt, Rechtsextremismus und Fremdenfeindlichkeit“, o. A. 1998 [im Folgenden zitiert als: Handlungskonzept BB].

263 S. Sächsisches Ministerium für Kultus: Die sächsische Konzeption zur Integration von Migranten, Ministerialblatt Nr.8/2000 [im Folgenden zitiert als: Konzeption SN].

264 Sächsisches Ministerium für Kultus: Schulpolitisches Grundsatzpapier, in: Zeitschrift Fingerzeige 1/02 [im Folgenden zitiert als: Grundsatzpapier SN, S. 17].

schaft".[265] Die Darstellungen gehen dabei weitgehend von einer grundlegenden Differenz zwischen deutscher Mehrheitsgesellschaft und EinwanderInnen aus. So enthält beispielsweise das Schulgesetz der Stadt Bremen die Zielsetzung, „Minderheiten in ihren Eigenarten zu respektieren."[266]

Weiterhin ist festzustellen, dass Unterschiede weniger in der Beschreibung der Einwanderungsgesellschaft, sondern vielmehr in der Bewertung von Zuwanderung bestehen. Vorherrschend ist eine problemorientierte Sichtweise: Die meisten Bundesländer akzentuieren die Konflikthaftigkeit der Einwanderungsgesellschaft, machen diese aber auf unterschiedlichen Ebenen fest. Angenommene Spannungen in der Einwanderungsgesellschaft werden mehrheitlich als Folge des Zusammentreffens von Menschen verschiedener kultureller Hintergründe interpretiert. So wird die Verschiedenheit von Herkunftskulturen und Sprachen in Bayern als „Ausgangsproblem" bezeichnet.[267] Sachsen betont die Problematik, die sich aus der ‚Andersartigkeit' der EinwandererInnen ergeben: „Die Zuwanderung, vor allem wenn sie aus anderen Kulturkreisen und ohne hinreichende Sprachkenntnisse erfolgt, stellt Anforderungen an die Integrationsfähigkeit einer Gesellschaft."[268] Berlin formuliert vorsichtiger, dass das Zusammenleben von Menschen unterschiedlicher Herkunft Konflikte auslösen oder verstärken könne[269] und ergänzt: „Die multikulturelle Gesellschaft stellt unsere Gewohnheiten in Frage, erschüttert unsere Gewissheiten, zwingt uns zu einer neuen Sichtweise."[270] Eine positive Deutung von Einwanderung ist nur in Schleswig-Holstein und Niedersachsen zu finden, wo Zuwanderung als „Bereicherung der Gesellschaft"[271] und „Integration auch als Chance für die einheimische Bevölkerung und die Zugewanderten"[272] verstanden wird. Die Konflikthaftigkeit des Zusammenlebens in der Einwanderungsgesellschaft wird fast immer als Problem der Mehrheitsgesellschaft dargestellt. Allein in Sachsen ist ein Perspektivwechsel auszumachen. Hier wird darauf verwiesen, dass sich MigrantInnen „in einer ungewohnten Umgebung und Kultur orientieren, die nicht zuletzt

---

265 Senatsverwaltung für Schule, Jugend und Sport Berlin: Handreichung für Lehrkräfte an Berliner Schulen. Interkulturelle Bildung und Erziehung, Berlin 2001, S. 6 [im Folgenden zitiert als: Handreichung BE].

266 Bremisches Schulgesetz (BremSchulG) vom 20.12.1994 [im Folgenden zitiert als: Bremisches Schulgesetz].

267 S. Bayerisches Staatsministerium für Unterricht und Kultus. Amtsblatt KWMBI Nr. 20/1997 „Bekanntmachung zur Darstellung Deutschlands im Unterricht" [im Folgenden zitiert als: Bekanntmachung BY].

268 Grundsatzpapier SN, S. 10.

269 S. Handreichung BE, S. 6 f.

270 Ebd.

271 Konzept SH, S. 3.

272 Integrationsplan NI, S. 1.

durch die Schule repräsentiert wird."[273] Brandenburg ist das einzige Bundesland, das Rassismus und Rechtsextremismus in seiner übergreifenden Programmatik als zentrale Problematik der Einwanderungsgesellschaft bewertet.

2. Bildungsziele

In den Schulgesetzen und Richtlinien der Bundesländer werden im Hinblick auf die Einwanderungsgesellschaft Zielsetzungen formuliert, die sich weitgehend auf die Aspekte Integration, Identitätsbildung, Toleranz und Verständigung konzentrieren.

In fast allen Bundesländern ist die Idee der Integration als übergeordnete Zielvorstellung erkennbar. Das jeweilige Integrationskonzept wird jedoch selten konkretisiert. Die Antwortschreiben der Bundesländer enthalten abstrakte Aussagen, wie z. B., dass es darum gehe, „besondere Anforderungen und Möglichkeiten der Integration durch Schule und Unterricht und im schulischen Umfeld" [274] zu berücksichtigen. Konkretere Maßnahmen zur Förderung von Integration werden nur in Hessen, Sachsen, Schleswig-Holstein und Niedersachsen ausdrücklich benannt. In Schleswig-Holstein beinhaltet das Konzept zur Integration vergleichsweise weitgehende Forderungen hinsichtlich der Verbesserung von Integrationsbedingungen, die hier auch auf die Veränderung der Mehrheitsgesellschaft abzielen: „Voraussetzung für die gleichberechtigte gesellschaftliche Integration junger MigrantInnen ist die Entwicklung gesicherter Berufs- und Lebensperspektiven."[275] Es sei Aufgabe der Schule, die Bildungsbenachteiligung von MigrantInnen, z. B. durch Schullaufbahnberatung als konkrete Hilfestellung, zu überwinden. Des Weiteren heißt es: „Diskriminierende Äußerungen in Wort und Tat müssen durch geeignete Maßnahmen nachhaltig geächtet werden", um so ein „positives sozial-emotionales Umfeld" [276] zu schaffen. Während hier Maßnahmen gegen Diskriminierung als integrationspolitisches Mittel favorisiert werden, versteht Sachsen die „Schaffung von Bildungsgerechtigkeit als präventives Mittel gegen rassistisches Gedankengut, Überheblichkeit und Ignoranz."[277]

---

273 S. Sächsisches Ministerium für Kultus: Lehrplan Deutsch als Fremdsprache, S. 6 [im Folgenden zitiert als: Lehrplan DaZ SN].

274 Ministerium für Kultus, Jugend und Sport Baden-Württemberg, Antwortschreiben, S. 1.

275 Konzept SH, S. 11.

276 Ebd.

277 Konzeption SN.

Als Kriterium ‚gelungener Integration' werden überwiegend Spracherwerb und Bildungserfolg von MigrantInnen betrachtet, so dass der Schwerpunkt der Integrationsförderung im Bereich des Spracherwerbs angesiedelt ist.[278] Die vorherrschenden Vorstellungen von Integration verbinden die Idee der Eingliederung mit dem Ziel der Bewahrung kultureller Identitäten.[279] Hamburg betont beispielsweise im Zusammenhang mit der Förderung von Zweisprachigkeit bei MigrantInnen die „Achtung ihrer ethnischen und kulturellen Identität."[280] Auch Schleswig-Holstein grenzt sich explizit von einem auf Assimilation ausgerichteten Integrationskonzept ab, ohne dabei jedoch das Ziel der Wahrung kultureller Identität zu betonen.[281]

Mehrere Bundesländer erklären kulturelle Identitätsbildung zur Aufgabe schulischer Bildung. In Baden-Württemberg wird die „Liebe zu Volk und Heimat"[282] als Bildungsziel formuliert und in Thüringen heißt es: „Die Schule [...] pflegt die Verbundenheit mit der Heimat in Thüringen und in Deutschland, fördert die Offenheit gegenüber Europa und weckt das Verantwortungsgefühl für alle Menschen in der Welt."[283] Der Entwicklung von Heimatverbundenheit wird auch im Schulgesetz von Mecklenburg-Vorpommern zentrale Bedeutung zugewiesen.[284] Bayern formuliert, dass „durch das Nachdenken über ein nationales Selbstverständnis" und die „Auseinandersetzung mit der gemeinsamen Sprache, Geschichte und Kultur" eine „Stärkung der eigenen kulturellen Identität"[285] erfolgen soll. In Sachsen soll dagegen die Konstruktion des ‚Eigenen' und des ‚Fremden' im Rahmen der individuellen Persönlichkeitsentwicklung reflektiert werden. Identitätsbildung wird als ein Prozess verstanden, in dem sich die SchülerInnen Fähigkeiten zum Perspektivwechsel, zum Interessensausgleich und zur

---

278 S. hierzu Kap. 3.1.

279 So z.B. in NRW, s. Ministerium für Schule, Jugend und Kinder: Entwurf für ein Schulgesetz Nordrhein-Westfalen (SchulG) – Stand 14.10.2003 § 4: „Die Schule fördert die Integration von Kindern und Jugendlichen, deren Muttersprache nicht Deutsch ist, unter Achtung ihrer ethnischen und kulturellen Identität. Sie sollen gemeinsam mit allen anderen Schülerinnen und Schülern deutschsprachig unterrichtet und zu den gleichen Abschlüssen geführt werden.

280 Hamburgisches Schulgesetz (HmbSG) vom 16.4.1997, § 3.

281 S. Konzept SH.

282 Schulgesetz für Baden-Württemberg (SchG) vom 1.8.1983 (zuletzt geändert am 25.7.2000).

283 Thüringer Schulgesetz (ThürSChulG) vom 6.8.1993 (zuletzt geändert am 30.4.2003) [im Folgenden zitiert als: Thüringer Schulgesetz].

284 Auch in Sachsen-Anhalt und Schleswig-Holstein wird die „Bedeutung der Heimat" im „geeinten Deutschland" und „gemeinsamen Europa" betont (Schulgesetz des Landes Sachsen-Anhalt vom 27.8.1996) (zuletzt geändert am 27.2.2003) [im Folgenden zitiert als: Schulgesetz Sachsen-Anhalt]. S. auch Schleswig-Holsteinisches Schulgesetz (SchulG) vom 2. August 1990 [im Folgenden zitiert als: Schleswig-Holsteinisches Schulgesetz]).

285 Bekanntmachung BY.

Offenlegung von Mechanismen aneignen, „nach denen etwas als eigen oder fremd empfunden wird.“[286]

Ein weiteres zentrales Bildungsziel, das von fast allen Bundesländern bekräftigt wird, ist die Entwicklung von Toleranz. Die Aussagen sind jedoch oft allgemeiner Natur, einschlägige Bezüge zur Einwanderungsgesellschaft sind lediglich in einzelnen Bundesländern auszumachen. In Bremen etwa sollen die SchülerInnen lernen, „Toleranz gegenüber den Meinungen und Lebensweisen anderer zu entwickeln und sich sachlich mit ihnen auseinanderzusetzen.“[287] Sachsen-Anhalt will generell zu „Toleranz gegenüber kultureller Vielfalt“[288] und Brandenburg zu „Offenheit und Toleranz gegenüber kulturellen, religiösen, weltanschaulichen und politischen Wertvorstellungen, Empfindungen und Überzeugungen“[289] erziehen.[290] Hier wird deutlich, dass die vorrangige Vorstellung von Toleranz als Zielvorstellung nicht über die Forderung nach einer liberalen Haltung im Umgang mit MigrantInnen hinaus geht.

Weitergehender als die Förderung von Toleranz ist das Ziel der Verständigung bzw. „Völkerverständigung“, das in der Schulgesetzgebung vieler Bundesländer verankert ist.[291] Es wird angestrebt, die „eigene und andere Kulturen [zu] verstehen“, um einen „Beitrag zum friedlichen Zusammenleben der Kulturen und Völker“[292] zu leisten, bzw. die „Völkerverständigung besonders der europäischen Völker“ und „das Zusammenleben mit Menschen anderer Nationen und Kulturkreise“ zu fördern. Auch Bremen betont die Notwendigkeit der Entwicklung von „Verständnis für die Eigenart und das Existenzrecht anderer Völker sowie ethnischer Minderheiten und Zuwanderer in unserer Gesellschaft“[293] für ein friedliches Zusammenleben. Sachsen verzichtet in einem Grundsatzpapier zwar auf die Kategorie des Volkes, geht aber ebenfalls von der Vorstellung kultureller Grenzen aus: „Vor dem Hintergrund verstärkter internationaler Mobilität ist es unabdingbar, sich über sprachliche und kulturelle Grenzen hinweg ver-

---

286 Sächsisches Ministerium für Kultus: Entwurf zur Reform der Lehrpläne „Eckwerte Interkulturalität“ vom 24.10.02, s.2 [im Folgenden zitiert als: Eckwerte SN].

287 Bremisches Schulgesetz § 5 (2).

288 Schleswig-Holsteinisches Schulgesetz.

289 Brandenburgisches Schulgesetz (BbgSchulG) vom 12.4.1996, § 4. [im Folgenden zitiert als: Brandenburgisches Schulgesetz].

290 Im thüringischen Schulgesetz wird der Toleranzgedanke in einem anderen Kontext verwendet. Hier heißt es in einem Zusatzparagraphen, der z. B. als Handhabe zum Vorgehen gegen rechtsextreme Codes und Symbole dienen kann: „Schüler dürfen Abzeichen, Anstecknadeln, Plaketten, Aufkleber und Zeichen tragen, wenn dadurch nicht der Schulfriede [...], das Recht der persönlichen Ehre und die Erziehung zur Toleranz gefährdet werden“ (S. Thüringer Schulgesetz § 56).

291 z. B. in Sachsen-Anhalt, Schleswig-Holstein, Brandenburg und Niedersachsen.

292 Brandenburgisches Schulgesetz.

293 Bremisches Schulgesetz

ständigen zu können. Wichtige Voraussetzung dafür ist die Fähigkeit, die eigene und die fremde Kultur miteinander in Beziehung zu setzen.“[294] Trotz unterschiedlicher Formulierung des Verständigungsgedankens basieren die hier zitierten Bildungsziele auf der Vorstellung von „Völkern“ und „Kulturen“ als homogenen und in sich geschlossenen Kollektiven.

Zusammenfassend bleibt festzuhalten, dass die Bundesländer in ihrer Wahrnehmung der Einwanderungsgesellschaft sehr unterschiedliche Schwerpunkte setzen und sich bei der Konkretisierung der Zielvorstellungen nicht immer einig sind. Gleichwohl weisen die Programmatiken in ihren Grundzügen viele Parallelen auf, so in der konflikthaften Deutung von Zuwanderung und den übergeordneten integrationspolitischen Zielen im Umgang mit EinwanderInnen.

3. Programmatische Ansatzpunkte

Im Weiteren werden die bildungspolitischen Konsequenzen überblicksartig dargestellt, die in den jeweiligen Bundesländern vor dem Hintergrund der hier skizzierten Ausgangsannahmen gezogen werden. Maßnahmen zur Förderung des Spracherwerbs und Konzepte des interkulturellen Lernens sind die bevorzugten bildungspolitischen Strategien der Kultusministerien. Ansätze der menschenrechtlich-demokratischen Bildung sind hingegen randständig und kaum auf eine einwanderungsgesellschaftliche Programmatik hin ausbuchstabiert.[295]

3.1. Förderung des Spracherwerbs

Ausgehend von der Annahme, dass Kenntnisse der Schulsprache Deutsch unerlässlich für den Bildungserfolg von Kindern mit Migrationshintergrund sind, werden Maßnahmen zur Förderung des Spracherwerbs als zentrales Mittel für die Realisierung von Chancengleichheit im Bildungssystem angesehen. Einig sind sich die Bundesländer darin, dass Fördermaßnahmen notwendig sind, um die Sprachaneignung und damit die Integration in den Regelunterricht zu erleichtern.[296]

---

294 Grundsatzpapier SN S. .17. Dieses steht damit im Widerspruch zum Kulturverständnis des oben zitierten Entwurfs „Eckwerte Interkulturalität.“

295 Der Bereich der historisch-politischen Bildung bleibt in den folgenden Ausführungen unberücksichtigt.

296 In einem Gutachten für die Bund-Länder-Kommission zur „Förderung von Kindern und Jugendlichen mit Migrationshintergrund“ vertritt Ingrid Gogolin die Auffassung, dass eine Konzentration

Die vergleichende Analyse zeigt, dass Maßnahmen zur Förderung des Spracherwerbs in allen Bundesländern etabliert sind. Die Konzepte zur sprachlichen Eingliederung unterscheiden sich in Art und Umfang. Richtungsweisende Entwicklungen im Sinne eines systematisch aufgebauten Etappenmodells existieren in Schleswig-Holstein und in Sachsen. Hier wurde ein Modell der Bildungsberatung eingerichtet, das u. a. dafür sorgen soll, dass SchülerInnen mit Migrationshintergrund im Laufe ihrer Schullaufbahn kontinuierlich von BetreuungslehrerInnen aus dem Fach Deutsch als Zweitsprache begleitet werden.[297]

Generell ist das Angebot an Maßnahmen zur Förderung des Spracherwerbs in den Bundesländern sehr breit gefächert und dementsprechend unübersichtlich. Ausgehend von einem meist normierten Sprachfeststellungsverfahren[298] werden Förderkurse und Unterstützungsprogramme zum Spracherwerb eingerichtet. In einigen Bundesländern, z. B. in Bayern und Rheinland-Pfalz, gibt es bereits ab dem Kindergarten Vorkurse zum Spracherwerb. Bayern, Sachsen, Sachsen-Anhalt und Schleswig-Holstein bieten Vorbereitungsgruppen und Sprachlernklassen an.

In der Sekundarstufe I ist die Einrichtung von Vorbereitungsklassen für SeiteneinsteigerInnen meist auf Hauptschulen beschränkt. Die ungleiche Verteilung von Bildungschancen wird somit festgeschrieben, da der Zugang zu Realschulen und Gymnasien hierdurch erschwert wird.[299] Darüber hinaus ist der Spracherwerb in einer Vielzahl von Bundesländern im Fach Deutsch als Zweitsprache (DaZ) institutionalisiert, wobei dieses in unterschiedlicher Weise curricular verankert ist.[300] In den Rahmenplänen ist die Sprachvermittlung eng mit Ansätzen des interkulturellen Lernens[301] verzahnt. In Rheinland-Pfalz und Sach-

der Fördermaßnahmen auf sprachliche Bildung sinnvoll sei, um die Chancengleichheit dieser SchülerInnen zu erhöhen. Die Studie, die zur Vorbereitung eines BLK-Programms dient, basiert auf einer systematischen Bestandsaufnahme der Ausgangssituation und beinhaltet umfassende Daten zur Entwicklung von Migration und Bildungsbeteiligung von MigrantInnen in der BRD. Im Gutachten werden die Voraussetzungen für die Gestaltung von Fördermaßnahmen zusammengefasst, richtungsweisende Ansätze einzelner Bundesländer im Bereich der Sprachförderung vorgestellt und Vorschläge zur Gestaltung eines umfassenden Innovationsprogrammes formuliert. (S. Bund-Länder-Kommission für Bildungsplanung und Forschungsförderung (Hg.): Heft 107: Förderung von Kindern und Jugendlichen mit Migrationshintergrund. Gutachten von Prof. Dr. Ingrid Gogolin, Prof. Dr. Ursula Neumann, Prof. Dr. Hans-Joachim Roth, Bonn 2003) [Im Folgenden zitiert als: Gutachten Gogolin].

297 S. Konzeption SN S. 2.

298 Für detaillierte Ausführungen zum aktuellen Stand der Sprachfeststellungsverfahren s. auch Gutachten Gogolin, S. 78 ff.

299 S. ebd. S. 67.

300 S. z. B. Bayern, Berlin, Hessen, Niedersachsen, Nordrhein-Westfalen, Sachsen und Schleswig-Holstein.

301 Zum Konzept des Interkulturellen Lernens s. Kap. 3.2.

sen werden zusätzlich Förderkurse angeboten, in denen MigrantInnen, die zu einem späteren Zeitpunkt ihrer schulischen Bildungskarriere in das deutsche Bildungssystem eintreten, beim Erwerb der zweiten Fremdsprache (z. B. Englisch) unterstützt werden. Im Bereich des Fremdsprachenerwerbs gibt es zunehmend Bestrebungen, die eventuell vorhandene Erstsprache von SchülerInnen mit Migrationshintergrund als Fremdsprache anzuerkennen.[302] Herkunftssprachlicher Unterricht wurde hingegen in den letzten Jahren in zahlreichen Bundesländern abgeschafft.[303]

Aktuell wird die Förderung von Zweisprachigkeit im Zuge der Debatte um die PISA-Studie wieder neu diskutiert. Das genannte BLK-Gutachten enthält die Forderung, nicht nur auf den frühzeitigen Fremdsprachenerwerb zu setzen, sondern auch die Normalität von Zweisprachigkeit als Kompetenz von Kindern und Jugendlichen mit Migrationshintergrund anzuerkennen und zu fördern.

Obwohl es, wie im BLK-Gutachten festgestellt wird, bislang wenig richtungsweisende Praxisbeispiele gibt, lassen sich in einzelnen Bundesländern innovative Ansätze zur Förderung des Spracherwerbs ausmachen. Allerdings sind diese primär auf der Ebene von Einzelschulen und -projekten angesiedelt.[304] Ausnahmen hiervon sind die Bemühungen zur (Weiter-)Entwicklung von Rahmenplänen für DaZ, z. B. in Berlin, Nordrhein-Westfalen und Hamburg sowie Ansätze zur Etablierung von Bildungsberatung in Schleswig-Holstein, Hamburg und Sachsen.

3.2. Interkulturelles Lernen

In der bildungspolitischen Debatte um die „multikulturelle Gesellschaft" hat sich im Laufe der 90er Jahre das Konzept des interkulturellen Lernens[305] durchgesetzt. In Abgrenzung zur ausländerpädagogischen Tradition hat sich damit ein Paradigmenwechsel vollzogen. Der Begriff „Ausländerpädagogik" ist nur noch am Rande in den Richtlinien Bayerns und Baden-Württembergs zu finden. Schleswig-Holstein und Berlin grenzen sich zudem explizit von der defizitorientierten Sichtweise und den Kompensationsbestrebungen des ausländerpädagogischen Konzeptes ab.

302 Die Anerkennung der Erstsprache ist z. B. in Bremen und Niedersachsen bereits realisiert.

303 S. Gutachten Gogolin, S. 70.

304 Beispiele und nähere Ausführungen s. ebd. S. 91 f.

305 Der Begriff des Interkulturellen Lernens (IKL) wird hier als Sammelbegriff benutzt, synonym zu den in den Richtlinien ebenfalls verwendeten Begriffen der Interkulturellen Bildung (IB) und der Interkulturellen Erziehung (IKE).

Der Stellenwert, den die Bundesländer der interkulturellen Erziehung beimessen, ist ebenso unterschiedlich wie das Ausmaß der institutionellen Verankerung.[306] In vielen Bundesländern wird interkulturelles Lernen (IKL) in Anlehnung an die KMK-Empfehlung von 1996[307] als fächerübergreifendes Prinzip verstanden. In den Ländern, wo dies nicht der Fall ist, finden sich zumindest in den Lehrplänen einzelner Fächer Hinweise auf Aspekte interkulturellen Lernens. Die Institutionalisierung interkulturellen Lernens reicht von Interkultureller Erziehung (IKE) als übergreifendem Aufgabenbereich in den Lehrplänen[308] bis hin zur Ausarbeitung umfassender Richtlinien und Handreichungen zur Umsetzung des Konzeptes. In Anlehnung an die Empfehlungen der KMK haben Berlin, Niedersachsen, Schleswig-Holstein und Mecklenburg-Vorpommern umfangreiche unterrichtspraktische Handreichungen entwickelt, in denen konkrete Vorschläge zur Realisierung in Fachunterricht und fächerübergreifenden Projekten gemacht werden.[309] Nichtsdestotrotz sind die Zielformulierungen in diesen Ländern unterschiedlich weitreichend. In Niedersachsen soll IKL „Teil der Allgemeinbildung“[310] sein, Schleswig-Holstein und Berlin nehmen direkten Bezug auf die KMK-Empfehlung und verstehen die Entwicklung interkultureller Kompetenz als Schlüsselqualifikation.[311] In Sachsen soll der Erwerb interkultureller Handlungskompetenz gar „die Lebensplanung und Sicherung von Lebenschancen“ [312] unterstützen.

Ein sehr umfassender und weitgehender Rahmenplan zum Aufgabengebiet IKE wird derzeit in Mecklenburg-Vorpommern erprobt. Dieser betont die Tragweite des Ansatzes und betrachtet IKE als „die pädagogische Antwort auf

---

306 Eine allgemeine Übersicht zur institutionellen Verankerung von IKL auf Länderebene ist nachzulesen auf der Homepage des „Bündnis für Toleranz“ (s. www.buendnis-toleranz.de, 19.01.04.).

307 Kultusministerkonferenz: Empfehlung „Interkulturelle Bildung und Erziehung in der Schule“, Beschluss vom 25.10.1996 [im Folgenden zitiert als: Empfehlung KMK].

308 Im Schulgesetz der Stadt Hamburg ist „Interkulturelle Erziehung als Aufgabengebiet besonderer Bildungs- und Erziehungsaufgaben“ verankert (s. Hamburgisches Schulgesetz § 5), in Hessen „als fächerübergreifender Aufgabenbereich“ (s. Hessisches Schulgesetz (HSchG) vom 30.06.1999, § 6.). Ähnliche Formulierungen sind auch in Bremen und Nordrhein-Westfalen zu finden.

309 S. Handreichung BE, Niedersächsisches Kultusministerium (Hg.): Sichtwechsel – Wege zur interkulturellen Schule. Ein Handbuch, Hannover 2000 [im Folgenden zitiert als: Handbuch NI], Ministerium für Bildung, Wissenschaft und Kultur des Landes Mecklenburg-Vorpommern: Rahmenplan Interkulturelle Erziehung vom 10.4.2003 [im Folgenden zitiert als: Rahmenplan MV] sowie Ministerium für Bildung, Wissenschaft, Forschung und Kultur des Landes Schleswig-Holstein: Interkulturelles Lernen in den Lehrplänen – Anregungen für Schule und Unterricht, o. A. 1997, s.1 [im Folgenden zitiert als: Anregungen IL SH].

310 Integrationsplan NI, S. 13, siehe auch Niedersächsisches Schulgesetz § 2.

311 S. Konzept SH und Handreichung BE, siehe auch Schulgesetz für Berlin (SchulG) vom 15.01.2004 (Neufassung).

312 S. Sächsisches Ministerium für Kultus: Extremismusprävention o. A., S. 1.

die kulturelle und soziale Differenzierung innerhalb der Gesellschaft und auf das Zusammenrücken der Kulturen der Welt."[313] Ohne sich explizit auf die KMK zu beziehen, werden deren Ansprüche weitgehend umgesetzt: Ziel des Rahmenplanes ist die Entwicklung einer „interkulturellen Handlungskompetenz", welche nicht auf Fächer, Themen oder Projekte beschränkt ist. Sie wird als übergreifende Aufgabe der Schule angesehen, deren Etablierung in Schulprogrammen verankert und in schulinternen Lehrplänen abgestimmt werden muss. Des Weiteren wird das Konzept der interkulturellen Erziehung hier, im Gegensatz zu den meisten anderen Bundesländern, nicht nur als übergreifender Lernbereich verstanden, sondern steht, ganz im Sinne der KMK-Empfehlung[314], auch im Kontext anderer bildungspolitischer Zielsetzungen: „Der im Schulgesetz formulierte Bildungsauftrag betont die durch das Grundgesetz garantierte Gleichwertigkeit aller Menschen und die daraus resultierende Achtung ihrer Wertvorstellungen und kulturellen Orientierungen."[315] In Sachsen und Schleswig-Holstein werden die Ziele Integration, interkulturelle Kompetenz und Realisierung des Gleichheitsprinzips gleichfalls miteinander verzahnt. Im nördlichsten Bundesland mündet die weitgehende Abstimmung von Zielvorstellungen und Realisierungsansätzen in der Perspektive des „intercultural mainstreaming". Hiermit ist die Berücksichtigung von Fragen interkultureller Integration in allen Bereichen gemeint.[316] In Berlin und Brandenburg hingegen soll interkulturelle Bildung zwar im Zusammenhang mit der Bekämpfung von Rassismus und Rechtsextremismus präventiv wirken, eine systematische konzeptionelle Einbindung der Handlungsansätze ist jedoch nur teilweise gegeben.[317] Zusammenfassend ist festzustellen, dass Einzelaspekte der KMK-Empfehlung vielfach aufgegriffen werden, während die dort als Zielvorgabe gefasste Verknüpfung von Menschenrechtsorientierung, Interkulturalität, Demokratie- und Toleranzerziehung[318] bei der Umsetzung in den meisten Bundesländern weitgehend verloren geht.

Darüber hinaus zeigt der Ländervergleich, dass die inhaltliche Ausrichtung der Konzepte trotz ähnlicher Begriffswahl keineswegs einheitlich ist. Differenzen in der Ausgestaltung des interkulturellen Lernens zeigen sich insbesondere in der Verwendung des Kulturbegriffs. Wie oben bereits gezeigt, überwiegt ein

---

313 Rahmenplan MV.

314 Auch hier wird die Grund- und Menschenrechtsorientierung als übergeordnetes Ziel formuliert (s. Empfehlung KMK, S. 3).

315 Rahmenplan MV.

316 S. Konzept SH, S. 14.

317 S. Handreichung BE.

318 S. Empfehlung KMK, S. 4.

Verständnis von Kultur als statischem, homogenen und in sich geschlossenem Gebilde. Kulturelle Grenzen sind in dieser Logik individuell nicht überschreitbar, da kulturelle Identität als Folge nationaler bzw. ethnischer Zugehörigkeiten gedacht wird.[319] Im BLK-Gutachten verweist Ingrid Gogolin in diesem Zusammenhang auf eine Diskrepanz zwischen wissenschaftlichem und bildungspolitischem Diskurs: Während das Verständnis von Kultur als „sozialer Konstruktion" in der wissenschaftlichen Debatte zunehmend an Bedeutung gewinnt, kommt der prozesshafte Charakter von Kultur in der konzeptionellen Umsetzung der Bundesländer so gut wie gar nicht zum Tragen.[320]

In dem Verständnis von interkulturellem Lernen, wie es mehrheitlich von den Bundesländern vertreten wird, werden Dominanzstrukturen und Mechanismen der Ausgrenzung in der Einwanderungsgesellschaft kaum thematisiert. In den untersuchten Materialien sind im Zusammenhang mit interkulturellem Lernen nur in Sachsen, Schleswig-Holstein und Mecklenburg-Vorpommern Bestrebungen zur Überwindung von struktureller Benachteiligung und Diskriminierung von MigrantInnen ausdrücklich genannt. Die diesbezüglich deutlichste Formulierung stammt aus Mecklenburg-Vorpommern: „Die Schule allein ist mit der Lösung dieses gesellschaftlichen Anspruchs, ein gleichberechtigtes Zusammenleben von Minderheiten und Mehrheiten zu gewährleisten, überfordert. Sie muss aber dazu beitragen, dass ethnische und soziale Minderheiten nicht ausgegrenzt oder gegen ihren Willen assimiliert werden. Fremdenhass, Rassismus und Gewalt sollen in allen ihren Formen abgebaut werden."[321] Der hier zitierte Rahmenplan ist generell hinsichtlich der Verknüpfung des interkulturellen Lernens mit Formen gesellschaftlicher Diskriminierung vergleichsweise vorbildlich. Positive Ansätze in dieser Hinsicht sind auch in Niedersachsen und Schleswig-Holstein zu erkennen.

Zusammenfassend ist festzuhalten, dass die Konzeptionen im Bereich des Interkulturellen Lernens nicht nur unterschiedlich stark verankert sind, sondern auch große Unterschiede in der inhaltlichen Ausrichtung und Begriffsbestimmung aufweisen. In Bezug auf den Kulturbegriff dominiert ein starres und ethnisierendes Kulturverständnis. Bestrebungen, die auf eine Anerkennung von MigrantInnen als gleichberechtigte Mitbürger in allen Lebensbereichen abzielen, sind Ausnahmen. Die strukturelle Benachteiligung von MigrantInnen wird weitgehend ausgeblendet.

319 S. Bekanntmachung BY, siehe auch Baden-Württemberg.
320 S. Gutachten Gogolin, S. 74.
321 Rahmenplan MV.

3.3. *Demokratie- und Menschenrechtserziehung*

In den Schulgesetzen vieler Bundesländer werden Grund- und Menschenrechte als zentrale Bezugspunkte des schulischen Bildungsauftrags genannt. Die Verbindung zu Fragen der Einwanderungsgesellschaft wird jedoch nur in Ausnahmefällen hergestellt.

Das bremische Schulgesetz enthält eine allgemeine Darstellung der Menschenrechtsorientierung und der Verpflichtung gegenüber dem Grundgesetz, der Landesverfassung sowie der „sozialen Gerechtigkeit und Mitmenschlichkeit“.[322] In Hamburg werden Schulen darauf verpflichtet, „für ein friedliches Zusammenleben der Kulturen sowie für die Gleichheit und das Lebensrecht aller Menschen einzutreten“.[323] Schleswig-Holstein stellt nicht die Gleichheit, sondern die Gleichberechtigung in den Mittelpunkt: Hier sollen „Fähigkeiten unter Wahrung des Gleichberechtigungsgebotes [...] ausgerichtet an Menschenrechten und humanistischen Wertvorstellungen“[324] entwickelt werden. In Sachsen-Anhalt wird die Menschenrechtsorientierung des Bildungsauftrags am konkretesten auf die Einwanderungsgesellschaft bezogen. Hier sollen „Kenntnisse, Fähigkeiten und Werthaltungen, welche die Gleichachtung und Gleichberechtigung der Menschen unabhängig von [...] ihrer Abstammung, ihrer Rasse [...] ihrer Heimat und Herkunft, ihren religiösen und politischen Anschauungen fördern“[325] vermittelt werden und Aufklärung über „Möglichkeiten des Abbaus von Diskriminierungen und Benachteiligungen“[326] stattfinden.

Im Zusammenhang mit der Forderung nach ‚Bildungsgerechtigkeit‘ sind die Verbindungslinien offensichtlicher. Brandenburg plädiert ausdrücklich für den „gleichen Zugang zu Bildung unabhängig von [...] nationaler Herkunft“[327] und verlangt: „Keine Schülerin und kein Schüler darf wegen der Rasse, Abstammung, Nationalität, Sprache [...] bevorzugt oder benachteiligt werden.“[328] In den Schulgesetzen werden gleichstellungspolitische Ansätze nur im Hinblick auf die Gleichstellung der Geschlechter konkretisiert. Die einzige Ausnahme bildet hier Hamburg, das die „Ausrichtung von Schule und Unterricht auf den Ausgleich von Benachteiligungen und Verwirklichung von Chancengerechtig-

---

322 Bremisches Schulgesetz.
323 Hamburgisches Schulgesetz.
324 Schleswig-Holsteinisches Schulgesetz.
325 Schulgesetz Sachsen-Anhalt § 1.
326 Ebd.
327 Handlungskonzept BB, s. auch Schleswig-Holsteinisches Schulgesetz.
328 Handlungskonzept BB.

keit"[329] betont. Eine programmatische Konkretisierung der Anti-Diskriminierungsperspektive ist jedoch nicht erkennbar, ein Defizit, das generell für die Menschenrechtsbildung festzustellen ist.

Im Hinblick auf eine Erziehung zur Demokratie hingegen sind programmatische Ansatzpunkte stärker ausgeführt. In Brandenburg und Berlin werden Bestrebungen zur Stärkung der Demokratie, z. B. durch die Kooperation und Vernetzung verschiedener zivilgesellschaftlicher Akteure und die Entwicklung „lokaler, demokratischer Strukturen"[330], als Bestandteil von Konzepten gegen Rassismus, Rechtsextremismus und Gewalt verstanden. Schulen sollen Maßnahmen zur Öffnung ergreifen, sich mit anderen Akteuren vernetzen und, z. B. in regional verankerten Beratungs- und Interventionssystemen gegen Rechtsextremismus, zusammenarbeiten. Als Beispiele hierfür sind das Brandenburger ‚Beratungssystem Schule' oder das ‚Standpunkte'-Projekt in Berlin zu nennen.[331]

Ein weiteres Konzept, das auf Demokratieentwicklung als Strategie gegen die Ausweitung von Rassismus und Rechtsextremismus setzt, ist das aktuelle BLK-Programm „Demokratie lernen und leben." [332] Das länderübergreifende Modellprogramm[333] versucht die Demokratisierung von Schule auf den Ebenen der Unterrichtsgestaltung, des Lernens in Projekten sowie im Schulalltag und durch die Öffnung von Schule zu befördern und betont damit auch die Notwendigkeit der Organisationsentwicklung von Schule. Der größte Teil der Projekte im BLK-Programm weist jedoch keinen spezifischen Bezug zu Dimensionen der Einwanderungsgesellschaft auf.[334]

Die vergleichende Untersuchung der Bundesländer zeigt, dass die bildungspolitischen Ansätze zum Umgang mit der Realität der Einwanderungsgesellschaft klar zugunsten der Sprachförderung und des interkulturellen Lernens gewichtet sind. Demokratisch-menschenrechtlich ausgerichtete Bildungsziele sind vorrangig abstrakt verankert, programmatische Konkretisierungen einer Anti-Diskriminierungs-Perspektive so gut wie nicht vorhanden.

---

329 Hamburgisches Schulgesetz § 3.

330 Handlungskonzept BB, S. 3.

331 Hier fungieren speziell ausgebildete LehrerInnen als MultiplikatorInnen und AnsprechpartnerInnen für Schulen mit Fortbildungs- und Beratungsbedarf im Bereich Rechtsextremismus.

332 S. Bund-Länder-Kommission für Bildungsplanung und Forschungsförderung (Hg.): Heft 96: Demokratie lernen und leben. Gutachten zum Programm von Prof. Dr. Wolfgang Edelstein und Prof. Dr. Peter Fauser, Bonn 2001 [im Folgenden zitiert als: Gutachten Edelstein/Fauser].

333 Mit Ausnahme von Bayern, Niedersachsen und dem Saarland nehmen alle Bundesländer am BLK-Programm teil, s. www.blk-demokratie.de, 19.01.04.

334 S. ebd.

4. Curriculare Verankerung

Fragen der Einwanderungsgesellschaft werden in den Rahmenrichtlinien und Lehrplänen sehr unterschiedlich gewichtet. Eine curriculare Verankerung ist mehrheitlich vorhanden, allerdings in zumeist geringem Umfang. Migrationsprozesse und die Lebenssituation von MigrantInnnen in der Einwanderungsgesellschaft werden in den Richtlinien nur am Rande thematisiert.

Dies gilt auch für den Themenkomplex Rechtsextremismus und Rassismus. In Berlin, im Saarland und in Sachsen ist diese Thematik im Rahmen der Grund- und Menschenrechtserziehung vorgesehen.[335] In Berlin gibt der schulübergreifende Rahmenplan zur politischen Bildung darüber hinaus vor, dass das Bewusstsein für die eigenen (Menschen-)Rechte nicht dazu führen dürfe, „die Rechte anderer zu negieren. Das trifft insbesondere für die Rechte von Menschen zu, die aus anderen Regionen und Kulturen kommen."[336] In Bayern wird Rechtsextremismus lediglich im Kontext des Themas „Extremismusbekämpfung" behandelt.

Interkulturelles Lernen ist hingegen in fast allen Bundesländern Bestandteil des Curriculums. Die Rahmenpläne Hamburgs und insbesondere Mecklenburg-Vorpommerns legen diesbezüglich verbindliche Inhalte fest und enthalten umfassende Hinweise zur didaktisch-methodischen Umsetzung in den Fächern sowie für fächerverbindende Vorhaben.[337] Die explizite Auseinandersetzung mit Rassismus, Rechtsextremismus und Gewalt sowie den Grund- und Menschenrechten ist vor allem dem Politik-, Sozial-, oder Gesellschaftskundeunterricht vorbehalten.[338] Der Themenbereich Migration wird in Einzelfällen im Geschichtsunterricht behandelt.[339]

Im Vergleich der Schulformen zeigen sich in einigen Bundesländern große Unterschiede. Fragen des interkulturellen Lernens sind besonders in den Rahmenplänen für die Grundschule präsent, da diese stärker als weiterführende Schulen als „Ort grundlegender Erfahrungen" und „Stätte interkultureller Begegnung"[340] angesehen wird. Im Vergleich zu den Gymnasien wird die Ausei-

---

335 S. Rahmenpläne

336 Rahmenplan für Unterricht und Erziehung in der Berliner Schule. Allgemeiner Teil zur Politischen Bildung für alle allgemeinbildenden und berufsbildenden Berliner Schulen (s.www.senbjs.berlin.de/schule/rahmenplaene, 02.02.04).

337 S. Anregungen IL SH und Handreichung BE.

338 In Berlin wird der Politischen Bildung eine ‚Scharnierfunktion' zur Vermittlung von Interkulturalität und Fragen der Grund- und Menschenrechte zugewiesen.

339 S. Hessen und Berlin.

340 S. Hessen, siehe auch Bayern und Rheinland-Pfalz.

nandersetzung mit verschiedenen Kulturen, Werte- und Orientierungssystemen in den meisten Rahmenplänen für Haupt-Real- und Gesamtschulen deutlich stärker thematisiert. Diese Tatsache ist sicher nicht zuletzt der geringeren Präsenz von MigrantInnen in Gymnasien geschuldet.[341]

Zusammenfassend betrachtet erweckt der Vergleich von Rahmenrichtlinien und Lehrplänen den Eindruck einer eher unsystematischen Zusammenstellung von ‚Bildungsbausteinen'. Abgesehen von Aspekten des interkulturellen Lernens ist die Auseinandersetzung mit den Themenbereichen Migration, Diskriminierung und Rassismus nur sehr begrenzt vorgesehen.

5. Schulprojekte und -programme

Auf der Projektebene sind in fast allen Bundesländern vielfältige Aktivitäten zu verzeichnen. Diese sind mehrheitlich auf den Wirkungsbereich von Einzelschulen beschränkt, die Kooperation mit externen Bildungsträgern im Kontext schulübergreifender Programme, Projektschultage und Aktionen[342] ist selten und beruht in der Regel auf der Eigeninitiative von Schulen. Die zahlreichen Modellprojekte, die in den Informationsmaterialien vorgestellt werden, beziehen sich in den meisten Fällen auf einzelne Aspekte der Einwanderungsgesellschaft. Die Vielfalt der Projektthemen lässt sich den Bereichen Sprachförderung,[343] interkulturelles Lernen[344], Rassismus, Rechtsextremismus und Erinnerungspädagogik zuordnen.[345] In Berlin, Brandenburg und im Saarland dominieren Präventionsprojekte und Aktivitäten zur Demokratieentwicklung.[346] Ansatzpunkte sind hier vor allem die Beratung, Vernetzung und Öffnung von Schulen. Insgesamt ist auch auf der Projektebene ein erhebliches Defizit an Koordination und Verzahnung von Einzelaktivitäten zu verzeichnen.

---

341 S. Gutachten Gogolin.

342 z. B. „Schule ohne Rassismus" und „Schule mit Courage".

343 z. B. Projekte zur Sprachförderung für Mütter von Kindern mit Migrationshintergrund in Baden-Württemberg und Bayern.

344 z. B. Begegnungsprojekte wie das Zeitzeugenprojekt „rent an immigrant" in Brandenburg.

345 Besonders häufig wurden von den Bundesländern auch Projekte zur Gewaltprävention und konstruktiven Konfliktlösung angeführt, in denen der Bezug zur Einwanderungsgesellschaft nicht explizit hergestellt wird.

346 So z. B. im Kontext des bereits erwähnten BLK-Programms „Demokratie lernen und leben".

6. Lehrerausbildung

Im Bereich der Lehrerausbildung ist die institutionelle Verankerung des in Rede stehenden Themenkomplexes insgesamt gering. Wenn in den Selbstauskünften oder Prüfungsordnungen überhaupt Angaben hierzu gemacht werden, haben diese meist unverbindlichen Charakter. So ist z. B. der Nachweis von Kenntnissen zum Themenbereich des interkulturellen Lernens bzw. des „Unterrichts mit ausländischen Schülern" nur in Baden-Württemberg, Berlin, Hessen und Schleswig-Holstein verpflichtender Bestandteil einzelner Prüfungsverordnungen.[347]

Die Universität Hamburg, die interkulturelles Lernen bereits jetzt als fächerübergreifendes Prinzip in der Lehrerbildung etabliert hat, nimmt aktuelle Studienreformen zum Anlass, um den Themenbereich zum festen Bestandteil der grundständigen Ausbildung werden zu lassen. Dieser Versuch unterscheidet sich von den Konzepten zahlreicher anderer Hochschulen, an denen DaZ und/oder interkulturelle Pädagogik lediglich im Anschluss an ein grundständiges Lehramtsstudium oder als Erweiterungsfach studiert werden können.[348] Hier zeigt sich die problematische Tendenz in der Lehrerbildung, die Auseinandersetzung mit den Realitäten der Einwanderungsgesellschaft primär als freiwillige Spezialisierung im Sinne einer Zusatzqualifikation anzusehen.

7. Lehrerfort- und Weiterbildung

Das inhaltliche Spektrum der Angebote der pädagogischen Landesinstitute zu Aspekten der Einwanderungsgesellschaft ist vielfältig,[349] den Schwerpunkt bilden auch hier Fortbildungen zur Förderung des Spracherwerbs und zum interkulturellen Lernen. Daneben gibt es Weiterbildungsangebote zu Rechtsextremismus, Gewaltprävention, Konfliktbearbeitung/ Streitschlichtung etc. Fortbil-

347 Um Genaueres über die Lehr- und Studienpraxen in der universitären Lehrerbildung in Erfahrung zu bringen, müssten die Studienordnungen und realen Studienangebote der einzelnen Universitäten untersucht werden. In Anbetracht der unübersichtlichen Umstrukturierungen, die aktuell in vielen Bundesländern zur Umwandlung des Lehramtsstudiums in BA/MA-Studiengänge stattfinden, ist diese Recherche nicht nur unverhältnismäßig aufwendig, sondern auch schwer zu realisieren.

348 Dies gilt für Nordrhein-Westfalen, Niedersachsen, Bayern, Baden-Württemberg, Rheinland-Pfalz, Sachsen und Schleswig-Holstein.

349 Eine übersichtliche Zusammenfassung der Angebote im Bereich der Lehrerfortbildung findet sich ebenfalls auf der Homepage des „Bündnis für Toleranz und Demokratie" (s. www.buendnis-toleranz.de, 19.01.04).

dungsmöglichkeiten zu den Themenbereichen Migration, Integration, Förderung von SchülerInnen mit Migrationshintergrund, Menschenrechtsbildung, Anti-Diskriminierung, Zivilcourage, Flucht, Antisemitismus, Sinti und Roma oder zur ‚Konstruktion des Fremden' sind weitaus seltener.

Vereinzelt gibt es in den Bundesländern umfassendere, über Einzelveranstaltungen hinausgehende Ansätze zur Weiterbildung wie z. B. in Berlin, Sachsen, Niedersachsen und Hamburg, wo im Bereich des interkulturellen Lernens eine MultiplikatorInnenausbildung im Rahmen des Projektes „Eine Welt der Vielfalt" angeboten wird. Gleiches gilt für die Ausbildung von AnsprechpartnerInnen und BeratungslehrerInnen im Rahmen des bereits erwähnten Berliner Standpunkte-Projektes und des Beratungssystems Schule in Brandenburg. In Sachsen besteht auch die Möglichkeit, an einer Qualifizierungsmaßnahme für BetreuungslehrerInnen von SchülerInnen mit Migrationshintergrund teilzunehmen, die Integrationsprozesse fördern und einen Beitrag zur Qualitätssicherung im Fach DaZ leisten soll. Neben dem Angebot von Weiterbildungsmaßnahmen ist die Erstellung von schriftlichen Informationsmaterialien ein zentraler Bereich der Lehrerfortbildung. Zu Fragen der interkulturellen Bildung existieren vor allem in Berlin, Brandenburg, Schleswig-Holstein und Niedersachsen eine Vielzahl von Broschüren, Handreichungen und Zeitschriften mit zahlreichen Projektvorstellungen und didaktischen Anregungen, wie einschlägige Konzepte in die Schulpraxis umgesetzt werden können. Das Grundproblem der Lehreraus- und -fortbildung zum hier behandelten Themenkomplex besteht neben der Unübersichtlichkeit und Lückenhaftigkeit sicherlich darin, dass die Wahrnehmung der Angebote allein auf der freiwilligen Entscheidung der Lehrer und LehrerInnen beruht.

8. Maßnahmen zur Erhöhung des Migrantenanteils im Lehramt

Die meisten Bundesländer haben keine Angaben zu der Frage gemacht, ob Maßnahmen zur Erhöhung des Migrantenanteils im Lehramt realisiert werden. Brandenburg und Rheinland-Pfalz haben die Existenz derartiger Maßnahmen explizit verneint. Nur in wenigen Bundesländern gibt es augenscheinlich vorsichtige Bemühungen: Ein Blick in den niedersächsischen Integrationsplan zeigt, dass die „verstärkte Einbeziehung von muttersprachlichen Lehrkräften in den Schulalltag und in den Regelunterricht" geplant ist. Nordrhein-Westfalen fordert in einer Studie des Landeszentrums für Zuwanderung allgemein die

„Förderung der Chancengleichheit ethnischer Minderheiten im öffentlichen Dienst". Ferner wurde ein gemeinsamer Aufruf des Landesministeriums mit dem Minister für nationale Erziehung der Türkei verfasst, in dem insbesondere „junge Menschen türkischer Herkunft" aufgerufen werden, Berufe im Erziehungs- und Bildungswesen zu ergreifen.[350]

Über diese Absichtserklärungen hinausgehend, sind in keinem Bundesland konkrete Maßnahmen zu verzeichnen. Dies ist insofern erstaunlich, als die KMK bereits 1996 die „Erleichterung der Beschäftigung nichtdeutscher Lehrkräfte in allen Unterrichtsfächern" empfohlen hat.[351] Die Dringlichkeit von Maßnahmen zur Erhöhung des Migrantenanteils im Lehramt wird auch im BLK–Gutachten zur „Förderung von Kindern und Jugendlichen mit Migrationshintergrund" betont.[352]

9. Fazit

In der ländervergleichenden Analyse der bildungspolitischen Reaktionen auf die Einwanderungsgesellschaft in Schule und Lehrerbildung wird erstens die Konzentration auf die Schwerpunkte Sprachförderung und interkulturelles Lernen, also die Vernachlässigung des Themenkomplexes ‚Migration, Diskriminierung und Rassismus' deutlich. Zudem ist ein Verständnis interkulturellen Lernens vorherrschend, das zur Verfestigung stereotyper Wahrnehmungen beitragen kann. Zweitens ist eine starke Differenzierungen in den inhaltlichen Zielsetzungen und dem Grad der institutionellen Verankerung erkennbar. Auf der institutionellen Ebene ist festzustellen, dass die Verankerung von Maßnahmen insgesamt gering ist und die Bemühungen zudem wenig systematisch und koordiniert sind.

Die Fülle von Einzelmaßnahmen steht in einem erkennbaren Kontrast zu dem erheblichen Defizit, das im Hinblick auf systematische Bemühungen zur nachhaltigen Etablierung von Inhalten zu konstatieren ist. Auch auf der Ebene der Einzelschulen werden diesbezüglich umfassende strukturelle Veränderungen nur selten in die Wege geleitet.

Der Ländervergleich verdeutlicht zudem die Problematik des unterschiedlich verbindlichen Charakters von Positionspapieren. Nur ein geringer Teil der

---

350 S. Gemeinsamer Aufruf des Ministeriums mit dem Minister für nationale Erziehung der Türkei: „Bildung schafft Chancen in Gesellschaft und Beruf", S. 4.

351 S. Empfehlungen KMK, S. 6.

352 S. Gutachten Gogolin.

dort formulierten Absichtserklärungen ist in Schulgesetze oder Rahmenrichtlinien übersetzt. Unterschiedliche thematische Aspekte aufgreifende Konzepte mit verbindlichem Charakter und systematisch aufgebauten Maßnahmenkatalogen sind nur in Ansätzen vorhanden. Gleichstellungspolitische Maßnahmen für MigrantInnen sind über Fördermaßnahmen im Rahmen des Spracherwerbs hinaus kaum zu verzeichnen. Im Hinblick auf die Erhöhung des Migrantenanteils im Lehramt sind nur punktuelle Bemühungen zu erkennen.

Dennoch sind in einzelnen Ländern richtungsweisende Entwicklungen zu verzeichnen. Die landesweiten Integrationskonzepte in Schleswig-Holstein und Niedersachsen verbinden generelle Maßnahmen zur Verbesserung von Integrationsvoraussetzungen für MigrantInnen mit bildungspolitischen Zielsetzungen und Fördermaßnahmen. Im Hinblick auf den Bereich der schulischen Bildung sind die Rahmenpläne und Integrationskonzepte von Mecklenburg-Vorpommern und, mit der Einschränkung der geringeren Verbindlichkeit, auch die Positionspapiere aus Sachsen und Berlin positiv hervorzuheben. Hier wird versucht, die jeweiligen Konzepte interkulturellen Lernens mit Ansätzen aus der Menschenrechtserziehung zu verbinden und im Zuge von Maßnahmen zur Schulentwicklung zu etablieren.

10. Quellenverzeichnis

Bayerisches Staatsministerium für Unterricht und Kultus. Amtsblatt KWMBI Nr. 20/1997 „Bekanntmachung zur Darstellung Deutschlands im Unterricht."

Brandenburgisches Schulgesetz (BbgSchulG) vom 12.4.1996.

Berliner Aktionsprogramm für Demokratie und Toleranz – gegen Rechtsextremismus, Fremdenfeindlichkeit und Antisemitismus, Rundschreiben II 7/2001.

Berliner Landesinstitut für Schule und Medien (LISUM): Schilfblatt 2/96.

Bremisches Schulgesetz (BremSchulG) vom 20.12.1994.

Bund-Länder-Kommission für Bildungsplanung und Forschungsförderung (Hg.): Heft 107: Förderung von Kindern und Jugendlichen mit Migrationshintergrund. Gutachten von Prof. Dr. Ingrid Gogolin, Prof. Dr. Ursula Neumann, Prof. Dr. Hans-Joachim Roth, Bonn 2003.

Bund-Länder-Kommission für Bildungsplanung und Forschungsförderung (Hg.): Heft 96: Demokratie lernen und leben. Gutachten zum Programm von Prof. Dr. Wolfgang Edelstein und Prof. Dr. Peter Fauser, Bonn 2001.

Hamburgisches Schulgesetz (HmbSG) vom 16.4.1997.

Hessisches Schulgesetz (HSchG) vom 30.06.1999.

Innenministerium des Landes Schleswig-Holstein: Konzept zur Integration von Migrantinnen und Migranten in Schleswig-Holstein, Kiel 2002.

Kultusministerium des Landes Sachsen-Anhalt: Antwortschreiben.

Kultusministerkonferenz: Empfehlung der Kultusministerkonferenz zur Förderung der Menschenrechtserziehung in der Schule, Beschluss vom 4.12.1980 (in der Fassung vom 14.12.2000).

Kultusministerkonferenz: Empfehlung „Interkulturelle Bildung und Erziehung in der Schule", Beschluss vom 25.10.1996.

Landesregierung Brandenburg: Handlungskonzept „Für ein tolerantes Brandenburg – gegen Gewalt, Rechtsextremismus und Fremdenfeindlichkeit", o. A. 1998.

Landeszentrum für Zuwanderung NRW: „Förderung der Chancengleichheit ethnischer Minderheiten im öffentlichen Dienst, Expertise 2/02, Solingen 2002.

Ministerium für Bildung, Wissenschaft, Forschung und Kultur des Landes Schleswig-Holstein: Interkulturelles Lernen in den Lehrplänen – Anregungen für Schule und Unterricht, o. A. 1997.

Ministerium für Bildung, Wissenschaft und Kultur des Landes Mecklenburg-Vorpommern: Rahmenplan Interkulturelle Erziehung vom 10.4.2003.

Ministerium für Kultus, Jugend und Sport Baden- Württemberg: Antwortschreiben

Ministerium für Schule, Jugend und Kinder: Entwurf für ein Schulgesetz Nordrhein-Westfalen (SchulG) – Stand 14.10.2003.

Niedersächsisches Kultusministerium (Hg.): Sichtwechsel – Wege zur interkulturellen Schule. Ein Handbuch, Hannover 2000.

Niedersächsisches Ministerium für Frauen, Arbeit und Soziales: Niedersächsischer Integrationsplan, Hannover 2002.

Sächsisches Ministerium für Kultus: Die sächsische Konzeption zur Integration von Migranten, Ministerialblatt Nr.8/2000.

Sächsisches Ministerium für Kultus: Entwurf zur Reform der Lehrpläne „Eckwerte Interkulturalität" vom 24.10.02.

Sächsisches Ministerium für Kultus: Extremismusprävention o. A.
Sächsisches Ministerium für Kultus: Lehrplan Deutsch als Fremdsprache.
Sächsisches Ministerium für Kultus: Schulpolitisches Grundsatzpapier, in: Zeitschrift Fingerzeige 1/02.
Schleswig-Holsteinisches Schulgesetz (SchulG) vom 2. August 1990.
Schulgesetz des Landes Sachsen-Anhalt vom 27.8.1996 (zuletzt geändert am 27.2.2003).
Schulgesetz für Baden-Württemberg (SchG) vom 1.8.1983 (zuletzt geändert am 25.7.2000).
Schulgesetz für Berlin (SchulG) vom 20.8.1980, alte Fassung (zuletzt geändert am 16.7.2001).
Schulgesetz für Berlin (SchulG) vom 15.01.2004.
Schulgesetz für das Land Mecklenburg-Vorpommern (Schul M-V) vom 15.5.1996 (zuletzt geändert am 7.7.2003).
Senatsverwaltung für Schule, Jugend und Sport Berlin: Handreichung für Lehrkräfte an Berliner Schulen. Interkulturelle Bildung und Erziehung, Berlin 2001.
Thüringer Schulgesetz (ThürSChulG) vom 6.8.1993 (zuletzt geändert am 30.4.2003).
www.blk-demokratie.de, 19.01.04
www.buendnis-toleranz.de, 19.01.04
www.senbjs.berlin.de/schule/rahmenplaene, 02.02.04